중국의 이해

오길용·강창구 공저

머리말

등소평이 개혁개방을 시작한 지 40년이 넘게 지났다. 개혁개방 정책이 중국사회에 미친 영향은 중국역사에서 역사적 사건으로 기록될 것이다. 현대화 과정에 중국이 만들어 낸 중국식 사회주의 시장경제논리는 중국사회의 체계를 바꾸어 놓았다. 그러나 변화된 중국사회는 21세기 중국공산당에게 하나의 과제를 던졌다. 변화와 안정 속에 어떻게 거대한 영토와 인구를 이끌어 갈 것인가. 또 한편으로 사회변화에 맞추어 어떻게 스스로를 개혁해 나갈 것인가. 지금까지 공산당은 큰 무리 없이 변화해 왔다. 하지만 세계화의 물결에 뛰어들면서 국제사회의 압력은 거세다. 대내외적으로 영토분쟁, 인권문제, 환경문제, 실업문제, 무역문제 등 산적한 문제들을 해결해야 할 부담이 크다. 자칫하면 공산당의 집권기반이 무너질 수도 있다.

처음 등소평이 개혁개방을 시도하자 '개혁개방을 하면 반드시 공산당이 망하고, 개혁개방을 하지 않으면 국가가 망한다'는 말이 공산당의 화두였다. 그러나 이러한 우려를 보란 듯이 중국은 세계경제 강국으로 성장하였다. 앞으로 21세기 중국은 공산당의 변화과정에서 새로운 역사적 드라마를 보여줄 가능성이 높다.

중국 산동성 인구의 절반밖에 안 되는 한국은 중국을 이웃하고 있다. 우리가 중국을 기반으로 선진국으로 진입하느냐, 아니면 이 상태에서 머무를 것인지는 기회이자 선택이다. 중국의 경제성장은 노동력을 바탕으로 생산한 제품의 수출이 견인역할을 했지만, 중국의 내수시장을 공략한 알리바바는 세계적인 기업이 되었다. 중국 사회주의 이론과 시장경제의 실험이 서로 상충되어 갖가지 모순과 충돌 속에 놓여 있다. 이러한 문제점이 정비되어 있지 않기 때문에 우리가 중국을 연구하고 학습해야 하는 이유이다.

이 책은 그 동안 중국과 근현대사에 대하여 공부하며 중국의 이해 수업 자료를 모아 출판한 것이다. 선배 교수의 조언으로 20년 전부터 틈틈이 중국의 근현대사를 공부하며 방대한 중국을 어떻게 정리해야 할지 난감할 때가 한두 번이 아니었다. 시시각각 변하며 매일 쏟아져 나오는 중국에 대한 정보를 학습하며 정리하기에는 역부족이었다. 아무튼 기존의 현대중국의 이해에 대한 출간 서적과 차별화된 내용이 없어 식상하지만, 이 책이 조금이라도 중국을 이해하는데 도움이 되었으면 하는 바람이다. 지식이 아직 깊지 못한 것을 이해해 주길 바라며 출판에 응해주신 신아사에 감사의 뜻을 표한다.

2022년 8월

연구실에서

목차

제1부 중국 개황

제2부 중국 근대화 과정

제3부 국민혁명과 공산혁명

제4부 중국 현대화 과정

제5부 중국 정치의 이해

제6부 중국 경제의 이해

제7부 중국 사회구조의 변화

제8부 현대사회의 대중문화

제1부

중국개황

1. 국기와 국호

국가(国歌)와 국기(国旗)

중국의 정식 명칭은 중화인민공화국(中华人民共和国 People's Republic of China)이다. 중국공산당 모택동 주석이 1949년 10월 1일 북경 천안문광장에서 선포하였다. 국민당이 설립한 대만은 1911년(신해혁명) 정식으로 중화민국(Republic of China)으로 불렀으나 지금은 주권국가로 인정받지 못하여 대만(타이완 Chinese Taipei)으로 부른다. 중국의 국기는 붉은 바탕에 노란색 큰 별과 네 개의 작은 별이 있어 오성홍기(五星红旗)라고 부르기도 한다. 붉은 바탕은 혁명, 황색은 광명, 황색인종과 황하문명을 동시에 상징한다. 5개의 노란색 별 중에 큰 별은 중국 공산당을 상징하며, 네 개의 별은 노동자, 농민, 도시 소자산가, 민족 자산가를 의미한다. 또한 중국 해안을 따라 작은 별을 배치하여 큰 별은 한족, 네 개의 작은 별은 소수민족을 의미하기도 한다. 5개의 별은 중국을 상징하는 국장에도 들어있다. 중국 국가휘장은 원형으로 중앙에 다섯 개의 별이 천안문을 비추고 있다. 천안문은 5·4운동의 시발점으로 중국혁명을 상징하고 민족정신을 대표한다. 둘레의 곡식과 톱니바퀴는 노동자와 농민계급을 상징한다.

중국 국가는 원래 1935년 만들어진 의용군행진곡(义勇军行进曲)이다. 이 곡은 항일영화인 풍운여아(风云女儿)의 주제곡이다. 신중국 건립 후에 국가로 잠정 지정되었다가 1982년 전국인민대표대회 제5차 회의에서 정식 국가로 지정되었다. 가사 내용은 대략적으로 다음과 같다.

"일어나자(起来)! 노예 되고 싶지 않은 사람들! 우리의 피땀으로 새 장성을 건설하자! 중화민족은 가장 위험한 시기에 모두 외치는 최후의 뜨거운 함성. 일어나! 일어나! 일어나! 우리는 한마음, 적의 총탄을 뚫고 전진! 적의 총탄을 뚫고 전진! 전진! 전진(前进)!"

대만은 청천백일기(青天白日旗)를 국기로 정하고 있고, "삼민주의(三民主义), 오당소종(吾党所宗)…"으로 시작하는 국민당가를 일부 개사하여 대만 국가로 삼고 있다.

중국 개념의 기원

중국은 사회주의 중화인민공화국과 자유민주주의 대만으로 분단되어 있다. 중국은 중국본토, 만주, 몽고, 신강, 서장(티베트), 홍콩, 마카오 등을 포함한 거대한 국가이다. 중국이란 명칭은 고대부터 중국대륙에 존재했던 국가를 포괄적으로 지칭하기도 한다. 본래 어휘는 고대에 국가의 개념이 아니라, 지리적·문화적 개념으로 사용되었다. 상대(商代) 갑골문에는 아직 보이지 않지만, 중상(中商), 대읍상(大邑商)이 중(中)에 거주하였다고 기록되어 있다. 당시 상왕조가 있던 중토(中土)와 주변 제후국이 거주하던 동남서북 지방의 방(方)과 대비를 이루고 있다. 이것으로 보아 오래전부터 중국인의 머릿속에는 중국(中国)과 유사한 단어가 여러 가지 존재했음을 볼 수 있다.

춘추『시경(诗经)』·<대아편>에 '중국에 은혜를 베풀어 사방을 안정시키다'와『서경(书经)』·<재재편>에 '위대한 하늘은 중국 백성과 강토를 우리 선왕에게 주었다'는 기록이 특정 지명이라기보다 사방과 상대되는 중앙에 위치한 성(城), 지역을 의미하는 지리적 성격이 강하다. 『사기(史记)』에 기록된 "中国名曰赤县神州"라는 문구에서도 '중국(中国)'은 '가운데 나라'라는 의미이다. 주(周) 무왕(武王)과 성왕(成王)때 중국이라는 말이 정식으로 출현했다. 이때의 중국은 하늘이 중국의 토지와 백성을 주무왕에게 주어 다스리게 했다는 기록에서 중국이란 낙양(洛阳) 중심의 중원(中原)지구라고 추정하기도 한다. 당시에는 낙양일대의 하족(夏族)이 다스리던 지역을 '중국' 혹은 '중토(中土)'라고 불렀던 것이다. 서주(西周)초기의 '중국'은 다음 세 가지의 의미로 요약할 수 있다.

첫째, 사방 제후들에게 분봉하고 천자가 거주하는 성(城)인 경사(京师), 경기(京畿), 즉 수도를 의미한다.

둘째, 하상주(夏商周) 3대 종족이 융합하여 중원을 중심으로 하나가 된 지역을 의미한다.

셋째, 중토(中土). 토중(土中)라 불린 낙양을 중심으로 하는 황하 중하류지역, 즉 중원지역을 의미했다. 주가 은나라를 정복하기 전에 이미 그 중심을 '하구(夏区)'라고 불렀던 풍호(豊镐)지역이다.

동주 말기에 이르면 주변의 민족, 특히 서북과 북방 민족이 내륙으로 대거 이동한다. 서주와 동주 교체기와 춘추시대 중원지방에는 각 민족들이 혼합하여 거주하였다. 이러한 역사적 조건 아래에서 중국이란 명사는 두 가지의 의미를 더하게 되었다. 하나는 한족이 거주하는 지역과 그들이 건립한 국가라는 뜻인 '제하(诸夏), 제화(诸华), 화하(华夏)'라는 명칭이 중국과 동의어가 되었다. 다른 하나는 주변의 민족이 거주하던 내륙까지 포함하여 중국이라고 통칭하게 되었던 것이다. 옛 사람들은 '普天之下莫非王土, 率土之滨莫非

王臣'(온 하늘 밑에 있는 땅이 임금의 땅이 아닌 것이 없고 온 땅덩이 끝에 사는 사람들까지도 임금의 신하가 아닌 것이 없다.) 땅도 백성도 모두 임금의 것이라는 말인데, 이러한 사상은 바로 임금을 하늘이 내려 하늘의 뜻에 따라 백성을 다스린다고 생각했기 때문에 가능한 것이었다. 이것이 바로 천하가 하나라는 천하일통(天下一统), 혹은 중화중심(中华中心) 사상이다. 이때의 중국이란 국가의 의미보다는 온 천하 세상의 중심을 의미한다. 온 천하 중에서 가장 중심적인 위치에 있으면서 문화가 가장 발달한 지역을 가리켜 중화(中华), 중원(中原)이란 명칭이었지만, 점차 중국인은 가장 중심에 있는 가장 문명과 문화가 빛나는 지역으로 설명하고 있다.

중국이라는 경계가 형성된 것은 기본적으로 진한(秦汉)때이다. 이후 수당을 거쳐 명청에 이르기까지 분열과 통일을 반복하면서 중국에는 여러 민족이 통치했지만, 그들은 모두 중원에 세워진 왕조를 모두 중국이라고 불렀다. 원래는 진한이 건립한 중원의 왕조를 중국 혹은 화하(华夏)라고 불렀다. 화하란 중원지역에 살았던 최초의 민족, 즉 상왕조 민족을 지칭하는데, 상대(商代) 이후 중국을 대신하는 말로서 사용되었다. 이는 '사이(四夷:동이(东夷), 서융(西戎), 남만(南蛮), 북적(北狄))'와 구분하여 불렀다. 위진남북조 시대와 오호십육국(五胡十六国) 시대 중국을 지배했거나 후대 여진족이 세운 금나라도 모두 스스로를 중국이라고 호칭했다. 그리고 명말 청초에 서양 전도사들이 명청 양대를 '중화제국(中华帝国)'이라고 부르고 중국이라 썼다. 중국이라는 명칭이 국가를 의미하는 용어로 쓰이기 시작한 것은 청나라가 러시아와 네르친스크조약(1689)을 체결할 때와 영국과 아편전쟁 후 남경조약(1842)을 체결하면서부터다. 신해혁명(辛亥革命)이후에 봉건전제제도를 없애면서 국명을 중화민국(中华民国

Republic of China)이라고 하고 중국으로 불렀다. 이것이 처음으로 국가이름으로써 중국이라는 두 글자를 사용한 것이다. 이후 1949년 공산당이 '중화인민공화국(中华人民共和国 People's Republic of China))'을 수립하면서 역시 중국이라 부른다.

공간적인 측면에서 보면 중국은 처음 황하일대에서 발원하여 지역을 확장해 갔으며 진시황 시기 장강지역으로 진출한다. 한대에는 서남지역을 개척하고 당대에는 크게 영역이 확대되어갔다. 남송이후 장강 이남이 본격적으로 개척되면서 현대 중국과 비슷한 형세를 갖추기 시작했다. 그러나 만주 등 동북지방이 개발된 것은 최근의 일이고 그 이전까지는 오랑캐들의 지역이었다. 따라서 처음에 중국은 바로 황하와 장강을 중심으로 중원 땅을 의미했지만 점차 지금의 중국대륙을 의미하게 되었다.

문화적 측면에서 보면 중국은 오랫동안 화이지분(华夷之分), 화이지변(华夷之辨), 화이지방(华夷之防), 용하변이(用夏变夷) 등 화이론(华夷论)으로 구체화하면서 주변 민족을 야만, 오랑캐의 상대 개념으로 인식했다. 이는 문화적으로 이민족을 흡수하여 중국화시키는 용하변이(用夏变夷)의 정당성을 부여하는 논리이며 중국 우월의식의 반영이다. 이러한 우월의식은 통일 시기 주변 국가에 대한 정치적, 문화적, 민족적 우월의식, 즉 화하 중심주의의 반영이었다. 중국인이나 한자문화권 주변국가에서 보편적으로 인식하는 개념이다.

민족적 측면으로 보면 현재 광활한 중국대륙에는 92%의 한족과 8%의 55개 소수민족이 공존하고 있다. 중국에 살고 있지만 민족적으로 중국인이 아닌 사람도 있다. 이는 바로 중국이 다수의 민족으로 구성된 다민족국가이기 때문이다. 그들의 국적은 중국이고 중국이라는 공간 안에 살고 있지만 민족과 혈통, 언어가 한족과는 다르다. 중국에는 일반적인 아시아인과 다른 외모를 지닌 위구르족, 러시아족이 있는가 하면 중국인과 비슷한 외모를 가진 묘족, 몽고족 등도 있다. 또한 동북3성에 살고 있는 조선족 등 55개 민족이 중국의 소수민족으로 살아간다. 이밖에 중국대륙과 대만 이외의 지역에 살고 있는 중국인을 화교라고 부른다. 화교는 대부분 중국대륙에서 동남아시아를 비롯한 세계 각지에 이주하여 살고 있다. 이러한 한족과 소수민족, 화교를 포함한 중국인을 중화민족이라 부른다.

역사적 측면에서 보면 중국은 상고시대 황제와 염제부락이 교류하고 중원과 황하의 여러 부족이 섞이면서 화하족을 형성했다. 이후 춘추전국의 전쟁으로 민족이 혼합되고 진한에 이르러 화하족을 근간으로 여러 이민족이 섞여 한족이 형성되었다. 또한 위진남북조 시대의 혼란을 겪고 선비족이 세운 당나라, 몽고족이 세운 원나라, 만주족의 청나라의 지배를 받으며 민족이 다시 융합되었다.

2. 국토와 자연

지리와 영토

중국은 면적이 약 960만㎢로, 세계에서 러시아, 캐나다 다음의 세 번째로 넓은 영토를 가진 나라이다. 유럽 전체의 면적에 가깝고 한반도의 약 44배이다. 그 영역은 북쪽으로 흑룡강(黑龙江) 막하(漠河)로부터와 남쪽으로 현재 영토 분쟁이 일어나고 있는 남사군도(南沙

群岛)의 증모암사(曾母暗沙)까지 남북의 거리는 약 5,500㎞이다. 동쪽으로 흑룡강과 우쑤리강(乌苏里江)이 만나는 곳에서 서쪽 신강(新疆) 위구르 자치구의 파미르고원까지 동서의 거리는 5,200㎞이다. 경도는 62도 차이가 있어 중국 동쪽과 서쪽이 4시간 정도의 시차가 있다. 중국 대륙의 중심은 감숙성 난주이다. 난주를 중심으로 반경 2,500km안에 대륙의 영토가 위치하고 있다.

중국은 북한, 러시아, 몽고, 카자흐스탄, 키르기스스탄, 타지키스탄, 아프가니스탄, 파키스탄, 인도, 네팔, 부탄, 시킴, 미얀마, 라오스, 베트남 등 15개 국가와 국경을 접하고 있으며, 국경의 길이는 약 22,800㎞이다. 이웃에는 또 한국, 일본, 필리핀, 말레이시아, 싱가포르, 인도네시아, 태국, 캄보디아, 방글라데시 등이 있다. 육지 총면적을 지형별로 차지하는 비율은 산지 33%, 고원 26%, 분지 19%, 평원 12%, 구릉 10%이다. 산악지대가 전 국토 면적의 2/3 이상으로 토지 이용에 한계가 있고, 동북평원, 화북평원, 장강중하류평원, 주강 삼각주, 사천분지 등 전 국토의 10% 정도가 경작지로 활용되고 있다. 중국은 전 세계에서 8,000m가 넘는 12개의 산봉우리 가운데 7개가 있다. 중국 지형의 골격은 시고동지(西高东低)의 지형적 특징으로 인해, 강과 하천이 대부분 동쪽으로 흘러 내륙지방과 연해지방을 자연스럽게 연결할 수 있어 국제교류 및 경제교류에 유리한 항만을 갖추고 있다. 중국의 지형은 4개의 계단으로 나눌 수 있다.

제1계단은 서남부의 청장고원(青藏高原)이다. 티베트와 청해성, 사천성 서부를 포함하여 평균 해발은 4,000m가 넘는다. 쌀보리는 고원 위의 주요 농작물이다. 야크(yak)는 고원 목축민의 중요 교통수단으로서 '고원(高原)의 배'라고 일컬어지고 있다.

제2계단 지대로서 해발은 1,000~2,000m의 고원과 분지이다. 청장고원 북쪽은 곤륜산으로부터 기련산(祁连山)으로 이어지는 산맥이 있다. 남북으로는 하란산맥과 횡단산맥이 가로 막고 있다. 또 동북쪽의 대흥안령(大兴安岭)으로부터 비스듬히 아래로 태항산, 무산, 설봉산에 이르는 산맥의 한 줄기가 있다. 이 두 줄기 사이의 제2계단 지대에는 중국 '4대고원' 가운데 내몽고(内蒙古) 고원, 황토(黄土) 고원, 운귀고원(云贵高原)과 '5대분지' 가운데의 타림분지(타클라마칸 사막), 중가얼분지(신강 위구르 북부, 우르무치 상단, 천산산맥과 알타이 산맥 사이), 투르판분지(신강 위구르자치구 남부, 우르무치 하단), 사천분지, 청장고원 위의 차이담분지 등이 있다. 신강 남부의 타림분지에는 중국 최대의 사막-타클라마칸 사막이 있다.

제3계단 지대는 제2계단을 넘어서 동쪽 해안에 이르고 평균 해발이 1,000~500m인 구릉과 평원지역이다. 이 3계단 지대는 북쪽에서 남쪽으로 중국 '3대평원'인 동북(东北) 평원, 화북(华北) 평원, 장강중하류(长江中下流) 평원 등이 있다. 전국토 면적의 1/3에 해당하는 이 지역은 전체 인구의 90%가 생활하는 인구밀도가 높고 교통이 편리하며 경제가 발달한 편에 속한다.

제4계단 지대는 동쪽으로 중국의 대륙이 해양으로 뻗어간 대륙붕이다. 이곳의 섬들은 사방에 별처럼 흩어져 있고, 바닷물은 비교적 옅어 대부분 200m도 정도이다.

중국의 하천은 두 가지 부분으로 나눌 수 있다. 하나는 해양으로 흘러 들어가는 외류하(外流河)이다. 중요한 강으로는 양자강, 황하, 흑룡강, 주강(珠江)과 메콩강 상류와 맞닿아 있는 난창강(澜沧江) 등이 있다. 서남지역은 횡단산맥이 남북을 가로지르고 있는데 동쪽 태평양으로 흘러 들어가는 강으로는 청장고원 위의 노강(怒江), 아노장포강(雅鲁藏布江) 등이 있다. 남쪽으로 국경을 흘러나와 인도양으로 들어가는 강으로는 신강의 객이제사하(喀尔齐斯河)가 있고, 북쪽으로 국경을 흘러 나와 북빙양(北冰洋)으로 들어가는 강도 있다. 다른 하나는 내륙의 호수로 흘러 들어가거나 또는 사막 가운데로 사라져 버리는 하천으로 이를 내륙하(内陆河)라고 한다. 수량이 비교적 적으며, 신강의 타리무하(塔里木河)는 사막에서 말라버린다.

강과 호수

중국 제일의 큰 강은 6,300km의 장강(长江)이다. 세계에서는 세 번째로 큰강이다.(세계의 4대강: ① 아프리카의 나일강. 길이는 6,600km ② 남아메리카의 아마존강. 길이는 6,480km ③ 장강 ④ 북아메리카의 미시시피강. 길이는 6,260km) 장강은 청장고원의 당고납산(唐古拉山)에서 흐르기 시작하여 성(省), 시(市), 자치구(自治区) 등 10개 지역 즉 청해, 서장, 사천, 운남, 호북, 강서, 안휘, 강소, 상해를 거쳐 마지막에는 동해로 쏟아져 들어간다. 장강의 중하류 지구는 기후가 온난하면서 습기를 띠고, 우량은 차고 넘치고, 토지는 비옥하여 중국의 중요한 경제지구이다. 장강의 뱃길은 중국 수상 운수의 대동맥이다.

중국에서 두 번째로 큰 강은 황하인데 전체의 길이는 5,464km이다. 황하는 청해성 파안객자(巴颜喀剌)산에서 흐르기 시작하여 성, 자치구 등 9개 지역 즉 청해, 사천, 감숙, 영하, 내몽고, 산서, 섬서, 하남, 산동을 거쳐 마지막에는 발해로 흘러 들어간다. 황하 유역은 토지가 비옥하고, 목장이 아름답고, 지하자원이 풍부하여, 중국 고대 문명의 발상지였으며 중화민족의 요람으로 일컬어졌다.

가장 북부에 위치한 흑룡강은 중국 세 번째로 큰 강이라 할 수 있다. 그것은 몽고인민공화국의 북부와 중국 내몽고자치구의 대흥안령(大兴安岭)에서 흐르기 시작하여, 중국과 러시아의 경계가 되는 강이며, 전체의 길이는 4,370㎞이다. 그 가운데 중국의 경내 그리고 중국과 러시아의 국경을 흘러 지나는 길이는 3,422㎞이고, 마지막에는 러시아의 경내에서 오츠크해로 흘러들어간다.

남부에 위치한 주강(珠江)은 중국에서 네 번째로 큰 강에 속하게 되었다. 그것은 서강(西江), 북강(北江) 그리고 동강(东江)이 합류하여 이루어졌고, 그 가운데 서강은 가장 길어 그 길이는 2,100여㎞이고, 주강의 기본적인 줄기이다. 서강은 운남 동부의 조몽산(乌蒙山) 지대에서 흐르기 시작하여 귀주, 광서를 거쳐 광동에서 남해로 흘러들어간다. 주강의 수량은 충분하기도 하나 장강보다는 못하다. 주강의 삼각주는 물길이 거침없이 달리고, 토지는 비옥하여, 예로부터 중국의 입쌀, 사탕, 명주실 그리고 물고기의 중요 산지이다.

중국의 호수도 아주 많아 면적이 1㎢이상의 것만도 2,800여개가 된다. 그 가운데 면적이 1,000㎢ 이상의 것은 13개이다. 호수 전체의 총면적은 71,230㎢에 이른다. 호수도 외류호(外流湖)와 내륙호(内陆湖)의 두 종류로 크게 나눈다. 외류호는 대부분이 담수호(淡水湖)이고 수산물이 풍부하다. 예를 들면 강서(江西)의 파양호(鄱阳湖), 호남(湖南)의 동정호(洞庭湖), 강소(江苏)의 태호(太湖)와 홍택호(洪泽湖) 등인데 이 4개의 호수를 중국의 '4대 담수호(淡水湖)'라고 부른다. 내륙호(内陆湖)는 대부분이 함수호(咸水湖)이다. 청해호(青海湖)는 중국 최대의 내륙호인데 면적은 4,583㎡이다. 그 다음으로는 또 흥개호(兴凯湖-중국과 러시아의 경계가 되는 호수임), 호륜호(呼伦湖), 남목호(纳木湖) 등이 있다. 자연적으로 생긴 호수 이외에 중국은 인공 저수지면에 있어서도 세계에서 가장 많은 양을 자랑한다. 크고 작은 저수지가 거의 85,000개에 이른다고 한다.

기후

중국의 기후는 대륙성계절풍기후로 유형이 다양하다. 겨울에는 시베리아와 몽고고원에서 불어온 한파가 세력이 약화되면서 바람이 동남 연해지방으로 분다. 여름에는 대륙이 해양보다 기온이 높고, 저기압을 형성하여, 바람은 해양으로부터 대륙을 향하여 분다. 북부와 내륙은 건조하여 겨울이 길고 남쪽은 다습하다. 계절풍의 주기적 변화와 지형 등의 영향 때문에 사계절이 분명하다. 중국 대부분의 지역은 대륙성 기후에 속하고, 동쪽에서 서쪽으로, 남쪽에서 북쪽으로 다가갈수록 더욱 뚜렷이 나타난다. 강우량은 서북부에서 동부, 남부, 동남부로 나아갈수록 점점 더 증가한다. 동북지역의 연 강우량은 400㎜에서 1,000㎜까지의 사이이다. 황하유역의 연 강우량은 600㎜에서 800㎜ 전후까지이다. 동남의 연해와 대만, 해남도 등 여러 곳은 연 강우량이 2,000㎜이상이다.

중국의 영토는 광대하여, 기후대의 분포를 보면 적도대(赤道带), 열대(热带), 아열대(亚热带), 난온대(暖温带), 온대(温带), 한온대(寒温带) 등 6개의 온도대에 걸쳐 있고, 지형이 복잡하여 해양과의 멀고 가까운 차이 및 계절풍의 영향이 크다. 기후는 복잡 다양하고 각지의 온도의 차이가 뚜렷하여 수분(水分)의 조건에서 보면 습윤(湿润), 반습윤(半湿润), 반건조(半乾燥), 건조(乾燥)의 구분이 있다.

행정구역

중국의 행정구역은 신중국 건립 후 여러 차례 변화를 거듭해왔다. 1988년 해남도를 성으로 독립시키고 1997년 중경시를 사천성에서 분리하여 직할시로 승격시켰다. 현재 중국의 행정구역은 크게 성급, 지급, 현급으로 나눌 수 있다. 중앙정부 아래 23개 성(省)과 5개자치구(自治区), 4개 직할시, 그리고 홍콩과 마카오 등 2개의 특별행정구로 나뉘어있다. 성급은 23개성과 4직할시, 5개의 자치구로 1급 행정구이며, 지급은 성 산하의 행정지구, 자치주, 지급시, 맹으로 2급 행정구이고, 현급은 시·성·구 산하의 현(우리의 郡에 해당), 자치현, 현급시, 기, 특구, 농공구로 구분하여 제3급 행정구역이라고 한다. 그리고 현과 자치현 아래 진, 향은 제4급 행정구역으로 우리의 면(面,), 읍(邑)에 해당한다. 이들 행정구역의 명칭은 주소로도 활용되는데 중국은 가도(街道)명이 발달되어 진, 향을 대신하여 가도(街道)명으로 주소를 대신한다. 보다 더 작은 단위의 행정구역으로는 우리의 리(里)에 해당하는 촌(村) 또는 장(庄)이 있다.

성급 자치구 5개, 지급 자치주(自治州) 및 맹(盟) 38개, 현급 자치현(自治县) 및 기(旗) 175개는 소수 민족이 집단 거주하는 지역의 행정단위이며, 현, 자치현 아래에는 향(乡)과 진(鎭)으로 나눈다. 직할시와 비교적 큰 시 아래는 구, 현으로 나뉘고, 자치주 아래는 현, 자치현, 시로 나뉜다. 성과 현의 사이에는 또 약간의 전구(专区)가 있다. 예를 들면, 하북성 아래에는 석가장(石家庄) 전구, 보정(保定) 전구, 영덕(永德) 전구, 장가구(张家口) 전구 등 8개의 전구가 있다. 그러나 일급의 행정 단위(单位)로 치지는 않는다.

23개의 성은 흑룡강성(黑龙江省), 길림성(吉林省), 요녕성(遼宁省), 하남성(河南省), 하북성(河北省), 산서성(山西省), 섬서성(陕西省), 감숙성(甘肃省), 청해성(青海省), 산동성(山东省), 안휘성(安徽省), 강소성(江苏省), 절강성(浙江省), 강서성(江西省), 복건성(福建省), 호남성(湖南省), 호북성(湖北省), 광동성(广东省), 사천성(四川省), 귀주성(贵

州省), 운남성(云南省), 해남성(海南省)이다. 5개의 자치구는 서장자치구(西藏自治区), 신강위그루족자치구(新疆维吾尔族自治区), 내몽고자치구(内蒙古自治区), 영하회족자치구(宁夏回族自治区), 광서장족자치구(广西壮族自治区)이다.

4개의 직할시는 북경시(北京市), 상해시(上海市), 천진시(天津市), 중경시(重庆市)이고, 1997년 7월 1일, 1999년 12월 20일에 영국과 포르투갈로부터 각각 중국에 반환된 홍콩(香港) 및 마카오(澳门) 등 2개의 특별행정구를 합하면 모두 33개이다. 현재 중국의 수도는 북경이며 인구 약 1,400만 명이 거주하고 있다. 800여년의 역사를 지닌 역사도시이자 정치 중심도시다.

3. 인구와 민족

인구 현황

2015년말 인구조사에 따르면, 중국대륙 총인구수(홍콩, 마카오, 대만 및 화교 불포함)가 13.7억 명(13억 7462만)이다. 그중에 남녀 성비율은 남성인구는 약 7억 명, 여성인구는 약 6.7억 명이다. 그리고 도시와 농촌의 분포는 도시인구는 약 7.7억 명, 농촌인구는 약 6억 명 정도 된다. 나머지 대만(2350만), 홍콩(724만), 마카오(63만) 인구를 포함하면 대략 14억 명 인구이다. 1949년 중화인민공화국 건립 당시 중국의 인구는 약 5억 4천 명 정도였다. 그 후 중국은 정치적 안정과 의료 보건 시설의 향상, 출산장려 정책의 결과로 인구가 급격하게 불어났다. 또한 모택동(毛泽东) 정부는 인력을 통한 생산력 증대를 강조하고 인구 대국이 세계 강국이 될 수 있다고 주장했다. 결과적으로 인구의 폭발적 증가를 야기하여 1969년 말에 중국 인구는 이미 8억을 돌파했다. 하지만 급격한 인구 증가는 곧 수요와 공급의 불균형을 가져왔고, 이를 해결하기 위한 무리한 정책으로 공산당은 의식주 해결에 오히려 위기를 자초하게 되었다. 이에 중국은 1970년대 들어서면서 산아 제한 정책을 실시하여 인구 성장을 억제하게 된다. 1971년에 이 문제가 공식화되면서 1973년에는 국무원에 산아제한 전담반을 설치했다. 그러나 본격적으로 산아제한 정책이 강력하게 시행된 것은 문화대혁명이 끝나고 개혁개방이 시작되면서부터이다. 1978년 제5기 전인대에서는 산아제한에 관한 내용을 담은 새로운 헌법이 통과되었고, 1980년대 접어들면서 1가구 1자녀의 산아제한에 대한 법적 구속력이 더욱 강화되었다. 이처럼 강제화된 산아제한 정책의 시행 결과로 인구의 자연증가율이 매년 감소하여 1978년 12%에서 2009년 5.05%로 크게 떨어졌다. 인구 증가 속도는 1970년대 말 가구당 6명에 달하던 중국의 출산율은 2014년 1.4명으로 급격히 줄어들고 있다. 중국 인구의 유형이 고출산, 저사망, 높은 자연증가율에서 저출산, 저사망, 낮은 자연증가율의 현대적 모델로 변하였다.

중국정부는 산아제한 정책으로 국제 저출산 기준 1.3명에 근접하자, 2015 1월 1일부터 한 자녀 정책을 폐지하고 전면적인 두 자녀 정책을 시행했다. 두 자녀 정책은 고령화와 생산가능인구의 감소에 직면한 경제에 활력을 주기위해 선택한 것이다. 중국 정부는 이 정책으로 매년 250만 명의 신생아가 더 출생할 것으로 추정하고 있다. 하지만 중국의 젊은 세대나 부모들의 생각은 다르다. 무엇보다 아이를 양육하는 데 드는 육아 비용 부담이 크다. 중국 대도시에서 아이들은 영어 학원, 피아노 학원, 지능계발 학원 등 보내야 할 학원들이 한국과 별 차이가 없다. 여기에 집에서 아이를 돌봐 줄 조부모들이 없는 맞벌이 부부들이 두 자녀를 양육하기 쉽지 않다. 물론 자녀를 더 낳고자 하는 두 자녀 정책이 허용되기 전, 이미 두 번째 자녀를 낳은 부모도 있다. 그들은 우리 돈 수천만 원에서 수억 원에 이르는 막대한 벌금을 각 지방 정부에 냈다. 영화 패왕별희의 감독이자 베이징 올림픽 개막식 총연출자인 장예모(张艺谋) 감독은 자녀가 셋이다. 둘째를 낳았을 땐 221만 위안(약 4억 원), 셋째를 낳았을 땐 520만 위안(약 9억 4천만 원)의 벌금을 물었다. 이런 막대한 벌금을 감당할 수 없는 농민이나 서민들은 둘째 자녀를 낳아도 출생신고를 하지 않고 헤이후(黑户), 즉 무호적자로 방치해 키웠다. 과거 산아제한의 규제를 피하려고 출생 후 고의적으로 호적에 올리지 않은 아이를 뜻하는 '헤이하이즈(黑孩子)'는 공교육 및 사회적 혜택에서 벗어난 사각지대에 방치되어 있어 사회적 불안을 가중시키고 있다. 헤이하이즈(黑孩子)는 신분증이 없기 때문에 학교에 갈 수도 없고 취업은 물론 병원 치료도 받지 못한다. 존재하지만 존재조차 인정받지 못하고 투명인간으로 살아온 헤이후가 2010년 제6차 중국이 조사한 인구센서스에서 무호적자가 1,370만 명으로 조사되었다. 일각에서는 3,000만 명에 이르는 것으로 추정한다. 이를 반영하듯 호구등록과 거주지가 일치하지 않는 2억 6천만 명에 이르는 사회적 유동인구는 사회적 심각성을 더하고 있다. 또한 출생률 저하에 따른 고령화는 노동력을 약화시키고 사회적 활력을 떨어뜨려 심각한 사회적 문제로 대두하고 있다. 2016년 중국의 60세 이상 노령인구는 2억 2200만 명으로 노령화 인구 비율이 갈수록 늘고 있다. 그리고 주목해 볼만한 사실은 도시에 사는 인구가 7억 7천만 명으로 총 인구의 50%를 넘었다는 것이다. 2000년에 비해서 도시의 인구가 15% 이상 오른 수치이다. 중국은 점점 도시화가 되어가고 많은 인구가 도시로 몰려 농촌 인구는 점점 줄어 들고 있는 추세이다.

중국의 여러 성중에서는 광동성의 인구가 하남성의 인구를 추월해 1위를 차지했다. 순위대로는 광동성, 산동성, 하남성, 사천성, 강소성이 뒤를 잇고 있다. 성비는 남자가 더 많은 것으로 조사되 남여 성비가 점점 문제가 되고 있다. 또 고향을 떠난 유동인구가 갑자기 늘어 거의 1억에 달한다. 최근 '北漂'(외지에서 온 북경에 집이 없고 조금마한 집을 빌려서 사는 족, 북경에 떠나니는 사람들) 단어가 유행하고 있다. 도시의 가정에서 독자로 태어나 경제적 혜택을 누리며 자라는 아이들은 이른바 '샤오황디(小皇帝, 어린 황제)'라는 신조어까지 탄생시키며, 독선적인 생활태도와 사회적 도덕성 결핍을 지적받기도 한다. '바링허우(八零後)'는 80년대 이후 태어난 세대를 가리키는 신조어로, 이들은 경제성장의 수혜를 받아 자족적이며 자기중심적인 사고가 강한 편이다. 또한 중국의 고속성장을 보며 자라 민족적 자긍심이 높고, 현재는 중국 사회의 새로운 유행과 조류를 선도하고 있다. 그러나 이들 역시 결혼과 출산으로 '두얼다이(独二代)', 즉 제2대 독자의 부모가 되어야 하는 악순환을 경험하고 있다.

사실 산아제한 정책은 그간 개혁개방의 경제 성장에 가려 사회적 문제점이 공개적으로 부각되는 것을 꺼려 왔지만, 최근에는 출생률 저하가 고착화 된 베이징, 상하이 등 대도시 지역을 중심으로 '두 자녀' 정책을 공개적으로 장려하는 목소리가 높아지는 등 중국의 인구 정책에 변화가 일고 있다.

결국 중국은 또 다른 문제에 봉착하게 된다. 새로 태어나는 아이가 적어지면서 급격한 노동인구의 감소를 경험하게 되는데, 이렇게 되면 경제성장의 엔진인 노동력이 급격히 줄어들게 된다. 특히 우려할 사항은 노년세대를 부양할 다음 세대의 대가족을 유지할 수 없는 것이다. 이러한 현상은 세계적으로 발전된 나라들과 비슷한 현상이다. 그러나 이러한 현상은 중국에는 문제가 되고 있는데, 현재 중국은 괄목할 경제성장을 하고 있으나, 아직까지 발전된 국가들이 보편적으로 갖추고 있는 사회보장제도를 수용할 수 없는 가난한 나라이기 때문이다.

그래서 중국은 1가정 1자녀였던 정책을 완화하게 되었다. 부모가 모두 독자이거나 소수민족인 경우 첫째가 여아거나 장애아인 경우에만 둘째의 출산이 허용되었는데, '단독 두자녀' 정책을 시행하여 부부 가운에 한 명이라도 독자인 경우 둘째를 낳을 수 있도록 완화시킨 것이다. 이러한 정책 변경으로 인한 수혜자는 무려 2천만 명으로 우리나라 인구의 3분의 1에 달할 것에 보인다.

56개 민족

중국은 56개 민족이 하나의 국가를 이루고 있는 다민족 국가이다. 55개의 소수민족이 다수민족인 한족과 함께 살고 있다. 2015년 인구조사결과에 따르면 소수민족이 중국 전체에서 차지하는 비율은 8.41%이다. 이들 소수민족은 중국 전체 영토의 60%에 달하는 지역에 거주하고 있으며, 한족과는 다른 언어, 문화, 종교를 가지고 있으며 생김새가 확연히 다른 민족도 많다. 천만 명이 넘는 소수민족으로는 광서, 광동, 운남 지역에 거주하는 장족과 요령, 흑룡강, 길림, 내몽고 지역에 거주하는 만주족, 영하, 감숙 지역에 거주하는 회족,

신장 지역에 거주하는 위구르족이 있다. 적게는 인구가 약 3천명 밖에 안 되는 락파족(珞巴族)이 있다.

1949년 9월에 채택된 "중국인민정치협상회담 공동강령(中国人民政治协商会谈共同网令)"에서는 모든 민족의 동등한 권리의무를 규정하였고 민족의 평등권을 보장하여 대한족주의(大汉族主义)와 배타주의, 차별, 억압을 금지하고 있다. 또한 민족지역의 자치를 허용하여 자치기구의 대표 선출, 고유 언어, 전통, 종교의 자유 등 자치권을 부여했다. 즉 모든 소수 민족은 자신들의 고유 언어와 문화를 지키며 생활할 수 있다. 중국은 소수 민족에 대한 정책이 비교적 관대하다. 구소련과는 달리 소수민족은 한족에 비하여 많은 우대정책을 받고 있다. 이는 소수민족이 중국 사회의 분열을 초래하는 것을 방지하기 위해서이다. 소수민족이 거주하는 지역에는 자치 권한의 확대와 경제 발전의 촉진을 통해 소수민족의 반발을 억제하고 민족의 통합을 추진하고 있다. 소수민족의 안정화로 중국의 분열을 미연에 방지한다는 목적이다. 대부분의 소수민족이 생활하는 고원, 산맥, 평원, 삼림지대는 석유, 광산 등 지하자원이 풍부한 지역이다. 또한 임업 및 목축업이 발달했고 농작물의 종류도 다양하다. 이러한 지역들은 변경지대에 위치해서 주변 국가와 인접해 국방과 주변국과의 관계에도 중요한 지리적 위치에 있다. 이러한 이유와 함께 독립을 위해 반란을 일으킬 위험성을 갖고 있기 때문에 소수민족의 문화 등을 존중하는 등의 정책이 이루어지고 있다.

반면에 중국은 강제로 하나의 국가, 하나의 언어, 하나의 문화라는 개념을 요구하기 때문에 이 개념에서 조금이라도 벗어나는 행위를 분열주의자로 강력하게 규정하고 있다. 그래서 소수민족 자치구의 공공생활은 한족들이 주도하고 있어 소수 민족들이 그들의 문화적 정체성을 유지하는데 어려움을 겪고 있다. 게다가 종교, 언어와 문화에 대한 간섭으로 소수 민족의 권리는 제도적으로 침해당하고 있다. 소수 민족의 지도급 인사들도 감히 자신들의 고유한 문화의 정체성을 공개적으로 발표하지 못한다. 이러한 이중 정책으로 55개 소수민족 중 50%는 이미 자기 민족의 고유 언어를 상실한 것으로 나타났다. 중국정부의 소수민족 정책은 지배민족인 한족에게 반감이나 불만을 줄이면서 자연스럽게 한족으로 동화시키고 있는 것이다. 다만, 대만, 위구르족, 티베트족과 같은 몇 개의 저항민족들만 독립을 강하게 주장하며 중국정부와 대립 하고 있다. 이러한 민족들은 저항하는 몇 가지 공통점을 가지고 있다.

첫째, 역사적으로 자신들의 제국을 세운 적이 있으며, 자신들의 고유한 언어와 문자 및 종교를 가지고 있는 민족들이다.

둘째, 저항 세력이 살고 있는 지역은 전통적으로 중국의 한족들이 살던 땅이 아니고 오히려 지리적으로는 중앙아시아에 더 가까우며 근현대에 접어들면서 중국 해방군에 의해 무력으로 빼앗긴 땅이라는 것이다.

셋째, 자신들의 민족적 정체성을 유지하기 위해 문화와 전통, 종교들을 강하게 고수하고 있다. 이 때문에 '문화대혁명' 기간 동안 모진 고초를 당했고, 그 이후로 한족과의 갈등이 더욱 깊어지게 되었다.

중국은 개혁개방을 통해 고도의 경제성장을 이루면서 생활수준이 향상되었다. 하지만 대부분 동부 연안지역에 집중된 현상이고 상대적으로 낙후된 서부지역 특히 위구르와 티베트 지역에서는 생활수준의 차이에서 오는 불만이 점점 커져가고 있다. 이것을 해소하기 위해 중국정부는 2050년까지 3단계로 동부와 서부의 지역 간 격차를 해소하기 위해 50년 장기 국가적 거대 프로젝트로 '서부대개발' 사업을 실시하고 있다. 19년 동안 프로젝트를 시행하고 있지만 현재 서부 소수민족의 삶의 질을 향상시키는 결과는 미미할 뿐 오히려 서부지역의 많은 지하자원과 지표자원들이 동부로 빠져나가고 있다. 서부대개발과 함께 이주해 들어오는 한족들이 늘어나면서 소수민족의 취업도 어려워지고 그로 인한 민족 간의 갈등이 더욱 고조되고 있다. 독립이 쉽지 않으나 만일 소수민족이 분리 독립을 시도한다면, 1949년 정부 수립 이후 중국의 영토에 편입된 서장자치구(티베트족), 청나라 때 중국의 영토에 편입된 신장위구르자치구(위구르족), 내몽골자치구(몽골족), 연변자치구(조선족)의 관광, 지하자원을 모두 잃게 된다. 특히 신장위구르자치구는 석유 자원이 풍부해 현재 중국이 시행하고 있는 서부개발의 중심지이다. 이곳이 독립하면 중국은 막대한 석유자원 뿐만 아니라 중앙아시아로의 진출길이 막히게 된다. 서장자치구는 중국이 건설한 티베트 최초의 철도인 '칭짱철도(青藏铁路)'를 통해 많은 내외국인이 티베트를 다녀오고 있다. 티베트의 아름다운 자연환경 덕분에 중국은 막대한 수입을 얻고 있다. 게다가 티베트에 미개발 지하자원이 매장되어 있기 때문에 이곳을 차지한 중국은 많은 이익을 얻을 수 있다.

중국의 민족정책은 공존에 기반하고 있으나, 사실상은 장기적으로 융합을 하려는 동화 정책이다. 문화적으로는 민족주의를 양보하면서 정치적으로는 독립을 받아들이지 못하는 탄압의 근거이다. 이 점에서 중국 민족정책이 가지는 성격이 극명하게 드러나는 것이다. 그러나 이제, 중국의 소수민족문제는 새로운 도전을 맞이하고 있다. 이러한 도전은 위의 이데올로기적인 도전이 아니다. 이것은 전혀 다른 종류의 도전으로 시장경제의 도입과 중국의 국제화라고 하는 경제의 개방화가 몰고 온 중국 사회의 근본적 변화에 기반한 소수민족 사회의 변화이다. 이러한 근본 변화를 정책에 입안하기 위하여, 중국 정부는 한족 지역과 소수민족 지역의 발전의 차이를 줄이고, 빈곤문제를 해결하며, 민족 자치 정부의 재정 상태를 개선하고, 민족지구가 위치한 변경 지구의 발전을 위해 서부 개발을 추진하고 있다. 등소평 시기의 논리를 그대로 이어 받아, 서부개발을 통한 조국 통일과 사회 안정을 추구하는 것이다. 그러나 서부개발 자체가 민족지구 보다는 서부의 한족지구 중심으로 추진되고, 소수민족에 대한 통합을 목표로 하는 점에서 중국의 민족정책이 근본적인 변화를 보이고 있다고 보기는 어렵다.

4. 사상과 철학

천하사상에서 기원한 중화질서는 점차 유교를 기반으로 한 구조를 가지게 되었다. 그래서 중국의 전통사상은 춘추·전국시대에 대부분이 출현하였다. 이 시기는 기원전 6세기경이나 중국의 전체 역사에서 보면 2,000여 년이나 경과한 뒤였다. 춘추전국시기 노예사회에서 봉건사회로의 전이는 기존 가치와 질서에 대한 일대 혼란을 야기했다. 지역 봉건제후의 정치적 야심은 새로운 가치와 질서의 추구와 함께 다양한 사상의 출현을 낳았다.

비교적 자주 거론되는 것으로는 유가(儒家), 도가(道家), 묵가(墨

家), 법가(法家), 음양가(阴阳家), 명가(名家), 종횡가(纵横家), 농가(农家), 소설가(小说家), 병가(兵家) 등이 있는데, 이중에서 후대에까지 존속하면서 영향을 끼친 주요한 사상으로는 유가, 도가, 법가, 묵가의 4대사상을 들 수 있다.

유가사상

유가사상은 공자(孔子: BC551-BC479)에 의해서 창도되었고, 맹자(孟子: BC372-BC289)에 의해서 계승·발전되었다. 공자는 춘추시대의 노(鲁)나라 사람으로 시대의 혼탁함을 한탄하면서 도덕성의 회복을 설파하였다. 그의 핵심사상은 '인(仁)'의 구현이었고 실천방안으로 '중용'의 사유방식을 제창했다. 정치적으로는 주(周)대 예(礼)·악(乐) 제도의 회복을 주장하며, 고대전적의 정리작업에 몰두했다. 『서경(书经)』, 『시경(诗经)』, 『역경(易经)』, 『악(乐)』, 『예기(礼记)』, 『춘추(春秋)』 등이 그것인데, 이를 육경(六经)이라 한다. 또 공자가 죽은 뒤 그의 제자들이 그의 사상을 집대성 한 것이 유명한 『논어(論语)』이다.

맹자는 성선설(性善说)에 기반하여 공자의 '인(仁)'에다가 '의(义)'를 추가했다. 그의 학설은 『맹자(孟子)』에 잘 기록되어 있다. 순자는 성악설(性恶说)을 주장하였고 그렇기 때문에 '예(礼)'를 보다 강조하였다. 그 역시 『순자(荀子)』라는 저서를 남겼다.

춘추·전국시대의 뛰어난 성현들에 의해 형성, 발전된 유가사상은 혼란스러운 시대적 상황을 반영하고 있었다. 그래서 유가사상은 현실, 인생, 도덕, 지식, 교육 등을 중시하고 있었다.

유가사상은 만민에 대한 사랑(爱)을 바탕으로 '인(仁), 의(义), 예(礼), 지(智), 신(信)' 등의 인간세상의 도덕적 규범을 담고 있으며, '효

(孝)'와 같이 가족 간에 지켜야할 덕목을 중시했다. 또한 사회정치와 개인의 도덕적 수양을 결합시켜 '수신제가치국평천하(修身齐家治国平天下)'의 통치원리도 제공하였다. 유가의 풍부한 사상을 짧은 지면에 다 소개할 수는 없겠지만 분명한 것은 2천여 년간 중국 사회에 가장 커다란 영향을 끼친 사상이라는 점이다. 그 이유는 유가사상이 기존 질서를 유지할 수 있는 보수적 성향을 지니고 있었으며, 치자(治者)를 위한 통치이론으로서 기능할 수 있었기 때문이다.

유가가 중국의 통치학설로서 본격적으로 자리를 잡게된 것은 유교를 국교화한 한대(汉代)부터이다. 한무제(汉武帝)때 동중서(董仲舒)라는 학자에 의해 천하가 중국을 중심으로 하나로 통일된다는 '천하일통(天下一统)'이념이 제공되자 유가는 국교화 되고 유교경전을 연구하는 경학(经学)이 크게 발달하게 되었다. 이 유가는 송대 이후에 와서 다시 크게 발전하였는데, 이를 송명이학(宋明理学) 혹은 주자학(朱子学)이라 하며 새로운 단계의 유가라 하여 신유가(新儒家)라고도 한다.

송명이학은 한대 경학의 기초 위에 불가와 도가사상을 흡수하여 발전한 것으로서 송내에는 성리학(性理学)으로도 불리었으녀, 정명도(程明道), 정이천(程伊川)을 거쳐 남송의 주자(朱子)에 이르러 집대성되어 주자학이라고도 한다. 이들이 말하는 '이(理)'의 개념은 사람과 세상의 만물 중에 영원히 존재하는 불멸의 것으로서 자연의 최고 법칙이자 사회의 최고 원칙이다. '이(理)'를 사회윤리적으로 구현하기 위해서는 '삼강오륜(三纲五伦)'의 유가적 덕목을 실행해야한다는 것이다. 주자는 '이(理)'의 개념을 계승하여 '이기이원론(理气二元论)'을 주장하였다. 그에 의하면 우주존재의 근원은 태극으로서의 '이(理)'이나 그러한 존재가 모습을 드러내기 위해서는 '기(气)'의 참여가 필요하다는 것이다. 인간에게 있어서 '이(理)'는 본연의 性으로서 '선(善)' 그 자체이지만, '기(气)'는 물질성에 의해 정욕을 불러일으키는 것이다. 따라서 인간은 수양을 통해 인욕을 누르고 천리(天理)를 발휘해야 한다는 것이며, 그 방법으로 경건한 마음을 가지고 이치를 추구해야한다(居敬窮理)고 하였다. 이는 명대에 와서 왕양명(王阳明)에 의해 비판적으로 계승되었는데, 그는 '심(心)'이 바로 '이(理)'로써 '심(心)'이외에는 '이(理)'가 존재하지 않는다고 보고 '심(心)'을 인지함으로써 '이(理)'가 생겨난다고 인식했다. 그리고 그는 그것이 체험을 통해서만 확실해진다며 '지행합일(知行合一)'을 주장하였다.

이와 같이 중국에서 통치이념으로서 발전한 유가사상은 근대 이후 서구 열강의 침략을 받으면서 그 지위도 흔들리기 시작했다. 일부 지식인들은 중국이 서구에 뒤쳐진 원인을 유가에서 찾으려고 했으며, 청대가 멸망한 이후에는 유가가 통치적 지위에서 사라지게 되었다. 심지어 사회주의 중국이 들어서면서 유가는 타도되어야 할 낡은 봉건적 사상으로 지목되기까지 하였다. 그러나 최근 일본, 한국, 대만, 홍콩, 싱가폴 등 유교문화권에 있는 동아시아 국가들의 경제성장으로 인해 유가가 다시 주목받기 시작했으며, 중국에서도 개혁·개방정책을 펼치면서 이에 대한 연구를 활발히 하고 있다. 특히 90년대에 들어서서 중국은 유가사상의 정화를 계승하고 그렇지 않는 부분을 비판함으로써 유가를 현대에 맞게 재창조하려는 움직임을 정부차원에서 거국적으로 시도하였다.

도가사상

도가사상은 유가사상과 함께 중국의 문화나 사상에 영향을 끼친

2대 사상이다. 유가가 통치이념으로서 중국사회에 지배원리로 작용하였다면, 도가는 반체제적이거나 탈 지배적인 사상으로서 중국인에게 침투되었다. 도가사상은 노자(老子: BC579-BC499)와 장자(庄子: BC370-BC300)가 대표적이며 그래서 노장사상(老庄思想)이라고도 한다. 이들의 사상은『노자(老子)』<道德经>과『장자(庄子)』에 잘 나와 있다.

도가사상은 '도(道)'를 우주만물을 탄생시키는 근원으로서, 즉 우주의 본질로 파악한다. 도는 만물의 본체로서 항구불변하는 것이고 그 작용은 '무위(无为)'이기 때문에 인위적인 것이 없는 자연 그대로이다. 이를 바탕으로 '무위(无为)가 곧 다스리는 것이며, 자연에 순응해야 한다(无为而治, 顺其自然)'고 주장하였다. 따라서 세상을 다스리는 것도 무위를 통해 자연 그대로 두어야 혼란스럽지 않고 올바른 사회를 만들 수 있다고 보았다. 이러한 무위자연의 처세학은 세속적인 모든 것은 가치가 없으며 생사여부도 자연계의 하나의 현상에 불과하기 때문에 인간은 자연과 동화해야 한다는 철저한 자연주의로 발전하게 되었다.

이러한 도가사상은 한대 초기에 '무위치국(无为治国)'이 치국에 있어 최상의 경지로 보아 한때 채용된 적도 있었으나, 유가나 법가사상에 의해 배척되고 말았다. 그 뒤 도가사상은 장기적으로 혼란했던 위진남북조 시대에 와서 다시 성행했는데 그 이유는 도가사상이 현실을 도피하거나 곤란에 처한 사람들에게 쉽게 침투되어 그들이 의존할 수 있는 내용을 담고 있었기 때문이었다. 이 시기 도가의 발전은 기존의 유가와 외래에서 전래된 불가와 함께 상호 영향을 주며 교류를 할 정도였다. 당시 유가와 도가의 조화를 시도했던 현학(玄学)이 유행하였음은 이를 뒷받침한다.

그러나 이 이후 도가는 다른 사상 뿐만 아니라 신비적인 요소까지 가미되어 점차 종교화하였고, 다른 한편으로는 인간의 불로장생(不老长生)를 실현하기 위해 도를 추구하는 것으로 변질되기도 하여 학문적인 발전을 보일 수 없었다. 하지만 나라가 어지러울 때 체제에 혐오적인 지식인이나 안정을 희구하는 백성들에게 침투·유지되어 왔다.

법가사상

법가는 중국 전통사상 중에 중요한 일파를 이루고 있는 사상이다. 법가는 유가의 덕치주의(德治主义)에 대하여 형법에 의한 정치를 주장한 사람들로서 상앙(商鞅), 신불해(申不害), 신도(慎到) 등이 초기의 법가를 정립하였다. 후에 한비(韩非: BC280-BC233)가 법가의 이론을 집대성하였는데, 그는 법(法)·술(術)·세(势)를 결합시켜 법 개념을 중심으로 한 법치이론을 정립하였다. 그에 따르면 천하를 통일하는데는 천명(天命)의 개념이 아닌 법의 개념이 필요하고, 따라서 법의 준수가 매우 중요하므로 위반할 시에는 엄격한 징벌을 내려야 한다는 것이다. 그는 또 중앙집권을 유지하기 위해서는 법도 필요하지만 술도 필요하다고 역설하였다. '술(術)'은 군주가 관료를 통제하는 수단으로써 공개적인 법에 비해 은밀성을 특징으로 한다. 또한 '세(势)'는 정권을 장악하는 것으로 '세(势)'와 '법(法)'을 결합시켜 정권을 공고히 해야 한다고 주장하였다.

이 법가의 사상은 진시황에 의해 제대로 구현되었고 결국 천하를 통일하는데 기여하였다. 이 사상은 중국에서 종교·도덕 등의 관념적인 방식이 아닌 실존의 법사상을 발전시킴으로써 법의 공정한 집행과 중앙집권화 된 관료제도를 확립하는데 위대한 공헌을 하였다. 그러나 지나친 신상필벌(信赏必罚)의 원칙은 군주의 전제적 통치를 부추겼고, 대부분의 백성들은 그로 인해 고통을 받을 수밖에 없었다. 따라서 이 법가사상은 백성을 위한 것이 아니었기 때문에 일반 대중 속에 전파가 되지 않고 사라졌다. 하지만 위정자, 즉 왕이나 권부에 들어가면서 체제유지적인 유가사상에 편입됨으로써 그 명맥을 유지하였다.

묵가사상

묵가의 대표적인 인물은 묵자(墨子, BC 480-420)이다. 묵자는 처음에 유가를 배우다가 독립하여 묵가학파를 창설하였다.『묵자』라는 책에 그 사상이 잘 나타나는데, 그것에 의하면 묵가의 가장 핵심적인 내용은 '겸애(兼爱)'이다. 겸애는 타인과 자신을 동등하게 대하는 것으로 유가의 등급적인 '爱'와는 완전히 다른 평등사상이다.

묵가는 초기에 산동 지역을 중심으로 발전하다가 후기에는 각 지역으로 흩어졌다. 특히 진나라에서 많은 활동을 한 진묵(秦墨)이 각종 법령의 제정과 운영을 맡은 것이 주목된다. 묵가는 전국 초기에 활동한 묵석(墨翟, BC 475-390?)에 의해 창시되었나. 유가에서 배웠지만 가장 강한 반대자였던 그 자신도 기계 제작자로 알려지고 있듯이 묵가집단은 성곽의 축조, 무기 제작 등 수공업자를 기반으로 한 전사, 방어집단이었다. 때문에 묵적의 출신 성분을 몰락한 귀족의 후예로서 전문 기술인으로 추정하기도 한다.

하층계층 출신으로 주로 구성된 묵가집단은 구체적으로 어떻게 세상을 이롭게 할 것인가를 고민하였다. 삶에 도움이 안 되는 화려한 장례 따위를 꾸미는 유가의 행위는 재물 낭비이며 결국 생업을 해칠 뿐이라고 생각하였다. 그들은 지배층의 위선과 허위, 사치와 낭비를 철저히 반대하였다. 항상 검약을 강조하며 예에 입각한 공자의 문화주의가 형식주의로 흐르는 것을 보고 명(名)보다는 실(实)을 따지라고 했다. 엄격한 조직과 기율을 갖추었던 묵자 집단은 문무를 결합하였으며, 사유재산권을 옹호하고, 그들 내에서는 번 돈의 일부를 집단에 헌납하여 사용하는 합작경제의 성격을 띠었다. 전쟁은 쌍방간 모두 손해이기 때문에 해서는 안 된다고 주장하고, 지배층의 이익을 위한 전쟁를 반대하였다.

그리고 관료를 임명함에 있어서 연고주의를 버리고 평등하게 현인을 임용함으로써 사회 문제를 해결할 수 있다고 보았다. 묵자의 의(义)는 일종의 사회적 정의를 일컫는다. 의를 하나로 일치시킬 수 있으면 세상을 구제할 수 있다고 보고, 이러한 의를 동일하게 할려면 하늘로부터 임무를 부여받은 위대한 정치지도자의 필요성을 역설한다. 그리고 개인주의의식 보다는 나와 남을 가리지 않고 사랑하는 겸애를 주장하여 사회정의를 하나로 모이게 하려고 하였다. 묵자는 기본적으로 차별애라는 공자의 인(仁)에 대해 동의하지 않았다. 현실의 사회모순과 연속되는 전쟁의 근본원인이 혈연적·신분적인 폐쇄성과 그 이익을 위한 것이라 보았기 때문에 그 해결책으로서 모든 사람을 차별 없이 사랑하는 겸애(兼爱)를 주장하였다. 겸애를 바탕으로 침략 전쟁을 비판하고 실천하는 방법으로서 이익을 서로 공유할 것을 제시했다. 신분적 차별성과 폐쇄성을 타파하려 한 것은 철저한 능력본위의 사회 서열을 강조한 묵가 사상의 혁신성을 잘 보여준다. 이 때문에 같은 상현론(尚贤论)이면서도 유가의 논리가 가족질서의 한계를 넘지 못한 것과는 달리 일반 서민은 물론이고, 노예라 할지라도 능력이 뛰어나다면 등용해야 마땅하며, 군주의 자리까지도 그렇다고 보았다. 이것은 당시 계급 체계를 뛰어넘는 혁신적인 발언이었다. 따라서 일체의 세습적인 신분제는 부정되었으며, 관료는 물론 군주의 세습마저 부정하는 선양(禅让)의 논리를 강조하였다.

당시에 묵가사상은 사회혼란 중에 일반 백성들의 평등적 이념을 구현하려는 가히 혁명적인 사상이었으며 종교적 요소도 강하게 자리하고 있었다. 따라서 이 사상은 중국의 통치계급의 사상과 어울리지 못하고 점차 쇠퇴하였다. 결국 지나친 이상의 추구와 더불어 조직이 파괴되면서 묵가는 사실상 사라졌다. 하지만 그 사상은 농민들이 지배질서에 대해 도전하는 민란의 과정에서 무시할 수 없는 영향을 끼치며 잠재해 있었다.

현대사상

중국 근, 현대는 각각 아편전쟁 – 신해혁명 – 모택동 사망 이라는 사건을 기점으로 나눌 수 있다. 아편전쟁 발발부터 신해혁명까지의 시기는 서양의 문물을 들여오려고 하는 시기로 양무 운동, 무술변법 등 여러 운동이 일어났지만 정신적인 부분은 중국의 사상 그대로 물질문명만을 받아들이려 하였기에 실패로 돌아가고 말았다. 그 후 신해혁명부터 모택동 사망할 때까지 공산당과 국민당의 내전 시기로 모택동의 공산당이 승리하지만 정권을 잡은 모택동은 미흡한 경제정책과 더불어 문화대혁명을 통한 대대적인 정치적 숙청과 사상개조로 인해 중국을 매우 낙후시키고 말았다. 모택동 사망 후 등소평의 개혁, 개방 정책으로 물질적인 경제는 급성장을 이루었으나 정신적인 부분에선 민주화가 되지 않고 문화대혁명의 여파로 인해 아직 성장되지 않아 경제 성장도 이로 인한 이유로 더 이상 발전을 하기 힘든 벽에 가로막히게 될 수 있다.

중국 현대사를 관통하는 가장 주요한 개념은 계몽(启蒙)과 구망(救亡)이다. 이 둘이 서로 조화롭게 기능하는 것이 아닌 어느 한쪽만이 기형적으로 시대에 따라 강조되어 더욱 중국사를 혼란스럽게 만들었다. 먼저 계몽은 각 개인의 정신적인 각성을 뜻하는 것으로 사상 계몽, 개인과 인권의 자유, 개성, 민주주의와 과학, 반봉건 등의 의미로 사용된다. 여기에 구망은 망해가는 나라를 구한다는 뜻으로 주로 제국주의 침략자들과의 전쟁, 반동적인 장개석 정부와의 전쟁을 뜻한다. 무력을 사용해서라도 국가의 독립을 쟁취하는 것을 '구망'이라 한다.

계몽과 구망은 각각 근대화 과정에서 정신적인 부분과 물질적인 부분을 담당하는 것 같은 뉘앙스도 있으나 중국에서의 구망은 공업화, 경제발전 등이 결여된 오로지 무력을 통한 국가독립투쟁만을 지칭하는 것이었다.

중국의 근대는 어지러운 국가 질서로 인해 계몽의 측면보다 나라의 독립을 우선시하는 구망의 측면이 더욱 드러나는 시대였고 이로 인해 오랜 전쟁으로 인해 봉건적 잔재와 농민적 소생산자 의식이 제대로 청산 될 수 없었다. 이는 중국에서 사람들의 심리 속에 뿌리 깊게 심리구조로 작용하고 있는 유교 사상이라 할 수 있으며 유교 사상이 농민적 소생산자 의식과 매우 관련이 있기 때문이기도 하다.

1915년 진독수가 잡지 청년을 창간하면서 청년에게 고함 이라는 글을 통해 자주, 진보, 진취, 세계적, 실리, 과학을 구호로 알리며 그렇지 못했던 기성세대를 비판하기 시작했다. 그래서 과학을 의미하는 새선생(塞先生, science)과 민주주의를 의미하는 덕선생(德先生, democracy)에게서 학문을 배우라는 구호를 퍼트리고 이것은 계몽의 첫 단계였다.

이러한 진독수의 이념에 공감한 역백사, 고일함, 호적, 오우, 유반농, 이대조, 노신, 전현동, 심윤묵, 주작인 등이 쓴 각종 논설과 백화시문이 청년을 통해 잇달아 발표되어 공자와 전통 도덕에 대한 공격을 중국 역사상 처음으로 직접적이고 맹렬히 시작하게 되었다. 이것은 중국인들 자기 자신의 자아에 대한 공격이기도 한데 중국인에게 있어 유교란 자기 자신의 자아에 뿌리 깊게 자리 잡고 있는 것이기 때문이다.

이러한 유교에 대한 강렬한 비판이 무언가 획기적으로 새로이 나타난 것이라 보긴 힘든데 이는 시대가 바뀔 때마다 기존의 전통을 맹렬히 비판하는 것 자체는 유교에서 자주 보이는 일이었기 때문이다.

하지만 기존 유교 비판과 근대의 유교 비판의 가장 큰 차이를 격렬함으로 보았는데 신해혁명까지의 기존 유교 비판은 낡은 봉건방식 그 자체를 부정하는 것이 아니었기에 황제 권력은 그대로 남아있었고 이는 신해혁명 이후 원새개의 독재라는 최악의 형태로 나타나게 된 것이다. 그리하여 근대의 유교 비판은 기존의 유교 관념과 완전히 결별하고 서양의 학설을 도입하여야 한다는 것이다. 철저하게 고유의 전통을 포기하고 서구의 문화를 총체적으로 수입하사는 신문화 운동으로 나타나게 된 것이다.

앞서 일어난 변법운동이나 신해혁명이 실패로 돌아간 가장 큰 이유를 일반 백성들의 무지에서 비롯된 것이라고 본 지식인들은 정치제도보다 백성들의 정신을 계몽해야 한다는 생각을 갖게 되었고 이를 위해서는 문화를 바꿔야 한다고 생각했기에 진독수는 청년 잡지를 출판하여 일반 백성들의 계몽을 주요 과제로 삼았다. 이것은 기존 정치 상황을 비판한다 한들 군벌들이 장악한 상황에서 이를 타파할 수 없었다는 점도 있었다

5. 종교와 신앙

종교

중국에서 전통신앙을 제외한다면 최초의 종교는 유교(儒教)였다. 그것은 서한 무제(武帝) 때부터 독보적인 위치를 차지하게 되었다. 사실 유학(儒学)은 종교가 아니며 공자는 더욱 교주가 아니다. 그러나 중국에서 유학이 일종의 종교적인 색채를 띠고 있는 것도 사실인데, 그것은 공자를 모시고 그를 제사지내는 것으로 나타난다. 그러다가 동한 때에 불교(佛教)가 들어와 점차 확산되면서 남북조시대에 오면 중국에는 이교(二教)라는 말이 있게 된다. 유교와 불교인 셈이다. 불교는 남북조시대에 크게 성행했다. 그러나 아직 고승(高僧)들은 모두가 외국(인도) 사람들이었다. 게다가 불경의 번역 사업도 미미했다. 그래서 여전히 외국 종교의 티를 벗지 못했다. 불교가 완전히 중국화된 것은 당나라 때부터였다. 이때가 되면 고승은 전부가 중국 사람이며 불경의 번역사업도 끝나 교세가 민간에까지 확산된다. 바야흐로 전성기를 구가하게 되는 것이다. 그래서 선종(禅宗)·천태종(天台宗)·법상종(法相宗)·화엄종(华严宗) 등과 같은 수많은 종파까지 출현하게 된다. 우리나라의 신라 때에 해당되는데 신라의 불교가 성행했던 것도 중국에서 유입된 원인이 있었던 것이다. 그러나 남북조 때에 불교가 성행하면서 중국 고유의 신앙인 도교(道教)를 자극하게 되었다. 그래서 얼마 있다 삼교(三教)라는 말이 나왔다. 유불도(儒佛道)인 셈이다.

도교는 전설상의 임금인 황제(黄帝)와 노자(老子)를 교주로 섬긴다. 그래서 황로학(黄老学)이라고도 한다. 도교의 역사는 복잡하면서도 길다. 멀리 전국시대의 음양오행설이 뿌리가 되는데 후에 다시 방사(方士)와 신선술(神仙術), 한나라 때의 도참(图讖)사상, 그리고 진나라 갈홍(葛洪)이 지은『포박자(抱朴子)』중에 보이는 연단술(煉丹術) 등이 합해져 복합적으로 이루어졌다. 그러다가 당나라 때에 오면 이론적인 기초가 확립되게 된다. 게다가 교주인 노자는 성이 이(李)씨로서 당의 종실과 동성이다. 그래서 조정에서는 도교를 보호해 줌에 따라 크게 성행하게 되었다. 중요한 것은 그것을 믿는 계층이다. 유교를 믿는 사람들은 대개가 사대부들로서 상부문화에 속하는 사람들이다. 반면 도교는 일반 평민들간에 광범위하게 유행되었으며 그것은 또한 중국 고유의 종교로서 중국의 전통 신앙을 대표하고 있다. 여기에 비해 불교는 외래 종교로서 역시 평민들간에 유행되었다. 이처럼 중국인의 종교 신앙은 매우 복잡하다. 중국의 민간신앙을 대표한다는 도교는 사찰을 도관(道观)이라고 한다. 그들의 신앙을 유심히 관찰해 보면 도관을 중심으로 한다기보다는 일상생활 중에서 자신의 신앙을 실천하고 있다. 그러다 보니 순수 도교라고 하기보다는 민간의 미신과 복잡하게 융합된 일종의 다신교가 되어 있다.

중국인의 종교관은 천지 우주간에 있어서 사람의 위치와 밀접한 관계가 있다. 중국인에게 천인합일은 최고의 이상이며 인간이 그것과 조화를 이루는 것을 최고의 가치로 보았다. 그래서 종교에서도 중심은 사람이다. 즉 중국에서의 종교란 인간과 인간간의 관계에 불과하다. 사람이 사람을 믿고 섬기는 것이다. 앞의 사람은 살아 있는 사람이고 뒤의 사람은 죽은 사람, 곧 조상인 셈이다. 중국 사람들에게 있어 조상은 가족과 죽은 자와의 관계를 말한다. 그래서 늘 조상과 유기적인 관계를 맺고 있는데 재미있는 것은 혹 병이라도 나면 먼저 조상의 위패부터 살피곤 했다. 위치가 잘못되었는지, 불효했는지를 반성했던 것이다. 이처럼 인간과 조상이 밀접하게 연결되어 있다 보니까 조상숭배가 곧 원시 신앙의 시초가 되었다. 그들은 지금도 집집마다 조상의 위패를 모셔 놓고 향을 피우는데 이를테면 일종의 조상교인 셈이다.

인간간의 조화를 확대하면 사회와의 조화다. 그래서 집과 집, 마을과 마을간에도 조화를 추구했는데 일례로 초상이 나면 집의 사방 담장에 붉은 종이에다 죽은 자의 팔자를 적어 알렸다. 중국에서 붉은 색은 피를 의미하며 그것은 또한 사악함을 물리치는 것으로 인식했기 때문이다. 인간간의 조화는 더 나아가 자연과의 조화로 발전하게 되는데 여기에는 천(天)·지(地)·신(神)·귀(鬼) 등 초자연이 모두 해당된다. 특이한 것은 중국인의 귀신 관념은 인본주의(人本主义)라는 데에 있다. 유가의 성현이든 도교의 신선이든, 아니면 불교의 보살이나 귀신 등은 모두가 인격화되어 있다. 그래서 사람과의 관계가 한층 밀접해지며 부탁도 가능하게 되는 것이다. 인간과 귀신의 관계는 제사 때에 사용하는 제물의 종류에서도 파악이 가능하다. 먼저 그들이 하늘에 제사를 지낼 때는 삼생(三牲:소·양·돼지)을 산채로 바치지만 일반 신을 제사할 때는 반쯤 익힌 돼지고기를 사용하며 조상의 제사에는 역시 가벼운 음식을 바친다.

이상에서 보면 중국인의 제사에는 엄격하고도 일정한 윤리 질서가 있는데 제물을 어느 정도 사용하느냐로 섬기는 대상의 높낮이가 결정된다. 이것은 곧 인간과의 거리를 의미하는 것이다. 다시 말해 종교와 일상생활의 인륜, 교화가 합쳐진 형태인 것이다. 그러므로 중국 사람들이 귀신을 대하는 것은 기본적으로 인간관계의 연장에 불과하다. 이는 기독교에서 하나님을 창조주로, 예수를 구세주로 받들면서 사람은 예배만 가능할 뿐 그 이상은 불가능한 것과는 다르다. 이처럼 중국에서의 종교란 조상, 즉 인간을 섬기는 종교가 일찍부터 뿌리를 내렸으므로 우리가 말하는 종교는 그다지 성행하지 않고 있다. 가장 성행했다는 불교도 그들이 주장하는 내세관이나 윤회론이 조상 섬기는 것과 흡사했으므로 수용이 가능했을 뿐이다. 그래서 중국에서 기독교는 별로 발전하지 못하고 있다. 중국에 기독교가 전래된 것은 우리보다 훨씬 오래되었고 또 우리는 그들로부터 기독교를 전수 받았음에도 불구하고 교세는 미미하며 우리와 비교하면 큰 차이가 나는데 위에서 든 이유에서다.

종교의 특징

중국의 종교는 제도화·조직화되어 있다기보다는 일반 대중의 일상 생활 속에 용해되어 있다. 현재 중국에 적지 않은 (불교·이슬람교) 사원과 교회가 있지만 그 종교적인 역할이 미미한 이유도 그 때문이다. 모택동 사망 이후 중국 정부는 문화혁명 이후 폐쇄되었던 여러 사원의 종교 활동을 허용하였다고는 하나 아직까지 모든 종교 활동은 엄격히 통제되며 승려 가운데 상당수는 관리인이라고 한다. 중국 종교의 특징은 다음과 같이 4가지로 설명할 수 있다.

첫째, 중국의 종교는 매우 현실적이다. 그들의 종교는 신 중심이라기보다는 윤리적이며, 이론적이라기보다는 실제적이다. 공자는 귀신과 죽음에 대한 질문을 받자 '사람과 삶도 모르는데 어찌 귀신과 죽음을 알겠는가?'라고 대답한 것은 매우 현실적이다. 오랜 세월 먹고 살기에 급급했던 사람들로서는 그럴 수 밖에 없지 않았겠느냐고 해석하는 사람도 있다.

둘째, 중국의 종교는 혼합적이다. 중국의 전통적인 민간 신앙은 도교·유교·불교 등 기원이 다른 세 가지 종교와 고대의 애니미즘이 뒤섞인 것이라고 할 수 있다. 도교는 인간이 우주와 조화를 이루며 살아가는 방법을, 유교는 정치와 윤리를, 불교는 사후의 문제를 가르친다. 도교는 전래의 애니미즘이 가미된, 중국의 유일한 자생 종교이다. 불교는 인도에서 전래된 종교이고 유교는 종교라기보다는 사상에 가깝다.

셋째, 중국의 종교에는 미신적 요소가 많다. 중국인들의 종교적인 관심은 부처·공자·노자 등과 고차원적인 철학이나 수도 생활보다는 세속적인 구복(求福), 점괘, 죽은 자의 영혼 달래기에 집중되어 있다.

따라서 중국의 종교에는 미신적인 요소가 상당히 많다. 점을 치고 싶으면 절에 간다거나, 중국의 운전기사 가운데 상당수가 모택동을 신격화한 나머지 안전 운행을 기원하기 위해 차 앞유리에 모택동의 사진을 부착하고 다니는 것이 한 예가 될 것이다.

넷째, 중국 종교의 특색은 다신 숭배이다. 부처·공자·노자 이외에도 중국인들은 수많은 남녀 신을 섬기고 있다. 중국의 민간 신앙과 관련된 어휘 가운데 가장 중요한 개념은 복이다. 중국인들이 풍수를 중시하는 것도 다름 아닌 복을 받기 위한 것이리다. 그들은 출입문이나 조상의 무덤 따위의 위치가 자신의 미래를 좌우한다고 여긴다. 홍콩의 마천루들 가운데 상당수는 풍수 전문가의 자문을 받고 나서 지은 것이라고 한다. 죽음, 사후의 생, 조상 숭배 등은 중국인의 신앙에서 빠뜨릴 수 없는 부분이다. 중국인들은 사자가 생존했을 때보다 인간에게 벌을 주거나 복을 줄 수 있는 힘이 더 크다고 믿어 항상 그들을 행복하게 해주어야 한다고 생각한다.

종교 현황

1949년 이후 중국에서 종교는 그다지 큰 의미를 갖지 못한다. 무신론의 입장에 선 중국 공산당 정부는 종교란 미신이자 인민의 아편이며, 지배 계층의 권력과 특권을 유지하기 위한 수단에 지나지 않는 다고 주장한다. 이는 '종교는 인민의 아편'이라는 마르크스의 신념과도 일치하는 것이다. 그리하여 문화혁명 때 중국의 전래 종교는 엄청난 수난을 당했다. 사원은 폐쇄되고 승려들은 강제 노동판에 끌려 나갔으며, 심지어 죽임을 당하기도 했다.

1954년에 제정된 중국 헌법은 중화인민공화국의 공민은 종교와 신앙의 자유를 보장하고 있지만, 1958년 이후에는 종교에 대한 규제가 강화되었다. 문화혁명 기간에 낡은 문화, 사상, 풍속, 습관을 타파하자는 4구타파(四旧打破) 운동으로 홍위병은 사원과 교회는 파괴하였다. 파손되지 않은 사원도 대부분 지방 정부나 군기관 등에 의해 접수되었다. 승려와 신부는 노동에 참가하도록 농촌으로 강제로 보내졌다.

그러나 문화혁명이 끝난 1976년에 다시 신앙의 자유을 인정했다. 1982년 헌법에서 '어떠한 국가 기관, 사회 단체, 또는 개인도 공민(公民)에게 종교를 믿고 안 믿고를 강제로 해서는 안되며, 종교를 믿는 공민과 믿지 않는 공민을 차별해서도 안된다'라고 규정하였다. 현재 중국 공산당이 인정하는 종교는 불교·이슬람교·도교·기독교·천주교·개신교 등이다. 그러나 무신론자만이 공산당에 입당할 수 있기 때문에, 대부분 종교를 가지고 있는 소수 민족들은 입당할 기회를 원천적으로 봉쇄하고 있다. 중국 정부는 소수민족문제, 외국 선교사의 영향으로 분쟁이 일어나는 것을 경계하고 있다. 1959년 인도로 망명한 달라이 라마는 티베트의 독립을 주장하고 종교(라마교)의 자유를 주장하며 반정부운동을 펼치고 있다. 또한 신강 위구르 자치구에서도 이슬람교도의 폭동이 빈번하게 발생하고 있다. 1990년대 이후 한국 기독교의 선교 활동이 활발해지자, 1994년 외국인의 선교활동을 금지하는 '외국인 종교 활동 관리규정'이 시행되었다

6. 언어와 문자

현대중국어

중국은 56개 민족으로 구성된 다민족 국가이다. 한족 이외에 55개 소수민족이 있으며 각 민족은 대부분 자기들의 언어를 가지고 있다. 일반적으로 중국어라는 말은 중국인이 사용하는 말이다. 따라서 이 명칭에는 많은 소수민족의 언어가 포함된다. 이러한 혼란을 없애기 위해 중국에서는 전 인구의 90%이상을 차지하는 한족(汉族)이 사용하는 언어를 한어(汉语)라 하여 다른 소수민족의 언어와 구분하고 있다.

현대 한어는 한족이 사용하는 공통어이다. 공통어는 북경어음을 표준음, 북방화를 기초방언, 현대 백화문 작품을 문법규범으로 삼고 있는 보통화를 말한다. 이 보통화는「보통 사람들 사이에서 통용되는 말」이라는 뜻으로 중국 각 방언지역의 민족들이 교제도구로 사용하는 언어이다. 북경어음은 중국 정부에서 제정한 표준어음으로 정치·경제·사회·문화 등 정책적인 차원에서 지정한 언어집단의 공통의 언어이다. 방언은 표준어와 대별되는 개념으로 고대한어가 발전하여 현재까지 사용되고 있는 각 지역에 분포되어 있는 언어이다. 방언 가운데 북방방언은 사용인구가 가장 많고 범위가 넓다. 현대중국어는 이 북방화를 기초방언으로 하고 있다. 북방화의 어휘는 13세기 관화와 백화문학이 전파되면서 서면어와 백화문의 기초가 되었으며, 문법은 모범적인 현대 백화문을 기초로 하여 제정하였다.

그러나 넓은 의미의 현대 중국어는 보통화와 각 지방에서 사용되는 방언을 포함한다. 언어의 변화 및 발전과정에는 언어의 분화와 언어의 통일이 생긴다. 언어의 분화란 한 개 언어가 몇 개 언어 또는 방언으로 분화되는 것을 말한다. 다시 말하여 한 언어가 그 역사적 신행과정에 몇 개 친족어 또는 방언으로 분화하는 것을 말한다. 한 사회의 서로 다른 지구와 지방들이 여러 가지 원인에 의하여 서로 거래가 적어지게 되면 몇 개 지역에서 언어의 변화가 생기게 된다. 이러한 상태가 지속되면 그 언어의 사용집단의 언어는 분화가 생기어 방언 또는 친족어로 된다. 현대 중국어의 표준어는 보통화이지만, 방언은 크게 관화(官话)인 북방방언(북경어), 오(吴)방언(소주(苏州)어, 상해어), 상(湘)방언(长沙어), 공(赣)방언(南昌话), 객가(客家)방언(梅县话), 월(粤) 방언(광주화), 민(闽)방언(복건성 일대)의 7대방언으로 나누고 있다. 방언 간에는 서로 의사소통하기 쉽지 않을 정도로 발음 차이가 많고, 성조 운용도 복잡하다. 이밖에 소수민족 거주 지역에서는 그들만의 언어가 따로 사용되기도 하다. 방언 중에는 북방 방언과 월 방언의 점유율이 높다. 북방 방언인 관화는 청나라 옹정(雍正)년간에 조정과 관계(官界)에서 통용되던 방언으로 영어식 명칭은 포르투갈어에서 유래한 만다린(Mandarin)이고, 광동어의 영어식 명칭은 캔토니즈(Cantonese)이다. 근대 이후 광동성 주민들이 미국에 많이 이주함에 따라 미국에 정착된 중국어 일부는 광동식으로 발음하기도 한다. 예를 들어 북경식 오리구이는 북경어 발음으로는 '베이징 카오야'라고 하지만, 미국에서는 광동어의 영향을 받아 '패킹덕(Peking Duck)'이라고 발음한다. 그래서 미국에서 중국어를 할 줄 안다고 말하면, 'Mandarin or Cantonese?'라고 되묻는 경우가 많다.

한편 중국의 표준어는 북경지역에서 중등교육 이상을 받은 사람들의 일상적인 언어인 일명 보통화(普通话)로서, 북방 관화인 북경어가 그 전신이다. 북경어를 근간으로 하고 있지만 실제로는 북경어라는 방언 중 토속적인 부분을 배제하고 정제한 언어이기 때문에 북경의 토속 방언과는 약간의 차이가 있다. 우리나라 교육기관에서 가르치는 중국어는 모두 북경어인데, 북경어만으로는 방언을 사용하는 수억의 중국인들과는 의사소통이 이루어지지 않으니까 신경 쓰일 수 있다. 하지만 중국의 정식 표준어가 북경어이고 어느 정도의 학력이 있거나 젊은 층인 경우 대부분 북경어를 알아듣기 때문에 걱정할 필요가 없다.

중국어의 명칭과 형성과정

약 960만 ㎢나 되는 넓은 땅을 차지하고 있는 中国에는 여러 민족의 언어가 사용되고 있다. 중국에서 사용하는 언어는 한장언어(汉藏言语Sino-Tibetan Family), 南亚语族), 알타이어족(Altai Family), 인구어족(印欧语族Indo-European Family), 남도어족(南岛语族Autronesian Family) 등으로 구성되어 있다. 광의적인 개념으로 중국어라 하는데, 중국내에서 사용되고 있는 모든 언어를 가리키는 것은 결코 아니다. 중국내에는 각자의 언어를 지닌 여러 소수민족이 살고 있다. 보통 중국어라는 말은 소수민족의 언어가 포함된 중국인이 사용하는 언어이다. 중국에서는 전 인구의 90%이상을 차지하는 한족(汉族)이 사용하는 언어를 한어(汉语)라 하여 다른 소수민족의 언어와 구분하고 있다. 중국 정부에서 제정한 표준어는 사회·문화·정책적인 차원에서 지정한 언어집단의 공통의 언어이다. 흔히 말하는 영어, 중국어, 일본어, 한국어 등과 같은 개별언어의 명칭은 일반적으로 해당 개별언어의 표준어를 가리킨다. 방언은 표준어와 대비되는 개념으로 표준어와는 음운, 어휘, 문법상으로 유사점 및 차이점을 지닌다. 표준어 개념의 명칭은 '보통화(普通话)'이며, 이는 「보통 사람들 사이에서 통용되는 말」이라는 뜻이다. 보통화라는 명칭 이외에도 중국어의 별칭은 다양하다.

금원(金元) 이래 북경에 도읍을 정하게 됨으로서, 북경은 정치 문화 경제의 중심지 였고 북경화는 각급 관청의 교류언어였기 때문에 북경화는 전국 각지에 전파 되었다. 또한 백화문학작품이 광범위하게 유포되면서 북경화로 대표되는 북방화는 각 방언지역 사이의 의사교류 도구로서의 지위를 갖게 되었다. 당시의 북경화를 관화라고 불렀다.

■ 관화 : 명대(明代)이래로 최근까지 통행되어온 "관화(官话)"라는 낱말은 원래 "관리들의 공식 용어"라는 의미로 출발하여 점차 표준어를

가리키게 된 것이다. 이 관화(官话)는 당시 수도였던 북경에서 사용하던 말에 기초했다. 많은 방언들이 있는 대륙을 효과적으로 다스리고 광대한 지역에서 소통될 수 있었던 언어체계로 이 관화(官话)를 선택하였다. 현재 중국에서는 관화(官话)라는 명칭은 표준어라는 의미로는 쓰지 않는다. 단지 한족(汉族)전체인구의 70%정도가 사용하고 있으며 보통화(普通话)가 기초가 된 북방방언을 관화방언(官话方言)이라고도 부르며 이 방언지역을 다시 하위방언으로 세분하여 북경관화(北京官话)·서남관화(西南官话)·서북관화(西北官话)·남방관화(南方官话)방언이라고 부르는 것을 보면, 이 관화의 의미를 부분적으로 계승하고 있음을 알 수 있다. 서구에서는 일찍부터 당시 중국표준어를 만다린(Mandarin)이라고 하였다. 이 만다린은 "중국에서 관리와 지식인들이 보편적으로 사용하는 말"이라고 정의되어 있다.

■ 백화 : 당대(唐代)까지 지식인들이 사용하던 문어(文语)는 일반 서민들이 말하는 일상 언어와는 달랐다. 송대(宋代)에서 원대(元代)에 이르면서 언어에 변화가 생겨 표준어의 성격을 띤 새로운 구어가 형성되었다. 이 구어가 '명백한(알기 쉬운) 말'이나 '연극의 대사(臺词)'라는 뜻의 백화문이다. 명대(明代)에 들어서는 이를 사용한 백화소설인 『수호지(水浒志)』, 『금병매(金瓶梅)』 등이 등장하였고, 청대(清代)에도 『유림외사(儒林外史)』, 『홍루몽(红楼梦)』 등이 편찬되었다. 그러나 백화문학은 쉽게 자리를 잡지 못하였다. 당시에는 여전히 문어체의 시와 문장이 문학이 주류였다. 청말(清末)에 구사회(旧社会)가 흔들리자 일반인이 이해하기 쉬운 구어 문장을 사용한 잡지, 신문 등이 출판되었다. 그렇지만 본격적인 변화는 신해혁명(辛亥革命, 1911)에 따른 문학혁명이었다. 이 문화혁명은 문언으로 쓰인 유교와 전통사상을 비판하고 구어문장을 주장하며 문화를 바꾸었다. 노신(鲁迅)의 『광인일기(狂人日记)』를 비롯한 여러 작품이 발표되면서 구어에 의한 근대문학이 확립되었다. 5·4운동 이

후 백화문은 서면어의 통상적인 형식이 되었다.

■ 국어 : 국어(国语)는 19세기 초부터 공동 국가언어를 지칭하는 말로 민국 이후 정부에서 제정하여 관화(官话)라는 명칭 대신에 사용된 것이다. 五四 이후, 민족민주혁명운동이 고조되면서 백화문운동과 국어운동은 한민족공동어의 발전을 가속화시켰다. 문언문의 위치를 위협히면서, 통속문학에서만 사용되어 오던 백화에 문학언어의 지위와 북경화 중심의 북방화에 민족공동어의 지위를 부여하였다. 이 운동은 서면형식과 구어형식이 합치되는 규범적 문학언어를 형성시켰다. 현재까지 대만에서는 국어를 표준어로 부르고 있다.

■ 보통화 : 보통화(普通话)는 중화인민공화국에서 자기들의 표준말을 일컫는 공식 명칭이다. 이것은 그 이전에 사용되었던 국어와 마찬가지로 북경방언에 기초를 두고 있는 표준언어로서, 각 학교와 정부 기관에서 공식적으로 사용되고 있다. 보통화는 현대 한(汉)민족의 공통어이다. 각 방언의 문법 어휘는 대체로 일치하고 어음은 서로 대응관계에 있지만, 차이가 심하여 외국어처럼 서로 통하지 않는다. 이런 방언 사이에 심한 차이는 국민통합과 경제발전에 큰 장애가 되었다. 그래서 이런 장애를 극복하기 위하여 공통적으로 쓰이는 보통화를 제정하게 되었다. 특히 1949년 중화인민공화국이 수립된 후에 공통어가 명확히 규정되고 보급이 강력 추진되어 왔다. 그래서 '북경어음을 표준음으로 하고 북방어를 기초 어휘로 하며 전형적인 현대백화로 쓰인 저작을 문법적인 기준'으로 삼은 공통어로서 표준어가 제정되었는데, 이것을 오늘날 중국에서 '보통화'라고 부른다.

■ 한어 : 한어(汉语)는 글자 그대로 한족(汉族)의 언어로서 국제적으로 통용되는 언어다. 즉 민족학적 의미의 중국어를 가리키는 말이다. 실제로는 이 언어가 보통화라는 용어를 대신하여 통용되고 있다. 학술적인 문장에서는 통상 이 용어를 사용하고 있다.

■ 중문 : 중문(中文)은 중국어의 서면어 형식과 구어 형식 모두를 지칭하

> 는 것이다. 엄격하게 말하자면 서면 언어를 뜻하는 것이다. 그러나 일상적인 용례에 있어서는 이 용어가 서면 언어뿐만 아니라 구어도 지칭할 수 있다. 이 용어가 중국 언어에 대한 명칭으로서의 공식적인 지위를 지니고 있지는 못하고 있을지라도 현실적으로는 널리 통용되고 있는 실정이다. 이를테면 중국어로 쓰여진 각종 형식의 인쇄물(서적, 신문, 잡지 등)을 지칭하는 명사를 수식하는 경우에 있어서는 오로지 이 용어만이 사용 가능하다.

이러한 현대중국어는 장기간 지속되어온 발전과정을 거쳐 근대중국어를 기초로 형성되었다. 현대중국어의 형성은 송원이후 북방구어를 반영한 서면어로 쓰인 백화문학의 출현과 원명이후 북방구어인 관화가 점차 각 지방에 보급된 보통화에서 실마리를 찾을 수 있다.

역사적으로 중국어의 표준어 개념은 여러 지역의 방언들이 병존하고 있었던 고대로부터 존재하고 있었다고 볼 수 있다. 문헌의 기록에 의하면 先秦시기『論语』의 '雅言'이라든지 汉代『方言』속에 나오는 '通语'가 표준어, 공통어였을 것이다. 명청대(明清代)에 나온 운서(韵书)나 운도(韵图)에 자주 보이는 '雅音 또는 正音'은 황하유역 중원(中原)지방의 표준어음을 가리키는 명칭이다. 특히 화중(华中)·화베이(华北) 지방에 직업·계층과는 관계없이 두루 통용되는 공통어가 되었다. 원명대에 걸쳐 현재의 중국 남서부가 식민지로 급속히 개발되면서 이 공통어는 운남·귀주·광서 등 각 지방에도 보급되었기 때문에 청말(清末)에는 전국토의 약 2/3에 달하는 지역에 의사소통 정도는 가능한 공통어가 통용되었으며, 이를 '관화(官话)'라고 일컬었다. 중화민국이 세워진 뒤 정부가 독음통일주비회(读音统一筹备会)를 발족시켜 표준발음의 보급에 나서자 공통어의 통용범위는 더욱 넓어졌다.

1949년 중국 정권이 본토를 차지한 뒤 그들은 55년부터 종래의 '국어(国语)'라는 명칭 대신 공통어를 '보통화(普通话)'로 개칭하였으며, ① 현대 북경어의 발음을 표준으로 삼고, ② 북방어를 그 기초방언으로 정하며, ③ 전형적인 현대의 구어로 쓰여진 작품을 그 문법적 규범으로 한다고 결정하였다. 이와 같은 방침에 따라 '한어규범화(汉语规范化)'운동이 강력히 추진되었으며, 그 결과 중년 이하의 연령층과 특히 모든 공무원은 지방의 사투리를 남기면서도 보통화로 대화할 수 있는 상태에까지 이르고 있다.

중국어의 특징

▣ 고립어

고대중국어는 고립어이다. 고대에 중국인들은 한자를 이용해 대상을 표현할 수밖에 없었던 것이다. 중국인들이 자신의 의지를 뜻글자인 한자에 담아 표현하면서 고립어가 되었다. 단어와 문법관계를 나타내는 형태소와의 관계가 고립적으로 나타난 것이다. 문법관계를 표시하는 형태변화가 없을 뿐만 아니라, 단어 자체에도 문법적 변화요소가 없다. 단어에 문법적 형태소가 필요 없이 자립하여 독립했다. 즉 인도유럽어와 달리 문법적 기능을 단어에 표시하지 않기 때문에 중국어는 굴절어처럼 낱말의 형태가 낱말 자체의 변화로 나타나지 않는다. 교착어(첨가어)처럼 형태교체가 전혀 없다. 중국어는 문법적 기능을 어휘나 어형 속에 표시할 수 없는 고립어이다. 품사의 성격도 어휘의 위치에 따라 결정된다. 어순의 위치가 불안정하기 때문에 품사의 성격도 항상 문맥에서 판단해야 한다. 낱말의 어간에 다른 요소를 붙여 문법성분을 표시하는 언어와 달리 중국어는 어순과 허사에 의해 문법 현상을 나타낸다. 당연히 논리적으로 생각할 수 없어 정확한 의사를 표현하기 어려웠을 것이다. 이러한 비논리적인 사고방식 때문에 문장을 만드는데 필요한 전치사, 접속사, 관계대명사 등의 허사가 발달하지 못한 것이다. 실사인 명사, 형용사에 단수, 복수, 남성, 여성의 구별이나 동사의 시제에 관한 규칙도 없다. 격의 표시도 없어 단어의 어순이 주격, 소유격, 목적격 등을 대신하고 있지만 이것도 정확한 규칙이 없다. 따라서 문장에 필요한 성분의 결합, 연결, 내부 관계는 자립형이 놓이는 위치, 즉 어순에 의해서만 통사관계를 나타낼 수 있다. 단어 자체에 변화 없이 단어가 놓이는 어순으로 문법관계를 나타낸다. 오직 문법적인 관계를 어순과 첨사(添辞)를 이용하여 표현한다. 중국어는 형태상으로 서로 고립된 단어의 연쇄에 의해서 표현되는 특색을 가진 언어이다. 마치 건물을 지을 때 벽돌을 쌓아 나가는 형식에 가까운 언어라고 할 수 있다.

고립어라는 의미는 사실 단음절어라는 것과 같다. 즉 하나의 음절이 하나의 의미단위라는 것과 표리관계가 있음을 말한다. 또한 흔히 중국어는 분석어라고도 한다. 분석어는 종합어와 상대적인 개념이다.

◘ 단음절어

중국어는 대부분 단음절어를 어간으로 하고 있다. 단음절이라는 것은 중국어의 형태소가 하나의 음절이 하나의 단어가 된다는 뜻이다. 즉, 중국어가 모두 단음절이라는 의미가 아니고, 현대 중국어는 단음절을 어간으로 단음절과 단음절의 부가성분으로 구성되어 있다. 고대중국어는 대부분 하나의 단어가 하나의 음절, 하나의 한자로 구성되었으나, 현대중국어는 단어가 대부분 두 개의 음절 이상으로 구성되어 있다. 그렇지만 단음절이라고 하는 이유는 일부 단어를 제외하고 이음절 단어의 각 음절이 의미를 지닌 채 독립적으로 쓰이기 때문이다. 단어의 의미를 확충하기 위해 이음절을 만들어 사용하였다. 이음절은 두 개의 음절을 합성한 형태이다. 두 개의 음절은 뜻이 상대 관계, 동의 관계, 유사 관계에 있는 음절을 연결하거나, 수식 관계와 주술 관계, 술목 관계, 술보 관계로 구성되었다.

■ 개념어

중국어는 근대에 이르러 몇 개의 부가성분이 생겼지만, 인도-유럽어처럼 문법범주를 나타내는 것은 아니다. 문법관계는 단어의 위치, 허사, 다른 단어와의 관계를 나타낸다. 이러한 문법관계 때문에 중국어는 고립성이 강한 언어의 근거가 되고 있다. 교착어는 동사를 활용할 수 있으나, 고립어인 중국어는 동사활용이란 것이 없다. 写를 '쓰다, 써라, 썼다'로도 되고, '에게, 를, 는, 가' 등 일정한 격을 나타내는 조사가 있지만 중국어는 없다. 把, 了 등의 허사가 있어 격조사나 형태변화를 표시하는 것처럼 보인다. 그렇지만 把가 목적어와 동사의 관계에서 쓰이는 것이고, 了는 완료시제, 상태의 변화에 쓰인다. 이러한 사실은 중국어가 본질적으로 어휘적 언어인 개념어로써 문장이 단어의 어순에 의해 성립되는 것이다.

■ 성조어

한국어, 영어, 중국어는 성조의 유무, 어순, 조사의 사용 여부와 격변화의 유무, 띄어쓰기의 유무가 서로 다르다. 모든 언어에는 공통점이 발견되지만, 각 언어마다 다른 언어와 구별되는 차이점이 있다. 중국어의 이러한 언어적 특성으로는 성조언어, 고립어, 단어 형태 변화의 부재, 다양한 방언 들을 들 수 있다. 그 중 '성조'는 한어가 지니는 가장 큰 특색 중 하나이다. 한어는 음절마다 고유의 성조가 있어서 완전한 음절을 형성하고, 또 음절의 뜻을 분화하는데 결정적인 구실을 하는 것이다. 만일에 음절에 성조가 결여되면, 음절음의 형태가 되지 못하고, 뜻의 변별도 제대로 되지 못한다. 그렇기때문에 한어는 성조언어라고 이르게 되는 것이다.

현대 중국어에는 400여 개의 음절이 있는데, 다음과 같이 의미를 구별하는 가장 중요한 역할을 하는 것이 성조이다.

主力(zhǔlì) 주력 --- 助理(zhùlǐ) 조력하다
登记(dēngji) 등기하다 --- 等级(děngjí) 제위에 오르다
联系(liánxì) 연관하다 --- 练习(liànxí) 연습하다
举行(jǔxíng) 거행하다 --- 句型(jùxíng) 문형

또한 성조는 词性을 구별할 수도 있다.

背 bèi(名词) 등 : bēi(动词) 업다
好 hǎo(形容词) 좋다 : hào(动词) 좋아하다
钉 dīng(名词) 못 : dìng(动词) 못을 박다
磨 mó (动词) 마찰하다 : mò(名词) 맷돌

성조는 음절의 의미를 변별할 수 있는 소리의 고저(高低)와 승강(昇降)의 변화이다. 중국어는 음이 완전히 같을 경우 성조가 없으면 의미 구별이 어렵다. 이처럼 성모와 운모처럼 성조도 의미를 구별

하는 기능이 있는 중요한 성분이다. 현대 중국어는 阳平·阴平·上声·去声의 4개의 성조가 있다.

■ 품사와 어순

중국어의 품사 체계는 한국어와 유사해 보이지만 실제로는 차이가 크며, 품사 명칭이 같더라도 그 내용이 다른 경우도 있다. 한국어는 9품사 체계로 이루어져 있는 반면, 중국어의 품사는 일반적인 분류에 따르면 다음과 같이 13품사로 나눌 수 있다. 즉 명사, 대명사, 동사, 능원동사(조동사), 형용사, 수사, 양사, 부사, 개사(介词, 전치사), 연사(连词, 접속사), 조사, 탄사(歎词, 감탄사), 상성사(象声词, 의성사)가 있다. 이 외에 구별사와 상태사를 따로 분류하기도 한다. 중국어의 개사는 영어 품사인 전치사(preposition)와 완전히 똑같지는 않기 때문에 개사라는 명칭을 그대로 사용한다.

중국어의 어순(word order)은 기본적으로 영어 어순과 유사한 점이 많다. 중국인이 아시아권에서 영어를 비교적 잘 구사하는 이유 중 하나가 바로 어순이 비슷하기 때문이다. 한 나라의 언어의 특색을 가장 잘 나타내주는 것이 바로 어순인데, 중국어를 포함한 한장어(汉藏语) 계열의 언어는 '주어 + 동사 + 목적어(S + V + O)'의 어순 구조를 갖고 있다. 우리말을 포함한 알타이어계의 '주어 + 목적어 + 동사(S + O + V)'의 어순구조와 다르다.

또 우리말의 조사와 성격이 유사한 중국어의 개사, 즉 영어의 전치사와 마찬가지로 개사는 목적어 앞에 놓인다. 우리말에서 조사가 명사 뒤에 붙는 어순구조와 다르다. 이 밖에 영어의 to 부정사(infinitive)가 부사적 용법으로 쓰일때 문장 뒤에 놓여 수식하듯이, 중국어로 '~하러', '~때문에'라는 의미를 지닌 구문은 문장 뒤에 놓인다. '我去看他。(나는 그를 보러 갑니다.)', '很高兴, 认识你。(당신을 알게 되어 매우 기쁩니다.)' 등의 문장을 예로 들 수 있다.

중국어 발음과 성조

현대 중국어 발음은 북경 발음을 표준으로 하는데, 각 음절은 대부분 성모(声母), 운모(韵母) 그리고 성조(声调) 세 부분으로 나뉜다. 중국어 발음 부호는 알파벳 자형을 딴 한어병음(汉语拼音)이 쓰이고 있으며, 대만에서는 주음부호(注音符号)라는 발음 부호를 사용하고 있다.

■ 성모(声母)

㉠ **双唇音(bilabial)** : 重唇音이라고도 한다. 下唇(아랫입술)이 上唇(윗입술)으로 움직여서 두 입술이 기류를 장애하여 형성되는 辅音이다. b(뽀) p(포) m(모)

㉡ **唇齿音(labio-dental)** : 轻唇音이라고도 한다. 下唇이 윗니의 안쪽과 접촉하여 기류의 장애를 조성하여 만들어지는 보음이다. f(~포)

㉢ **舌尖前音(dental or tip-alveolar, 齿音)** : 舌齿音 · 平舌音, 혹은 齿头音이라고도 한다. 기류가 혀끝과 윗니 뒷면의 오목한 부분의 장애를 받으면서 만들어지는 보음이다. z(쯔) c(츠) s(쓰)

㉣ **舌尖中音(alveolar or blade-alveolar, 齿茎音)** : 舌尖音 혹은 舌头音이라도 한다. 혀는 앞을 향하여 평평하게 펴고 혀끝을 윗니의 잇몸에 대어 장애를 일으키는 보음이다. d(뜨어) t(트어) n(느어) l(르어)

㉤ **舌尖后音(super-dental or retroflex, 卷舌音)** : 혀끝을 안으로 말아 올려 경구개에 닿게 하여 기류를 그 사이로 통과시켜 나는 보음이다. zh(~즈) ch(~츠) sh(~스) r(~르)

ⓑ **舌面音(prepalatal or alveolo-palatal)** : 舌面前音이라고도 하는데 舌面前이란 혀의 자연스러운 상태에서 경구개 밑부분을 가리킨다. 이 음은 설면의 앞부분을 경구개에 접촉시키거나 가까이 하여 그 사이로 기류가 마찰되면서 나오는 소리이다. j(지) q(치) x(시)

ⓢ **舌根音(velar)** : 舌面后音이라고도 하는데 소위 舌面后란 혀의 연구개 밑부분 즉 后舌을 가리키며 이 부분의 동작은 종종 혀뿌리(舌根)와 구별이 되지 않아 后舌이 만들어 내는 소리를 舌根音이라 한다. 설근음은 혀바닥의 뒷부분이 연구개에 접근해서 기류에 장애를 일으켜 만들어지는 소리이다. 그리하여 연구개음이라고도 불리운다. g(끄어) k(크어) h(흐어)

■ 운모(韵母)

운모(vowel)는 모음으로서 중국어에 있어서는 성모와 성조를 제외한 나머지 부분을 칭하고 있다. 북경어 운모에는 단운모, 두 개 이상의 모음이 합쳐진 복운모, 모음 뒤에 콧소리 자음이 붙는 부성운모, 권설운모 등 기본 운모 16개와 개모(介母) i, u, ü와 결합된 결합운모 22개가 있다.

㉠ 기본 운모

단운모(单韵母) a(아) o(오) e(어) ê에) -i(yi)(이) -u(wu)(우) ü(yu)(위)
복운모(複韵母) ai(아이) ei(에이) ao(아오) ou(오우)
부성운모(附声韵母) an(안) en(언) ang(앙) eng(엉)
권설운모(卷舌韵母) er(얼)

㉡ 결합운모 개모 I와 결합

-ia(ya)(이아)-io(yo)(이오) ie(ye)(이에) -iai(yai)(이아이) -iao(yao)(이아오)
-iu(you)(이오우)

-ian(yan)(이엔) -in(yin)(인) -iang(yang)(이앙)

-ing(ying)(잉)

ⓒ 개모 u와 결합

-ua(wa)(우아) -uo(wo)(우오) -uai(wai)(우아이)

-ui(wei)(우에이) -uan(wan)(우안) -un(wen)(원)

-uang(wang)(우앙) -ong(weng)(옹, 웡)

ⓓ 개모 ü와 결합

-ue(yue)(위에) -uan(yuan)(위엔) -un(yun)(윈)

-iong(yong)(이옹/융)

위에서 밑줄 친 부분은 발음 표기와 실제 발음 사이에 약간의 차이가 나서 다소 혼동하기 쉬운 발음이다. 괄호 안의 y, w로 시작하는 발음 표기는 운모 단독으로 음절을 이룰 때 사용된다.

결합운모 -ue, -uan, -un의 원래 표기는 -ü, -ün, -ü이지만, j, q, x 뒤에 올 때는 반드시 '위에', '위엔', '윈'으로 발음하기 때문에 움라우트 없이 표기하여도 혼동되지 않는다. 예를 들어 jue, juan, jun으로 표기하여도 '쥐에', '쥐엔', '쥔'으로 발음한다.

단운모 -i는 보통 '이'로 발음하지만, zh, ch, shi, r, z, c, s 뒤에 붙는 경우 '으'로 발음한다. 예를 들어 ji는 '지'라고 발음하지만, zhi는 '~즈'로 발음한다. 운모 발음 중에서 -un은 '온'과 '운' 사이의 발음이고, -ong은 '옹'과 '웅' 사이의 발음이며, -iong 역시 '이옹'과 '이웅' 사이의 발음이다. 중국어 음절은 운모 단독으로, 또는 성모와 운모가 결합하여 이루어진다.

■ 성조(声调)

중국어는 각 글자마다 발음의 높낮이인 성조(tone, pitch)가 있다. 방언에 따라 성조의 종류도 다른데, 북경어의 경우 4개의 기본 성조가 있다. 이것을 사성(四声)이라고 하며 각 성조의 높낮이 변화와 부호 표시는 다음과 같다.

제1성은 높고 평평한 성조로, 솔(5도)에서 시작하여 솔(5도)로 끝난다. 부호는 '-'로 표시한다.

제2성은 올라가는 성조로, 미(3도)에서 시작하여 솔(5도)에서 끝난다. 부호는 '´' 로 표시한다.

제3성은 내려가다가 올라가는 성조로, 레(2도)에서 시작하여 도(1도)로 내려갔다가 파(4도)로 올라간다. 부호는 'ˇ'로 표시한다.

제4성은 내려가는 성조로, 솔(5도)에서 시작하여 급강하하여 도(1도)에서 끝난다. 부호는 '`'로 표시한다.

성조의 부호는 예를 들면 jiā, gā, guǎ, guì 등과 같이 한 음절의 주요 모음 위에 표시하며, 모음 i 위에 성조 부호가 붙는 경우 i위의 점을 없애야 한다. 발음이 같더라도 성조에 따라 그 뜻이 구별된다. 예를 들면 妈(mā 어머니), 麻(má 삼베), 马(mǎ 말), 骂(mà 욕하다)처럼 성조가 다르면 같은 발음이라도 전혀 다른 의미가 된다. 그러므로 중국어 학습 시에는 성조를 정확하게 발음하는 연습이 중요하다.

■ 경성과 성조변화

북경어에는 4개의 기본 성조 외에 가볍고 짧게 발음하는 경성(轻

声)이라는 성조가 있다. 조사, 접미사, 중첩어의 뒤 음절 등은 원래의 성조와 무관하게 가볍고 짧게 발음하는 경우가 많으며, 이러한 경성은 성조 부호를 표기하지 않는다. 경성은 가볍게 발음하되 음의 높낮이가 있는데, 제1성과 제2성의 뒤에 놓일 때는 제1성과 제2성의 발음 끝 부분 높이에서 약간 낮은 높이로 발음한다. 그리고 제3성과 제4성의 뒤에 놓일 때는 제3성과 제4성의 발음 끝 부분 높이와 같은 높이로 발음한다.

한편 한 글자 한 글자가 이어져 단어나 문장이 되는 경우, 앞 뒤 성조에 따라 성조가 변하기도 하는데 이를 성조변화 또는 변조(变调)라고 한다. 먼저 제3성의 성조 변화가 있다. 즉 제3성이 두 번 겹치면 앞의 제3성은 제2성으로 바뀌며, 제3성 뒤에 제1, 제2, 제4성이 올 때는 앞의 제3성은 반3성으로 변하는데 반3성은 레(2도)에서 시작하여 도(1도)로 낮게 발음하며 끝나는 소리이다.

不(bù)의 성조 변화도 있다. 不는 원래 제4성으로 발음하지만, 제4성의 글자 앞에서는 제2성으로 발음한다. 또한 一(yī), 七(qī), 八(bā)의 성조 변화가 있다. 이 3개의 숫자들은 원래 제1성으로 발음하지만, 제4성의 글자 앞에서는 제2성으로 발음한다.

중국의 문자

그동안 우리 사회는 내부적으로 한글전용 또는 한자 병용을 각각 주장하면서 대립과 갈등을 겪어왔다. 양측 주장과 견해는 신문지상에 광고로 등장할 정도로 그 의견 대립이 첨예하다. 물론 과학적인 한글을 지키고자 하는 데에는 다수가 동의하고 있다. 다만 한자를 바라보는 시각, 즉 한자를 우리문화의 일부로 보는 그룹은 한자 혼용을 지지하고 있고, 한자를 외래 문자로 보고 우리의 자주성을 주장하는 그룹은 한글 전용으로 맞서고 있다.

한자의 기원을 거슬러 살펴보면 사실 이러한 의견 대립은 별 의미가 없음을 알게 된다. 한자의 초기 형태인 3천여 년 전 은대 갑골문을 보면 어순이 알타이어 특징인 '주어+목적어+동사'순으로 이루어진 문장이 많고, 갑골문을 만든 은(殷) 민족은 알타이어계의 동이족이다. 또한 갑골문 '文化(문화)'의 '化(화)'는 '人(인)'과 숟가락 '匕(비)'가 합쳐진 글자로서 사람이 숟가락을 사용하면서 문화가 시작되었다는 뜻인데, 세계에서 숟가락을 사용한 민족은 동이족 밖에 없다. 최근에는 갑골문보다 천여 년 이전의 초기 한자인 골각문(骨刻文)이 발견되었는데, 발견지역이 과거 동이족이 활동했던 산동과 요녕, 내몽골 지역이다.

그렇다면 한자를 창조하였거나 창조 과정에서 중요한 영향을 끼쳤던 민족그룹은 동이계열 민족일 가능성이 크다. 그렇기 때문에 한자를 외래문자로 단정 짓는 것보다 우리말과의 관련성을 통해 그 연원을 더 깊게 탐구해볼 필요가 있다. 또한 한자와 한글의 기원이 같은 경우도 적지 않다. 한 예로 '낙엽(落叶)'의 '낙(落)'과 '가랑잎'의 '가랑'은 각각 고대 복성모인 'glak'에서 'g'가 탈락된 발음과, 'glak'의 'gl' 사이에 'a'가 첨부된 발음이다. 그런데 사람들은 '낙'은 한자음이고, '가랑'은 한글 음이라고 별도로 인식하고 있다. 따라서 한자를 이질적인 문화로 볼 것이 아니라 적극적으로 우리 것으로 수용할 필요가 있다고 본다. 특히 한자문화권인 동아시아와의 소통을 위해서도 한자에 대한 지속적인 연구와 학습은 더욱 필요하다.

잠시 한자의 북경식 발음과 우리식 발음을 비교해보자. 두 발음 간에 가장 큰 차이는 k, t, p 등의 입성(入声), 즉 수성(收声)의 유무이다. 입성이란 발음 시 모양이 닫히면서 막히는 자연스럽고도 과학적인 발음이다. 한 예로 '출입(出入)'이란 단어의 '입(入)'은 들어온다는 뜻으로 소리가 입술이 닫히면서 자연스레 막히게 된다. '호흡(呼吸)'의 '호(呼)'는 내쉬는 숨(exhale)으로서 '호'라는 발음을 했을 때 몸 안의 기가 밖으로 나간다. '흡(吸)'은 들이쉬는 숨(inhale)으로 밖의 기를 몸 안으로 끌어들인 후 막아버린다. 만약 산 정상에서 '야호!' 대신 '야홉!'이라고 외친다면 상쾌함을 느낄 수 없는 것과 같은 이치다.

그런데 한자를 국어로 사용하는 중국의 북경어에서는 이처럼 과학적인 한자발음을 제대로 찾아볼 수 없다. '출입'을 '추루(churu)'로, '호흡'을 '후시(huxi)'로 발음하기 때문에 들이쉬고 내쉬는 발음의 구별이 없어져버렸다. 반면 우리식 한자 발음은 입성자를 간직하고 있기 때문에 자연스럽고 과학적인 발음을 유지하고 있다. 말하고자 하는 사물이나 현상의 소리나 모양새 또는 그 의미를 자연스럽게 한 음에 담고 있는 것이다. 예를 들어 문(门)을 발음해보면 입 모양이 닫힌 문을 여는 모습으로 된다. 배울 학(学)은 스승이 자신이 가진 모든 것을 내뱉듯이 열정을 가지고 가르칠 때 배움에 도달하는 것이다. 이 이치에 따라 여성의 자궁에서 10개월 동안 머물던 아기가 배 밑으로 나오는 형상이라고 주장하는 학자도 있다. 발음은 '학'으로 하여 속에 있는 것을 내뱉어서 밖으로 나오게 하는 발음으로 생각한 듯하다. 이 말이 맞든 틀리든지 그만큼 우리가 간직한 한자음의 소리에는 자연과 과학이 숨어있다.

한편 중국어의 중고음을 고찰하려면 입성자를 간직하고 있는 우리의 한자음을 연구하지 않으면 안 될 정도다. 또한 우리의 한자음이 일자일음(一字一音) 원칙을 지키고 있는 반면, 현대중국어는 일자일음, 일자이음, 일자삼음까지 변음이 되어 있다. 그래서 박문기 같은 학자는 훈민정음은 바로 중국에서 잘못 발음되고 변용되어 있는 변음을 바로잡기 위해 정음을 만든 것으로 해석하고 있다. 한자와는 다른 우리의 글자만을 만들었다면 훈민정자(训民正字)가 되어야한다는 얘기다. 또한 '나랏말씀이 중국과 달라서'는 원문[国之语音, 异乎中国]대로 해석하면 '나랏말씀이 중국에서는 달리 사용해서'로 번역해야 한다는 것이다. '이여중국(异与中国)'이 아니라 '이호중국(异乎中国)'이 원문이기 때문이다.

한자는 그 기원이 한민족과 관련이 깊고, 우리식 한자음 역시 자연적이고 과학적인 측면을 유지하고 있다. 또 현재 한국어의 70% 이상이 한자어 또는 한자에서 파생된 말이다. 한글은 과학적이고 사용이 쉬워 세계적으로 인정받을 만큼 우리 한민족의 자긍심임에는 틀림없지만, 한자 역시 기나긴 시간을 거치며 우리의 축적된 문화를 반영하고 있기 때문에 한자로 표기하지 않으면 의미가 모호해지는 단어도 많다.

중국인들은 한국 사람의 한자 이름이 어렵다고 말할 정도로 한자어 쓰임새가 다른 부분이 많다. 고사성어 역시 다르게 쓰이는 경우도 많은데, 예를 들어 '일석이조(一石二鸟)'는 중국에서는 '일전쌍조(一箭双雕)'라고 표현한다. 용어 의미가 다른 것도 상당히 많다. 예를 들어 '소심(小心)'은 중국어에서는 '조심하다'를, '조심(操心)'은 중국어에서는 '근심하다'를, '방학(放学)'은 중국어에서는 '하루의 수업을 마치고 하교하는 것'을, '약속(约束)'은 중국어에서는 '구속'을, '애인(爱人)'은 중국어에서는 '배우자'를 의미한다. 또한 중국식 한자(간체자), 한국식 한자, 일본식 한자 형태도 조금씩 다르다.

더욱이 국제화 시대 속에서 중화문화권과의 교류도 활발해지고 있는데, 우리가 사용하는 한자어 중 상당수는 중국에서 유래하였고,

일부는 일본에서 만들어졌다. 예를 들어 신화(神话), 문학(文学), 철학(哲学), 물리(物理), 원자(原子), 체납(滞纳), 납득(纳得), 번호(番号), 역(驿), 무정부주의(无政府主义), 벤또(便当) 등이 일본에서 만들어졌다. 일본은 메이지유신 때 동아시아 국가 중 먼저 문호를 개방하면서 서양문물을 받아들일 때 용어도 일본식으로 조어를 하게 되면서 많은 일본식 한자어가 탄생되었다. 중국에서도 이러한 일본식 한자어를 차용하고 있다. 우리 나라 대학생들의 한자 수준은 상당히 낮은 편이다. 따라서 한자에 대한 정확한 인식을 바탕으로 한자에 대한 지속적인 학습을 통해 품격과 인성을 높일 수 있는 계기가 필요하다.

한자의 특징

한어의 주요 특징은 한어가 표의문자체계의 문자라는 것이다. 세계상의 대부분의 문자는 크게 두 가지로 분류할 수 있다. 하나는 표음문자이고, 또 다른 하나는 표의문자이다. 한자는 표의체계의 문자이며, 표음문자와는 본질적인 차이가 있다. 각각의 언어는 몇 개의 음소와 음절로 이루어진 어음계통이 있으며, 또한 어소와 단어로 구성된 어휘계통이 있다. 이 네 개의 구성요소는 부호를 통해 기록할 수 있다. 음소를 기록한 것을 음소문자, 음절을 기록한 것을 음절문자라고 하며 이 둘을 합쳐 표음문자라고 한다. 어소를 기록한 것을 어소문자, 단어를 기록한 것을 표사문자라고 하며 이 둘을 합쳐 표의문자라고 일컫는다.

표음문자는 최대한 간단한 부호를 통해 한 가지 언어의 한정된 음절과 음소를 표현하며, 단어의 소리를 나타내는 자모로 삼는다.

일반적으로 얘기해서 일정한 음은 일정한 자모로 표현하며, 일정한 자모는 일정한 음을 표현한다. 자모의 발음과 쓰는 법에 대한 규정을 파악함으로써, 사람들은 하나의 단어를 들었을 때, 그것을 써내려 갈 수 있고, 하나의 단어를 보았을 때에는 읽어낼 수 있다. 그러나 표음문자는 반대이다. 하나의 단어의 발음을 들었을 때, 한 평생 한자를 읽는 공부를 한 사람이더라도 그 단어를 써내지 못할 수도 있다. 또한 어느 한 단어를 보았을 때 읽어내지 못한다. 왜냐하면 단어와 글자는 표음자모를 통해 발음을 나타내는 것이 아니며, 쓰거나 읽는 규칙이 따로 존재하지 않기 때문이다. 이는 한자를 공부하는데 있어 기억하기 어렵고, 읽기 어려우며, 인식하기 어렵고, 공부하기 어려운 단점을 만들어 냈다. 한자는 몇 십 개의 자모를 통해 어소를 기록하거나 몇 십 개의 어소를 통해 음절을 기록하는 것이 아니고, 많은 수의 부호를 통해 어소와 단어의 의미를 만들어내고, 동시에 어소의 발음을 내포하고 있다. 따라서 사람들은 한자를 어소문자라고도 얘기 한다. 이러한 한자는 다른 지방이나 민족의 방언 속에서 서로 다르게 읽혀졌다. 한자는 어소의 음소와 음절의 자모로 구성되어 있는 것이 아니고, 형성자라고 하더라도 글자중에서 음소와 음절의 자모의 흔적을 찾을 수 없다. 한자는 대부분 어소를 표현하며, 어소의 뜻과 어소의 음을 내포한다. 비록 대부분의 한자 하나하나가 하나의 음절을 가지고 있다고 하지만, 이것은 표음문자의 음절문자와는 관계가 없다. 음절문자는 하나의 부호를 통해 하나의 음절을 나타내며 하나의 음절을 이용해 하나의 부호를 표시한다. 즉, 일음일부이며, 일본의 자모(KANA)가 그 예이다. 한자의 경우 하나의 음절로 많은 종류의 한자를 기록할 수 있다. 예를 들어 xī라는 음절은 『신화자전(新华字典)』을 보면 西나 夕 등등 68개의 같은 음을 가진 글자가 있다고 한다. 또한 하나의 한자는 몇 개의 다른 음절을 가지고 있다. 和라는 한자는 'hé, hè, huó huò, hú'의 다섯 가지 읽는 법이 존재한다.

현재 사용되는 한자의 형성자의 형부는 의미를 표현하고, 성부는 읽는 법을 나타낸다. 몇몇 사람들은 이 때문에 한자를 표음문자라고도 부른다. 형성자의 성부는 본래는 표의문자이다. 예를 들어 氧중의 羊이다. 또한, 형성자의 성부 음은 일음일부가 아니며, 똑같은 음이라도 다른 성부로서 음을 표시할 수 있다. 예를 들어 yi라는 음을 표시하기 위해 '诣, 亿, 呓, 挹, 议, 屹, 弈, 轶, 疫, 译, 蜴, 缢, 臆' 등의 서로 다른 성부를 이용했다. 또한 하나의 성부는 또한 다른 발음을 내는데 사용할 수 있다. 예를 들어 者라는 한자는 zhě(赭), shē(奢), zhū(诸), shǔ(暑), chǔ/zhǔ(褚), dǔ(睹), tú(屠), xù(绪), dū/dōu(都) 등의 발음을 낼 수 있다. 따라서 형성자의 성부는 표음문자의 자모와 같다고 할 수 없는 것이다. 문자 계통으로 보았을 때, 한자가 비록 많은 양의 형성자가 있지만, 변함없이 표의문자로 분류해야 한다.

한자의 또 다른 특징은 한자가 일정 정도의 시간을 초월하는 성격을 가진다는 것이다. 몇 천 년간 한자의 어음은 상당히 변화했으나 한자의 자형과 기록된 어소의 의미 변화는 크지 않다. 예를 들어 고서에서 天, 地, 芧, 鳥, 虫, 魚 등의 글자에 대해 현대인들은 그 당시의 읽는 법은 모르지만 그 뜻은 이해할 수 있다. 이러한 한자는 여러 방언 속에서 읽는 법은 다르지만 그 의미의 기본은 같다. 한족의 역사는 장구해 고서가 풍부하고, 본토가 넓으며, 따라서 방언간의 불일치 정도가 컸다. 표의문자의 시공간 초월성은 다른 역사와, 다른 지역 방언간의 아주 좋은 교류 도구로써 역할하며 민족의 결합에도 큰 역할을 했다.

한자의 다른 한 가지 특징은 같은 음이라도 다른 형태를 가지고 있을 수 있어 동음자의 분류 기능을 구비하고 있다는 점이다. 한자의 음절은 간단하고 짧다. 따라서 같은 음을 가진 글자가 비교적 많다. 만약 동음을 가진 한자가 동일한 형태를 가진다면, 동일 형태를 가진 글자가 많을 것이며, 이는 동일한 글자에 대한 많은 해석 현상을 낳을 것이다. 그리고 이는 책 속에서 의미를 전달 할 때에 상당히 불리하다. 표의문자는 한자의 요구에 적응했고 이로 인해 한자의 표음체제가 지금까지 오랜 기간 동안 유지될 수 있었다.

육서(六书)

한자의 구조 즉 한자가 만들어지는 원리는 여섯 가지 유형으로 나뉘는데, 이를 육서라고 부른다. 현재 6만 자 정도의 한자는 상형(象形), 지사(指事), 회의 (会意), 형성(形声), 전주(转注), 가차(仮借) 등 여섯 가지 원칙 중 하나로 만들어진다.

상형(象形)은 물체의 모습에 따라 그 형상을 그리는 것으로, 처음에는 원시적인 그림 형태로 시작하여 사물의 모습에 근접하였지만 후에는 점차 간략화하면서 사물의 원래 모습에서 다소 멀어지게 된다. 상형문자의 예로는 일(日), 월(月), 우(牛), 마(马) 등이 있다.

지사(指事)는 형태를 구체적으로 그릴 수 없는 것들에 대해 추상적인 기호로서 나타냄으로써 사람들이 그러한 기호나 부호를 통해 그 뜻을 추상할 수 있는 것이 바로 지사이다. 지사문자의 예로는 상(上), 하(下) 등이 있다.

회의(会意)는 두 개 또는 세 개의 글자가 결합하여 새로운 의미를 담은 글자로 만드는 것이다. 예를 들면 '인(人)'과 '언(言)'이 결합된 '신(信)'은 사람이 말한 바는 반드시 실천되어야 한다는 의미를 지닌다. 또한 '목(木)'과 '목(木)'이 결합된 '림(林)'은 나무가 많아 이루어진 숲을 의미한다.

형성(形声)은 형태와 소리가 합쳐져 이루어진 문자로서 형부(形部)는 사물의 형태를 나타내고 성부(声部)는 사물에 부합하는 소리를 나타낸다. 한자의 80% 이상이 형성문자로 이루어져 있다. 예를 들면 형성문자인 고래 '경(鲸)'은 물고기를 나타내는 형부인 '어(鱼)'와 소리를 나타내는 성부인 '경(京)'이 결합하여 이루어졌다.

전주(转注)는 동일한 시간이나 동일한 장소에서 만들어진 문자가 아니다. 즉 동일한 의미의 문자가 시간이 흐르면서 달라지기도 하고, 서로 다른 지역에서 다른 글자로 만들어지기도 한다. 같은 의미의 문자가 시공을 달리하면서 다른 글자들로 만들어진 것이다. 그래서 음과 뜻이 동일하지만 형태가 다른 문자들은 서로 주석을 하게 되었는데, 이를 전주라고 부르며 중복된 문자 간 소통을 위해 사용하게 되었다. 『설문해자』에 보면 '考, 老也.', '老, 考也'라는 글이 있는데, 여기서 '고(考)'와 '노(老)'는 전주가 된다.

가차(假借)는 본래 문자가 없어서 다른 문자의 음이나 형태를 빌려 사용하는 것이다. 예를 들어 콩을 의미하는 '두(豆)'는 원래는 제사지낼 때 사용하던 제기였는데, 후에 이 글자를 빌어서 콩을 의미하는 문자로 활용하였다. 즉 '두(豆)'가 가차문자가 된 것이다.

한자의 서체 변천

■ 서체의 변천

연못에 술을 가득 채우고 나무에 메단 고기가 숲을 이룬다는 고사성어가 주지육림(酒池肉林)이다. 상나라 마지막 왕인 주(纣)가 그 인물이다. 그는 여인 달기에 빠져 정사를 돌보지 않고 온갖 향락이 극에 달하는 생활을 즐겼다. 그곳이 지금의 하남성 안양시이다. 한자는 1,899년 하남성 안양현 소둔촌 은허에서 은대 갑골문자(甲骨文字) 3천여 자가 발견되면서 그 초기 형태가 알려졌다. 갑골문은 기원전 1,300년 경 점을 치기 위해 거북이 등껍질이나 소의 넓적다리 뼈 등에 새긴 글자로서, 이 자료들은 당시의 귀중한 역사자료인 동시에 한자라고 하는 문자의 초기 형태를 밝혀주는 귀중한 문자학 자료도 된다. 그런데 최근에는 동이족의 활발했던 활동지역인 산동 지역에서 갑골문보다 훨씬 이전의 문자, 즉 골각문(骨刻文)이 발견되어 현재 학문적으로 연구 중에 있다. 한자의 기원에 대해서는 그 기원이 좀 더 거슬러 올라 갈 수 있는 가능성이 높아졌다. 갑골문이 명사와 대명사, 동사 등 품사들이 포함되어 있고 서술문도 구성되어있다는 것은 이미 어느 정도 발달된 형태라고 볼 수 있기 때문이다.

이후 주(周)와 한(汉)를 거치면서 청동기 기물 내면에는 금문(金文), 또는 종정문(钟鼎文)이라는 한자의 서체가 활용되기도 한다. 그리고 갑골문과 금문에 이어 이른바 전서(篆书), 예서(隸书), 해서(楷书), 행서(行书), 초서(草书) 등 다섯 종류의 서체가 이어진다.

전서는 다시 대전과 소전으로 나뉘는데, 대전은 춘추전국시대에 통용되던 서체이고 소전은 진대에 통용되던 서체다. 소전은 대전보다 간단하면서 정제되어 있어서 후대 한자의 규범화에 큰 역할을 하게 된다. 예서는 전서를 간화하여 쓰기 편리하도록 만들어진 서체로서 진대에 쓰이기 시작하여 한(汉)과 위(魏)나라에서 보편적으로 사용되었다. 획이 둥글고 곡선 위주의 전서와는 달리 예서는 획이 각지고 직선 위주이다.

정서(正书) 또는 진서(真书)로도 불리는 해서는 예서의 필획을 단순화하여 만든 서체로서, 한말 이후 현재까지 널리 사용되어 온 서체이다. 행서 역시 한말에 쓰기 시작하여 현재까지 사용되고 있는 서체로서 해서보다 쓰기 쉽고 초서보다 알아보기 쉽다는 장점이 있다.

초서는 한말부터 본격적으로 발달된 서체로서 필획을 과감하게 줄였기 때문에 예술성은 높으나 실용성이 적다는 단점을 지니고 있다. 그중 우리가 일상생활에서 접하고 사용하는 한자 서체의 대부분은 해서체이다.

■ 간체자(简体字)

중국어의 한자는 필획과 형태가 복잡하여 기억하거나 이해하기가 어렵다는 결점이 있다. 많은 중국인들이 문맹으로 살아가는 이유 중 하나도 바로 한자가 쓰기 어려운 글자이기 때문이다. 중국의 한자 간체화는 이미 오래 전부터 진행되었는데, 갑골문, 금문에 간체자가 있었고 소전에도 간체자가 있었으며 예서, 해서의 간체자는 더욱 많다. 당, 송 이후 간체자는 점점 필기에서 인쇄로 확대되었고 수량도 따라서 대대적으로 증가하였다. 근대에 이르러 태평천국은 간체자를 행정, 문서 및 기타 분야에서 응용하였으며 옥새조차도 간체자를 사용하였다.

중화인민공화국이 성립된 이후, 한자에 대해 계획적인 간체화를 진행했으며 아울러 간체자를 합법적인 규범 문자로 만들었다. 1951년 '第一批简体字表'를 공포하여 555글자를 수록하였다. 이러한 기초 위에서 반복된 토론과 연구 수정을 거쳐, 1955년 '汉字简化方案(草案)'을 제출 공포하여 간체자 798개를 수록하였다. '草案'은 끝으로 汉字简化方案审订委员会와 全国文字改革会议의 신중한 토론과 진지한 수정을 거치고, 아울러 국무원 전체 회의 제23차 회의의 토론을 거쳐 통과되었으며 '汉字简化方案'으로 명명되어 1956년 정식으로 공포되었다. 이어 몇 년간의 시행을 거쳐 1964년 2,238자가 수록된 간화자총표(简化字总表)를 출판하여 간체자의 규범으로 삼았다.

1964년, 중국 문자 개혁 위원회은 국무원의 관계 지시에 근거하여 '简化字总表'를 편집 출판하였는데, 편방 유추 간체자도 포함하여 모두 2,238개의 간체자를 수록하였으나 그 중에는 '签', '须' 두 글자가 중복되어 실제로는 2,2236개의 간체자가 수록되어 있다. 1977년 '문화 대혁명'의 특수한 역사 조건하에서 다급하게 '第二次汉字简化方案(草案)'을 공포하였는데 완전한 간체자 462개와 편방 유추 간체자까지 합쳐 모두 853개를 수록하였다. '草案'은 매우 성숙되지 못해서 문제가 비교적 많았으며 대중들의 불만도 비교적 커서 우선 초·중등학교 교과서에서 사용을 중지했으며, 나중에는 1986년 국무원의 허가를 얻어 정식으로 폐지했다. 1986년 '第二次汉字简化方案(草案)'을 폐지하는 동시에 '简化字总表'를 새롭게 발표하여 원래 '总表'의 일부 글자에 대해 조정을 하였다. 이에따라 중국의 정식 한자 간체화는 사실상 잠정적으로 일단락되었다. 그러나 한자를 간체화하는 것은 민간에 여전히 계속 존재하여 이미 폐지된 '第二次汉字简化方案(草案)' 중의 일부 글자를 일부 사람들이 계속 사용할 뿐 아니라 사회적으로 끊임없이 새로운 간체자를 만들어냈다. 이러한 상황은 과거에도 있었고 지금도 있으며 이후에도 있을 것이며 아마도 피하기 어려울 것이다. 이것은 물론 사회에서 글자를 쓰고 규범화하는데 일부 어려움을 가져올 것이나 어떤 의미에서 보면 결코 나쁜 일이 아니다. 지금 중국에서 간체자는 법으로 정한 규범자로 이미 행정, 문서, 뉴스, 출판, 교육, 영화, 텔레비전, 컴퓨터 등의 분야에 널리 응용되어 간체자를 익히고 사용하는 사람이 글자를 아는 사람의 절대 다수를 차지하며 수억의 사람에 이르는데 이것은 소홀히 할 수도 없고 변경시킬 수 없는 사실이다.

이러한 한자 간체화의 원칙과 방법은 1922년 전현동(钱玄同)은 국어 통일 준비 위원회에서 한자 필획을 줄이는 데 있어서 현재 민중 사회에서 통용되는 간체자를 근거로 했다. 이러한 '한자 간체화 방안'은 사람들이 한자를 배우고 쓰기 쉽게 하여 낙후된 중국의 교육 발전시켰다. 문맹 퇴치에 비교적 좋은 효과를 거두었으나, 어떤 글자들은 간체화한 것이 별로 적합하지 않아 인지와 식별의 어려움을 야기할 수 있다. 같은 음으로 대체하거나 초서를 해서화하고, 부호를 대체하는 등 한자 구조의 증가로 인한 복잡성으로 한자 간체화에 대한 전반적인 연구가 지속되어야 할 것이다.

7. 중국 역사

삼황오제 전설과 하왕조

문헌상의 기록에 의하면 중국 역사는 삼황오제의 전설에서 시작된다. 『서경』에 의하면 화식(火食)을 창안한 수인씨, 사냥의 기술을 가르친 복희씨, 농경술을 발명한 신농씨 등 삼황이 있었으며, 뒤이어 황제, 전욱, 제곡, 요, 순임금 등 오제가 중국을 통치하였다. 황제(黄帝)는 중국 문명의 시조로 일컬어지며 황하 유역의 반대 세력들을 물리치고 여러 가지 발명품을 만들어 백성들의 생활을 편안하게 하였다. 황제가 죽은 후 얼마 지나지 않아서 요임금이 천자가 되어 어진 정사를 폈으며 효행으로 이름 높은 순을 발탁하여 그에게 천자의 자리를 선양하였다. 이 요(尧)·순(舜)의 치세는 지금까지도 태평성대의 대명사로 불리며 두 임금은 성군의 이상형으로 높이 추앙되고 있다. 태평성대한 사회를 이끌며 백성을 다스린 요임금이 신하인 순임금에게 왕위를 선양하여 요순시대를 열었으며, 순임금은 우(禹)에게 천자의 자리를 물려주었으며 우임금은 아들 계(启)에 이르러 세습 왕조 체제로 바뀌어 하(夏)왕조의 시조가 되었다. 하는 중국 전설상의 가장 오래 된 왕조로 은(殷)·주(周)를 합하여 3대라고 통칭하며, 옛 중국에서는 이상적 성대(圣代)로 불려왔으나, 명확한 유적·유물이 남아 있는 것은 은나라 이후이다.

『사기(史记)』〈하본기(夏本记)〉에 의하면, 하왕조(夏王朝)는 시조 우왕(禹王)이 기원전 2070년 왕조를 개국하였다. 순(舜)은 황하강의 치수사업에 헌신적으로 노력한 공을 인정하여 우에게 제위를 선양하였다. 순 임금은 외아들 상균이 있었지만, 요임금이 순임금에게 제위를 선양해주었듯, 덕망 높은 우에게 천자자리를 주었던 것이다. 바로 이 우에 의해 하 왕조가 이루어졌다. 우는 제위를 현자에게 선양하지 않고, 우의 아들 계(启)를 추대하여 선양제(禅让制)가 없어지고 상속제(相续制)에 의한 최초의 세습왕조가 출현하였다. 농업과 목축업을 하며 살아가던 하나라는 역법을 만들어 사용했고, 하천과 호수가 많아 수리사업이 발전하였다. 아울러 동으로 물건이나 무기를 제조하는 기술의 발달로 청동기 시대에 진입하였다. 이후 4백여 년 이어오다가 17대에 걸왕의 폭정으로 은나라 탕왕(汤王)에게 멸망하였다. 17대의 걸(桀)왕은 말희라는 미녀에게 빠져 '술이 못을 이루고, 고기가 숲을 이룬다'는 의미인 '주지육림(酒池肉林)'으로 생활의 무절제, 이성의 상실, 안일과 쾌락을 추구하며 민심을 잃어 멸망한다.

은나라

전설에 따르면 夏왕조 걸왕(桀王)의 폭정으로 인하여 민심을 잃자, 은왕조의 시조인 탕왕(汤王:天乙)이 걸왕을 멸망시키고 은왕조를 건립하였다. 19대 임금 반경(盘庚) 때에 이르러 도읍을 은허(殷墟)로 옮기고 쇠퇴해 가는 은왕조를 중흥시켰다. 이 탕왕으로부터 29대의 왕이 잇달아 중국을 통치하였다. 19세기 말에 허난성(河南省) 안양현(安阳县) 샤오툰촌(小屯村)의 은허, 즉 은나라 수도의 유적으로 알려진 장소에서 갑골문자를 새겨 놓은 귀갑(龜甲)과 우골(牛骨)이 다량 발견되었다. 학자들의 연구에 의하면 갑골문자는 은왕조의 점술사가 은나라 선조의 제사, 전쟁 등 국가대사를 점쳤던 것이었으며, 여기에 나타나는 여러 왕의 이름과 그 세계(世系)는 사기에 전하는 은

왕조의 계보와 대체로 일치한다고 주장한다. 아울러 후기 부족장의 묘에서 노예를 순장한 유골이 발견되었다. 이러한 기록이나 유물을 보면 당시 사회는 대가족 집단의 족장이 연합체를 만들어 정치적 권력을 형성하고 약소집단을 지배하였음을 짐작할 수 있다. 30대 마지막 임금 주(纣)왕 신(辛)은 본래 총명한 인물이었으나 애첩 달기(妲己)에게 미혹되어 정사를 돌보지 않고 주지육림의 놀이에 빠져 포락지형(炮烙之刑)의 폭정을 행하며 황음무도한 생활을 일삼았다. 때마침 서쪽 은나라의 속국이었었던 위수(渭水)지역에 있던 주나라 문왕의 아들 무왕이 제후국과 연합하여 목야의 싸움에서 은나라를 멸망시키고 주왕조를 세워 봉건제를 실시하였다.

주나라

주나라(BC 1122~BC 256)의 시조는 성은 희(姬) 이름은 기(弃)이며, 농업을 관장하며 순(尧)임금을 섬겼던 후직(后稷)이라는 벼슬을 하였다. 그 뒤 주족(周族)은 서방 융적(戎狄) 사이에 섞여 살다가 고공단보(古公亶父)의 아들인 계력과 손자인 창(昌)에 이르러서 국력이 강성해졌다. 융적의 침입을 피하여 섬서성(陕西省)의 기산(岐山) 땅(周原)에 도읍을 옮겼다. 은에 복속되어 있던 주나라가 주변의 여러 부족들을 정벌하고 서백(西伯) 창(문왕 文王)에게 제위를 물려주었다. 문왕은 새 도읍을 풍(豊 ; 陕西省 西安)에 세우고 은왕조(殷王朝)에 대항할 수 있는 세력으로 성장하였다. 문왕의 아들인 무왕(武王)은 아버지의 뜻을 계승하여 태공 망(吕尚)등의 제후를 거느리고 주왕을 쳐서 은나라를 멸망시키고 호경(镐京)을 도읍으로 정해 주(周)왕조를 세웠다. 무왕은 멸망시킨 은나라의 유민(遗民)들을 다스리기 위하여 주왕의 아들 무경녹부(武庚 祿父)를 세워 봉토(封土)를 주고 또 형제를 제후로 삼아 정복민들을 감독시켰으나, 다음의 성왕(成王)이 어려서 즉위하였으므로 무왕의 동생 주공(周公) 단(旦)이 섭정을 하자 형제간에 권력다툼이 생겼으며, 무경의 반란까지 겹쳐 주나라 왕실은 크게 어지러워졌다. 주공은 소공(召公) 석(奭) 등과 함께 난을 평정하고 다시 동방의 여러 부족들을 정복하여 주나라 왕실을 재건하였다. 그후 종법제도를 바탕으로 제후국에게 분봉을 한 후 중국 최초로 봉건제도를 실시한다. 주나라 왕실은 천자를 중심으로 다양한 통치기구와 관료조직을 갖춘다. 주공(周公)은 새로운 법도와 예악을 제정하여 주나라의 기틀을 다졌으며 나이 어린 조카 성왕을 도와 선정을 폈다. 이 시기는 주나라 초기의 태평성세라고 할 수 있다. 그러나 서주시대 마지막 왕인 12대 임금 유왕(幽王)의 폭정과 포사를 총애하며 국정을 소홀히 하고 제후들이 배반하게 되자 주나라는 신후(申侯)와 견융(犬戎)의 군사에게 멸망하였다. 서주(西周, BC 1027~BC 771)는 멸망하고 도읍지를 낙읍(洛邑)으로 옮겨 동주시대가 열린다. 유왕의 아들 13대 평왕(平王)이 즉위했으나 왕권이 쇠퇴하여 제후들이 할거하는 분열시대가 되었다.

춘추전국시대

주나라 제13대 평왕이 낙양으로 도읍을 옮긴 이후부터를 동주(东周)시대라 하고 동주 시대를 다시 춘추(春秋)시대와 전국(战国)시대로 나눈다. 춘추시대에 들어서면서 주나라 왕실의 세력이 점점 약해져 천자로서의 위력이 없어지고 대신 강력한 제후들이 서로 패권을 다투게 된다. 주나라 초기에 170여 국이나 되던 제후국은 토지와 인구를 확보하기 위해 혼전을 벌여 마침내는 10여 개국으로 압축되었다. 이 가운데 패권을 잡은 제후를 춘추오패(春秋五霸)라 하는데 이 오패는 제의 환공, 진(晋)의 문공, 초의 장왕, 오왕 합려, 월왕 구천이라는 설과 오왕 합려, 월왕 구천 대신 송의 양공과 진(秦)의 목공이라는 견해도 있다.

진(晋)의 문공은 오랜 망명 생활 끝에 성복(城濮)의 대전(大戰)에서 강력한 라이벌인 초나라 성왕을 물리치고 패자가 되어 천도에서 회맹하였다. 초의 장왕은 필(邲)의 전투에서 진(晋)을 물리치고 패자가 되어 패자로서 인정을 받았다. 그 후 천하의 형세는 진(晋)과 조(赵)가 남북으로 대치하고 동쪽의 제와 서쪽의 진(秦)이 서로 견제하는 4강의 시대로 접어든다. BC 546년 송나라 수도서 「미병(弭兵)회담」이 열려 일종의 정전 협정이 체결되면서 중원은 소강 상태에 접어든다.

이 때 장강 남쪽에서 오나라·월나라가 일어났다. 오왕 합려는 오자서, 손무 등의 계책을 써 중원의 초(楚)나라, 진(晋)나라, 제(齐)나라를 위압하고 월(越)나라를 제압하였다. 월왕 구천도 범려의 계책을 써 오왕 합려의 아들 부차와 와신상담(卧薪尝胆)의 복수전을 흥미롭게 펼친다. BC 453년 강력했던 진(晋)나라가 한(韩)·위(魏)·조(赵) 세 나라로 분리되면서 전국시대가 펼쳐진다. 춘추시대에는 패자들이 힘이 약한 주나라 왕실을 존중한다는 관념이 있었으나, 전국시대에는 이러한 관념이 없어지고 오로지 힘과 힘이 대결하는 약육강식의 양상이 펼쳐진다. 전국 7웅은 위의 세 나라 외에 진(秦)·초(楚)·연(燕)·제(齐)의 7국이다. 이 가운데 초기에 패자의 자리를 다툰 것은 위·제·진 세 나라였다. 제나라는 유명한 병법가 손빈의 계책을 써 위나라 장수 방연(龐涓)을 마릉(馬陵)의 싸움에서 패사시키고, 진(秦)의 효공은 법가인 공손앙(公孙鞅, 商鞅)을 등용하여 부국강병을 위한 일대 정치 개혁을 실시하여 천하 통일을 위한 기반을 다져 갔다.

부국강병의 추구와 권모술수가 소용돌이치며 명군과 명신들, 명장과 명장들의 일진일퇴의 공방전이 근 2백 년 동안 계속되는 동안 진나라를 제외한 나머지 여섯 나라의 힘은 점점 쇠약해져 차례차례 진나라에 멸망해 버리고 BC 221년 제나라가 마지막으로 진나라에 항복함으로써 진의 시황제가 중국 최초의 대통일 국가를 이루게 된다.

진나라 시대

중국 역사상 최초로 통일국가를 이룩한 진의 시황제는 봉건제를 폐지하고 군현제를 실시하여 강력한 중앙집권 체제를 확립하였다. 그는 승상 이사(李斯)에게 명하여 문자를 통일하고 도량형, 화폐를 통일하는 등 모든 제도의 개혁을 단행하였다. BC 215년 장군 몽염에게 명하여 흉노를 토벌하고 연, 조가 쌓아올렸던 장성을 연결하여 4천 킬로의 만리장성의 대공사를 감독토록 하였다. 시황제는 자기의 정책을 반대하거나 비판하는 세력을 철저히 단속하여 사상통제를 위하여 역사상 유례없는 이른바 분서갱유(焚书坑儒)를 단행하였다. 아방궁의 건설과 여산릉의 공사 등으로 3백여 만 명의 노동력 동원과 이를 뒷받침하기 위한 재정을 조달하기 위하여 무거운 세금을 부과하였다. 과중한 조세 부담과, 가혹한 법과 형벌로 온 천하는 마치 감옥과 같았다. 진왕조의 지주 정권과 농민간의 모순은 시황제가 죽은 다음 해인 B.C. 209년에 마침내 진승(陈胜)·오광(吴广)이 반란을 일으키는 결과를 가져왔다. 이 농민군이 일으킨 봉기가 계기가 되어 각지에서는 진나라 타도를 외치는 반란이 요원의 불길처럼 타올랐고 유방과 항우도 이 때에 봉기하여 여러 제후들과 힘을 합쳐 진나라 타도에 선도적 역할을 하였다.

진나라를 멸망시킨 후는 유방과 항우가 두각을 나타내며 천하를 다투게 된다. 유방의 진영에는 소하, 장량, 한신 등의 명참모·명장이 있어 유방을 잘 보좌하였고, 항우의 진영에는 범증이 자주 계책을 진언하였으나 항우는 이를 제대로 받아들이지 않았다. 홍문의 만남에서 유방은 죽음의 위기를 맞았으나 구사일생으로 모면하였고, 그 후에도 여러 번 위기를 맞았으나 명참모들의 계책으로 위기를 모면하였다. 처음 유방에게 불리했던 전세가 날이 갈수록 유리해져 유방은 마침내 궁지에 몰린 항우를 해하(垓下)의 싸움에서 완전 고립시킴으로써 오강에서 최후를 마치게 한다. 이 유방과 항우의 싸움은 소설『초한지(楚汉志)』의 무대이기도 하다. 엄격히 말하면 진나라 타도의 수훈 갑은 항우임에 틀림없었으나 마지막 승리의 열매를 거둔 것은 전한 왕조를 세운 유방이었다.

전한시대

'역발산기개세(力拔山气盖世)'의 장사 항우를 물리치고 汉나라를 세운 한 고조 유방은 봉건제의 장점과 군현제의 장점을 살린 이른바 군국제를 실시하였다. 왕조 초기에는 한신·팽월·경포 등 전한 창업의 일등 공신들을 차례차례 숙청하였고, 흉노와는 화친책을 썼다. 한고조가 죽고 난 후는 그의 처 여후(吕后)의 집권 시대가 당분간 이어진다. 여후는 유방이 사랑하던 여인들과 그 여인들에게서 태어난 황자들을 무참히 살해하는 일을 서슴지 않았다. 그 죽이는 방법도 참혹한 방법을 썼다. 그뿐 아니라 여씨의 천하를 만들기 위해 여씨 일족을 왕으로 세우는 등 여씨 세력의 포석에 적극적이었다. 여후가 죽자 여씨의 정권은 무너지고 다시 유씨의 천하가 되었다. 문제, 경제의 선정이 이어져 천하는 바야흐로 태평성대를 구가하였다. 경제 때 제후의 세력을 약화시키기 위한 정책에 오초 7국이 반발하여 반란을 일으켰으나 주발의 아들 주아부에 의해 쉽게 평정되었다. 경제의 뒤를 이은 무제는 창업이래 쌓아 올린 문화적·경제적 여력을 바탕으로 과감한 정책을 펴 전한의 황금 시대를 이룩하였다. 그는 지금까지 화친책으로 일관해 오던 대흉노 정책을 버리고 흉노를 공격하는 적극적인 정책으로 전환하여 위청(卫青)·곽거병(霍去病) 등에게 명하여 흉노를 토벌하여 전한의 위력을 크게 떨쳤다.

이러한 정책에 힘입어 장건(张骞)은 역사상 유명한 실크로드를 개척하는 선구가 되었다. 사마천의 「사기(史记)」도 무제 때 이루어졌으나 국내적으로는 무고의 난이 일어나 황태자가 살해되는 등 불상사가 많았으며 정치적 소용돌이에 휘말려 중신들의 희생도 많았다. 무제가 죽고 여운의 시대가 지난 다음 제 14대 평제 때에 이르러 외척 왕망(王莽)이 전한을 찬탈하고 신(新)이라는 나라를 세웠으나 제도 개혁의 실패로 혼란이 가중되어 15년만에 망하고 광무제 유수(劉秀)가 후한을 세우게 된다.

후한시대

후한(後汉)의 창시자 광무제 유수는 남양 호족 출신으로 왕망 정권의 제도 개혁 실패와 잇따른 실정으로 도처에서 왕망타도를 외치며 반란군이 일어나자 그도 한왕조 부흥이라는 깃발을 높이 들고 봉기하였다. 처음 그는 경시제 유현(刘玄)의 부장으로 출전하여 곤양의 싸움에서 중국 전사상 최소의 병력으로 최다의 병력을 무찔러 그의 비범한 재능을 발휘하였다. 그 후 왕랑과의 싸움, 농민군인 적미군과의 싸움에서 최후의 승리자가 되어 여러 장수들의 추대를 받아 후한 왕조를 창시하였다.

광무제 유수는 천하가 일단 평정되자 내치에 힘을 기울여 백성들에게 휴식을 제공하고 세금을 감면하는 정책을 추진함으로써 경제가 안정되고 사회가 안정되어 갔다. 어진 임금 밑에 어진 신하가 있듯이 광무제 치하의 중신 가운데는 어진 사람들이 많아 정치는 더욱 안정되어 갔다. 특히 서역도호부를 설치하여 서역경영의 주역을 맡은 반초는 오랫동안 두절되었던 서역 제국과의 교역과 개척에 필생의 정력을 바침으로써 전한 시대의 장건과 함께 실크로드의 개척자로서 청사에 길이 빛나는 업적을 세웠다.

후기에 들어서면서 외척과 환관들의 발호로 정치는 문란하고 사회는 점점 먹구름이 드리우기 시작하였다. 외척 양기에 이은 2차에 걸친 당고(党锢)의 화로 당시 백성들이 정신적 지주로 받들고 있던 인물들이 애석하게 희생됨으로써 정국은 더욱 어지러워지고 각지에서 반란이 일어났다. 거록 사람 장각이 신흥종교인 태평도라는 종교단체를 조직하여 세력을 확장하더니 급기야는 정치적 단체로 변신하여 184년 후한 왕조 타도를 외치고 반란을 일으켰다. 그들은 모두 머리에 누런 수건을 둘렀기 때문에 황건적이라 불렀다. 이들 황건적은 정부군과 정부를 지지하는 군벌들에 의해 진압되었으나, 후한 왕조는 이를 계기로 걷잡을 수 없는 멸망의 구렁텅이로 빠져들게 되었다. 결국 황건적의 반란은 후한 왕조 붕괴의 결정적 요인이 되어 마침내 삼국정립시대가 열리게 되었다. 이 시대의 가장 두드러진 문화적 업적으로는 역사상 최초로 채륜이 종이 제조 기술의 개발에 성공하였다는 사실과 혼천의·지동의의 발명 등 과학의 발달과 한방 외과의 발달을 들 수 있다.

삼국시대

후한 말 황건적의 난을 계기로 각지에서 군웅이 할거하는 항쟁의 시대가 되었다. 이들 할거 세력들은 동탁의 난을 계기로 그들의 세력 확장에 힘을 기울이게 되었다. 이 가운데서 천하를 삼분하여 사천에서 유비가 촉한(蜀汉)·화북에서 조조가 위(魏)·양자강 하류에서 손권이 오(吴)를 세워 삼국 시대가 만들어졌다. 이 삼국 가운데 중원 지역에서 기선을 제압한 것은 위의 조조였다. 조조는 당대 일류의 전략가로 전투시에는 항시 진두에 서서 장병들을 직접 지휘하였다. 그는 장안에서 도망해 온 후한의 마지막 황제 헌제를 맞아들여 천자의 명을 빙자하여 군웅들을 호령하였다. 당대 최고의 명문 출신 원소를 관도의 대전에서 격파함으로써 중원 통일의 기초를 구축하였다. 그 후 승상이 되어 권세를 휘둘렀고 208년 천하 통일의 대업을 완성하기 위하여 대군을 강동으로 출동시켜 손권·유비의 연합군과 적벽에서 일대 결전을 벌였으나 이 전투에서 대패함으로써 조조의 천하 통일의 꿈은 깨어지고 대신 삼국이 정립하는 형세로 바뀌었다.

촉한의 유비는 제갈공명을 삼고의 예로써 맞아들이고 오나라 손권과 연합하여 적벽에서 조조의 80만 대군을 격파함으로써 서서히 기반을 구축해 갔다. 유비가 죽은 후 제갈공명은 후주 유선을 도와 중원 회복을 목표로 전후 두 차례에 걸쳐 충정이 넘치는 출사표를 올리고 6차례에 걸쳐 조조의 뒤를 이은 조비의 위나라를 공격하였으나 성공하지 못하고 오장원(五丈原)의 진중에서 일생을 마쳤다. 또한 오나라의 손권은 그의 형 손책이 죽은 후 가업을 이어 강동에서 오나라를 세워 산월족을 귀순시키고 강동의 미개발 지역을 개발하여 그의 세력을 확대해 나갔다. 형주의 영유권 문제로 형주를 지키던 관운장을 맥성에서 생포하여 죽임으로써 유비와 일전을 벌이게 된다. 결국 유비는 이 싸움에서 패하고 이것이 원인이 되어 병이 들어 일생을 마치게 된다.

이들 삼국은 반세기 동안 역사에 각각 그들의 발자취를 남겼고 마침내는 오장원에서 제갈공명과 오랫동안 대치했던 위나라 대장군 사마의의 손자 사마염이 세운 서진에 의해 멸망하게 되었다.

서진 시대

호족 출신 사마의(司马懿)는 조조 이래 위나라에 벼슬하여 249년에는 승상이 되고 이후 그의 아들 사마사·사마소 등이 사실상 위나라의 정권을 장악하였다. 사마소는 촉한을 토멸한 공로로 진(晋)왕이 되었으며 그의 아들 사마염(司马炎)은 265년 위(魏)나라로부터 선양을 받아 서진(西晋) 왕조를 세웠다. 무제 사마염은 귀족의 특권을 옹호하고 정치를 안정시켜 나갔다. 즉위 초에는 검소한 생활로 모범을 보였으나, 점점 사치와 방탕에 빠지자 귀족들도 다투어 사치와 부를 마치 무슨 경쟁이라도 벌이듯 과시하였다. 특히 천하의 부호 석숭과 왕개의 사치 싸움은 당시의 부패상을 여실히 드러내 주고 있다. 55세에 무제가 사망하고 혜제가 즉위하자 국정은 점점 문란해지고 왕들사이에 싸움이 일어났다.(팔왕의 난) 이를 계기로 팔왕이 16년에 걸쳐 싸움을 벌여 마침내는 유목 민족들이 세력을 확장하여 각

지에서 봉기하였다.(영가의 난)

결국 팔왕의 난이 영가의 난을 부르고, 영가의 난이 서진을 멸망시키는 결과를 가져와 중국 북부에서 5호 16국(五胡十六国) 시대의 막이 열리게 되었다. 팔왕의 난이 일어나자 당시 이미 중국 내륙에 많은 이주민을 보내고 있던 유목민족은 무력 침략을 시작하였는데 산서지방의 남흉노의 수장 유연(刘渊)이 자립하여 황제라 칭하고 북한(北汉)을 세웠다. 그의 아들 유총이 311년 낙양을 함락시키고 영가의 난을 계기로 서진의 회제(怀帝)를 사로잡았다. 이어 장안에서 즉위했던 민제(愍帝)도 316년 북한의 유요에게 사로잡힘으로써 서진은 52년만에 멸망하였다. 이보다 앞서 팔왕의 난이 한창일 때 왕실의 일족인 사마예는 건업(남경)에 주둔하고 있었는데 왕도 등 중원의 호족과 토착 호족들의 추대를 받아 317년 동진을 세움으로써 중국 북부의 오호십육국과 남북으로 대치하는 남북 분열의 시대가 열리게 되었다.

동진·오호 십육국 시대

서진이 기원 316년에 멸망하자 서진의 일족인 사마예는 317년 건업을 건강으로 개명하고 이 곳을 수도로 동진을 세웠다. 사마예는 동진의 관중이라 불리는 왕도의 도움으로 강남 지방 호족들을 복종시켜 동진의 기반을 튼튼히 해 나갔다. 동진 정권이 수립된 후 6년째에 동진의 중신 왕돈이 형주에서 군사를 일으켜 건강을 공략·함락시키고 반대파 중신들을 죽이거나 추방하였다. 동진의 황제 사마예는 왕돈의 반란에 심한 분노를 느껴 발병하여 죽고 그 후 왕돈의 난은 평정되었다. 동진 정권의 권력에는 북방에서 내려 온 호족 왕씨와 강남지방의 호족세력이 2대 지주를 이루었는데 약 1백년 동안은 왕씨 일족과 그 뒤를 이은 유씨, 사씨, 환씨 등이 조정의 실권을 장악하였다. 동진은 끝내 중국 북부를 수복하지는 못하였으나 383년에는 비수의 대전에서 전진왕 부견의 대군을 연파함으로써 양자강 이남의 땅을 확보하였다. 그러나 동진은 말기에 이르러 南朝 송(宋)을 세운 유유(劉裕)에게 멸망당하였다.

한편 동진 왕조와 때를 같이하여 중국 북부에서는 흉노 · 선비·갈·저·강 등 다섯 이민족이 약 130년간에 걸쳐 중국 북부에 16개의 왕조를 세우게 되었는데 이를 오호 십육국이라 부른다. 이들 이민족은 일찍이 후한 말·삼국시대에 이미 중국 북부에 이주하여 한민족과 섞여 살다가 서진 왕조의 통제력이 약화되자 304년 남흉노의 수장 유연이 산서에서 독립하고 316년 그의 아들 유총이 서진 왕조를 멸망시킨 이후 중국 북부는 분열 상태에 빠져 오호 십육국이 각지에 할거하게 되었다. 그동안 전진이 한 때 중국 북부를 통일하였으나 비수의 대전에서 동진에게 패함으로써 통일의 꿈이 와해되었다. 다음으로 선비족의 척발씨가 세운 북위가 점점 강력해져 주위의 여러 나라를 정복하고 439년 다시 중국 북부를 통일함으로써 오호 십육국 시대에 종지부를 찍었다. 즉, 중국 북부는 북위가 통일하고 중국 남부는 송의 유유가 통일함으로써 南北朝时代가 열리게 되었다.

남·북조 시대

남북조시대는 동진(东晋) 왕조가 멸망한 때부터 수나라가 천하를 통일하기까지의 시기를 가리키는데 문화의 소개는 편의상 육조시대

(오·동진·송·제·양·진)에 포함시켜 서술하였다. 따라서 남조는 동진 왕조에 이어 강남 지방에 세워졌던 송(宋)·제(齐)·양(梁)·진(陈)의 4개 왕조를 말하고, 북조는 오호 십육국의 혼란을 통일한 북위(北魏)를 비롯하여 동위(东魏), 서위(西魏), 북제(北齐), 북주(北周)의 다섯 왕조를 가리킨다. 연대적으로는 북위가 북부 중국을 통일한 439년부터 남조의 진이 수나라에 멸망되어 남북조로 갈라졌던 중국이 통일된 589년까지의 약 150년간을 가리킨다. 이 시대의 특징은 왕조의 교체가 빈번하여 이에 따라 사회의 혼란이 극심하였다는 점이다. 남조의 지배계급은 북부 중국에서 이주해 온 귀족들로서 전통있는 문화의 보호에 힘을 기울였고, 북조의 지배계급은 강력한 무력을 바탕으로 한민족을 억압하는 정책을 폈다.

남조에는 문학·예술이 크게 발달한 데 비하여 북조에는 한문화의 섭취에 힘썼으나 특별히 발전된 것은 없었다. 남북조 모두 불교가 융성했다는 사실은 중국 역사상 주목할 만한 일이다, 특히 남조의 양무제는 즉위 초에는 명군으로서 백성들을 위한 정치를 폈으며 남조시대 불교를 공전의 전성시대로 만들어 황제보살로 불려지기도 하였으나 만년에 이르러서는 부정 부패를 막지 못해 자신은 물론 국가까지 멸망시키는 결과를 가져왔다. 이 시대의 문화는 육조문화라 일컬어 중국문화의 중심이 황하 유역으로부터 강남지방(양자강 유역)으로 옮겨져 화려하고 정교한 육조문화를 이룩하였다. 문학에는 전원시의 창시자이며 귀거래사·도화원기로 유명한 도연명, 서도에는 书圣 왕희지, 회화에는 畵圣 고개지 등의 명인이 배출되는 등 찬란한 문화의 꽃을 피웠다.

중국을 다시 통일한 수나라

수(隋)나라를 세운 수 문제(楊堅)는 그 때까지의 악정을 과감히 개혁하고 정치에 정진하는 한편 북쪽으로 호족들을 물리치고 남쪽으로 남조 최후의 진(陈)왕조를 멸망시켜 근 4백 년 동안 이어오던 대분열의 시대에 종지부를 찍고 천하 통일의 대업을 이룩하였다. 문제는 정치적으로 유능한 군주로서 강력한 중앙 집권제의 확립과 지방 행정의 간소화를 실시하고 군사제도의 개혁을 단행하여 병농일치제를 실시하였다. 또 경제면에서는 요역의 경감과 세금을 감소시킴으로써 문제의 선정이 실시된 지 20여 년 후에는 국가가 안정되고 경제가 번영하여 역사상 선정으로 일컬어지는 '개황의 치(開皇之治)'를 이룩하였다. 그러나 조급한 중앙 집권제의 강화로 남쪽에서는 반항운동이 일어나고 안으로는 수왕실 자체에도 내분이 일어났다. 604년 문제가 병상에 눕게 되자 황태자 양광(楊廣)이 문제를 시해하고 수나라의 2대 황제가 되니 이가 그 악명을 떨친 수의 양제이다.

양제는 제위에 오르자 동도의 건설과 대운하의 개설 공사를 시작하였는데 어떤 의미에서는 역사상 위대한 사업을 성취시켰다고도 할 수 있다. 운하의 개설과 동도 건설의 토목공사 때문에 백성들은 막대한 희생을 치렀다. 인공산의 축조와 이궁의 축조공사, 몇 만 척에 달하는 용선의 건조, 만리장성의 축조 공사 등으로 수십만 수백만의 인부가 동원되어 요역은 일종의 재난으로 화하였다. 이같은 요역에 이어 3번에 걸친 고구려 원정의 실패는 급기야 각 지방에서 반란이 일어나는 계기가 되었다. 각지에서 호족과 유민들이 반란을 일으키고 군웅이 할거하는 가운데 양현감, 이밀, 이연 등이 군사를 일으켰다. 618년 양제는 강도(江都)에서 친위군에게 시해되고 그의 손자 공제가 낙양에서 자립하였으나 619년 반란 세력인 왕세충에게 제위를 빼앗겼다. 한편 장안을 함락시킨 이연은 공제의 아우를 황제로 옹립하였다가 그로부터 선양을 받아 제위에 오르고 나라 이름을 당(唐)이라 하니 수나라는 겨우 3대 39년만에 멸망하였다.

세계 제국으로 발전한 당나라

당(唐)의 고조 이연이 수나라를 멸망시키고 당나라를 세움에 있어서는 그의 둘째 아들 이세민의 활약이 컸다. 당나라 건국 후 이세민의 신임을 질투한 태자 건성이 세민을 제거하려는 불온한 움직임을 보이자 세민은 기선을 제압하여 현무문에서 태자 건성과 동생 원길을 제거하였다. 그 후 고조는 세민을 태자로 세우고 그로부터 2개월 후 제위를 세민에게 넘겨주고 자신은 태상황으로서 은퇴하였다. 태종 이세민은 제위에 오르자 안으로 중앙집권제를 확립하고, 밖으로는 영토를 확장하여 당왕조 300년의 기초를 튼튼히 하였다. 또한 균전제를 바탕으로 한 조·용·조의 세제와 부병제의 실시, 과거 제도의 확립으로 사회가 안정되고 경제가 부흥하여 역사상 선정으로 일컬어지는 '정관의 치(貞觀之治)'를 이룩하였다. 제 3대 고종의 집권 후부터 고종의 황후 측천무후가 고종을 대신하여 정권을 전횡하다가 690년에는 스스로 제위에 올라 나라 이름을 주(周)라 칭하였다. 그러나 705년 측천무후의 정권은 물러나고 당왕조는 다시 회복되었으나 중종의 황후 위씨의 전횡으로 정치는 다시 문란하였다. 이 때 즉위한 현종은 정치를 개혁하여 국력의 충실을 기하자 당왕조는 다시 중흥되어 '개원의 치(開元之治)'를 이룩하였다.

그러나 이윽고 현종은 정치에 싫증을 느끼고 양귀비를 총애하여 간신을 중용함으로써 정치가 문란해지고 천하가 크게 어지러워져 급기야는 안사의 난(安祿山과 史思明)이 일어나게 되었다. 이 안사의 난은 9년간 계속되어 겨우 진정되었으나, 이 난에 이은 번진 세력의 발호와 이민족의 침입, 환관의 횡포 등은 마침내 875년 황소의 난을 일으키는 결과를 가져왔다. 이 난은 전국적으로 확산되어 884년에 이르러 겨우 평정되었으나 당왕조의 지배력은 극도로 약화되어 황소의 난 토벌에 전공을 세운 절도사의 한 사람인 주전충에 의해 멸망당하였다. 문화면에서는 중국 고유의 문화가 개화된 시기로서 시선 이백(李白)과 시성 두보(杜甫)를 비롯하여 산문의 대가 한유(韓愈)·유종원(柳宗元), 서도의 대가 구양순(歐陽詢)·안진경(顔眞卿) 등이 배출되었다.

오대십국(AD 907~960)

— 안록산의 난에 의한 당나라의 멸망이후 송나라 건국 때까지의 혼란의 시대.

당나라 시대 말기, 중국 대륙 각지에 형성된 군벌호족 세력은 그 기세가 한층 더 확장되었다. 서기 907년, 당 선무절도사(宣武节度使) 주전충(朱全忠)은 당 애제(唐哀帝)를 협박하여 황제의 자리에서 물러나게 한 뒤, 후량(後粱)을 건립하니 이로서 중국은 60년 동안 오대십국의 시대로 진입하게 된다.

907년에서 960년까지 중국 황하 유역에는 후량(後粱), 후당(後唐), 후진(後晋), 후한(後汉), 후주(後周) 등 다섯 왕조가 연이어 출현하는

데 역사에서는 이를 '오대(五代)'라 칭한다. 이와 동시에 남방에서도 전촉(前蜀), 오(吴), 민(闽), 오월(吴越), 초(楚), 남한(南汉), 남평(南平), 후촉(後蜀), 남당(南唐) 등 아홉 개의 군벌호족들이 할거(割据 - 지역을 서로 나누어 차지함)하여 수립한 정권이 출현하였으며, 여기에 산서 지역에 건립한 북한(北汉)을 합쳐 역사상 '십국(十国)'이라 칭한다.

송나라

송(宋)의 태조 조광윤은 중국 역사상 명군의 한 사람으로 꼽히는 인물로 영명한 점으로는 당태종 이세민을 능가한다고 평가되는 인물이다. 조광윤은 제위에 오르자 문치주의로 무인 세력을 억제하고, 중앙집권체제의 확립에 힘을 기울였다. 그의 뒤를 이은 동생 태종도 태조의 유업을 이어 중국 통일의 여세를 몰아 후진의 석경당이 요나라에 바쳤던 연운 16주의 수복을 꾀하여 요(遙)와 싸웠으나 성공하지 못하였다. 진종·인종 시대에는 국력이 신장되고 번영하였으나 요(遙)와 서하(西夏)의 침입을 받는 등, 인종 만년부터는 급격한 군사비의 지출로 재정이 궁핍해졌다. 그 뒤를 이은 신종은 왕안석을 등용하여 부국 강병을 위한 신법을 단행하였으나 구세력들의 강력한 반대에 부딪혀 별다른 성과 없이 폐지되고 말았다.

그 후 12세기 초엽 여진족이 세운 금(金)나라는 요나라를 멸망시킨 여세를 몰아 북부 중국에 침입하여 1127년에는 송나라의 수도 개봉이 함락되고 휘종·흠종이 포로가 되어 연행됨으로써 송나라는 사실상 멸망하게 되었다. 이 때까지의 9대 168년 간을 역사상 北宋이라 하고, 흠종의 동생인 고종이 강남으로 난을 피하여 임안(항주)에 도읍하여 송나라를 이은 후부터를 南宋이라 한다. 남송은 금나라를 물리치기 위하여 주전파인 악비 등이 분전하여 한때는 유리한 형세를 형성하였으나 강화파인 진회 등이 정권을 잡아 오로지 강화 정책만을 고집하여 주전파인 악비 등을 모반죄로 몰아 죽이고, 굴욕적인 강화를 맺어 소강 상태를 유지하였다. 그러나 북방에서 새로 일어난 몽골이 서하·금나라 등을 멸망시키고 그 여세를 몰아 남송에 침입해 왔다. 남송에서는 항전파인 문천상·장세걸 등이 최후까지 항전했으나 당해 내지 못하고 9대 152년만에 몽골의 원나라에 멸망하고 말았다. 송나라는 문화 국가를 표방하였으므로 이 시대에는 많은 문인·학자가 배출되어 여러 가지 문화의 꽃을 피웠다. 『자치통감(资治通鑑)』의 사마광, 성리학의 집대성자 주희, 당송 사대가인 구양수·소동파 등은 이 시대의 두드러진 인물들이다.

원나라

몽골 초원의 영웅 징기스칸은 무력을 앞세워 유럽과 아시아를 석권하여 역사상 유례없는 대제국을 건설하였다. 세조 쿠빌라이는 후계자 싸움에서 승리하여 칸의 자리에 오른 후 나라 이름을 원(元)나라로 고치고 수도를 연경(北京)으로 옮겨 대도(大都)라 칭하였다. 쿠빌라이가 칸의 자리에 오르자 이에 반발한 캐로코룸파의 왕후들이 아리크부가를 칸으로 추대함으로써 원나라 후계자 싸움의 불씨가 되었고 그 후 여러 한국(汗国)은 독립하게 되었다. 쿠빌라이는 중국을 통일한 후 고려를 복속시키고 일본과 동남아시아에 원정군을 보냈다. 그의 치세 35년간은 원의 황금시대로서 동서간의 교류가 활발해져 원의 수도 대도에는 유럽 각국에서 온 색목인(色目人)이 자주 눈에 띄었고 외국 상품이 거래되기도 하였다. 또한 인도양을 통한 해상 무역도 활발해져 천주(泉州)는 해양 도시로서 무역의 중심지가 되었다. 이처럼 동서의 교류가 활발해진 데는 원나라가 장악한 광활한 영역을 지배하기 위해 대도를 중심으로 전국을 연결하는 역전 제도의 발달에 힘입은 바가 크다. 이렇듯 동서 교류가 활발한 가운데 역사상 유명한 마르코 폴로의 원나라 체류와 그의 구술로 엮어진 『동방견문록(东方见闻录)』은 유럽 사람들에게 동양을 알리는 좋은 계기가 되었다.

원나라의 정치제도는 중앙에 중서성·추밀원·어사대를 두어 3권을 분립시키고, 지방에는 중서성을 두어 중앙에서 관장하였다. 원나라 사회제도의 특징은 몽골인, 색목인, 한인, 남인의 네 계급으로 구분되어 각 민족간의 차별이 엄격하였다. 몽골인은 중앙과 지방의 행정기관의 중추를 독점하였고 보좌역인 차관급을 색목인이 담당하였다. 한인·남인은 간부직에 등용되는 일이 없이 가장 천대를 받았다. 원나라는 말기에 이르러 제위 계승을 둘러싼 분쟁과 라마교 숭배에 따르는 퇴폐적인 악습으로 국력이 쇠진하여 명나라를 일으킨 주원장(朱元璋)에 의해 멸망하였다. 원나라가 사상 유례없는 대제국을 건설해 놓고도 중국을 통일한 지 불과 90년만에 멸망한 것은 그들의 정치가 거칠고 낙후된 생활에서 얻은 유목인의 사고방식에서 벗어나지 못했기 때문으로 지적되고 있다. 즉 황제란 천하만민의 복리증진을 위하여 존재한다는 중국 고대의 전통을 무시하는 경향이 짙었다는 것이다. 원대의 문화는 중국의 전통적 학문인 경학이나 사학 등은 그다지 발달하지 못하였으나 희곡은 매우 발달하여 후세에 많은 영향을 끼쳤다.

명나라

명(明)의 태조 주원장은 원나라의 정치가 문란하고 국력이 쇠진한 틈을 타 한족 국가 부흥의 기치를 높이 내걸고 일어난 백련교의 한 산동·유복통을 수령으로 하는 곽자흥의 부하가 되었다. 주원장은 차츰 공을 세워 두각을 나타내면서 장사성·방국진 등의 군웅을 물리치고 1368년 명나라를 세워 남경에 도읍하였다. 이어 원나라의 잔존세력을 막북으로 몰아내고 중국을 통일하였다. 그는 즉위 초기에는 원나라의 정치제도를 그대로 답습하였으나 얼마 후 황제 직속하에 6부를 두고, 군사를 통괄하는 5군도독부를 두어 군사·행정의 권력을 한 손에 장악하였다. 홍무제는 오랫동안 전란에 시달려 온 백성들에게 휴식을 제공하고 경제를 안정시키기 위하여 감세와 면세를 실시하고 수리 사업과 개간 사업을 추진하여 생산 촉진에 주력하였다. 태조 홍무제는 자신이 죽은 후 공신들의 발호를 크게 두려워한 나머지 창업의 공신들을 숙청하여 주씨의 명나라를 반석 위에 놓으려 하였다. 그러나 바로 손자인 건문제 때 '정난(靖难)의 변'이 일어나 연왕 주제(燕土 朱棣)가 영락제로서 제위에 올랐다. 영락제는 용맹 과감한 제왕으로서 변방을 침범하는 몽골의 잔존 세력을 완전 섬멸하기 위하여 여러 차례 몽골에 친정하였고, 정화(郑和)로 하여금 대선단을 이끌고 동남아시아 일대와 인도양 일대를 활약하여 명나라의 국위를 선양하였다. 영락제는 1421년 수도를 북경으로 옮겼으며 『영락대전(永乐大全)』을 편찬하였다.

영종 때에는 환관 왕진의 발호로 국정이 문란하였고 몽골 오이라트부의 침입으로 '토목의 변'에서 영종이 포로로 잡혀가는 치욕을 겪었다. 헌종 성화제와 효종 홍치제의 치세가 명나라의 안정시기로 일컬어진다. 그 후 정덕제가 즉위하자 다시 환관의 발호로 정치가 부패하였고, 특히 천계제 때의 환관 위충현(魏忠贤)의 횡포는 극에 달하였다. 신종 만력제가 즉위하면서부터 동북쪽에서 여진족의 누르하치가 그 세력을 확장하더니 끝내 중국을 침범하게 되었고 이에 따른 백성들의 과중한 세 부담과 심한 기근으로 농민 반란이 잇달아 일어나게 되었다. 농민 반란 가운데 특히 이자성은 그 세력이 왕성하여 마침내 북경성을 점령하자 숭정제가 자결함으로써 명나라는 17대 277년만에 멸망하게 되었다. 그러나 이자성은 북경에 입성한 지 얼마 안 되어 산해관 총병 오삼계(吴三桂)의 반민족 행위로 인해 북경에서 쫓겨나고 만주족인 청나라가 마침내 중국을 통일하게 되었다.

청나라

오삼계의 반민족적 행위로 난공불락의 산해관에 무혈 입성한 예친왕은 손쉽게 북경에 들어가 이자성을 몰아내고 청(清)왕조가 명나라의 뒤를 승계한 중국의 정통 왕조임을 선언하였다.

1644년 수도를 북경으로 옮긴 후 제 4대 강희제 때에는 명의 유신들이 세운 남명 정권을 완전 소탕하고 오삼계 등 삼번(三藩)의 난을 평정하였다. 또 러시아의 침공을 네르친스크 조약으로써 제지하고 외몽골·회부 등을 병합하는 한편 대만의 정씨 정권을 평정함으로써 중국 지배의 체제를 확립하였다. 강희제로부터 옹정제를 거쳐 건륭제에 이르는 1백 년 동안은 청의 전성기로 일컬어지고 있다. 이 기간에 청의 영토가 현저히 확대되었음은 물론 군주권이 강화되고 여러 제도가 정비되었으며 국가 재정이 충실하였다. 청나라는 원나라와 같이 이민족으로서 중국을 지배한 민족이었으나 한족 지배 정책에 있어서는 그 궤를 달리하였다. 원나라가 철두철미하게 몽골 민족만을 우대하는 정책으로 일관하여 정치상의 결정권을 모두 몽골 민족이 장악한 데 반하여 청나라는 만주족과 한족이 협동으로 정치를 수행하는 정책을 펴 나갔다.

청나라의 전성기인 강희·옹정·건륭의 시대를 거치면서 창업 당시의 청신했던 기풍이 점점 사라지고 사치 풍조에 젖어 들면서 정치가 부패하고 사회적 모순이 드러나게 되었다. 특히 군의 근간을 이루었던 팔기군이 부패해지면서 백련교의 난이 일어나 국내의 정국이 불안한 가운데 1840년에 있었던 아편전쟁에서의 패배는 거대한 중국의 무력함을 드러내었다. 1851년 태평천국의 난이 일어나자 청조는 더욱 궁지에 빠졌으며 1856년에 일어난 애로우호 사건으로 영·불군의 공격을 받음으로써 더욱 중국의 무력함을 여지없이 드러내었다. 1864년 태평천국의 난을 진압하면서 겨우 평온을 되찾아 동치 중흥을 꾀했으나 청일전쟁에서의 패배로 좌절되고 열강의 중국 진출이 현저해져 중국 요지에 대한 조차와 할양 등으로 중국 전토는 열강들에게 잠식되기에 이르렀다. 1900년에는 의화단의 난이 일어나 열강의 연합군이 북경을 점령하기에 이르렀다. 그후 청조는 입헌정치의 준비를 서둘렀으나 1911년 신해혁명이 일어나고 그 다음해에 선통제가 퇴위함으로써 청조는 막을 내렸다. 문화적으로는 강희제 시대의 『강희자전(康熙字典)』과 건륭제 시대의 『사고전서(四库全书)』 등 대편찬 사업이 이루어졌으며 고증학이 발달하였다.

제2부

중국근대화 과정

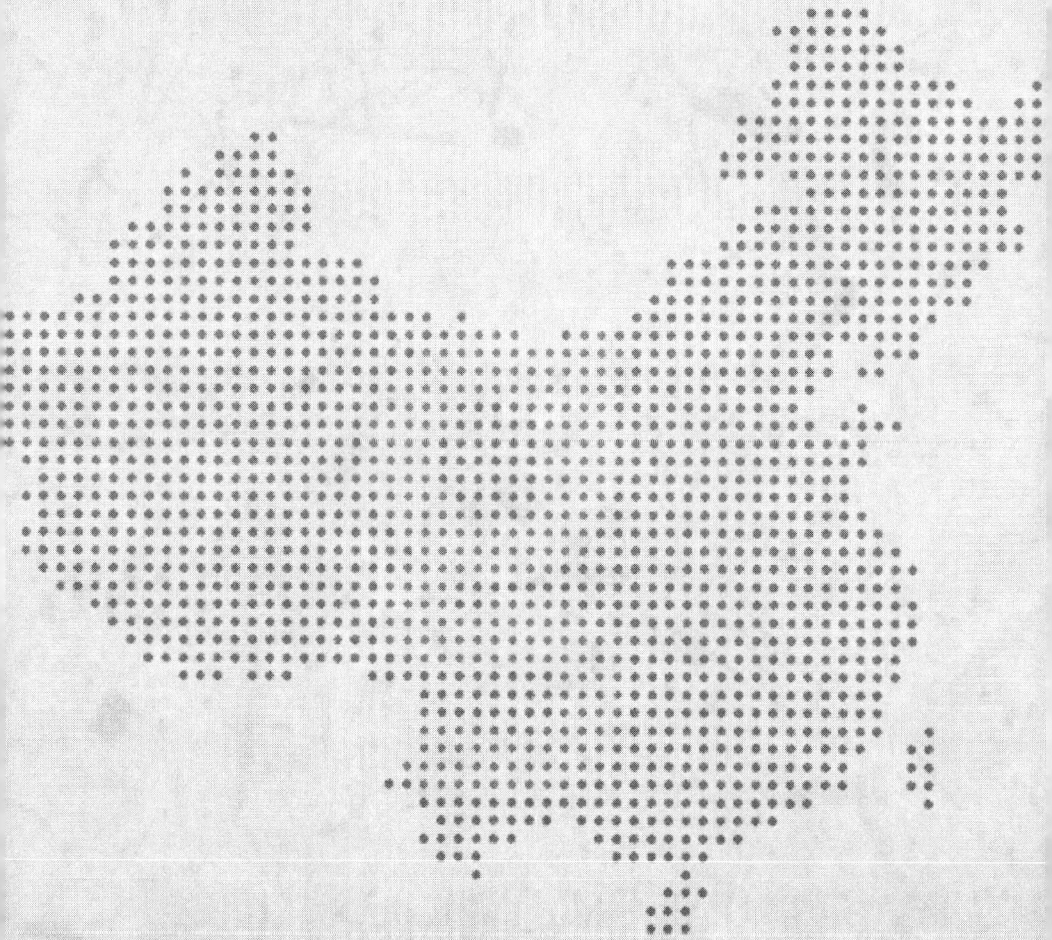

1. 근대유럽과 봉건중국

유럽의 아시아 진출

15세기부터 해외로 눈을 돌린 유럽은 16세기 아시아에 도착했다. 그들은 왜 아시아까지 진출했을까? 유럽 사람들이 해외로 나갈 수밖에 없는 원인은 무엇일까? 그들이 신항로를 개척한 것은 사실 빈곤과 식민지가 필요했다. 그 돌파구에서 아메리카를 발견하고, 아시아로 가는 항로를 찾은 것이다. 발달된 무기를 앞세워 에스파냐(스페인)는 라틴아메리카를 식민지로 만들고, 빼앗은 황금과 은, 향신료, 담배 등 각종 작물은 유럽이 번영할 수 있는 기반이 되었다.

하지만 아시아는 라틴아메리카와 상황이 다르다. 1513년 아시아로 진출한 포르투갈이 마카오에서 무역에 성공한 이후, 1553년 중국관리를 뇌물로 매수하여 마카오를 거점으로 무역을 확대했다. 포르투갈 뒤를 이어 유럽 세력을 대표하게 된 스페인도 1571년 마닐라를 점령하고 무역을 시작했다. 신대륙에서 생산된 대량의 은이 동아시아로 들어왔다. 이 시기는 세계 최대인 페루의 포토시 은산(银山)의 생산량이 급격히 증가했다. 스페인은 복건성 하문(아모이 항구)을 무역통상 기지로 삼았다. 복건성의 중국 상인들은 마닐라에 생사, 견직물, 도자기 등을 수출하여 많은 은을 중국으로 들여왔다. 16세기 말 명나라 후기에 대량의 은이 유입되면서 산업이 발달하였고 화폐경제가 시작되었다.

당시 중국이나 조선, 일본은 기본적으로 쇄국 정책을 굳게 지켰고, 실제 자급자족의 경제 운용에 별 문제가 없었다. 동남아시아도 세계적인 교역 중심지로 번성하고 있었기 때문에 유럽이 끼어들 틈이 별로 없었다. 유럽은 아시아 무역의 작은 부분을 차지하는 데 만족해야만 하였다. 유럽은 아시아의 풍요를 오히려 부러워하고 있었다. 유럽이 근대화할 수 있었던 원동력에서 중국의 영향을 배제할 수 없다. 실크로드를 통해 서양에 전달된 제지술, 인쇄술, 나침판, 화약, 도자기 등 중국의 문물을 토대로 빠르게 발전했다. 물론 유럽의 르네상스 문화가 근대화의 기초이기는 하지만, 당시 중세유럽은 아직 동아시아 문화에 미치지 못했다.

포르투갈, 스페인은 르네상스의 부흥으로 신항로를 개척하고 신대륙을 발견하였지만, 동아시아와 서아시아의 중국과 주변 국가들은 이러한 변화를 전혀 알지 못했다.

18세기 서구의 산업혁명 이후 유럽의 동양 진출이 본격화되면서 동아시아의 전통사회는 붕괴되기 시작했다. 붕괴의 직접적인 원인은 서구의 상업적 진출이다. 유럽인은 아시아의 풍부한 자원에 눈을 돌린 것이다. 마르코 폴로의 동방견문록은 당시 유럽인의 관심을 끌었다. 특히 동남아시아의 향료는 유럽인에게 욕구의 대상이었다. 서남아시아에 의해 해상 무역항로가 차단된 유럽인은 신항로 개척이 절실했다. 유럽인은 동아시아에서 전래된 나침판과 항해술로 성공할 수 있었던 것이다. 동양에 진출하게 된 또 하나의 동력은 상업적 이익과 함께 기독교를 아시아에 전파하는 종교적 동기였다.

포르투갈의 등장

아시아에 처음 나타난 유럽 국가는 포르투갈이다. 1486년에 바르

돌로뮤 디아스가 이미 희망봉에 왔었다. 이후 1498년 바스코 다 가마가 희망봉을 돌아 인도 캘리컷 항로를 발견한 이후 많은 유럽 상인과 선교사들이 동양으로 진출하게 되었다. 1511년에 동양 해상무역의 중심지인 말라카를 점령한 포르투갈인은 1513년 중국 주강 연안에 닻을 내린다. 마카오를 중심으로 명나라와 교역을 시작했다. 마카오는 원래 광동성 향산현(香山县)에 속했다. 1553년 포르투갈인들이 물에 젖은 화물을 말린다는 구실을 내세워 마카오의 땅을 밟는다. 1557년 중국 관리자들에게 뇌물을 주고 마카오반도의 거주권을 획득했다. 광동의 관리에게 도시건설 허가까지 얻은 포르투갈은 정부의 후원으로 마카오에 카톨릭 관구를 설립했다. 그후 마카오는 포르투갈의 대아시아 진출과 선교활동을 위한 거점지가 되었다. 동시에 1841년 영국이 홍콩에 식민지를 개설하기까지 중국과 서양의 유일한 교류기지가 되었다. 마카오를 거쳐 중국으로 그리스도교 외에 서양의 천문학, 유클리드 기하학, 근대적인 지도투영법, 대포주조기술 등을 전수했다. 특히 동서양의 지식교류에 커다란 역할을 한 마테오리치도 마카오를 거쳐 중국에 들어 왔다.

아편전쟁으로 홍콩이 영국 식민지가 된 이후, 포르투갈은 아오먼(澳门)반도 전역과 타이파, 콜론 두 섬을 점령하고, 1887년 청-포르투갈 조약을 맺어 식민지 건설을 합법화했다. 이후부터 마카오는 포르투갈의 식민지가 되었다. 1951년 포르투갈의 헌법 개정에 따라 해외주(海外州)로 바꾸어 본국의 일부로 편입되어 총독을 임명하여 통치했다. 1986년 북경에서 반환 협정을 체결하여 1999년 12월 20일 마카오의 주권을 회복했다.

네덜란드의 대만 진출

1600년에 네덜란드 선박의 해외 진출이 성행하였으며, 1602년에는 네덜란드 동인도회사가 일본에 진출하였다. 인도네시아의 자바섬(바타비아)을 거점으로 동아시아 대만해협에서 마카오, 나가사키, 마닐라, 중국의 무역로를 찾고 있었다. 네덜란드는 대만해협을 지배했지만 중국 명나라 군대에 쫓겨 대만 남부로 본거지를 옮겨 1624년 대만 안평(安平)에 제란디아성을 구축하였다. 네덜란드는 복건성의 상인 집단인 정지룡과 제휴하여 포르투갈을 물리치고 동아시아 해역을 제패하였다. 마침내 네덜란드는 1630년대 마닐라와 중국, 나가사키를 연결하는 해상 세력을 장악하자 포르투갈의 무역은 쇠퇴의 길을 걷게 되었다. 네덜란드는 동인도 화사를 통해 대만을 약 40여년간 지배하다 청나라 정성공에게 패배하고, 영국과의 무역전쟁에서 패배한 후 세력이 급격히 약화되었다.

동인도 회사와 광동 무역

영국은 1599년 엘리자베드 여왕으로부터 동인도 무역독점권을 획득한 상인들의 노력으로 아시아에 진출했다. 1600년 인도에 동인도회사를 설립하여 식민지 개척의 거점지로 만들었다. 당시 인도에는 포르투갈, 네덜란드, 프랑스 세력이 선점하고 있었다. 18세기 중엽까지 영국과 프랑스는 인도에서 세력을 다투고 있었으나, 프랑스를 물리친 영국은 동인도회사를 이용하여 통치권을 장악하고 무역독점의 특권을 행사했다. 19세기 중엽 무굴제국이 약화되면서 인도는 영국의 지배를 받게 된다. 영국은 원료공급 및 상업시장의 요충지로 인도를 식민지 체제로 지배한다. 한편 영국은 버마(미얀마), 말레이, 아프가니스탄 등도 식민지로 만들고 오스트레일리아, 뉴질랜드를 영토화 하여 동방무역의 패권을 장악했다. 이러한 식민지 정책과 교역으로 영국 상인들은 많은 이익을 얻게 되었다.

영국은 이러한 세력 확장을 통해 1833년 동인도회사를 거점으로 청나라와 교역을 넓혀나갔다. 그러나 영국과 청나라의 통상관계에 많은 문제점이 있었다. 첫째는 중화 이외에는 이적(夷狄)이라 하여 천시하고 배척하는 관념이 있었다. 중국의 천자가 모든 이민족을 교화하여 세상의 질서를 유지하기 때문에 조공의식을 준수해야한다며 통상 분쟁이 자주 일어났다. 둘째는 1760년부터 1833년까지 동인도회사는 광동무역 한 지역에 한정되어 큰 장애가 되었다. 셋째는 영국에서 차의 수요가 늘어나 막대한 은을 청나라에 지불하여야 했다. 반면에 영국의 모직물은 중국에서 판매가 부진했다. 무역 불균형을 개선하기 위해 영국은 1792년 메카드니, 1816년 애머스트, 1834년 네이피어를 세 차례 사신으로 파견하여 교섭했으나 모두 실패했다.

중화의식과 근대유럽

청나라의 전성기는 강희제가 등극한 17세기 중반에서 18세기 말 건륭제까지이다. 건륭제 시대는 최대 전성기이자 몰락의 시기였다. 외몽골에서 서북 신강지역을 거쳐 티베트에 이르는 주변 변경 지역을 정복하여 가장 넓은 영토를 차지했다. 그러나 건륭제 이후 청나라는 농촌의 피폐와 민란을 겪으며 쇠망의 길을 걷는다. 1793년에 청나라 황제 건륭제가 영국 왕에게 국서를 보낸다. '너는 멀리 해외에 있으면서 이번에도 순종하는 마음으로 사신을 파견하여 천자의 장수를 축복하고 선물을 바쳤다. 그 공손한 태도에 매우 만족한다.' 이 글은 그는 많은 하사품을 내리면서 '중국은 물자가 풍부하여 없는 것이 없으니, 너희 물건을 얻을 일이 없다. 다만 우리의 차와 자기, 비단은 너희에게 꼭 필요한 물건이라 하여 은혜를 베푸니, 잘 쓰도록 하라.'는 말도 덧붙였다.

중국인들은 여전히 자기 나라가 세계의 중심에 있는 가장 발전된 국가라고 생각했다. 자신들은 최고의 국가이고 주변 국가를 야만이라고 중화의식이 강하다. 중국은 발달된 문화를 가지고 있으며, 천자는 세계 군주의 수장으로 주변 국가의 왕위를 허락해 주어야 한다고 생각한 것이다. 조선, 베트남, 일본 등은 중국을 종주국으로 섬기고 중국과 교류하려면 조공을 해야만 했다. 중국은 이민족과의 이해관계는 문화적으로 얼마나 종속되었는가에 따라 외교관계에 차등을 두었다. 만주족과 결혼한 몽고인은 받아들이고 남중국의 베트남 및 주변 국가들은 중국의 보호를 받아야하는 야만인 이었다. 중국에 복종해야하는 오랑캐인 야만인이라는 의미이다. 중국인의 서구인에 대한 생각을 이해할 수 있는 부분이다. 중국인은 서구와의 접촉이 불가능할 수밖에 없었다. 무역은 중간상인을 통해 수동적으로 이루어졌다. 중앙아시아 상인들은 초원을 통해 중국과 페르시아를 연결해 주었다. 아라비아 상인들은 말라카 해협을 지나 광동으로 항해했다. 원나라는 중국 각지를 여행한 마르코 폴로 같은 상인에게 허가해 주었다. 그는 원나라에서 관직에 올라 17년을 살며 지중해에서 북경까지 여정을 『동방견문록(東方見聞錄)』이라는 책을 써서 소개했다. 그러나 명나라는 외국에서 조공을 가지고 들어오는 배를 제외하고 모든 배를 봉쇄했다. 15세기 중동이 터키를 정복하면서 모든 통로를 막아 버렸다.

유럽은 18세기 이후 신식 무기를 앞세워 군사적으로 성공을 거둔 뒤에는 중국을 비롯한 아시아 국가들을 본격적으로 식민지화하기 시작하였다. 중국인들의 중화주의를 주변국은 물론이고 어느 나라도 더 이상 존중하지 않았다.

2. 열강의 중국 침략과 반란

유럽과 아시아, 19세기의 역전

19세기에 유럽과 아시아의 이런 사정은 극적으로 바뀌었다. 예전에 청나라 황제는 교역을 요구하는 영국 사신에게 '우리는 땅이 넓고 물자가 풍부하여 따로 교역의 필요성을 못 느낀다.'라며 거드름을 피웠다. 영국 상인들은 변하지 않는 청나라의 상황을 타개하기 위해 중국에 아편을 밀수하고, 그 자금으로 중국차를 수입하기 시작하였다. 아편의 유입은 중국 사회에 과세 부담, 경제 파탄 등 심각한 영향을 미치며 전쟁에 돌입한다. 그러나 중국은 1840년 벌어진 아편전쟁에서 영국 함대에 치욕적인 패배를 당하고 만다. 이후 중국은 유럽 열강들의 각축장이 되었다.

이런 사정은 다른 나라도 마찬가지였다. 일본은 1854년 대포로 무장한 미국 함대에 굴복하여 나라의 문을 열고 불평등 조약을 맺는다. 한때 프랑스, 미국 함대와 싸우고도 문을 열지 않았던 조선도 결국은 1876년 일본의 강요로 강화도 조약을 맺게 된다. 인도나 동남아시아의 경우는 그보다 앞서 이미 유럽 열강의 식민지 신세가 되었고, 오스만 제국이 쇠퇴하면서 유럽 열강이 그 자리를 대신하게 된 서아시아 지역도 사정은 별반 다를 바 없었다.

이제 아시아의 거의 모든 나라에서 서양을 배워야 한다는 목소리가 터져 나왔다. 총과 대포를 앞세워 자신을 침략해 오는 적을 따라 배워야 한다는 사실은 퍽이나 난감한 일이었을 것이다. 그러나 다른 방법을 찾기도 쉽지는 않았다. '적을 배워 적을 제압하자'는 구호가 요란하였다. 과연 저들의 강함은 어디서 오는 것인가? 불과 100년 전만 하더라도 서양 사람들 사이에서 동양을 따라 배워야 한다는 주장이 넘쳐났던 것에 비하면 실로 격세지감이 아닐 수 없다. 도대체 그 동안 무슨 일이 일어난 것일까?

삶의 변화, 세계의 변화

세계 최초의 철도, 리버풀-맨체스터 철도의 경영을 맡은 헨리 부스는 다음과 같은 양자택일을 주장하였다.

> '우리는 결정해야 한다. 한 나라가 한가롭고 농경민적인 고요한 삶의 기쁨을 계속 유지하는 것이 바람직한지, 아니면 상업과 공업의 혼잡과 흥분으로 나아가야 바람직한지.'

이 이야기는 매우 단순해 보이지만 산업혁명으로 변화를 거스를 수 없다는 것이다. 유럽은 18세기 이래로 '상업과 공업의 혼잡과 흥분'의 길로 나아갔고, 19세기에 이르러 그 시도는 일단 성공하였음이 드러났다. 철도만 보더라도 그 전환이 얼마나 극적이었는지 알 수 있다. 양이나 소가 한가로이 풀을 뜯던 들판 사이로, 농부들이 땀 흘려 곡식을 가꾸던 논밭 사이로, 강철의 선로가 놓이고 엄청난 무게의 쇳덩어리가 요란한 소리를 내며 질주하는 모습은 그 자체로 놀라움이었다.

철도가 등장하기 전까지 유럽의 교통로 수준은 형편없었다. 좁고 잡초가 우거진 길은 끊어지기 일쑤였고, 마차조차 다닐 수 없는 길이 더 많았다. 마을과 마을 사이에는 무섭도록 넓고 깊은 숲이 자리잡고 있었고, 사람들은 자신이 태어난 고향을 벗어날 기회조차 거의 갖지 못했다. 신분의 벽은 높기만 하였고, 자신이 해야 할 일은 태어나기도 전에 미리 정해져 있었다. 그러나 철도는 이런 사정을 크게 바꾸어 놓았다. 원료와 상품이 철도를 따라 대규모로 이동하기 시작하였고, 철도역을 중심으로 도시가 형성되었으며, 사람들도 기차를 타고 도시로 몰려들었다. 기차의 출발과 도착을 통제할 수 있는 복잡하고 정교한 시간표가 만들어졌고, 사람들은 자신의 생활을 시계에 맞춰야만 하였다. 말 그대로 지금 우리에게 익숙한 삶, 바로 근대적인 삶이 시작된 것이다.

서구열강은 산업혁명의 영향으로 자본주의가 급격히 발전하자, 경제위기를 벗어나기 위해 중국으로 눈을 돌린다. 1836년 개국 이후 1896년까지 열강은 중국에서 이권을 놓고 각축장을 벌린다. 조차지의 허가, 토지 임대, 철도부지의 증여 등 합법적인 형태로 가장하여 침략한다. 조차지를 특별구역으로 개장하여 사법권, 조세권을 자치적으로 통치할 수 있는 권리를 획득했으며, 열강은 군대를 주둔하여 점령지를 분할했다. 러시아는 요동반도, 독일은 청도, 영국은 홍콩을 점령한다. 열강은 의화단운동을 무력으로 진압하면서 중국은 속수무책으로 당할 수밖에 없었다.

아편전쟁(1840)

영국은 경제위기를 타파하기 위해 중국과의 무역을 희망하였다. 그러나 자연경제 상황에 있는 중국의 폐쇄적인 무역체제는 영국에게 큰 장애가 되었다. 영국은 자유 무역을 요구하였지만, 중국은 조공 무역을 주장하며 광주 한 곳을 개항하고, 여기에 공행이 설치되어 무역을 독점하였다. 영국은 중국과의 무역관계에 있어서 이러한 통상 불균형을 타개하기 위하여 인도산 아편을 밀수하기 시작하였다. 아편 문제는 전쟁의 직접적인 계기였으며 중국 근대역사의 전환점이 되었다. 근본적으로 아편 전쟁은 중화사상과 근대 민족 국가관의 충돌이며, 조공 무역과 자유 무역의 마찰이라는 성격을 갖는다.

중국은 청나라의 차, 비단, 도자기를 영국에 수출하여 막대한 은을 거둬들이고, 영국과 인도에서 수입한 모직물은 팔리지 않아 영국은 무역적자를 보게 된다. 그래서 영국은 수입이 초과되어 막대한 손실을 입게 되자 삼각무역을 전개한다. 영국은 식민지인 인도에 모직물을 수출하고 인도에서 만든 아편을 중국에 밀수출하여 오히려 중국의 은이 밖으로 유출되었다. 청나라는 아편의 수입이 급증하며 은이 해외로 유출된 것이다. 이미 은을 중심으로 화폐 경제가 확립된 중국은 국가 재정이 타격을 받았다. 아울러 아편 무역량이 증가하여 국민건강이 위태롭고 농촌경제가 혼란에 빠지게 되었다. 17세기 초부터 약재로 수입되기 시작된 아편이 18세기에 정부의 금지령에도 불구하고 중국 전역에 퍼져나갔다. 1830년대 후반 아편중독자 수가 최소 200만으로 추산될 정도였다. 아편 무역이 금지되어 있었지만 부패한 중국 관리들을 매수하여 아편 밀무역이 계속되어 1820년대 후반부터 은의 유출이 커지자 은의 가격이 폭등하였다. 은가격의 폭등은 농민 생활을 더욱 궁핍하게 하여 세금 미납으로 이어졌다.

청나라는 아편 공급을 근절하기 위해 강력하게 무력을 행사했으나, 이를 해결하지 못한 도광제는 임칙서(林则徐 1785~1850)를 흠차대신으로 광동에 파견한다. 그는 아편 관련자를 체포하고 아편을 몰수하는 등 외국인이 경영하는 상관을 봉쇄하고 압박을 가했다. 임칙서의 아편무역 봉쇄에 반발한 영국은 1839년 의회에서 중국과의 전쟁을 승인한다. 중국의 근대는 이처럼 아편에서 전쟁이 시작되었다. 아편전쟁은 비록 중국과 영국 간의 전쟁이기는 하지만, 중국의 패배는 서양의 진출과 전통의 변화를 예고했던 것이다.

1840년 6월, 마카오 연해 밖에 정박해 있던 영국 선박이 청나라를 침략하고, 그 후 2년 동안 전쟁이 지속되었다. 영국의 군사력은 산업혁명을 기반으로 세워진 것이다. 당시의 영국은 이미 산업혁명을 완성한 세계 유일의 공업국이며 자본주의를 지향하고 있었다. 중국은 낙후된 농업 국가였다. 게다가 대부분의 중국인은 양국의 사회제도와 생산력의 차이를 느끼지 못했다. 오랜 시간에 걸친 쇄국정책으로 중국인들의 눈과 마음을 닫아 놓았기 때문이다.

영국인은 중국과 영국간의 차이점을 파악하고 있었으며, 전쟁을 위한 준비를 해왔다. 영국은 각종 통로를 통해 중국의 정치, 경제, 문화 등 각 분야에 대해 이해하고 있었다. 해상에서부터 시작된 영국의 공격은 무방비 상태였던 청나라를 쉽게 무너뜨렸다. 동방의 대국이던 중국은 80만 대군을 보유하였고, 당시 영국의 원정 군사력은 겨우 7천여 명, 전쟁 후반까지 2만여 명의 군사력이 보강되었지만, 80만 대군을 보유한 중국은 영국에 패배한다.

전쟁에서 패한 청나라는 최초로 외국과 근대적 조약을 맺는다. 중국은 영국에 굴복하고 불평등한 조건의 남경조약(南京条约)을 체결하여 문호를 개방하게 된다. 1842년 남경조약을 통해 중국은 광주 한 개의 무역항에서 하문, 복주, 영파, 상해 등 다섯 개로 개항한다. 외국과 무역을 독점적으로 행하는 상인집단인 공행을 폐지하면서 여러 다른 상인들도 외국의 물품을 거래할 수 있도록 하며, 홍콩을 할양하고 전쟁에 대한 배상금까지 지불하였다. 더욱이 영국 사람이 중국에서 죄를 저질렀을 때, 중국의 재판을 받는 것이 아닌 영국의 재판을 받게 되는 치외법권도 인정하게 된다. 미국, 프랑스도 같은 내용의 조약을 체결하여 중국은 자유 무역으로 개방하였다. 이때부터 중국은 반식민지, 반봉건사회로 전락한 것이다.

홍수전과 태평천국운동(1850~1864)

아편전쟁이 끝나고 굴욕적인 남경조약을 체결한 이후, 청나라 정부는 거액의 배상금을 지불하기 위해 백성의 혈세로 충당하였다. 현실을 외면한 청나라의 관료 부패와 착취는 민중의 생활을 더욱 파탄으로 몰아 농민폭동이 끊임없이 발생하였다. 1842년부터 1850년까지 100번이상의 농민봉기가 발발한 것이다. 반란군은 청의 지배에 강하게 반발해 온 남쪽의 민중이 주도적으로 참여하였다. 이를 시작으로 청나라의 뿌리가 흔들리기 시작되었다. 그 중에서도 중국 사회의 변혁을 요구하는 최초의 기독교 농민운동이 일어났다. 1850년 중국역사에서 최대 규모로 전국의 17개성에 파급되어 600여 개의 도시를 점령하였으며 14년간 지속된 농민폭동인 태평천국(1851~1864)운동이 그것이다.

태평천국운동은 광서성에서 홍수전이 창시한 배상제회라는 그리스도교 비밀 결사를 토대로 한 농민 운동이다. 태평천국을 주도한 홍수전은 광동북부 화현의 객가의 아들이다. 홍수전은 여러 차례 과거시험에 낙방하면서 외국인 선교사가 그리스도교를 설교하는 것을 보게 된다. 권세양언(劝世良言)이라는 책을 가지고 집으로 돌아온 홍수전은 다시 과거에 도전하지만 실패한다. 정신적 충격으로 들어 누운 지 6년 후인 1843년 사촌과 이 책을 읽고 그리스도교를 믿게 된다. 그리스도교는 인류애로 세계를 통일할 것이라고 생각했다. 그는 지상에 천상왕국을 세울 수 있다고 믿으며 객가 농민을 중심으로 빠르게 퍼졌다. 1847년 2,000명에서 1849년 30,000여명에 이르자 지방정부는 배상제회의 활동을 경계하였다. 1850년 지방정부가 배상제회를 전면 공격하였으나 쉽게 함락시킬 수가 없었다. 1851년 1월 11일 홍수전은 태평천국의 성립을 공식 선언한다. 태평천국 운동은 배상회와 달리 급진적인 방향으로 전개되었다. 홍수전은 청나라에 대항해서 새로운 사회체제를 만들려고 하였다. 그리스도교를 내용으로 하는 종교적 내란의 형태를 보였으나, 그 본질은 전족, 변발, 아편흡음 등 악습의 폐지, 남녀평등, 토지의 균등 분배, 세금의 경감, 유교 배척 등 사회 개혁 정책을 추진하는 것이다. 1853년 남경을 함락한 태평군 남경을 전경으로 개칭하여 수도로 정하고 멸만흥한(滅滿興漢)을 외치며 만주족의 지배를 거부하였다. 14년 동안 3천만 명의 백성이 희생되었으나 한족의 통일과 부흥이라는 목표는 달성되지 못했다. 농민, 광산 노동자, 비밀결사 회원 등 피지배층의 호응을 얻은 반면 같은 한족이면서 기존 사회 지배층인 신사, 지주, 부유한 상인의 호응을 받지 못했기 때문이다. 태평천국 운동은 운동의 안정성을 보장할 경제적 토대를 확보하지 못했다. 더욱이 지도층의 내분과 격심한 내부 투쟁, 지방 지주 세력의 대항 등으로 어려움을 겪었다. 결국 한인관료가 조직한 의용군과 서양군대가 개입하게 된다.

이들 중 중국번의 상군, 이홍장의 회군, 상승군의 압도적인 우세로 나중에 근대 군벌의 원류가 되었다. 1864년 수도 천경(天京)이 함락되면서 태평천국은 진압되었다. 그 후 태평천국을 진압한 한인관료가 청나라의 실권을 장악하나. 비록 실패로 끝났지만 수많은 농민봉기들을 시작으로 개혁을 통한 자강의 필요성은 더욱 절실해졌다. 그리고 양무운동을 시작으로 중국은 반식민지, 반봉건주의, 반제국주의적 개혁 운동이 본격적으로 시작되었다.

2차 아편전쟁(1856)

청나라의 조약 불이행으로 대 중국 무역이 개선되지 않자, 광둥에서 영국 국기를 달고 있는 애로호에 청나라 관헌이 중국인 선원 12명을 해적 혐의로 체포한다. 나라를 상징하는 영국국기를 함부로 내렸다는 이유로 영국은 다시 청나라를 공격하여 1856년 2차 아편전쟁을 일으킨다. 그때 프랑스 선교사가 피살되는 사건이 있었는데 그것을 빌미로 이번엔 영국과 프랑스가 연합해서 연대, 여순 등을 공격하고, 천진과 북경까지 진격했다. 결국 중국은 1860년 북경에서 10개 항구를 추가로 개항하고, 외국대표가 북경에 거주할 수 있도록 허락하며 선교의 자유 등을 요구하는 불평등 조약을 체결하였다. 러시아도 이 틈에 손을 뻗쳐 영불과 비슷한 이익을 얻었을 뿐만 아니라, 흑룡강 연안지구의 넓은 영토를 빼앗았다. 이후 중국은 공친왕을 중심으로 화친파가 득세하고, 세관 감독권, 군함 정박권 등 수많은 이권을 서양에 양도하며 반식민지 상태로 전락한다. 역사적으로 동아시아 국제체제는 유교문명권 내에서 중국이 중심이 되는 체제이다. 이는 화이(중화)질서, 사대교린관계로 대표된다. 중국이 절대적

패자로 존재해 왔던 동아시아 국제체제는 불평등한 관계, 국가 간 관계규정요인이 문화라는 것 등의 내부적 모순과 서양의 침략으로 인해 붕괴되고, 서구 국제체제로 편입하게 된다.

3. 자강운동과 개혁의 실패

개혁 도시의 번영

중국이 강제로 개항된 이후에 개항 도시들은 국내외 상거래와 무역의 중심지가 되어 나날이 번영하였다. 도시에는 서양 상인들만 거주할 수 있는 조계지가 있었고 중국 상인과 서양 상인의 상점들이 즐비하였다. 중국과 서양 상인들이 운집하였고 주변 지역에서 사람들이 몰려왔다. 특히 상해, 천진, 무한 등의 도시는 지리적인 편리성 때문에 빠르게 발전하여 19세기 말에 인구가 수십만에 이르게 되었고 상해는 백만을 넘었다.

개항 도시의 시민 생활도 더욱 풍요로워졌다. 찻집, 극장, 술집, 아편굴, 심지어 기생집 등 대중적인 오락 장소들이 들어섰는데, 상해에만 수천 곳에 이를 정도였다. 도시화와 상업화에 따른 사회적 교류, 생활 소비, 휴식을 즐기는 생활을 통해 중국에서 최초의 근대적인 시민계층이 형성되었다. 개항 도시의 번영과 수십만의 중국 노동자가 해외로 빠져나가 일했다. 세계 각지로 나간 중국인은 어려운 환경을 극복하며 돈을 벌었으며, 그 경제력을 기반으로 화교사회를 형성하였다.

양무운동(1862~1894)

두 차례의 아편전쟁 패배와 태평천국 운동으로 청나라의 통치자들은 위기감을 느낀다. 태평천국운동 진입에 참여했던 한인 의용군인 이홍장과 중국번은 서양 군대에 의해 이 운동이 진압되는 과정을 직접 목격했다. 강한 서양의 무기기술에 자극받아 위로부터의 개혁을 주도하며 양무운동을 추진한다.

양무운동은 중체서용(中体西用 중국의 체제를 유지하면서 서양의 기술수용)의 구호를 외치고 서구의 군사 기술을 배워 무기를 근대식으로 바꾸는 등 개혁을 시도한 것이다. 1861년 함풍제 사망이후 중앙정부의 실권을 장악한 공친왕과 태평천국을 진압하는 데 공을 세운 증국번, 이홍장, 좌종당 등의 한인 관료들이 중심이 되어 추진되었는데 이들을 양무파라 부른다. 공친왕은 총리각국사무아문의 대신으로 서양과의 협력 정책을 주도하며 양무 정책의 추진에서 중심 역할을 했다. 양무파는 초반 자강운동의 기초를 닦는데 중국의 사업을 강력한 국가 건설에 영향을 줄 수 있는 영역으로 확대하여 실시한다. 1862년부터 1894년까지 중국 청나라에서 3단계로 나누어 진행하였다. 이 운동은 서양의 문물을 받아들여 군사적 자강과 경제적 부강을 이루려 했던 여러 정책들과 사회적 변혁이다. 제1단계는 1860년대 초에서 약 10년 동안 군사력 증강을 목표로 군수 산업의 육성에 중점을 두고 시작되었다. 제2단계는 1870년대 이후부터 약 15년 동안 군수 공업을 계속 발전시키는 동시에 외국 열강이 중국 연안이 수송을 독점하지 못하도록 하겠다는 취지에서 1872년 '중국윤선공사초상국'(중국 최초의 기선회사)을 설립한다. 이 회사는 정부의 세입으로 거둬들인 곡물을 중부지방에서 북경으로 운반하는 일을 전담하여 수입을 올렸다. 1872년 이후 천진부근의 개봉(开封) 탄광이 확장 되어 자국의 광물자원에 대한 관리를 철저히 하고 해군의 기선에 연료를 공급할 수 있게 되었다. 1878년에는 상해에 섬유수입의 증가를 막기 위해 방적공사도 설립하는 등 민영기업을 대대적으로 키웠다. 제3단계는 1880년대 양무파가 해외에서 구입하기 시작한 레밍턴사나 크룹사에서 제작한 총의 탄알과 포탄을 생산하기 위해 천진의 병기창을 개선해 나갔다. 또한 교육에서도 개혁을 단행하였다. 1872년 유학생 30명의 대미교육사절 파견안을 지지하였고, 엘리트 학생들을 프랑스, 독일, 영국으로 파견하여 상급의 육군, 해군교육을 받게 하였다. 천진에는 해군학교와 육군학교를 설립했다. 양무운동은 청나라의 지배체제를 안정시켰을 뿐 아니라, 광공업의 발전 , 전신선과 철도 부설, 해군양성과 유학생 파견, 신식 교육기관 설립에 이르기까지 광범위하게 서구식 개혁이 확산되었다.

양무사업은 주로 개항지에서 추진되었다. 그 결과 상해와 같은 대도시들이 성장하였고 광·공업과 상업의 발달을 가져와 도시 노동자들의 성장을 가져왔으며, 농업에서도 양잠, 차 등 경제 작물의 재배가 늘어났다. 대도시에는 서양의 학문과 언어, 기술을 가르치는 근대적 교육 기관이 설립되어 새로운 서구적 지식인들이 나타났다. 양무운동은 안팎의 여러 장애에 부딪쳐 제한된 성과를 거두게 되는데 전국적 차원에서 통일된 계획 아래 추진되지 못했다. 중앙권력의 핵심을 장악하지 못해 개개인의 이해에 따라 독자적으로 추진하였고 공친왕은 서태후의 견제를 받았다. 결국 1884년 프랑스와의 전쟁 이후 공친왕은 탄핵을 받아 사임하였다. 그리고 양무파 관료들은 개인적으로 분열된 상태에서 지방 세력에 머물렀다. 이들이 추진한 양무정책은 지역적으로 편중되었고 효율성도 떨어졌다.

청나라의 관리들은 제2차 아편전쟁과 태평천국의 난을 계기로 서구의 무기를 주목하게 된다. 양무운동의 실패요인과 한계는 관리의 기업 통제에서 야기되는 부패와 비능률, 전통적인 경제구조의 잔존, 운동 추진 주체가 지역적인 한계를 뛰어넘지 못한 것이다. 특히 개혁 지향적인 관리들이 지방에 분산된 채 통일적인 계획 없이 사업을 추진했으므로 급변하는 정세변화에 효율적으로 대처하지 못한 것이다. 열강의 잇따른 침략도 청나라의 자강을 어렵게 하였다. 청나라는 양무운동 기간 중에 일어난 대만사건(1874), 청불전쟁(1884), 청일전쟁(1894)에서 모두 일본과 프랑스에게 패배해 류큐, 베트남, 조선의 종주권을 잃었다. 이들 전쟁에서의 패배는 자강을 일차적 목표로 한 양무운동의 실패로 여겨졌고, 양무운동은 산업과 기술만이 아니라 정치·사회 제도의 근본적 개혁까지 이루어야 한다는 변법자강운동에 자리를 내주었다.

청일전쟁의 충격(1894~1895)

중국과 일본에게 조선은 피할 수 없는 문제였다. 조선은 중국의 속국이었지만, 일본에게는 대륙으로 진출하려는 발판이었다. 1876년 조선은 보수파와 개혁파 사이에 갈등이 일어나면서 외세의 침략을 받게 된다. 1884년 개혁파가 일본의 도움으로 군주에 도전하자, 보수파는 청나라에 도움을 요청하여 반란군을 진압한다. 이에 일본의 외상 이또오 히로부미는 천진에서 양국의 승인 없이 조선을 간섭하지 않기로 협의한다. 천진조약은 1894년 조선 동학농민의 반란으로 깨어진다. 1894년 농민군이 반란을 일으키자 조선은 청나라에 구원병을 요청한다. 일본은 개혁파를 지지하여 먼저 조선에 군대를 보낸다. 동학 농민군을 마구 진압하면서 갑자기 청나라 군대를 공격해 청·일 전쟁이 일어났다. 요동반도에서 대련을 함락하고 산동반도 위해를 점령했다. 이 때 양무운동의 상징이었던 북양함대가 전멸당하고 사령관 정여창(丁汝昌)이 자살한다. 일본은 예상을 깨고 청·일 전쟁에서 승리한다. 청일전쟁의 패배는 중국 지식인들에게 충격을 주었다. 그것은 중국 근대사에 아편전쟁에 필적하는 시대의 전환점이었다. 1895년 중국은 일본과 굴욕적인 시모노세키조약(马关条约)을 체결하여 대만과 요동의 영토를 할양하고 2억량의 전쟁 배상금을 지불했다.

중국인들에게 준 심리적 영향은 아편전쟁보다 심각하였다. 중국 영토를 자국에서 문화를 배워간 일본에게 할양하는 것은 치욕적인 것이었다. 전후 이를 계기로 빚어진 제국주의 열강의 침략이 격화되면서 중국에서는 민족적 위기를 타개하려는 두 가지 운동이 시작되었다. 하나는 황제에게 지속적으로 상소를 올리고 계몽활동을 통해 관료, 지식인을 움직여 황제가 정치, 사회, 문화 등 여러 제도를 전면적으로 개혁하려는 운동이다. 즉 만주족 지배를 전제로 하면서 위로부터 사회체제에 대한 개혁을 단행하려는 개량주의 변법운동이었다. 다른 하나는 서방의 열강에 대항할 수 있는 근대국가의 건설은 청나라의 지배체제에서 불가능하다고 인식하면서, 만주족의 지배를 타도하고 새로운 공화국을 건설하려는 혁명운동이었다. 전자는 강유위가 주도하였고, 후자는 손문이 주도하였다. 이 두 명의 인물들이 추진한 개혁과 개방의 공통점은 중국이 서방 열강의 위협에 대한 강한 위기의식에서 시작되었다는 것이다.

무술변법운동(1898)

19세기 70~80년대에 출현한 초기 유신사상은 청일전쟁 후 민족 위기가 더욱 심화된다. 양무운동의 한계가 드러나자 중국인은 근대국가 건설을 위해 입헌파와 혁명파, 두 가지 방향으로 나누어진다. 변법파는 그동안 서구의 정치제도 도입, 즉 제도적 개혁을 주장해 온 변법론이 힘을 얻는다. 변법파는 근본적인 개혁만 중국을 살릴 수 있다고 생각한 것이다. 청일전쟁의 패배와 지식인의 서양에 대한 인식 변화, 민생의 피폐로 조정도 동참하여 줄 것을 기대하였다. 이 변법을 주장하는 하급관리 강유위의 개혁 주장이 광서제에게 알려지면서 황제의 주도로 1898년 4월 하순부터 약 100일에 거쳐 소위 '무술변법' 개혁을 시도한다. 강유위는 강학회(讲学会) 등을 조직하여 신속하게 정치 개량 운동으로 전환하였다. 강유위(康有为) 등이 변법(变法), 즉 제도개혁을 하려고 1898년 부르조아 계급인 유신파가 일으킨 것이 무술변법운동(戊戌变法运动), 또는 무술유신운동(戊戌维新运动)이라고 한다.

양무운동은 중체서용의 서용을 바꾸려 한 것이라면, 무술변법(1898)은 중체를 바꾸려고 시도한 것이다. 당시 청나라 황제 광서제는 이를 수용하며 적극적으로 지원했다. 힘을 얻은 강유위, 양계초 등 지식인은 제도개혁을 통한 강력한 주권국가건설과 입헌군주제, 의회제도 개설, 유가경전의 암기 위주인 과거제도 폐지, 상공업 진흥 관제와 법제의 개혁을 추진하여 자본주의를 발전시키고자 하였다. 관료인 강유위는 중국을 구하기 위해서는 유신밖에 없으며 유신하기 위해서는 외국을 배우는 길밖에 없음을 알았다. 이것을 배운 다음 서방의 부르조아 계급 국가의 방식을 모방하여 중국의 국가 제도와 사회 제도를 개변시키려고 하였다. 또 법을 바꾸고, 백성의 실정을 알고, 좌우의 신하들을 잘 등용할 것이라는 세 가지 계책을 제시하였다. 그러나 강유위의 개혁은 수구파의 공격을 받았다. 서태후 등 수구파들은 유신 운동을 좌시하지 않은 것이다. 광서제는 서태후에 의해 연금되고 유신파는 체포되었다. 변법운동의 실패로 강유위, 양계초는 해외로 망명하였으니 담사동은 '피를 흘리지 않고 변법을 시행한 나라는 없다.'하며, 강광인 등 5명과 함께 살해당했다. 결국 변법운동은 보수파의 반대로 103일 만에 실패하였다.

의화단운동(1899~1901)

1899년~1900년 산동성에서 반기독교 폭동을 계기로 화북 일대에 퍼진 반제국주의 농민투쟁이 일어난 반기독교, 반제국주의 민족운동이다. 종교적 비밀결사로서 당시의 사회 모순, 기독교 포교, 독일의 진출 등에 반감을 품고, '부청멸양(扶清灭洋)'의 구호를 내걸고 배외운동을 전개했다. 청 정부도 그들을 민중의 지지로 간주하고 이를 지원해 폭동이 확대되었나.

동성-직예성 경계지역에서 일어난 반기독교 운동에서 시작되었다. 그 지역에서는 청일전쟁 이후 열강에 의한 철도부설 공사를 하던 운송노동자가 일터를 잃었다. 외국물자의 대량수입으로 농업과 수공업에 타격을 받았고 교회세력의 확대로 배외감정이 고조되었다. 또한 1897년 이래 흉년이 지속되었는데 이와 같이 계속된 흉년과 열강의 이권침탈, 기독교의 활동으로 의화단은 '양화배척'을 외치며 활발하게 움직인다. 이러한 내용으로는 의화단의 반기독교운동이 확산되면서 철도와 전신시설을 파괴하며 북경까지 육박했다. 서태후는 의화단이 외치는 '부청멸양' 구호를 보며 서양열강을 막아 청나라를 유지 할 수 있다는 생각에 적극적으로 지원했다.

1900년 6월 중순 청나라는 열강들에게 선전 포고를 한다. 그러자 영국, 미국, 일본, 러시아, 독일, 프랑스, 오스트리아, 이탈리아 등의 제국주의 열강은 8국 연합군을 조직한다. 북경으로 진격개시하게 되면서 의화단과 전쟁을 개시한다. 서태후는 의화단에게 공격 정지명령을 내린다. 서태후는 선전포고가 자신의 의지가 아님을 열강에 해명하지만, 의화단은 계속 열강과 전투에 나섰다. 열강의 무력을 당해 낼 수 없는 청나라는 연합군과의 합동으로 의화단을 진압한다. 1901년 9월 청 정부는 외국 침략자에게 항복하고 중국에 대단히 가혹한 신축조약(辛丑条约)을 체결하였다. 책임자 처벌, 외국군 주둔허용, 배상금 지불, 새 통상조약 체결 등 12개항의 조약 내용은 청나라의 면모를 크게 실추시키는 동시에 식민지화를 더욱 촉진시키는 결과를 가져왔다.

의화단운동은 가난한 농민이 주체가 되어 자발적으로 일어난 반제국주의 애국운동이었으나 반봉건적이거나 혁명적인 성격은 없었다. 비록 실패로 끝났지만 의화단 운동은 중국의 민족주의가 탄생하였고 제국주의에 대하여 타격을 주었을 뿐만 아니라, 제국주의 국가들 내부의 대립으로 중국을 나누지 못하도록 만들었다.

그러나 의화단운동이 열강제국주의에 대한 분노와 반감이 비이성적인 방식으로 폭발한 것이지만, 자국민 기독교인들을 학살하고, 외국열강의 개입을 허용시켰다는 비판을 받았다. 또한 의화단의 조직이 미약하고 무기도 보잘 것 없어 제국주의에 대항할 수 없었다. 의화단의 구성원은 조직적인 기반을 갖고 있지 않았고 지역의 농민들로 구성되어 있다. 그러다보니 명확한 정치의식이 없었고 통일된 조직이 이루어지지 않았다는 한계가 있다. 의화단 운동의 영향으로 청나라는 대외의존도가 심화되고 청나라의 통치력에 대한 의구심이 커져 반청혁명운동이 더욱 거세지게 된다.

4. 신정과 공화정

청말 신정(1901~1908)

변법자강운동은 서태후 등 수구파의 반대로 실패했으며, 의화단 운동은 열강에 항복하고 신축조약을 맺는 참혹한 결과로 막을 내렸다. 대내적으로는 막대한 세금 징수로 민심의 동요와 불만, 대외적으로는 열강의 이권침탈 심화가 증폭되었다. 청나라 조정은 내정과 외교가 총체적 위기에 처하게 되었다. 특히, 상층 계층도 청나라에 불만이어서 더 이상 방치할 수 없는 위기였다. 1901년 1월 청나라의 실권자 서태후는 '외국의 장점을 취하고 중국의 단점을 버려 부강을 꾀한다.'는 방침 아래 고위 관료들에게 국정에 관한 의견을 상신하라고 명령했다.

이를 출발점으로 하여 청 정부가 반대했던 변법으로 방향을 틀어 살아남기 위한 신정(新政)을 개시한다. 이를 서태후의 존호인 자희(慈禧)를 따서 자희신정(慈禧新政)이라고 한다.

신정은 직예총독 원세개, 양강총독 유곤일, 호광총독 장지동에 의해 추진됐다. 군대의 근대화, 과거제도 폐지, 교육부 설치와 교육 개혁, 외국으로의 유학생 파견, 상부(商部)의 신설과 실업(实业) 장려, 선거제도, 사회와 경제개혁 등이 정부 주도하에 이루어 졌다. 청나라는 해외 유학을 장려하고 전국의 학당(서원)을 신식학교로 바꾸었다. 점차 과거시험 준비 기관이었던 재래식 학교설립자나 운영자는 거의 모두가 신사층, 즉 향토 지식인이었다. 이들은 근본적으로 과거제도 폐지를 반대하여 신식 학교의 설립도, 해외 유학도 반대해왔던 세력이다. 이들은 교육 개혁에 따라 과거 학당의 존재가 위험해져 기득권을 잃을까 두려워했던 것이다. 학당을 신식학교로 개조해 교묘하게 기득권을 유지하려는 것이었기 때문에 무늬만 바꾸었지 내용은 거의 바뀌지 않았다. 표면적인 교육개혁이었을 뿐 신식학교도 과거 시험 준비라는 과거의 기능에서 크게 달라지지 않았다. 그래서 청나라는 1905년 과거제도를 완전히 폐지하지 않을 수 없었다. 그러나 청나라의 교육개혁은 여러 한계점이 속속 드러났다. 정부 주도의 교육 개혁으로 신식 교육을 위한 학교가 크게 늘어났다. 과거시험을 준비하던 학당이 마지못해 신식학교로 변신하긴 했어도 청조는 개혁의 본뜻을 전혀 반영하지 않았다.

결국 이러한 청나라의 교육 개혁은 실효가 전혀 없는 결과를 낳게 되어 일본에 유학 중인 학생들을 중심으로 청나라에 대한 불만과 비판의 소리가 높았다

1906년 청나라는 러일 전쟁에서 승리한 일본처럼 헌정을 실시하기로 약속했다. 서태후는 겨우 두 살인 부의를 즉위시키고 광서제의 동생이 섭정했다. 1908년 일본의 메이지 유신헌법을 모방하여 헌법을 선포했다. 자의국(谘议局), 자정원(谘政院)을 설치하여 행정의 효율을 제고하고 주권국가 설립을 시도했지만 그해에 서태후는 사망했다.

손문의 공화혁명

1905년 일본에서 혁명단체가 결성되었다. 손문(孙文)이 이끄는 홍중회 등 세 개의 단체가 대동단결한 중국혁명동맹회(이후 국민당)이다. 총리로 뽑힌 손문은 삼민주의(民族, 民权, 民生)를 주장하며 혁명운동을 주도하였다. 삼민주의란 민족주의·민권주의·민생주의를 요약한 개념으로 외세를 몰아내고 중국의 자주권을 확립, 전제정치를 붕괴시키고 국민대표의 운영에 의한 정치체제를 수립, 경제적 평등을 촉구하는 것을 각각 목표로 삼았다. 삼민주의를 간단히 정의하면 곧 구국주의(救国主义)이다. 민족에서 제국주의에 대한 인식이 결여되어 있고, 민권도 구체성이 결여되어 있으며, 민생에서도 공상적인 상황이 다분하고 농촌의 토지문제에 대한 이해가 결여되어 있는 등 한계를 내포하고 있다. 그러나 당시로서는 가장 체계적으로 정비된 혁명이론에 해당했다. 민족주의는 한족이 중심이 된 부강한 중국의 건설을 의미한다. 민권주의는 공화정과 민주정의 유기적 결합을 뜻한다. 민생주의는 인민의 경제권 확립을 말한다. 민생주의의 골자를 이루고 있는 지권(地权)은 국유화를 전제로 한 토지소유권 개념이다. 이는 서구 자본주의의 폐해를 미리 방지하기 위해 토지국유화를 전제로 경자유전(耕者有田) 논리에서 출발하고 있다. 삼민주의를 통치 이념으로 내세우고 있는 타이완에서는 부동산투기라는 개념 자체가 존재하지 않는다. 장개석 집권 이후 타이완의 착실한 번영은 사실 지권을 현실화한데서 비롯된 것이다.

신해혁명(1911)

신해혁명은 1911년(辛亥年) 청나라를 무너뜨리고 중화민국을 성립시킨 중국의 부르주아 혁명을 말하며 처음으로 공화국을 수립한 혁명이다. 20세기 들어서면서 청나라의 양무운동과 변법자강운동 같은 개혁이 실패하고, 군벌의 난립과 서구열강의 침탈은 확대되었다. 1900년 의화단 운동 이후 열강의 침략이 한층 강화되는 가운데 청나라 조정은 과거제도를 폐지하고 학당을 설립하며 변화를 시도하였다. 그러나 전쟁에서 패배를 거듭하자 청나라는 신식군대의 필요성을 느껴 군사개혁을 착수한다. 1901년 원세개가 주축이 되어 서양식 군대인 신군육군이 36개 사단으로 재조직되었다. 또한 입헌 군주제를 추진하지만 광서제와 서태후의 사망으로 부의가 왕위에 오르고 원세개를 두려워한 순친왕(부의 생부)은 원세개를 해임한다. 선통제(부의)가 즉위한 뒤 국회를 조기에 개설할 것을 청원했으나 거절당하고, 이를 계기로 청나라를 타도하려는 혁명파의 입지가 강화되었다. 이러한 정세 아래에서 손문은 1905년 일본에서 화홍회와 광복회를 통합하여 결성한 중국동맹회(革命同盟会)의 혁명운동을 확산시켰다. 청나라도 이에 대항하여 중앙집권 체제의 운동(新政运动)을 도모하였으나 사회적 모순은 격화되고, 신정반대, 세금거부, 그리스도교 배격 등의 반청 대중투쟁이 전국적으로 확대되었다. 손문을 비롯한 혁명세력의 여러 차례 무장봉기는 실패하였다. 그러나 의외로 혁명의 계기는 청나라의 철도정책에서 시작되었다. 1909년 청나라는 민영이었던 철도의 공사가 진척이 없자 호북, 호남 지역의 철도부설에 필요한 경비를 차관으로 건설하고자 했다. 차관도입으로 철도를 건설하는 것은 철도가 국유화된다는 의미이다. 청나라가 민간철도

회사의 주주와 지방 단체의 승인 없이 국유화를 시도하자, 사천에서 철도국유화 반대운동이 일어났다. 마침내 대규모의 무장투쟁인 사천폭동(四川暴动)으로 확대되었다. 폭동진압을 위해 무창에 주둔한 군이 사천으로 출동하자, 이틈을 이용해 10월 10일 혁명파의 공작으로 호북(湖北)성 무창(武昌)에서 신군(무창봉기)이 반란을 일으켰다. 이 무창봉기는 신해혁명의 도화선이 되었다. 무창에서 시작된 혁명의 불길은 입헌파, 구관료, 화교 등의 지지에 힘입어 약 한달 만에 16개의 성이 호응하여 퍼져나갔다. 마침내 11월 15일 혁명세력은 무창에서 임시 정부 구성안을 발표했다. 12월 25일 손문이 상해로 귀국하여 29일 임시대총통에 선출되었다. 이 혁명으로 청나라가 멸망하여 2천여 간의 전제정치는 마침표를 찍었고, 아시아에서 최초로 민주정치 제도가 수립되었다. 그해의 간지를 따서 신해혁명이라 부른다.

중화민국의 탄생

1912년 1월 1일 남경에 중화민국 임시정부를 수립하고 손문은 임시대총통으로 신출되었으나 혁명은 완성된 것이 아니었다. 남경을 수도로 임시정부를 수립했을 뿐, 북경에는 여전히 청나라 정부가 있었다. 청나라 정부는 북양군벌 원세개를 흠차대신으로 기용하여 혁명군을 진압을 명령한 상태였다. 하지만 원세개는 혁명파와 협상하여 공화정을 만드는 조건으로 손문의 대총통 지위를 이양 받는다. 2월 13일 손문은 약속대로 남경 임시정부의 임시대총통직을 사임했고, 1912년 2월 15일 원세개가 임시대총통으로 취임하였다. 이리하여 무력에 한계가 있었던 혁명군은 원세개의 내응을 얻어 가장 우려하던 열강의 무력간섭을 겪지 않고 공화정체를 성립시키는 데 성공했다. 이 때 손문은 자신이 임시대총통직을 사직하는 조건으로 남경을 임시정부의 수도로 정할 것을 원세개에 요구했다. 그러나 원세개는 2월말에 북경 등지에서 일어난 군사반란 등을 구실로 이를 받아들이지 않았다.

1912년 3월 10일 원세개는 북경에서 중화민국의 임시대총통에 취임했다. 4월 1일 손문은 정식으로 임시 대총통직에서 물러나고, 4월 5일 임시공화정부의 의회는 수도를 남경에서 북경으로 이전하는 것을 결의했다. 이로써 원세개를 남경에서 견제하려는 혁명파의 시도는 무산되었다. 임시대총통이 된 원세개는 여러 가지 수단으로 혁명파를 무력화 시켰다. 군사적 기반을 잃은 혁명파에게 남은 길은 국회와 정당을 통해 원세개를 견제하려는 것뿐이었다. 이에 따라 송교인의 주도로 중국혁명동맹회가 개조되어 1912년 8월 25일 국민당이 창설됐다.

국민당은 1913년 1월과 2월에 걸쳐 시행된 국회선거에서 민중들의 지지를 받아 과반수의 의석을 차지하였다. 그러나 국민당의 내각을 꺼린 원세개는 암살범을 보내 3월 20일 국무총리로 예정된 송교인을 저격, 3월 22일 송교인은 숨을 거두었다. 원세개는 이어 국회의 반대를 무릅쓰고 1913년 4월 25일 5개국(영국, 독일, 프랑스, 일본, 러시아) 은행단으로부터 2500만 파운드에 달하는 거액의 차관을 도입하는 협정을 체결하여 독재를 위한 재정기반을 확보했다. 6월에 원세개가 국민당 계열의 도독 3인을 파면하자 손문을 비롯한 국민당 세력이 봉기(제2차 혁명)를 호소했으며, 1913년 6월 9일 봉기를 일으켰다. 봉기는 6월 9일부터 7월 12일까지 양자강 중류와 하류지역 일대에서 일어났다. 그러나 이 봉기는 당시 전란의 재발을 달가워하지 않는 분위기에서 크게 호응을 못 받았고 결국 1913년 9월, 원세개의 압도적인 무력에 의해 완전히 진압됐고, 손문은 7월 일본 도쿄로 망명했다. 거기서 손문은 1914년 7월에 중화 혁명당을 결성해 해외에서 원세개 군벌 정부에 저항했다. 10월에 국회는 공민당이라 자칭하는 폭도들로부터 협박을 받는 가운데 원세개를 정식 대총통으로 선출했다. 곧 이어 원세개는 국민당의 해산을 명하고 대총통의 권한을 대폭 강화시킨 신약법을 제정했다. 결국 혁명은 원세개를 위한 것이 되어버렸다. 이후 일본이 원세개에게 황제등극을 인정해주는 대가로 21개조 요구를 들어달라고 요구하자, 황제 등극을 원했던 원세개는 이를 수용하였다. 마침내 1915년 12월 황제제도의 부활을 시도했다가 군중들로부터 지탄을 받아 실패하고, 1916년 6월 원세개는 사망했다.

혼란과 군벌정치

군벌의 뿌리는 양무운동 시기 이홍장이 군사력을 강화하면서 시작되었다. 신해혁명 이후 혁명파는 책임내각을 만들어 임시총통인 원세개를 무력화하려고 했다. 그래서 중국혁명동맹회를 개조하고 소당파를 합쳐서 의회정당인 국민당을 창립, 의회정치의 실현을 시도하였다. 그러나 열강과 입헌파의 지지를 받은 원세개는 혁명파에게 무력탄압을 가하여 제2혁명을 일으키는 계기를 만들었다. 1913년 혁명파는 제2혁명을 일으켜 원세개를 타도하려 했으나 실패하고 초대 대통령이 된 원세개는 1914년 국회를 해산하였다. 1915년 원세개는 황제가 되려고 시도하다 제정을 반대하는 제3혁명이 일어나자 선언을 취소하고 1916년 사망한다. 중국은 실질적으로 분열의 시대에 돌입했다. 원세개가 사망한 이후 북경의 중앙정부는 원세개의 뒤를 이어 단기서가 지배하고, 안휘, 직예는 북양군벌이 지배하고, 귀주, 운남, 사천, 광동, 광서 등 남부는 풍국장, 북부는 봉천파인 장작림이 지배했다. 이들이 북경을 이끌던 시기를 군벌시대라고 말한다. 이들은 보수적 세력으로 반민족적 성향을 보임으로써 중국이 외세를 몰아내고 근대적 민주국가로 성장하는 과정에서 반드시 청산되어야 할 인물이었다. 그들은 군사력을 바탕으로 각각의 근거지를 장악하였다. 군사력 유지에 필요한 막대한 비용은 농민과 상인으로부터 수취, 또는 폭력적 방법을 통한 약탈로 조달되었다. 심지어는 아편의 재배·판매 등으로 돈을 벌었으며 외국의 차관이나 무기원조를 통해 세력을 확대하기도 했다. 군벌 자체가 대지주이거나 기업에 투자하는 대자본가이기도 했다. 군벌의 중심부대는 빈농, 도시 유민, 비적들로 구성되어 있었다. 빈번한 군벌 간의 전쟁, 막대한 군비조달을 위한 가혹한 세금수탈 등으로 삶의 근거를 잃은 농민들이 군벌의 용병이 되었던 것이다.

중앙정부를 지배하던 단기서는 자신의 정책에 반대하는 국회를 해산하고 새로운 국회를 구성하면서 자기 세력을 국회에 심었다. 또한 일본에게 산동지방의 이권을 넘겨주는 대가로 차관을 도입하여 자신의 권력 강화를 꾀했다. 이에 남부 군벌의 우두머리인 풍국장이 나서서 단기서와 타협하여 서세창을 새로운 총통으로 선출했다. 광동의 혁명세력은 북경의 군벌에 계속 투쟁하여 1919년 2월 남북화의를 주도했으나 별 소득도 없이 결렬되었다. 군벌 상호간에 이합집산과 대립이 지속되면서 중국 사회는 극도의 혼란에 빠지게 되었다. 특히 각 성의 독립된 재정은 중앙정부의 재정을 압박했으며, 군벌의 권력 장악으로 국가의 분열은 심각했다. 더욱이 군벌은 서양 열강 세력과 연합을 통해 정치적, 경제적 지원을 받으며 국가를 황폐화시켰다. 특히 1차 세계대전이 끝나고 전후처리를 위한 파리 강화회담이 열렸을 때 군벌정부는 산동성의 이권이 일본에 넘어가면서 중국 인민의 거센 반발로 5·4운동을 촉발시켰다. 군벌정부의 반민족적 태도는 인민의 저항을 받았으나 군벌을 무너뜨리지는 못했다. 군벌 사이의 대립도 계속되었으며 마침내 전쟁으로 번졌다. 당시 영국과 미국의 지원을 받고 있던 직례파가 단기서의 군벌정권을 붕괴시켰다. 직례파 군벌의 세력이 점차 확대되자 그들과 제휴하여 안휘파를 밀어내는 데 큰 역할을 했던 장작림이 이끄는 봉천파가 직례파와 대립하기 시작하였다. 결국 이 대립은 1922년 전쟁으로 폭발했고 역시 직례파의 승리로 돌아갔다. 직례파 군벌은 북경의 중앙정부를 중심으로 한 무력통일에 적극적으로 나서게 되었다. 이들의 싸움은 외세를 몰아내기 위한 것도 아니었고, 중국 인민들의 생활을 개선시키기 위한 명분을 가진 싸움도 아니었다. 중국대륙의 패권을 차지하는 것이 그들의 주된 목적이었다. 이 권력다툼의 틈바구니에서 고통당하는 것은 민중들이었다. 군벌세력이 서로 싸우고 있던 이 시기, 혁명세력은 군벌을 바로 몰아낼 만한 힘을 갖고 있지 못했기 때문에 남부지역의 일부 군벌세력들과 연합하기도 했다. 마침내 1926년 국민당의 장개석 사령관은 대대적인 북벌을 선언하고 군대를 몰아 광동으로부터 북경을 향하는 북벌운동을 단행하였다. 군벌타도는 곧 신해혁명의 뜻을 잇는 국민혁명의 연속되는 과정이었다. 광동을 떠난 국민당의 북벌군은 놀랄 만큼 빠른 속도로 전진을 계속하여 6개월여 만에 양자강 유역을 장악했다. 군벌들에게 고통당하고 있던 민중들은 당연히 북벌군을 크게 환영했으며, 군벌세력이 설 자리는 더욱 좁아졌다. 광동 국민정부 군대는 계속 각지의 군벌들을 격파하면서 북상했고, 1928년에는 동북지방의 유력한 군벌이었던 장작림이 일본군의 계략에 의해 열차여행 중 폭사당함으로써 비로소 군벌의 시대는 막을 내리게 되었다. 이로써 중국은 장개석의 국민당 정부의 완전한 통치 아래 들어가게 되었다.

제3부

국민혁명과 공산혁명

1. 반제국주의 투쟁과 국민혁명

유학파 지식인들이 신문화 운동

신해혁명 이후 큰 변화는 없었지만 역사는 새로운 단계로 넘어갔다. 황제가 사라졌고 벼슬을 하는 낡은 봉건제도가 더 이상 유지될 수 없었다. 하지만 정국은 혼란하여 통제가 어렵고 이데올로기에는 공백의 상태였다. 한편에서는 낡은 체제, 규범, 관념, 풍습, 신앙방식이 황제 권력의 부패로 말미암아 붕괴되기 시작했으며, 다른 한편에서는 강력한 보수 세력이 끊임없이 공자(孔子)를 존중하고 경서(经书)를 읽으며, 황제권의 부활을 선양(宣扬)하는 풍조가 일어났다. 사회의 국면을 다시 청나라 시대로 회복시키려고 시도했다. 지식인, 특히 젊은 지식인들에게는 국가의 앞날이 어떻게 전개될지, 길을 찾기 어려운 막막한 상태였다.

앞 세대 혁명가들의 열정도 쇠퇴해 버렸다. 몇몇 사람들이 손문의 주변에서 마음은 있으나 힘이 따르지 못하고, 효과를 거두지 못하였던 정치, 군사 투쟁을 계속하는 것 외에, 대부분의 사람들은 의기소침에 빠졌다. 노신도 거의 10년간 침묵하며, 불경을 읽고 탁본을 모으거나, 혜강(嵇康)의 글을 베끼면서 시간을 흘려보냈다. 바로 이렇게 모두가 침묵하여 숨막힐 정도로 암울했던 암흑에서, 진독수가 가장 먼저 나서서 민주주의와 과학을 외쳤던 것이다. 이 외침은 중국의 선진적 지식인들이 심사숙고하면서 거듭하여 오랫동안 사색해 온 결과였다. 진독수는 1916년 봄, 아주 중요한 두 편의 글을 발표하였다. 한 편의 내용은 대략 이렇다. 수년 동안 중국의 정치 상황은 오직 당파(党派)의 운동이 있었을 뿐 국민의 운동은 없었다. 다수의 국민운동에서 나오지 않은 일은 모두 성과를 거두기 어렵다. 설사 성과를 거두었다고 할지라도 국민의 근본적 진보와는 아무런 상관이 없다. 오늘날의 공화, 입헌이라고 하는 것은 소수 당파의 주장일 뿐, 대다수 국민은 공감하지 못한다. 입헌 정치는 국민의 자각, 국민의 자발적인 움직임에서 나와야 한다. 정부, 정치인에서 나오기를 기대하는 것은 '노예가 주인의 은혜를 바라고, 소민(小民; 작은 백성)이 훌륭한 군주나 뛰어난 재상의 인정(仁政; 사랑의 정치)을 베풀기를 기대하는 것'과 다를 게 없다. 국민의 운동이라는 것이 강조하였다. 또한 과거 양무(洋务)운동이나 변법운동과 같은 혁명 운동이 기껏해야 군중에게 운동하여 반제(反帝; 제국주의 반대)나 반청조(反清朝; 청나라 반대)의 목적을 실현하고자 한 것에 지나지 않는다. 결과적으로 '다수 국민'은 민주적 권리도 얻지 못하고, 자각적인 민주적 요구를 내걸지도 않아 자연히 소수의 사람들만이 모든 것을 주지하게 되었음을 시사해 주기도 한다.

신해혁명 이후 중화민국을 세우고 공화정과 입헌(立宪; 헌법 제정)을 외쳤지만 성공하지 못했다. 인민은 여전히 어진 황제나 청렴한 관리, 훌륭한 군주나 뛰어난 재상이 인정을 베풀기를 기대하고 있었다. 이런 상태에서 정치적 발전과 국가의 부강을 기대할 수 없다. 가장 시급한 문제는 민중이 깨어나 자각적으로 민주주의를 쟁취하게 하는 일이었다. 그렇다면 어떻게 민중을 깨우쳐야 하는가? 진독수는 중국과 서구의 차이점을 설명했다. 중국 윤리 정치는 유가(儒家)의 삼강(三纲)이 바탕이고, 근세 서양의 도덕 정치는 자유·평등·독립이다. 이는 진독수가 낡은 도덕을 타도하고 새로운 도덕을 제창하려 했던 신문화 운동의 근거이다. 즉 중국의 모습을 바꾸려면, 이전과 같은 변법·혁명은 모두 통하지 않는다. 우선 다수의 국민이 출현하고, 유교의 삼강(三纲)이라는 정통 관념과 결별해야 한다. 나아가 서구의 자유·평등·독립을 받아들여야만 신문화의 수용이 가능하다는 것이다. 따라서 철저하게 고유의 전통을 포기하고, "서구 문화를 전반적으로 수입하자"(全般西化)는 것이 신문화 운동의 기본적인 특징이다. 아울러 중요한 것은, 이 시기 지식인들의 모든 초점은 더 이상 정치에 집중된 것이 아니라 문화에 집중되었다는 점이다. 진독수는《청년》잡지를 출판할 때 이것을 분명히 표현하여, "시정(时政; 현재의 정치)을 비평하는 것은 종지가 아니다"라고 함으로써 당시의 여러 잡지나 신문들과 명확하게 구분하도록 요구하기도 하였다. 신문화 운동의 여러 주동 인물들은 앞 단계의 강유위 양계초 손문 황흥(黄兴)과도 달랐다. 그들은 일생 동안, 아니면 적어도 그 초기에는 결코 정치적인 인물들이 아니었다. 진독수, 호적, 노신, 이대조, 전현동 등은 모두 대체적으로 이와 같았다. 그들은 직업적 교수이거나 학자·학생, 즉 순수한 지식인이었던 것이다. 하지만 비록 신문화 운동의 자아의식이 결코 정치가 아니라 문화였다고 하더라도, 문제의 복잡성은 오히려 바로 거기에 있었다. 신문화 운동의 목직은 국민성의 개조이고 낡은 전통의 파괴였다. 그것은 사회 진보의 기초를 이데올로기적인 사상 개조, 민주주의적 계몽 사업에 두고 있었다. 그러나 처음부터 그 가운데에는 정치적인 인자와 요소가 명확하게 포함되어 있었든지 아니면 은연중에 잠재되어 있었다. 앞서 인용한 진독수의 이야기를 보더라도 이 '최후의 각오가 되는 각오'는 여전히 국가·사회와 집단의 개조와 진보를 지향하고 있었다. 즉 계몽의 목표, 문화의 개조, 전통의 포기는 여전히 국가와 민족을 위해, 중국의 정치 상황과 사회의 모습을 바꾸기 위해서 요구되었던 것이라는 말이다.

이밖에도, 낡은 학문에도 두터운 기초가 있고 경전에 대한 교양도 풍부한 지식인들이 이렇게 철저하게 전통을 부정하고 서구 문화를 받아들이려 하였던 것은, 중국의 문화에는 종교적인 요소가 결여되어 있어 맹목적인 신앙의 속박을 받지 않고 적극적으로 자기 개선을 추구(自强 日新 등)할 수 있었으며, 모든 것에 대해 이성적 고려를 그 표준이나 귀결점으로 삼았던 것과도 관계가 있다고 할 것이다. 즉 전통적이건 외래적이건 모두 인간의 이성(理知)에 의거하여 판단하고, 선택 사용하는 실용 이성(实用理性)은 중국인이 수천 여년의 환경에 적응하면서 생존하고 발전해 올 수 있었던 기본적인 정신이었다고 할 수 있는 것이다. 그것은 가장 일찍이는 선진(先秦)시대 제자백가의 사회·정치철학 속에서 성숙되었으며, 공자의 유가(孔学 儒家)의 전통 속에서 가장 충분하게 표현되었다.

따라서 재미있는 것은, 이들 공자를 반대, 유교를 비판하는 전사(战士)들이 자각적이건 아니건 간에 여전히 자신들의 우량한 유교적 전통을 계승하고 있었다는 점, 국가의 대사(大事)와 백성의 고통에 관심을 쏟는 적극적인 현실에의 참여를 자신의 임무라 생각하는 유학(儒学)의 전통을 이어받고 있었다는 점이다.

제1차 세계대전이 끝나고 파리 평화 회의가 열렸을 때, 그들은 원래 "공리(公理; 정의)가 강권(强权; 힘)을 싸워 이겼으므로" 중국이 장차 기세를 펼 수 있을 것이라고 생각하였다. 하지만 뜻밖에도 열강의 억압을 받아 독일이 차지하고 있던 청도(青岛; 산동성의 도시)의 주권은 결국 일본에게 넘어가 버렸으며, 정부는 나라를 팔아먹는 조약의 비준을 준비하고 있었다. 더 이상 참을 수 없게 되자, 1919년 5월 4일 마침내 "밖으로는 강권에 대항하고 안으로는 매국노를 제거하자"는 구호 아래, 친일파 매국노로 지목된 조여림(曹汝霖;

1877~1966)의 집을 습격하여 불태우고, 장종상(章宗祥; 1879~1962)을 구타하여 부상을 입히는 전례없던 학생들의 '소동'이 폭발하였다.

이러한 두 가지 행위 방식— 가정에서 뛰쳐나온 개인의 반항, 이상 사회를 조직하려는 집단 의식—은 통할 수 없었다고 해야 할 것이다. 노라는 가출한 후 어떻게 되었는가? 당시 노신은 이 문제를 날카롭게 지적하였다. 낡은 규범의 품속으로 돌아가든지, 아니면 자군(子君)처럼 비참하게 죽어가든지, 혹은 정계나 상계로 들어가 사회의 꽃병[여사무원]이 되든지 했을 것이다. 남성 노라라 해도 역시 운명은 그다지 나은 게 없었으리라. '5·4'운동을 지도하고 거기에 적극 참여하였던 《신청년》이나 《신조(新潮)》 그룹 역시 "암흑 속에 삼켜지거나, 아니면 스스로 암흑의 일부분이 되었고", "어떤 사람은 출세하고, 어떤 사람은 은거하지 않았던가?" 그들과 노신이 바라보았던 신해혁명의 세대들과는 거의 아무런 차이가 없었다. 새로운 여위보나 위연수가 나타날 뿐이었다. 1915년 진독수(陈独秀)는 청년 잡지를 창간하면서 실질적인 발간사인 〈청년에게 고함〉(敬告青年)에서, 중국과 서구문화를 대비하는 방식으로 각종 전통 관념을 공격하였다; "노예적이지 말고 자주적일 것", "보수적이지 말고 진보적일 것", "퇴영적이지 말고 진취적일 것", "쇄국적이지 말고 세계적일 것", "허식적이지 말고 실리적일 것", "공상적이지 말고 과학적일 것" 등 여섯 가지 주장을 제기하고, "과학과 인생을 아울러 중시하라"고 권고하였다. 이것은 머지 않아 '새선생' (赛先生; '赛因斯' 즉 science)과 '덕선생' (德先生; '德谟克拉西' 즉 democracy)이라는 구호가 유행하게 됨을 예고하는 것이었다.

《신청년》은 호적(胡适 1891~1962)·노신(鲁迅 1881~1936)·이대조(李大钊 1889~1927) 등의 각종 논설과 백화(白话;口语体), 시문(诗文)을

발표하여, 공자와 전통 도덕에 대한 공격으로 시작하였다. 처음으로 대규모적이고 격렬한 자세로 전통 문예를 반대하여, 반드시 구두 언어(白话)로 창작을 진행해야 한다고 강조하였다. 이를 계기로 유교 비판과 문학 혁명을 내용과 구호로 하는 신문화 운동을 전개했다.

수천 년 중국 문화사에서 전통을 부정하고 서구화를 추구한 것은 근·현대 세계사에서도 아주 보기 드문 현상이었다. 이 운동에 앞장선 사람들이 담사동(谭嗣同)·엄복(严复)·양계초(梁启超) 등이 추구한 역사적 과업의 연속에 지나지 않았다는 점이다. 봉건적인 윤리에 대한 담사동의 통렬한 공격, 중국과 서구 문화에 대한 엄복의 날카로운 대비, 양계초의 '신민'(新民; 새로운 백성)에 대한 적극적인 고취 등은 모두 '서학'(西学; 서구 자본주의 문화)에 의해 '중학'(中学; 중국의 봉건적 전통 문화)을 반대한 계몽 운동이었다. 5·4 신문화 운동과 그들의 추구는 결코 본질적으로 다른 것이 아니었으며, 심지어 형식적인 주장에서는 상당히 접근하거나 유사하기조차 하였다. 신문화 운동은 학생, 청년층에 커다란 영향을 주었다. 신문화 운동에서 계몽적 요구와 주장의 철저성·전체성은 담사동·엄복·양계초의 단계와는 비교가 되지 않았다. 철저하게 전통과 결별한 새로운 모습과 방식은 새로운 성질을 가져왔던 것이다.

또한 무술 변법(戊戌 变法)에서 신해 혁명에 이르기까지, 정치 투쟁은 시종일관하여 선진적인 지식인 집단의 흥분의 초점이었다. 계몽과 문화를 포함하여 그밖의 모든 것은 거의 돌아볼 틈이 없었던 것이다. 이를테면 추용(邹容)이 《혁명군》에서 보여준 민주 계몽 사상 같은 것은 결코 중시되거나 보급되지 못하였으며, 혁명을 호소하는 군사 투쟁에 완전히 매몰되어 버렸다. 손문(孙文; 孙中山)이 신해 혁명 후 그에게 바친 '대장군'(大将军)이라는 멋진 시호(諡号)는 오히려 바로 이러한 사정을 드러내 주는 상징이기도 하다.

5·4운동(1919)

1911년 신해혁명 이후 급진적 지식인들의 반정부행동은 중국사회에 새로운 충격을 주었다. 1915년부터 북경의 교수와 학생 등 사회기층에서는 신문화운동이 전개되고 있었다. 민중과 지식인들이 사상에 눈을 뜬 것이다. 신문화운동은 진독수, 노신, 이대교, 호적 등이 신청년이라는 잡지를 창간하면서 시작되었다. 잡지 신청년이 지식인 사회의 구심점 역할을 했다. 진독수는 프랑스혁명과 마르크스주의, 이대교와 그의 제자 모택동은 소련, 호적은 자유주의 개혁자로 영미의 영향을 받았다. 신청년의 내용은 당시 사회의 정신적 지주였던 유교에 대한 비판, 백화문운동, 여성해방과 과학연구 등을 주장하였으며, 구시대의 사상을 버리고 새로운 사상만이 중국을 구제할 수 있는 것은 신청년 뿐이라는 것이다. 이는 북경대학을 중심으로 사회의 개혁을 요구하는 신문화운동의 중심이 되었다. 5·4운동은 신문화운동 속에서 정치적 애국운동으로 확산된 것이다.

1919년 5·4운동을 예고나 한듯이 1918년 단기서 군벌정부는 일본과 재정협정을 하자, 이에 반대하는 시위운동이 일어난다. 1919년 초 이 운동은 상당한 성과를 올렸다. 1914년에 시작된 제1차 세계대전은 1918년 11월 독일, 오스트리아 등의 동맹국의 패전으로 막을 내렸다. 1919년 1월 전승국들은 프랑스 파리에서 평화회의를 개최하여 전후(战後) 문제를 처리하였다. 중국의 민중은 미국의 윌슨대통령의 14개 원칙에 큰 기대를 걸었다. 이에 중국도 단기서 군벌 정부의 대독일 선전포고로 전승국이 되어 남북정부 대표 5명이 미, 영, 일, 프,

이의 5개국 평화회의에 참석했다. 불평등조약의 철폐와 독일이 산동성에서 가지고 있던 권익을 반환하고 21개조 조약의 무효를 제기하였다. 그러나 일본은 1차 세계대전 전에 독일이 갖고 있던 산동성의 권익을 일본이 계승해야 된다고 주장했고, 이에 4월 21일 이탈리아를 제외한 영국, 프랑스, 미국의 4개국 회의에서 독일이 가지고 있던 산동성의 권익을 일본에게 넘긴다고 명시하였다. 실패 소식을 전해들은 중국 민중은 제국주의 특히 일본과 단기서(段祺瑞)군벌 정부에 대해 격분하기 시작했다. 5·4운동 이전에도 규모가 큰 학생들의 반일 운동이 두 차례나 있었다. 그 중 하나는 1915년 일본이 21조를 요구할 때 일어난 반일 운동이고, 다른 하나는 1918년 중일군사 협정으로 일어난 것인데, 모두 일본 유학생들이 주동이 되었다. 5·4운동 이전 중국에서의 격한 반일 감정이 파리회의에서 불공정한 열강들의 결정으로 인해 5·4운동으로 이어졌다.

5월 4일 북경에서 북경대학을 위시한 13개 대학 학생 300여명이 천안문 광장에 모여 '21개조를 취소하라', '우리의 청도(青岛)를 돌려달라', '매국노 조여림(组汝霖), 장종상(章宗祥), 육종여(陸宗輿)를 처벌하라' 등의 깃발을 들고 시위하면서 한편으로는 망국의 위기를 호소하는 전단을 시민에게 나누어주었다. 시위대는 친일파인 조여림의 집으로 가서 방화하고 그 자리에 있던 장종장을 구타하자 북경정부는 32명의 학생을 구속하였으며, 다음날부터는 구속학생 석방 등을 문제로 시위와 동맹휴학이 계속되었다.

북경의 학생운동 소식을 듣고 제일 먼저 호응한 곳이 천진(天津) 학생들이었다. 그리고 상해, 제남, 무한, 장사 등 6월 3일까지 전국 50여개 도시에서 학생 시위가 일어났다. 6월 1일 북경정부가 학생시위를 단속하겠다고 발표하자 이에 격분 6월 3일 다시 가두 강연과 시위를 시작했다. 그러나 많은 수의 학생들이 체포되자 전국에서 항의의 소리가 빗발쳤고, 이때부터 상해가 학생운동의 중심지가 되어 학생들은 동맹 휴학(罢课), 상인들은 철시(罢市), 노동자들은 파업(罢工)을 단행하는 삼파투쟁(三罢闘争)을 전개하였다. 이 투쟁은 전국 20여개 성, 150여개의 중소도시에까지 확산되자, 북경정부는 8일 학생들을 석방하고, 조여림, 장종상, 육종여 등을 파면시켰다. 이에 전국의 민중들은 파리에 있는 중국 대표에게 조인을 거부하라는 전보를 보냈었고, 각계각층의 조인 거부의 요구와 압력에 파리회의의 중국대표는 베르사이유조약에 조인을 거부했다.

5월 4일부터 6월초까지 일어났던 5·4운동은 체포된 학생의 석방, 3명 친일파의 파면, 베르사이유 조약의 조인 거부라는 목표를 달성하여 성공적인 운동이었다.

공산당의 탄생(1921)

5·4운동과 러시아의 10월혁명으로 인해 중국 지식인들을 중심으로 각종 혁명적인 단체와 진보적인 단체가 생겨나게 된다. 기초적인 공산주의 사상을 가진 선진적인 인텔리들은 마르크스주의와 러시아 10월 혁명의 경험을 연구하고 전파하는 데 열성적이었다. 그중에 가장 유명한 사람들이 '남진북이(南陈北李)'였는데, 남진은 남방 안휘 사람 진독수를 말하고 북이는 북방 하북 사람 이대교를 말한다. 그들은 신청년이라는 잡지를 발행해서 당시 사회를 비판하고 아울러 마르크스주의를 전파했다. 이러한 중국의 발전을 눈여겨 본 당시 소련 공산당은 1921년 6월 공산주의 국제연합인 코민테른으로부터 마링을 파견하였다. 마링은 각 지역의 공산주의 집단을 정리하여 중국

공산당을 창립하기 위해 활동한다. 이에 1921년 7월, 상해의 프랑스 조계지(租界地)에 있는 한 건물에서 중국 공산당 제1차 전국대표회의가 개최되었다. 전국 당원 수는 모두 약 57명이었지만, 13명의 대표가 모여 진독수를 당 총서기로 선출하였다. 중국 공산당 제1차 전국대표회의에서는 중국 공산당 강령을 통과시키고 중국 공산당 중앙기구를 선거했다. 지식인을 중심으로 중국 공산당이 정식으로 출범하였다.

1911년 신해혁명이 성공한 이후 중국은 10년 동안 전국을 통일한 정부가 성립되지 못했다. 무정부상태의 중국은 5·4운동을 기점으로 총파업 및 정치개혁 요구, 신문화운동, 진보적 사회변화를 요구하였다. 동시에 공산당을 포함해 수많은 정치단체가 조직되었다. 이 상황에서 손문이 이끄는 국민당이 주도 세력으로 나타났다. 청 정부가 몰락하고 중화민국을 수립하여 중국을 이끌고 있던 손문은 러시아 혁명과 5·4운동을 통해 대중의 힘을 알게 된다. 손문은 군벌 진형명(陈炯明)의 보호를 받으면서 국민정부를 조직한다. 당시 마링은 손문에게 공산당과 민주연합전선의 결성을 제안한다. 소련은 중국의 국민혁명을 실현할 수 있는 유일한 정치세력으로 판단하여 공산당과의 연합을 추진한 것이다. 손문은 소련의 지원을 받아 진독수, 이대교 등의 협력을 받아 국민당의 개혁을 추진하였다. 이어 1923년 1월 '손문-요페(Joffe) 공동선언'을 한다.

제1차 국공합작(1924)

손문은 이제 창당된 공산당을 흡수하여 연합하는 것을 중대한 일로 생각하지 않았다. 중국공산당은 초기에 협력의사는 없었으나, 새로운 노동운동과 민중운동의 활로를 개척하기 위해 1923년 6월 중국공산당 3차 전국대표대회에서 국공합작방침을 결정하였다. 연소용공, 국공합작의 반제국주의 통일전선은 1923년 이후 급속도로 전개되었다 손문은 1923년 11월 정식으로 '국민당 개조선언'을 발표하였다. 그 목적은 소련과 결합하고 공산당과 합작하여 노동자, 농민을 원조하여 광범위한 민중에 기반을 둔 혁명의 당을 건설하는 것이었다. 1924년 1월 중국국민당 제1차 전국대표대회가 광주에서 열렸다. 연소(聯蘇), 용공(容共), 노농(勞農) 원조, 즉 소련과 연대하고, 공산주의를 용인하고, 노동자와 농민의 싸움을 돕자라는 3대 정책을 결정하였다. 그리고 국공합작과 당 조직을 소련방식으로 개조할 것을 결정하였다. 이렇게 국공합작이라는 정치형태가 정식으로 성립되었다. 또 하나 중요한 성과는 황포군관학교 설립이다. 국민혁명을 달성하기 위해 마링은 손문에게 군관학교 설립을 주장했다. 지금까지 군벌의 무력에 의지한 손문은 혁명정신을 갖춘 군대의 양성이 소원이었다. 6월 광주의 황포에 장개석을 교장으로 황포군관학교가 설립되었다.

한편 손문은 국민당 개조라는 역사적 사업을 이룩한 후 국민혁명의 달성을 위해 1924년 11월 10일 북상선언을 발표하였다. 12월 31일 북경에 도착하자 15만의 시민이 역앞에 운집하여 손문을 맞이하였다. 손문에 대한 기대는 전국민적인 것이었다. 그러나 손문은 1925년 3월 12일 국민혁명의 목적을 달성할 때까지 공동투쟁하라는 유언을 남기고 국경에서 객사하게 된다. 합작의 중심이었던 소문이 사망하고 그의 후계자인 장개석(蔣介石)은 공산당과의 합작으로는 중국통일이 불가능함을 인식하게 된다. 그는 농촌의 지주층, 도시의 자본가, 군벌, 외국 자본가의 지지를 얻기 위해 공산당과의 결별을 결심하고 1927년 4월 상해에서 공산당을 탄압하고 남경정부와 합류하였다. 이러한 패배에 큰 타격을 입은 중국공산당은 토지혁명을 추진함으로써 농촌지역에서의 세력 확장에 주력하였으며, 모택동(毛泽东)을 지도자로 하는 강서성의 '중화소비에트'를 수립하여 국민당의 남경정부에 대항하였다. 이렇게 국공내전이 발생하였다.

1924-1927년까지 중국혁명은 대규모 도시 노동자들이 핵심이 되었으나, 1927년 이후의 혁명운동은 농민봉기로 전환하였다.

2. 소비에트혁명과 만주사변

- 1927-1934년의 공산주의 운동 -

남창(南昌)봉기와 추수(秋收)봉기

1927년 4월 제1차 국공합작이 결렬된 후 1927년 8월 1일 임시로 결성한 중앙정치국에서 주은래, 주덕, 하룡(贺龙)을 중심으로 남창(南昌) 무장 봉기를 계획했다. 첫날은 남창을 점령하였지만 8월 5일 국민당 군에게 협공을 당해 광동성(广东省)으로 퇴각했다. 남하한 하룡, 엽정군은 산두(汕头)를 점령하였지만 국민당군에 포위되어 궤멸 당하였다.

1927년 8월 7일, 중국공산당은 한구(汉口)에서 긴급회의를 개최하여 국공합작을 유지하려는 진독수 등의 타협노선을 비판하고, 당의 새로운 총책임자에 구추백을 임명하였다. 가을 수확기에 호남 농민으로 하여금 추수 봉기를 일으키기로 결정하고, 회의 후 호남성위원회는 전적위원회를 구성하여 모택동(毛泽东)을 서기로 임명하였다. 장사 지역은 전통적으로 농민운동이 강한 지역이었다. 그럼에도 불구하고 9월 9일 장사(长沙)를 공격한 추수폭동이 좌절된 후, 19일 전적위원회는 장사공격을 포기하고 국민당의 통치세력이 비교적 약한 호남성(湖南省)과 강서성(江西省)경계의 산악지역으로 후퇴하였다. 이곳에서 당의 각급 조직을 설치하고 중대마다 당지부를 설치하여 당이 군을 지도하는 체제를 확립하였다. 그해 10월에 모택동은 개편된 부대를 이끌고 정강산(井岗山)에 도착하여 최초의 농촌혁명 근거지를 건설했다.

12월 11일 중공 광동위원회 서기인 장태뢰(张太雷), 엽정(叶挺), 엽검영(叶剑英) 등이 국민혁명군 제4군 교도관과 광주(广州)노동자를 지휘하여 광주에서 무장봉기하여 광주를 점령하고 소비에트정부 수립을 선포하였다. 그러나 12일 영, 미, 일, 독 등의 함포사격과 혁명군보다 5배나 더 많은 군대를 보유한 국민당군의 반격을 받고 3주간의 전투 끝에 소수의 사람들만이 해륙풍(海陆豊) 소비에트로 탈출하였을 뿐 나머지는 전멸했다. 따라서 공산당의 무장세력은 정강산(井岗山)으로 간 모택동의 소부대가 유일한 존재였다.

정강산 혁명근거지 형성

모택동은 추수봉기의 실패 이 후 약 1천명의 잔존부대를 이끌고 호남성과 광서성의 경계에 있는 정강산으로 들어갔다. 이때부터 혁명의 중심지를 농촌으로 옮겨 농촌에 근거지를 건설하고 토지혁명을 전개하여 농민무장군과 공농정권을 수립함으로써, 농촌에서 도시로 포위하는 전국적인 통일의 길을 열었다.

정강산(井岗山)에는 모택동이 들어가기 전부터 삼합회(三合会) 소속이면서 토비(土匪)인 원문재(袁文才)와 왕좌(王佐)가 부하 600명을 거느리고 있었다. 모택동은 이들에게 정치적, 사상적 훈련을 시켜 훌륭한 혁명군으로 만들 수 있다고 믿었기 때문에 이들을 설득시켜 혁명대열에 동참하게 했다. 1928년 4월에는 주덕(朱德), 진의(陈毅) 등이 지휘한 남창봉기 잔여부대와 호남성 남부 농민군이 정강산에 도착하여 모택동과 합류한 후 공농혁명군 제4군을 편성하고 주덕이 군장을, 모택동이 당대표, 진의가 정치부 주임에 취임하였다. 공농혁명군의 명칭은 1928년 코민테른의 지시에 의해 인민해방군의 모태가 되는 홍군(红军)으로 창설하였다.

모택동은 중공의 다른 지도자와는 달리 도시에서 노동자에 의한 사회주의 혁명을 성공시키려고 생각한 것이 아니라, 농촌에 근거지를 건설하여, 농촌에서 도시를 포위하는 전술을 주장했다. 정강산을 근거지로 토지혁명을 통해 농민세력을 결집시키고 활발한 소비에트 운동을 전개한 것이다.

강서소비에트(1931-1934)

1927년 이후 국내 안정의 가장 큰 걸림돌은 국공합작 결렬로 공개적으로 저항하는 공산당 군대와 그들이 장악하고 있는 여러 개의 지배지역이다. 도시지역에서 숙청당하여 도시노동자의 기반을 상실한 공산당은 농민세력의 근거지 확보를 위하여 강서성 남부로 이동하여 잔존 세력을 집결하였다. 이는 공산주의 세력팽창과 성공할 수 있는 길을 열어준 것이다. 이립삼의 도시 지향적 노선에 반대하여 농촌 지향적이었던 모택동의 정치적 기반을 만든 계기이다.

1929년에 모택동과 주덕은 정강산에서 주력을 이끌고 강서·복건 두 성을 전전하다가 강서 남부와 복건 서쪽에 혁명 근거지를 건립하였다. 이 두 근거지를 합쳐 강서 서금(瑞金)을 중심지로 중앙 혁명 근거지를 수립하였다. 이처럼 각 지역에서 혁명 근거지가 성립되자 1930년 5월에 이립삼(李立三)은 상해에서 전국 소비에트 구역 대표 회의를 소집하려고 하였다. 그러나 최후까지 도시노동자에 의해 공산혁명을 달성하려고 한 이립삼 노선도 제1차 국공 합작 후 소련에 유학하였던 유소파(留苏派)에 의하여 물러나게 되고, 왕명(王明) 등이 당권을 장악하였다. 그리고 1930년 11월에 중공 중앙은 중공 6기 3중전 회의 결의에 의하여 근거지를 여섯 개 구역의 소비에트 특구로 나누고, 소비에트 중앙국을 두었다.

1931년 11월 7일 강서성 서금(瑞金)에서 소련공산당의 지원을 받아 모택동을 주석, 장국도를 부주석, 주덕을 군사 위원회 주석 겸 홍군 총사령관으로 선출하여 소비에트 정부를 선포하였다. 여기에는 중화소비에트공화국 헌법 대강, 노동법, 토지법과 경제 정책에 관한 중요 문제를 결의하였다.

이 시기 중국에는 남경의 국민 정부, 그리고 이를 반대하는 광주의 국민 정부와 서금의 중화 소비에트 임시 정부의 세 정부가 존재하게 되었다. 이 강서 소비에트 정부는 곧 가속화한 장개석의 공산당 탄압을 피해서 도망쳐온 공산주의자들과 급진주의자들의 피난처가 되어 그 세력을 급속히 확장하였다.

만주사변(1931)

19세기 후반 일본으로 여러 차례 중국을 침략했으며 대만을 무력으로 점령하였다. 그러나 일본은 이에 만족하지 않고 20세기에 들어와 만주를 일본의 생명선으로 여기고 침략을 확대시켰다. 1929년에 세계 공황이 일어나자 군국주의가 팽배하고 있었던 일본은 장학량이 국민 정부를 따르게 되자 급히 만주 침략을 계획하게 되었다. 우선 중국의 동북 3성을 점령하기 위해 9.18 사변을 꾸며냈다.

1931년 9월 18일에 일본의 관동군(关东军)은 남만주 철도의 유조구(柳条沟) 철도를 폭파시켜 놓고, 이를 일본군을 습격하기 위한 중국군의 소행이라며 덮어 씌웠다. 그리고 중국군을 공격하고 심양을 점령하였는데, 이를 만주 사변 또는 9·18 사변이라고 한다. 그런데 국민당 정부는 공산당 소탕 작전에 몰두하였다. 장개석은 동북 변방군 사령관인 장학량에게 명령하여 일본군의 침략에 저항하지 못하게 하였다.

당시 국민 정부는 이 문제를 국제 연맹의 힘을 빌려 해결하고, 선안내후양외(先安內後攘外)를 내세워 우선 중국 공산당을 토벌하는 초공 작전에 주력하려고 하였다. 한편, 국제 연맹에서는 리튼(Lytton) 조사단을 파견하여, 그 결과 일본에게 철수하도록 하였다. 하지만, 일본은 이를 받아들이지 않고 오히려 1933년에 국제 연맹을 탈퇴하였다.

일본에 대한 국민 정부의 부저항 정책에 반대하여 상해 등지를 비롯한 각지에서 반일 운동으로 일본 상품의 불매 운동이 일어났다. 일본은 중국의 관심이 동북에 집중되자, 이를 돌리기 위하여 1932년 1월 28일에 상해 사변을 일으켰다. 그리고 3월에 일본은 퇴위한 선통제를 집정으로 하는 만주국(满洲国)을 장춘(长春)에 세워 일본의 괴뢰국으로 삼았다.

또한 일본은 열하(지금의 내몽고 자치구와 하북, 요령성의 일부)와 찰합(하북성 서북부와 산서 북부)이 관내로 그 세력을 확장하려고 하였다. 이를 위하여 일본은 1933년 1월에 산해관을 점령하고 관내로 진출한 뒤, 5월에 북경과 천진을 압박하여 화북이 위급하게 되었다. 그런데도 국민 정부는 계속 선안내 후양외 정책을 펴 일본과 당고 협정(塘沽协定)을 체결한 뒤 일본군을 장성 밖으로 철수하게 하였다. 그러나 이는 만주국을 인정한 셈이 되었으며, 기동(冀东, 하북 동쪽)을 비무장 구로 삼고 국민 정부군은 이곳에서 모두 철수하였기 때문에 일본은 하북으로 들어오는 문호를 열게 되었다.

1935년 5월에 일본은 하북 지역에서 배일 운동을 이유로 하북성 주석 우학충(于学忠)의 파면을 요구하였다. 국민 정부는 이에 굴복하고, 하응흠(何应钦)과 매진미치랑(梅津美治郎, 우메즈 요시지로)이 하매 협정(何梅协定)을 체결하여 방교돈목령(邦交敦睦令)을 내려 배일 행위를 금지시켰다.

따라서 일본은 화북 일대를 제2의 만주국으로 삼고자 11월에 한간(汉奸)인 은여경(殷汝耕)에게 기동방공 자치정부(冀东防共自治政府)를 수립하게 하여 국민 정부로부터 이탈시켰다. 한편, 국민 정부는 12월에 일본군의 강압 아래 송철원을 중심으로 기찰 정무 위원회(기찰 - 하북과 찰합이 - 정무 위원회)를 조직시켜 이를 이용하여 완충 구역으로 삼고자 하였는데, 마침 12·9 운동으로 그 성립이 연기되었다.

항일민족전선(1935)

일본의 침략이 시작되었을 때, 공산당은 항일보다는 이를 기회로 국민 정부를 타도하려고 하였다. 1932년 4월에 발표된 '대일 항전 선언'이 중화 소비에트 임시 중앙 정부의 이름으로 발표되었는데, 이는 대일 선언이 아니고 대정부 선언과 같았다. 1933년 초에 일본군이 산해관으로 들어왔을 때도 중공은 조건부로 어떠한 세력과도 항일

협정을 체결하겠다고 나섰다.

당시 코민테른은 일본의 침략이 소련으로 전이되지 않을까 염려하여, 9·18 사변이 일어났을 때 불간섭 정책을 성명하였다. 동시에 일·소 불가침 조약을 모색하고, 또 1932년 12월에 국민 정부 창당 이후 단교되었던 중국과의 외교 관계를 회복시켰다.

그리고 1933년에 코민테른은 독일의 히틀러가 등장하고 공산당 당원을 대대적으로 투옥시키자 일본보다 더 큰 위협이 되리라고 보아 각국의 공산당에게 별도의 지시를 내렸다. 즉 각국의 공산당은 그 사정에 따라 사회당, 노동자들과 함께 연합 행동하도록 결정함으로써 이른바 통일 전선을 인정하였다.

특히, 1935년 7월에 소집된 제7차 코민테른 대표 대회에서 인민 전선이 제기되자, 여기에 참석하였던 중국 대표는 '항일 구국을 위해 전체 동포에게 고하는 글'을 러시아어로 번역, 코민테른의 동의를 얻어 중국 공산당 중앙위원회의 이름으로 8월 1일에 발표했는데, 이를 8·1 선언이라고 한다. 당시 중국 공산당과 코민테른의 연락이 두절된 상태여서 그 결의 사항이 바로 전달될 수 없었다. 또, 중국 안에서 공개적으로 발표할 수도 없는 입장이었기 때문에, 이 선언은 11월에야 비로소 인편에 의하여 장정 중에 있던 중공의 모택동과 주은래 등에게 전달되었다.

이에 따라 11월에 모택동과 주덕은 중화 소비에트 공화국 중앙 정부와 혁명 군사 위원회 주석의 이름으로 항일 구국 선언을 발표하였다. 그리고 와요보(瓦窑堡)에서 정치국 회의를 소집하여 항일 민족 통일 전선을 확정시켰다. 이로써 공산당의 정책은 이때까지 취했던 살장항일(杀蒋抗日)에서 연장항일(聯蒋抗日)로 바뀌었다

3. 대장정과 모택동 노선

연안 대장정(1934.10)

공산당은 혁명 근거지에 대한 공격을 피하기 위해 장개석에게 대 일본 연합전선을 제안한다. 그러나 장개석은 북벌을 성공한 이후 5차례 공산당 소탕작전을 전개하였다.

1934년 10월 국민당군에 완전 포위된 10만의 공산당원들은 중국 남부의 강서(江西), 복건성(福建省) 일대의 근거지를 버리고 연안 대장정을 시작한다. 1934년 겨울 그들은 귀주성으로 들어가 준의를 향하고 있었다. 귀주의 군벌과 혈전을 벌리며 기습작전으로 준의를 공략하였다. 준의를 장악하고 공산당은 그곳에서 휴식과 보급을 취할 수가 있었다. 그리고 그곳에서 중앙정치국 확대회의를 열었다. 이것이 이른바 준의회의이었다. 그것은 모택동이 홍군의 지도권을 되찾은 공산당사에 있어서 획을 긋는 중요한 회의이었다. 회의는 매우 격렬했다. 논쟁의 결말을 내린 사람은 그때까지 당 군사부장으로서 비판을 받고 있었던 주은래였다. 그는 앞장서서 잘못과 책임을 인정하고 그 직책을 사임하면서 모택동이 지도권을 장악해야 한다고 주장하였다. 모택동은 새로운 중앙정치국 주석의 지위에 추대되었다. 바야흐로 장정의 군사적 지도권은 모택동의 손아귀에 쥐어진 것이었다. 그것은 장정 그 자체의 중요한 전환점으로 각인되는 순간이었다. 그리고 모택동은 다음과 같이 천명하였다. 대장정에서의 홍군의 임무는 단순한 전투행위가 아니라, 대중활동과 대중의 조직화에 있다는 점을 명확하게 함과 동시에 항일투쟁을 위하여 전진한다는 대

목표를 밝힌다고 하였다. 이들은 산맥 18개를 넘고 강 17개를 건너며 성 12개를 가로질러, 그리고 소수민족지구 6개 지역을 통과하였으며 62개 시와 마을을 공략하고 점령하였다. 총 거리 1만 2천 킬로미터였다.

1936년 10월 말로 표현할 수 없는 고난을 거치면서 그 해에 홍군의 3대 주력부대가 모두 합류했다. 1년간이나 계속된 이 참담한 시련을 이겨내고 살아남은 인원은 처음 출발한 인원의 13분의 1에 불과했다. 대장정은 중국공산당의 새로운 역사가 시작되는 것이었고, 이른바 연안시대를 예고하는 첫 서막이었다.

서안사변(1936. 12)

중국의 동북 3성을 점령한 일본은 계속해서 화북침략을 준비하고 있었다. 이에 전 국민은 내전을 중지하고 국공합작하여 일본의 침략에 저항할 것을 요구하였다. 그러나 장개석은 공산당을 소탕한 후에 일본에 저항하겠다는 태도는 조금도 변함이 없었다.

1936년 장개석은 서안으로 가서 장학량의 동북군(东北军)을 서안(西安)에 보내 당시 서안에 있던 양호성(杨虎城)과 함께 섬서 북쪽의 공산당을 토벌하라고 주장하였다. 그런데 일본이 점령한 동북 3성을 탈환하려면 내전 중지와 일치 항일의 목소리가 높아지면서 장학량의 생각도 내전보다는 항일하여야 된다는 것으로 바뀌고 있었다. 이러한 때 공산당은 비밀리에 장학량과 접근하여 동북군에 선전 공세를 펴 연장반장(聯张反蒋) 항일을 추진하여 나갔다. 그뿐만 아니라 양호성에게도 접근하여 내전 중지와 일치 항일하여 구국할 것을 합의하고, 쌍방의 교전시에는 사전 통지하고 공포탄을 사용하기로 하였다. 그리고 공산당은 장개석에 대한 태도도 반장(反蔣)에서 핍장항일(逼蔣抗日)로 바꾸었다.

그런데 장개석은 '선안내'를 고집하여 이에 반대하는 사람을 체포, 탄압하였는데, 그 대표적인 사건은 재야에서 항일 구국 활동을 벌이고 있던 지도자들을 체포한 것이다. 또한 장개석은 초공 작전이 마지막에 임박하였음을 보고 1936년 12월 4일에 이를 독려하기 위하여 서안으로 가게 되었다. 이때, 장학량은 장개석에게 체포한 지도자들을 석방하고 공산당과 함께 항일할 것을 건의하였다.

그런데 12월 9일에 서안에서는 12·9 운동 1주년 기념으로 대대적인 학생 시위 운동이 일어났다. 특히 동북에서 온 학생들이 장학량에게 일본과 싸워 동북으로 돌아가자고 하였다. 이 때, 장개석은 장학량을 크게 질책하고 학생 운동을 진압하도록 지시하였다. 결국, 장학량과 양호성은 장개석에게 강력한 병간(兵谏)을 하기로 하고, 12월 12일 새벽에 장개석이 묵고 있는 화청지(华清池)로 가 장개석을 구금한 뒤 8개항의 요구 사항을 제시하였다. 이와 같이 장개석과 그의 참모들을 구금한 사건이 서안 사변이다.

이 때 제시된 요구 사항은 남경 정부의 개조, 내전 중지, 애국 지도자들의 석방, 정치범 석방, 민중 운동의 개방, 언론·출판·집회·결사의 자유, 손문 유촉의 준수, 구국 회의 소집 등 8개 항목이었다. 서안 사변이 일어나자 남경 국민 정부는 장학량을 토벌하자는 강경론과 타협하자는 주장이 대립되었지만, 타협론을 제시하였던 송미령(宋美龄) 등은 서안으로 가 장개석을 설득하였고, 중공도 주은래(周恩来)를 서안으로 보내 장개석과 타협하여 공산당도 '석장(释蒋), 옹장항일(拥蒋抗日)'로 정책을 바꿈으로써 서안 사변은 평화적으로 해결되었다. 그리고 이를 계기로 제2차 국공 합작을 위한 담판이 시작되었다(1937.2).

중일전쟁(1937.7)이 일어나게 되자 장개석을 감금시키면서까지(시안사건) 공산당과 손을 잡도록 설득하여 오직 항일만을 목표로 한 제2차 국공합작이 이루어진다. 마침내 1945년 2차 세계대전이 마무리되면서 일본이 패망하게 되고, 다시 외부의 적이 없어진 중국은 국공내전에 돌입한다. 그 결과 초기에 열세를 면치 못했던 공산당은 농촌사회의 사상유입에 큰 힘을 입어 승리하게 된다. 이렇게 1949년 중화인민공화국이 탄생하게 된다. 그리고 패한 국민당은 그때부터 대만으로 건너가 여전히 체제를 유지하고 있다.

4. 중국 혁명의 달성

중일전쟁(1937. 7)

1937년부터 1945년에 걸쳐 중국 대륙에서 전개된 중국과 일본 간의 전쟁을 말한다. 이미 1931년 만주 사변을 일으켜 만주를 점령한 일제는 아시아의 패권을 차지하기 위해 이 전쟁을 일으켰다. 일본에서는 '15년 전쟁' 혹은 '아시아태평양전쟁', 중국에서는 '항일전쟁' 혹은 '제2차 중일전쟁'이라고 한다.

1937년 7월 7일의 노구교(卢沟桥, 베이징 교외)사건을 계기로 시작된 1945년 9월 2일의 일본 항복까지 계속된 중일간의 전면전쟁이다. 일본 관동군이 자작극을 벌여 군사적 행동을 벌인 것이 직접적 계기가 되었으나, 만주 사변과 일본 제국의 중국 침략 정책이 그 주된 목적이었다. 당시 노구교 사건을 일으킨 일본은 중국을 굴복시킬 수 있다고 판단하고 국민 정부를 응징하고자 출병을 단행하였다. 이에 대하여 중국은 제2차 국공 합작으로 항일 민족 통일 전선을 형성하여 항전하였다. 전쟁의 장기화, 점령지 경영의 실패, 중국의 후방 교란 공작으로 인한 전선의 교착 등 때문에 일본의 초조감은 높아졌다. 이에 따라 일본은 남방 진출과 독일·이탈리아와의 3국 구축을 이루어 난관을 타개하고자 미국·영국과의 대립을 격화시켰고, 1941년 중국으로부터의 무조건 완전 철병 등을 요구한 미국과의 교섭이 결렬되자 12월 8일에 진주만을 기습하여 태평양 전쟁을 일으켰다. 따라서 중·일 전쟁은 태평양 전쟁의 일부가 되었다. 그 뒤 일본은 1945년 8월 15일, 포츠담 선언 수락과 함께 국민 정부에 항복함으로써 전쟁을 끝맺었다.

연안 공산주의 운동(1941~1944)

1941년 10월에 항일전 가운데 최대 규모의 국공 무력충돌로 알려진 환남사변(皖南事变)이 발생했다. 국민당군이 신사군을 기습공격한 것이다. 7일간 전투하며 국민당에 포위된 신군은 9천여 명이 전사하며 탈출하지만 군장 엽정이 포로가 되고 부군장 항영은 전사하였다. 장개석은 변구의 봉쇄를 강화하였고, 국공합작은 사실상 결렬되었다. 중국은 일본군, 공산당, 국민당 지배구역으로 분할되었다. 한편 1940년 8월 화북의 다섯 성에서 팔로군의 백단대군(연대)에게 뼈아픈 타격을 받은 일본은 '모조리 태우고(烧光), 모조리 죽이고(杀光). 모조리 약탈한다(抢光)'는 초토화 작전인 삼광작전을 개시하여 공산당은 위기에 빠진다. 이 위기를 극복한 것이 연안 공산주의운동이다.

1941년부터 1944년까지 모택동과 공산당은 새로운 정책을 시행하여 대대적인 대중운동을 전개할 수 있었다.

모택동은 환남사변(皖南事变)을 일으킨 장개석의 국민당 정부를 공격할 계획이 소련 코민테른의 반대로 무산되자, 당에 사사건건 개입하며 막강한 영향력을 발휘하는 코민테른과의 새로운 관계정립이 이뤄져야 한다고 생각했다. 정풍을 통해 코민테른 지시의 신성화와 교조적 분위기를 깨 코민테른의 속박에서 벗어날 때 당의 발전, 즉 독립 자주적인 마르크스의 중국화를 담보할 수 있다고 확신했다.

마침 1941년 6월 22일 독일의 히틀러가 소련을 침공하면서 세계2차 대전이 발발했다. 또한 일본이 12월 7일 미국의 진주만을 공격해 미일전쟁이 본격화해 중일전쟁은 세계대전의 한 부분이 되었다. 미국의 중국(국민당과 공산당)지원과 영향력이 늘어나게 됐다. 이에 따라 중국 내에서 중일전쟁은 버티기 단계로 소강국면에 들어갔다. 당중앙이 있는 섬감녕(陕甘寧)(陕西, 甘肃, 寧夏)변계지구는 비교적 평온한 상태였다. 또 교착상태의 전선에서 많은 공산당 간부들이 연안으로 돌아와 정풍운동을 확대할 수 있었다. 소련은 독일의 침공을 상대로 전쟁을 벌이느라 중국공산당에 대한 장악력은 크게 떨어진 상태였다. 1943년 5월에는 코민테른이 해체돼 모택동은 공산당 내의 코민테른파를 제거하고 자신의 입지를 굳힐 절호의 기회였다. 모택동은 1941년 1월에 발표했던 신민주주의론으로 압축된 모택동 사상의 싹을 틔우면서 당내에서 폭넓은 지지를 얻기 시작했다. 모택동은 이 기회에 연안정풍운동, 3.3제 운동, 정병간정(精兵简政) 운동, 하향(下乡)운동, 감조감식(减租减食) 운동, 합작사 운동, 민병강화 운동, 옹정애민(拥政爱民) 운동, 생산운동, 교육운동 등을 추진한 것이다. 연안공산주의는 대중의 무한한 혁명적 역량과 능동적 참여만이 사회를 변혁할 수 있다는 혁명을 바탕으로 하고 있다. 이러한 운동을 통해 신민주주의 혁명을 추진하였다.

신민주주의론의 기조는 제국주의와 봉건주의, 일본세력과 지주 및 그 지지 세력에 대한 투쟁을 공산당과 4개 계급이 결합해 한꺼번에 혁명을 전개하는 것을 뼈대로 하고 있다. 혁명의 주체세력은 당을 중심으로 노동계급, 빈농과 중농, 소자산가와 지식분자, 민족자본가 등 4개 계급으로 무산자계급의 독재가 아닌 이들 계급의 연합 전제독재로 규정했다. 서구의 부르주아 민주주의나 소련의 프롤레타리아 독재의 민주주의와 구분된다.

이 또한 모택동의 자신감의 발로였다. 1938년 9월, 6기 6중전회 때 모스크바에서 돌아온 왕가상(王稼祥)이 들고 온 코민테른 총서기 디미토로프의 구두전달, 즉 모택동의 영수 지위를 인정하는 코민테른 측의 승인으로 모택동의 영도자 위치가 한층 공고해졌기 때문이다. 한편 국민당의 소극적 항일에 항의하는 많은 젊은이들과 지식인들이 연안을 찾아와 정풍운동은 공산당의 기반을 넓히고, 이들에 대한 이데올로기 교육으로도 안성맞춤이었다.

정풍운동은 이처럼 여러 목적이 있으나 크게는 두 가지다. 하나는 마르크스-레닌주의의 중국화, 즉 민족주의적 모택동 노선의 확립이다. 또 하나는 모택동 1인 지배 구축을 위한 정적(政敌) 제거였다. 준비도 치밀했다. 모택동은 당사(党史)를 학습시키기 위해 당서(党书)를 편찬했다. 이 책은 장장 280여 만자에 이른다. 1928년에서 1941년까지 당의 중요 문건과 영도자들의 중요 발언, 문장 등 모두 518편으로 구성됐다.

연안공산주의의 이러한 과정은 모택동 사상을 바탕으로 독자적인 중국공산당을 만드는 것이며, 이를 중심으로 당 내부의 사상 통일과 일원화된 지도를 형성한 것이다.

항일투쟁에서 내전으로
- 국공내전과 공산당의 승리(1946~1949)

제2차 세계대전 후 중국의 지배권을 둘러싸고 국민당과 공산당은 내전이 시작된다. 내전에서 승리한 공산당이 중국대륙에 중화인민공화국을 수립하고, 국민당은 대만으로 피신하여 중화민국을 계속 유지하며 오늘날 2개의 중국이 되었다.

1945년 8월 일본군이 항복하면서 8년간의 항일전쟁에서 중국은 승리를 거두었다. 그러나 중국은 중일전쟁이 시작된 이후 오랜 전란으로 피폐해져 있었다. 중국내 반전 여론이 강하였다. 내전을 피하기 위해 국공 양당은 일본군의 항복 직후인 8월 29일부터 45일 사이에 걸쳐 중경에서 회담을 열었다. 10월에 양당은 내전 회피와 정치민주화에 원칙적으로 합의하여 모든 당파가 참여하는 정치협상회의를 개최하기로 했다. 중국내전을 예방하기 위해 미국의 트루먼 대통령이 파견한 마셜 특사의 조정에 의해 1946년 1월 10일 국공간에 정전협정이 체결 되었다. 그러나 3월에 개최된 국민당 제6차 중앙위원회 전체회의에서 국민당 일당독재의 헌법초안을 수정하여 정치협상회의의 결정을 부인했다. 이에 공산당이 항의하면서 만주지방에서 양당 간의 무력충돌이 발생했다. 국민당은 6월 26일 정전협정과 정치협상을 파기하고 전면적인 군사공세로 전환했다. 미국의 원조를 기반으로 7~8월에 걸쳐 대규모 병력을 동원하여 공산당의 해방구에 전면적인 공격을 감행한다. 결국 본격적인 내전이 일어났다. 초기에 국민당은 군사적 공세뿐 아니라 정치적 공세도 병행했다. 군사적 공세에서 국민당은 우세를 차지한 것 같이 보였다. 그리고 산해관 전투에서 패배한 공산군은 초기에 산악지대에 숨어 지내는 등 고전을 면치 못했다.

그러나 소련의 개입으로 전세가 바뀌었다. 1946년 스탈린선언에서 소련은 만주내의 국민당 활동이 자신들의 세력에 위협이 된다고 선언하고 전투에 가담하였다. 소련과의 전투에 두려움을 느낀 미국은 지원을 소홀히 하게 되고 소련은 만주지역의 물자를 공산당에게 제공하기 시작하면서 국공 간의 세력관계는 변하기 시작했다. 또한 5·4지시와 중국토지법대강에 기초하여 토지개혁을 전개함으로써 국민당의 농촌기반을 잠식해 들어가고, 민족자본가와 지식인의 지지를 얻기 위한 제반정책으로 국민당은 고립되었다. 더구나 국민당의 부패, 국민당 지배지역에의 악성 인플레와 재정파탄으로 사회적, 경제적 위기를 맞는다. 국민당의 전략적 실패로 1947년 가을부터 전세는 역전되었다. 임표의 인민해방군이 동북지역을 점령하면서 1948년 하반기부터 세 곳에서 군사적 충돌이 일어났다. 9월 辽渖전두, 11월 淮海전두, 12월 平津전두이다. 1948년 12월 공산군이 양사강 연안까지 진출했다고 하자, 장개석은 1949년의 연두성명에서 평화를 제안하여 공산당과의 교섭을 시도했으나 실패로 끝났다. 공산군은 4월 양자강을 건너 중화민국의 수도 남경을 진입하여 단기간에 중국을 장악했다. 장개석이 이끄는 국민당은 남경에서 광주로 이전했고 12월에 대만으로 정부를 옮겼다. 국민당의 통치는 빠른 속도로 붕괴되었다.

국민정부의 몰락

1945년 8월 6일 히로시마와 3일 후 나가사끼에 원폭이 투하되자 일본은 연합국의 포츠담 선언을 받아들여 8월 15일 무조건 항복을 선언했다. 연합국에 의해 항일전쟁(1937-1945)이 끝난 이후 중국 국민당과 공산당의 대립은 전면적으로 심화되었다. 1945년 12월 27일 대외적으로 미, 영, 소 3개국이 모스크바 외상회의에서 내전 종식과 국공이 협력하여 국민정부 수립을 촉구하고, 대내적으로 중국 국민은 평화적 안정을 갈망했지만 정치적 갈등은 수그러들지 않았다. 연합국의 조정에도 불구하고 국공 양당의 무력충돌은 1946년 7월 본격적인 제3차 국공내전으로 돌입했다. 당시 국민당은 총병력 430여 만명이엇고, 정규군 200만 중 160만명을 투입하여 해방구를 포위 공격했다. 미국의 원조을 받으며 국민당의 장개석은 3개월 안에 공산당을 전멸하겠다고 선포했다. 10월 11일 제2소비에트 근거지인 장가구와 공산당 중앙의 본거지인 연안을 점령하고 공산당을 몰아냈다. 국민당은 공산당과 민주동맹의 동의를 얻지 않고 11월 15일 국민대회를 개최했다. 국민당은 1947년 중화민국헌법을 공포하고 청년당, 민사당, 기타 단체가 참여한 연합정권을 발족했다. 주은래 등이 항의하며 국공교섭을 시도했지만 무산되었다.

1947년 7월 공산당은 방어 전략에서 공격 전략으로 전환했다. 국민당의 병력이 약화되면서 오히려 공산당의 군사력은 증강되어 유백승과 등소평이 지휘하는 군대가 대별산구에 근거지를 구축했다. 그 후 하남성 서부, 섬서성, 산동성, 강소, 강남지구로 진격했다. 공산당은 1947년 3천만명이 넘는 강력한 중원해방구를 만들었다. 공산당의 세력이 커지자 국민당은 고립되면서 방위선을 지키기에 급급했다. 공산당의 승리를 결정지었던 것은 1948년 가을부터 1949년 초까지 3대 전투이다. 1948년 9월 7일 모택동의 지시로 임표 등이 이끄는 제4야전군이 장춘, 심양 등 동북 지역을 점령했다. 동시에 진의의 화동야전군이 국민당이 점령한 산동성 제남을 공격했다. 1948년 11월 6일부터 1월 10일까지 유백승, 등소평이 지휘하는 군대는 회해전투를 개시하여 서주를 점령했다. 한편 12월 5일 전투를 시작하여 24일 장가구를 점령하고, 1949년 1월 4일 천진, 1월 31일 북경을 함락시킨 것이 평진전투이다. 이러한 가운데 모택동이 1월 14일 화평8조건을 제시하여 4월 1일 주은래를 단장으로 국공화평교섭을 개시하지만, 국민당의 거부로 공산당은 4월 20일 양자강을 도하하여 국민당의 심장부인 남경, 상해를 공격한다. 공산당의 군사력에 힘없이 무너진 국민당의 패배는 장개석의 통치능력의 한계를 드러낸 것이다. 국민정부는 남경에서 광주(5월 22일)로 다시 성도(11월 29일)로 이동하다, 12월 8일 타이완으로도망가며 대륙의 지배권을 포기했다.

토지개혁과 공산당의 승리

장개석 국민당정권의 급속한 붕괴의 배후에서는 그보다 더욱 심각한 정치적 붕괴가 진행되었는데 그 중에서도 가장 결정적인 것이 토지개혁이었다.

국민당은 농촌에서의 봉건지주지배를 기반으로 하고 있었는데 비해 공산당은 농민을 주축으로 하고 있었다. 이에 공산당은 농민의 권리장전을 위해 토지개혁을 착수하게 되고, 구 사회에서 가장 억압받고 있던 농촌인구의 6~7할을 점하는 빈농을 중심으로 하여 이들을 중농과 결합시킴으로써 농촌인구의 9할을 대중운동에 나서게 했다.

그 외에 전쟁에서의 전술 또한 국민당이 패배하는 요인으로 작용하였다. 국민당의 총공격으로 상해와 남경을 비롯한 강남일대와 공산당이 장악한 중요도시가 국민당의 수중에 들어갔다. 모택동은 이른바 도시를 내어주고 농촌을 장악하는 게릴라 전법을 펼쳤다. 국민당군은 전쟁에 필요한 물자를 옮기는 병참선이 길어지면서 고립, 분산되었다. 게다가 국민당군의 부패와 군인연령의 고령화로 전투력을 상실하고 있었다.

공산당의 토지개혁은 혁명을 완성시킨 기본 원동력이고 국민당과의 기나긴 전쟁을 승리로 이끈 중요한 역할을 수행하였다. 장개석정권은 지주지배를 기반으로 한 위에 권력을 이용하여 봉건적, 군사적 국가독점 자본을 발전시켰고 또 미국 제국주의에 정치적, 군사적, 경제적인 면을 모방하여 체제를 유지하려 했다. 그러나 지주지배가 너무 비대해져 인민을 희생물로 삼고, 민족부르주아를 파산시키는 괴물로 낙인찍히게 되고 미국에만 의존하는 매국노가 되어갔다. 특히 1946년에 체결된 중미우호통상조약은 미국의 농산물과 공업제품을 범람시켜, 근로 민중들만이 아니라 중국자체를 위기에 빠뜨렸다. 거듭되는 탄압과 테러정치에 국민당 지배구역에서도 반미, 반장개석의 통일전선이 형성되어 나갔다. 이를 이용해 공산당은 세력을 규합하여 노동자와 농민의 동맹을 기초로 반제국주의, 반봉건주의의 인민민주주의 통일전선으로 통합시켜 나갔다.

제4부

중국 현대화 과정

1. 중화인민공화국 성립

황제가 다스리는 중국 역사는 1911년 신해혁명으로 무너졌다. 신해혁명 이후 1921년 창당된 공산당이 중국을 탄생시키는데 걸린 30년은 격동의 세월이었다. 이는 반제국주의와 반봉건에 의한 신민주주의 혁명의 승리로 중국혁명의 새로운 단계로의 이행을 의미한다. 1949년 10월 1일 모택동은 천안문광장에서 중국인민공화국의 수립을 선포한다. 정부 수립에 필요한 행정기구나 헌법의 틀을 갖추기도 전에 중국의 탄생을 세계에 알렸다. 당시 미국의 지원을 받으면서도 패배한 장개석이 12월 8일 타이완으로 도망가기 전에 선포한 것이다. 중국의 불안전한 정국을 수습하라는 소련의 지시에 따라 확정된 것이라는 이야기도 전한다. 중국은 소련의 지원을 받으며 혁명과 내전으로 파괴된 무정부 상태에서 국가를 수립한 것이다. 1949년 9월 29일 국민당을 배제한 새로운 회의 기구인 인민정치협상회의(정협)를 구성하고 제1차 전체회의를 열었다. 회의에서 '신민주주의 즉 인민민주주의가 중화인민공화국 건국의 정치적 토대라는 것에 만장일치로 합의한다.' 또한 '노동자 계급이 지도하고 노농 연맹을 토대로 민주적 계급과 국내 각 민족의 인민민주주의 독재를 실행한다.'는 공동강령을 통과시켰다. 정치적으로 채택한 국가 체제는 공산당이 지도하는 사회주의는 아니었다. 경제 제도에 있어서도 '공적 소유와 사적 소유의 병행(公私兼顾), 노동과 자본의 공동 이익(劳资两利)'라는 원칙에 기초했다. 이 원칙에도 공산당이 민주당파와 정협에 참여한 각 단체에 양보하여 사회주의라는 단어를 삽입하지 않았다.

1947년 12월 회의에서 사회주의의 전망을 회의 문서에 작성해야

한다는 주장하자, 모택동은 '1932년 이미 정식으로 사회주의를 시행했다. 지금도 봉건 제도를 제거하고 있다. 사회주의는 아직 이르다. 이것은 조급하게 서둘러서는 안 된다.'라고 말했다. 모택동은 우선 사회주의와 자본주의 경제를 조정하면서 국가의 재건을 준비하고 있었던 것이다. 신민주주의 국가로서 사회주의 체제로 개조를 구상하고 있었다. 새로운 사회의 기초를 실현하는 이 시기에 토지개혁의 달성, 대기업의 국유화, 사영 자본주의와의 투쟁, 지식인의 사상교육 목표가 기록되어 있다.

공동강령은 임시 행정기구나 임시 헌법과 같았다. 1954년에 이르러 1차 헌법을 제정하고 9월 15일 제1차 전국인민대표대회를 열었다. 민주당파를 명목상 최고권력기관인 전국인민대표에 뽑아 넣어 종이호랑이로 만들었다. 정무원은 국무원으로 명칭을 바꾸고 총리나 부총리에 민주당 인사는 철저히 배제했다. 그러나 모택동이 민주당을 무력화 시켰지만, 민주당의 불만은 제거할 수 없었다. 이것이 1957년 반우파투쟁과 정풍운동으로 민주당파를 숙청하거나 추방할 수 있는 토대가 되었다. 건국 초기 민주당파와 연합 정부를 구성한다는 약속에 따라 공산당은 고위층에 민주당파를 배정했다. 당시 당, 정, 군 등 요직에 민주당파를 배치하지 않았지만, 중앙 인민정부 위원회, 정무위원, 중앙 정부 위원 등에 당외 인사와 배치하여 민주당파와 공동 집권하고 있는 형태를 만들었다. 공산당 노선에 우호적이었던 이들을 대부분 우파분자로 몰아 축출하였다.

대외적으로 소련, 동유럽 사회주의, 인도, 영국, 몽골, 버마, 스위스 등 25개국이 중국을 승인하면서 중국은 새롭게 태어났다. 1949년 12월 모택동은 소련과 우호관계를 체결하기 위해 대표단을 이끌고 모스크바를 방문했다. 모택동은 미국 중심의 서방 자본주의 국가와의 우호관계나 경제원조를 기대할 수 없는 상황에서 소련과의 우호관계, 경제적 기술적 원조가 절실했다. 소련 역시 미국의 대소련 봉쇄정책을 돌파하고 중국과의 우호관계를 강화하여 소련의 국제적 입장이 향상되길 기대했다. 중국과 소련은 30년간의 공동방위와 3억 달러의 차관협정 체결하고, 소련은 장춘, 여순, 대련에 대한 권익을 보장받았다. 마침내 1950년 2월 중소우호동맹과 중소간 상호원조 조약을 체결하고, 중국은 소련의 지원으로 새로운 국가의 공업건설에 착수하게 되었다. 그러나 스탈린의 중국에 대한 원조는 소극적이었다.

2. 사회주의 개조

토지개혁의 완료

중화인민공화국 수립 이후 중국의 과제는 혁명과 내전으로 피폐한 국민경제를 회복하는 것에 있었다. 중국은 국가경제를 조정하며 국가의 재건과 사회주의 개조를 시작했다. 1950년 2월 소련과 중소우호동맹 상호원조 조약을 체결하여 새로운 중공업국가 건설에 착수했다. 6월에 정부는 중화인민공화국 토지개혁법을 발표하여 전국에서 토지 재분배를 시행했다. 1952년에 말까지 2년 동안 여성, 어린이를 포함한 농민에게 토지분배를 단행, 토지개혁을 완료(1인당 30여ha=900평 정도)했다. 1952년에는 1949년보다 식량은 43%, 면화는

193%가 증산되었다. 이러한 토지개혁은 2천년 동안 내려온 중국 전통사회의 대변화를 일으켰다. 실제로 농민의 희망이며 혁명이었다. 봉건적 착취수단이었던 지주 계급의 토지 소유제를 폐지하여 농민에게 토지를 돌려준 것이다. 중국 정부는 농촌의 생산력을 향상하고 신중국을 공업화하는 길이라고 선포했다. 지주의 토지, 농기구, 가축 등 잉여 자산을 철저히 몰수했다. 또한 농촌 계급성분 구획에 대한 결정을 발표했다. 지주, 부농 중농, 빈농으로 구분하여 농업협회를 조직해서 주요 표적인 지주 향신 계급을 소멸시킨 것이다. 토지개혁 운동의 구체적인 조직 방법은 각 지역에 토지개혁 공작대를 조직해서 매년 30만 명 이상을 농촌으로 보냈다. 가난한 농민을 방문해 고충을 듣고 농민 대표회의를 열어 방법을 결정했다. 빈농과 고용농 소조, 중농으로 구성된 조직의 군중심리를 이용해 농민협회로 발전했다. 농민 대표회의를 통해 농민을 교육하여 농민의 정치적 각성과 농업생산을 향상시켰다. 자각적으로 행동에 나선 농민은 지주 계급과 투쟁을 전개했다. 정부는 국가의 폭력으로 지주 계급을 타파하고 농민에게 토지를 균등하게 분배하여 농민의 지지를 받았다. 공산당의 무장 세력에 비호 세력도 없는 지주 향신 계급은 저항하지 못하고 토지개혁 운동에 따를 수밖에 없었다. 이러한 토지개혁은 국가의 암묵적 비호 아래 진행되었다. 모택동이 1929년 농민의 프롤레타리아를 이용해 폭력적으로 토지개혁을 추진한 경험이 있다. 당시 호남 농민운동 조사 보고서에 '혁명은 밥을 주는 것이 아니라, 한 계급이 다른 계급을 뒤집는 격렬한 행동이다. 농촌마다 과격하게 공포현상을 조성해야 한다.'라고 말한 적이 있다. 이러한 모택동의 혁명 사상은 문화대혁명 시기에도 기본 지침이 되어 많은 희생자를 낸 것이다.

1951년 10월 10일 전국정치협상회의 보고에서 '토지개혁은 계급투쟁이다. 평화적으로 토지개혁은 불가능하다.'고 지적하며, 정부가 군중을 동원하여 폭력으로 진행했다. 폭력적인 토지개혁에 각급 지방정부, 특히 광동지역의 지도자들은 중앙 정부의 정책에 불만이 많았다. 오늘날 광동지역은 지방 세력이 중앙 정부 조직에서 일정한 역할을 하고 있고, 개혁개방을 통해 경제적으로 성공한 이유이다. 당시 광동은 다른 지역과 달리 많은 화교가 거주하는 특수한 지역이었다. 화교는 대부분 무역으로 자본을 축적한 상공업자이지만, 농촌에 많은 토지를 소유한 지주 계급이다. 농촌의 토지에서 얻은 수익으로 도시의 상공업에 투자하여 광동의 경제발전에 중요한 역할을 했다. 혈연, 지연으로 얽혀 있는 지방 간부들과 화교들은 급진적인 토지개혁을 반대했다. 그래서 광동에서는 폭력적으로 토지개혁을 추진할 수 없었다. 모택동은 1952년 6월 광동의 지도자들의 평화적 토지개혁을 비판하며 지방보호주의를 비난했다. 토지개혁이 끝날 때까지 6,000명의 중앙 간부를 대체해서 토지개혁을 단행했다.

중국 정부는 토지개혁으로 농업생산이 현저하게 증가했지만, 지속적으로 농업생산력을 증진시키는 것은 지극히 어려운 과제였다. 1953년에 이르자 농업생산력이 정체되기 시작했다. 농업생산력 정체는 중국 지도자에게 새로운 농업 정책의 변화를 촉구했다. 농업생산에 의존도가 높은 중국 경제는 소규모 토지를 소유한 농민에게 분할된 소농경제를 정착시키기 어렵다고 생각한 것이다. 정부는 사회주의 개조에 커다란 장애가 되었지만, 농민에게 분할된 토지를 다시 집단화한다는 것은 쉽지 않았다. 토지개혁에서 농업집단화 과정에는 농촌의 혁명과 보수, 전통에 여러 가지 알력이 발생했다. 그렇지만 결국 토지개혁으로 토지를 획득한 농민은 소농의식에서 농업집단화에 동조했다. 1953년 농업 생산력이 정체되면서 식량 위기에 부

뒷쳐 새로운 생산 정책이 필요했다. '일괄 수매 일괄 판매'의 정책을 제정하고, 분할한 토지의 소농경제가 사회주의 발전에 장애가 되어 농업합작사를 조직하였다. 우선 농촌을 몇 가구로 묶어 상부상조하는 호조조(互助组)를 결성하고 다음에 초급농업생산협동조합(初级合作社)를 조직을 결정하게 된다. 합작사는 농민이 토지를 소유하지만 농기구를 공동 사용하여 농사를 짓고 노동의 양과 토지 소유면적에 따라 생산물을 분배했다. 이러한 집단농장을 기초로 토지를 공동소유로 바꾸어 고급합작사도 조직했다. 결국 토지를 갖게 된다는 이유로 혁명에 참여한 농민들은 토지가 다시 집단화되는 것에 불만과 알력이 있었다. 그렇지만 공산당 정부는 1955년 후반부터 농촌지역에서 집단화, 농촌인민공사 등 소유제의 개혁을 추진했다.

사회개혁

획기적인 토지개혁으로 농촌이 변화한데 비해 도시의 변화는 완만했다. 정권을 장악한 공산당은 도시에서 정치 및 사회적 기반이나 경험이 전혀 없었다. 더욱이 토지개혁, 사회개혁, 한국전쟁 지원 등 급진적 사회 변화로 중국의 국력은 전반적으로 소모된 상태였다. 모택동은 도시에서 계급투쟁은 농촌 토지개혁과 달리 신중했다. 우선 국가 체제를 신민주주의로 규정하고 계급을 노동자, 농민, 민족자본가와 소자본가로 광범위하게 연합세력을 구축했다. 중국공산당은 극단적인 선택 대신에 안정적인 도시 구축과 통합을 통한 사회주의 개조를 준비한 것이다.

1951년 초《전범·매국노·관료자본·반혁명분자 재산 몰수》를 발표하여 국민당 시기의 개인 재산을 몰수한다. 이 재산들은 신중국

경제건설의 기초자본이 되었다. 관료자본기업의 몰수와 토지개혁의 목적은 봉건 지주의 소유제 폐지, 농민의 토지 소유제 실시, 농촌의 생산력에 기반을 둔 농업 생산발전, 신중국 경제건설 및 공업화를 위한 사회주의 개혁이었다. 1949년 도시지역은 매춘, 도박, 부정 부패, 아편 중독 등 사회병리현상이 만연해 있었다. 이러한 사회문제를 해결하기 위해 대중운동과 국가 행정을 이용해 신속하게 척결했다. 매춘, 마약 등 사회적 취약계층은 과거 일본의 식민주의와 국민당의 자본주의 사회에서 피해를 입은 희생자라는 이유로 처벌보다 사회에 적응할 수 있도록 도왔다. 반면에 이에 반발하는 포주나 마약 판매자 등은 공개재판을 통해 강력하게 처벌했다. 이렇게 사회문제를 2년 동안 전개했다. 이 과정에서 신정부는 국민당이 범죄조직과 연계하여 부패했다고 선동하며 잔존 적대세력을 완전히 제거했다. 또한 새로 혼인법을 제정하여 축첩을 금지하고 도시와 농촌의 여성해방 운동을 추진했다. 여성의 재산 소유권, 직업 선택권과 이혼을 합법화할 수 있는 제도를 만들고, 아동 보호에 관한 제도도 법제화했다.

특히 농민의 지지로 사회주의 개조를 급진적으로 진행한 모택동 정권은 도시지역에서도 공영기업 몰수, 사영기업은 공사합영, 개인 수공업은 합작화 방식으로 추진하여 사유재산제도를 기본적으로 폐지한 것이다. 그렇지만 도시 경제의 국유화는 완만히 추진했다. 일본이 패망한 이후 국민당이 소유한 중공업과 광산 등은 대만으로 쫓겨나면서 자연스럽게 국유화할 수 있었고 외국기업도 국유화하면서 신정부는 대부분의 노동자들을 통제할 수 있었기 때문이다. 한편 중국의 도시경제는 중공업보다 경공업이 더 큰 비중을 차지하고 있었다. 경공업은 대부분 국민당과 관계없는 민족자본가가 운영하고 있어 신민주주의를 선언한 중국공산당의 보호를 받을 수 있었다. 중국지도부는 기술, 경영관리 등 전문성이 필요하다고 생각해 민족자본가를 활용해 이윤을 창출하며 경제회복을 추진했다.

사회주의의 출발
- 3반 5반 운동(1951)

1949년 이전의 중국경제는 8년간의 항일 전쟁과 4년간의 국공내전으로 파탄상태에 있었으며 농촌은 피폐한 상태였다. 중국공산당은 정권을 수립하였지만 피폐한 경제를 해결해야 했다. 이를 위해 모택동의 사회주의 혁명은 국민당 시절의 불평등, 사유제, 자본주의 잔재에서 인민을 해방시키는 것이었다. 사유제의 철폐, 토지와 자원의 국유화, 시장의 폐지 등 강력한 혁명사업으로 공동체 사회주의 국가를 건설하는 것이 목표였다. 과거의 사유재산제를 폐지하고 사회주의 공유제라는 공유재산제를 도입했다. 이는 중국농촌의 정치·사회·경제·사상에서의 대혁명이라고 할 수 있다. 먼저 1950년 국가 기본제도로서 인민대표대회 제도를 건립하고 국가 기구를 정비했다. 정치적 안정을 위해 소수민족 지구에 민족적인 자치구역 정책을 실행했다. 이러한 상황에서 국민당 잔여 세력은 사회주의 건설에 장애 요소였다. 정부의 정무원과 최고인민법원은 1950년 7월 <반혁명활동 진압에 관한 지시>를 발표하여 반공산당 세력을 소탕했다. 1951년 겨울부터 다음해 봄에 당·정·군과 경제부문, 각 기업과 사업의 단위마다 반부패, 반낭비, 반관료주의를 추방하는 '3반운동'이 일어났다. 3반 운동은 사실 정치적으로 반대하는 국민당 관리의 잔여 세력을 공산당 정권이 통제 감시하여 정권의 기반을 다지

려는 운동이었다. 또 1952년 1월 경제 관료와 민간 기업으로 확대하여 5반운동이 전개되었다. 5반 운동은 뇌물 공여, 탈세, 국가경제 기밀 누설, 부실 공사, 국가 재산 절도 등 증산과 절약을 방해하는 행위를 반대한다는 의미이다. 그러나 5반 운동은 소시민과 자본가의 5독(五毒) 행위 청산 뿐 아니라, 부르조아 계급으로 확산하여 전면적인 계급투쟁으로 발전했다. 사실상 3반이 정부 내부의 정화운동이라면, 5반은 외부의 상공업 부르주아 계급을 정화하는 사회주의 개조운동인 것이다. 3반, 5반 운동은 애국증산운동에서 출발했지만 도시 관료와 자본가의 영향력을 약화시켜 자본주의의 위험성을 제거하고 공산당이 장악하는 것이었다. 공산당은 반혁명 잔재의 일소, 계급투쟁 등 혁명운동의 성격을 부가하여 급진적인 사회주의 개조운동으로 발전시켰다. 모택동이 3반 운동에서 5반 운동으로 확대한 것은 전면적인 국영화와 국가의 통제를 통해 사회주의 개조가 목적이었다. 3반과 5반 운동을 거치면서 정부는 민영 상공업 자산을 국유로 환수되었다. 토지개혁으로 중국 공산당이 농민의 지지를 받았다면, 3반과 5반 운동으로 도시의 노동자, 소시민 계급의 혁명을 통해 공산당의 통치 기반을 강화했다.

과도기 총노선과 경제 회복

신민주주의를 중화인민공화국 건국의 정치적 토대로 출발한 공산당 정권은 1953년부터 사회주의화를 추진했다. 1953년 6월 15일 공산당 정치국 회의에서 10여년에 걸쳐서 사회주의를 달성하겠다는 구상을 제시했다. 그리고 1954년 초 공산당 제7기 4회 중앙위원회는 사회주의화를 강행하기로 명시한 '과도기의 총노선'을 채택했다.

1949년 신민주주의 실현을 목표로 정권을 장악한 공산당은 1952년 창설된 국가계획위원회가 권한을 행사하며 사회주의화를 강행한 것이다. 사회주의화 정책 추진은 공약 위반 행위이며 위험한 정책이었다. 공산당 정권이 사회주의화를 서두른 이유는 한국전쟁을 통해 미군의 현대적 장비에 위기감을 느낀 것이다. 군수공업을 중심으로 급속한 공업화를 실현해야 현대적 군사력을 확보할 수 있다는 확신이었다. 두 번째로 농촌에서의 토지개혁은 집단화를 추진하여 경영 규모를 확대해야 농업 생산의 효율성을 확보할 수 있다는 확신이었다. 세 번째로 3반운동과 5반운동을 추진한 결과 민간기업 통제가 엄격해져 민간기업 경영자들의 저항 없이 집단화와 국영·국유화를 실현할 수 있었던 것이다.

그리하여 공업화를 추진하면서 동시에 농업 생산의 저조를 타개하여 경제 발전을 위해 1954년 9월 20일 '성립부터 사회주의 구축까지는 하나의 과도기이다'라고 선언한 중화인민공화국 헌법이 제1차 전국인민대표대회에서 채택되어 시행되었다.

건국 초기 중국의 경제는 소련을 모델로 한 계획경제를 채택했다. 소련의 경제계획과 기업관리체제는 국가가 수요에 근거하여 생산하고 생산물은 모두 국가가 소유하는 형식이다. 모든 원자재도 국가가 공급하여 기업은 어떠한 자주권이 없다. 고도로 중앙에 집중된 계획경제는 제도적으로 공유제, 중앙계획, 중앙지도, 고정가격 제도를 시행하며, 정책적으로 자본축적, 고성장, 저소비, 저임금, 중공업정책을 실시하였다. 이러한 정책은 소비자 주권이 없으며, 국가의 계획에 따라 움직인다. 모택동은 이러한 소련의 경제정책을 채택한 것이다.

1949년부터 1952년까지 토지개혁과 사회정화운동을 통해 1953년 소련 모델을 모방한 1차 5개년 계획을 수립하여 계획경제를 시행하게 된다. 중국의 경제발전 전략은 농업에서 중공업 분야로 경제성장을 전환하는 압축성장에 있었다. 이러한 경제성장을 위해 국가는 인민공사체제를 만들어 농민들의 토지를 몰수하고, 호구제도로 이주권을 박탈했다. 또한 농민들이 생산한 농산물을 낮은 가격에 매수하여 저가로 도시로 공급했다. 도시민 역시 정부의 중공업 육성정책을 위해 낮은 임금을 받을 수밖에 없었다. 반면에 소비재 가격은 높고 그나마 항상 공급량이 수요에 미치지 못했다. 기업의 수입도 중앙에서 관리하는 '통일적 수입과 분배' 체제를 실시했다. 국가가 독점관리하여 긴축정책으로 얻은 경제적 이익은 중공업 발전에 사용했다. 중공업을 육성할 수 있는 자본축적은 저임금과 저이자율, 농촌의 잉여노동력 때문이었다. 1956년 예상성장률 14.7%를 넘어 18%의 공업성장을 달성했다. 그러나 이러한 경제발전 전략은 실패했다. 중공업 성장이 소비재 공업의 발달로 이어지지 않고 노동자와 농민의 생활수준은 향상되지 않은 것이다.

지식인의 사상개조

새 정권을 수립한 공산당은 중화민국 시기(1911-1949)의 사상과 문화 유산 가운데 지배에 활용할 수 있는 것을 선택적으로 수용하면서 독자적인 사상과 문화를 강화하는 데 힘을 쏟았다. 신보(申报), 신문보(新闻报) 등 신문과 잡지 출판을 통제하지 않았고, 기존의 교육체계를 유지하며 정부가 자금을 지원했다. 그러면서 공산당 지도부는 자본가 계급의 사상적 영향을 경계하며 지식인에 대한 사상개조를 전개하며 정치사상 교육을 중요시했다. 지식인이나 간부를 재교육하는 특별 교육기관을 설립하여 공산당의 정치사상 교육이 의무화

되었다. 당시 호남성 출신의 문학가 심종문(沈从文)은 이러한 환경 변화에 자살을 기도할 정도로 정신적 압박을 받았다고 한다.

건국 초기 문예계는 대부분 공산당의 신민주주의라는 새로운 이념 속에 자발적으로 부응하는 분위기였다. 1949년 초 곽말약, 모순, 주양 등은 전국적인 문인단체 결성을 준비하였고 1949년 7월 북경에서 공산당의 지원 아래 제1차 중화전국문학예술공작자대표대회(문대회)가 열렸다. 이 대회는 공산당의 고위 간부들이 대거 참여하였고, 문인들은 문학예술계가 신중국의 건설에 적극 참여할 것을 결의했으며, 공산당의 정책과 노선을 준수하고 사회주의 현실주의를 고취한다는 데 의견을 같이했다. 또 이 대회에서 곽말약을 주석으로 모순과 주양을 부주석으로 하는 중화전국문학예술계연합회(문련)이 구성되었고 문학, 연극, 영화, 미술, 무용 등 각 부문별 단체도 설립되었다. 그 밖에도 문학잡지이자 작가협회의 기관지로서 <人民文学>이 창간되었고 각 부문과 산하 조직별로 수많은 문학잡지와 기관지가 창간되는 등 중국문학은 사회주의 현실주의를 조직적으로 구현하기 위한 기반을 다지게 되었다.

공산당은 전국의 문화활동과 문학활동을 사회주의적 원칙하에 조직했고, 각 부문별 조직과 지방조직들을 중앙조직에서 확고하게 통제할 수 있도록 중앙 집중화하는 작업을 정책적으로 추진했다. 또 이시기에 공산당은 공산당 노선을 확고하게 따르지 않는 다양한 성향의 문인들에 대해서도 비교적 온건하고 관용적인 태도를 보였다. 그들은 비록 당장에는 이견을 보이는 문인들이라 하더라도 대동단결의 원칙하에 인내심을 가지고 설득함으로써 사회주의적 이념을 받아들이도록 만들 수 있다고 자신했다. 건국 직후의 낙관적 분위기 속에서 쏟아져 나온 문학 작품들은 주로 고난에 찬 大长征과 장기간의 유격전, 항일전쟁의 무용담, 기적과 같은 내전의 승리, 사회주의 혁명의 주인공들이 벌인 영웅적 행적 등을 감격스럽게 회상하는 내용들이었다. 그중에서도 건국 직후 작가들이 가장 정열적으로 추구했던 주제는 이상적인 사회로 이행하기 위해 중국 정부가 벌인 야심적인 사회주의화 과정에 대한 것이다. 1940년대에 사회주의의 현실주의를 선구적으로 구현했던 대표작가로는 赵树理, 丁玲, 周立波 등이 있다. 조수리는 해방구의 반민족 반역자, 조세감면, 토지개혁 등 일련의 대중적 투쟁에 적극적으로 참가한 인물로 농촌생활과 그곳에서 활동하는 각 계층인물과 익숙한 작가였다. 그는 연안문예좌담회에 참가한 이후부터 문학창작에 큰 성과를 거두었고, 그의 대표작은 1943년 5월 자유연애를 그린 <小二黑结婚>, <李有才板话>, <李家庄的变迁> 등이 있다. 정령은 중국의 대표적인 여류작가로 토지개혁운동에서 소재를 취해 쓴 소설 <太阳照在桑干河上>이 있다. 주립파는 후난성 출신으로 일찍이 혁명운동에 가담한 작가로 항일전쟁 때에는 문화, 정치 공작원으로 활동하였고, 작품으로는 해방 전후의 토지개혁을 묘사한 <暴风骤雨> 등이 있다. 이러한 대부분의 작품에는 건국 초기의 유연한 분위기가 반영되어 미래에 대한 낙관적이고 자신에 찬 전망이 두드러지게 부각되었고, 교조적이고 경직된 모습은 비교적 적게 나타났다.

그렇지만 마오쩌둥이 지식인에게 가졌던 태도는 모순적이었다. 지식인을 예우하고 역할을 중시하면서, 다른 한편으로는 지식인은 지식이 없고 노동자나 농민보다 아는 것이 적다고 말하며, 지식인은 중대한 위협으로 철저히 개조 정책을 채택했다. 지식인은 계몽과 교육을 받아야 하고 농민이 지식인의 선생님이라 생각하고, 지식인의 입장은 농민·노동자화, 대중화이지 대중을 변화시키는 것이 아니라고 했다. 지식인이 중요하다는 사회 비평을 오히려 지식인의 자아비판을 요구하는 것으로 바꾸었다. 그러면서 지식인이 정신노동에서 벗어나 육체노동을 하게 사상개조를 진행한 것이다. 즉 육체노동을 통해 지식인의 내면세계를 변화시켜 사회주의 노동자로 개조하려고 구상했다.

사상과 문화의 통제 강화
-1950년대의 문예계 비판운동

건국 직후 낙관적이고 희망적인 지식인, 문예계의 분위기가 1950년부터 시작된 한국전쟁으로 인해 점차 퇴조하기 시작했다. 한국전쟁 참전으로 중국은 재정이 바닥나서 적지 않은 경제적 어려움을 겪었고 국제사회에서도 외교적으로 고립되어 여러 가지 제재를 받게 되었다. 소련과의 관계 악화도 중국에게 큰 부담으로 작용했다. 극심한 국제적 고립상태와 경제적 침체로 인한 총체적 위기의식이 확산되었고, 문화예술계도 건국 직후의 낙관적인 정서를 버리고 자신들의 현실을 냉정하게 직시하게 되었다. 공산당은 이러한 위기에서 벗어나기 위해 급격하게 강경노선으로 선회하였다. 1953년 10월에 개최된 제2차 문대회에서 문인들은 국가적 위기를 타개하기 위해 공산당의 방침에 충실히 부응하는 문학 활동을 할 것과 연안문예강화의 원칙에 따라 사회주의 현실주의를 확고히 고수할 것을 천명했다. 이는 낙관적 전망을 바탕으로 융통성과 유연성을 발휘했던 건국 직후의 문화정책이 경직된 방향으로 선회하고 있음을 보여 주는 것이었다. 공산당은 이 시기부터 문학예술계의 활동에 대한 엄격한 통제와 정치적 비판운동을 가하기 시작했다. 더 나아가 조직을 통한 통제 방법이나, 실제로 존재하지는 않지만, 어떤 작가나 작품 또는 문예 경향 등에 대해 비판을 해야 할 필요가 있을 때, 마치 실제로 존재하는 것처럼 정치권력에서 만들어 의견을 발표하는 허구적인 '독자 대중'을 통한 우회적인 방식을 통해 지식인을 통제해 갔다.

1950년대 이후 사회주의 건설의 현실적 어려움에 부딪치면서 위기상황을 벗어나기 위해 문제의 여지가 있는 내부 요인들을 제거하고, 확고한 단결을 이루려는 의도로 정치적 비판운동이 전개 되었다. 출신성분이 좋지 않은 이들, 사회주의에 대한 신념이 투철하지 않은 이들, 동요할 가능성이 있는 지식인들은 우선적인 경계대상으로 비판되고 숙청되었다. 이것은 현실에 대해 불만을 품거나 회의하는 일반 대중에 대한 경고이기도 했다. 1951년 5월 영화 무훈전(武训传) 비판운동을 계기로 사상 · 학술·문화·교육에 대한 통제가 강화되고, 9월부터 1952년까지 지식인의 사상개조 운동이 전국적으로 확대되며 문예계와 학술계는 큰 타격을 받고 그 활동이 심각하게 위축되었다. 또한 1954년 11월 청나라 장편소설 <홍루몽> 연구를 둘러싸고 새로운 비판운동이 확산되었다. <홍루몽> 비판, 자산계급 관념론 비판, 호적 비판 등의 자유주의 비판운동은 1955년 胡风비판으로 이어졌다. 이전까지의 비판운동이 대체로 정치적 통제 수단으로 진행되었다면 호풍 비판은 공산당 내부의 불만세력을 겨냥한 것이었다. <문예보> 편집부에 대한 비판 집회가 좌익 문예비평가인 호풍(胡风)과 그의 동료들을 반혁명 집단으로 몰아 규탄하는 등 생각지도 못한 방향으로 흘러갔다. 공산당 문화 부문 책임자인 주양(周扬) 등은 <편집부>에 대한 비판이 고조되면서 호풍의 문예이론까지 비판 대상으로 문제 삼았다.

<武训传> 비판

<무훈전>은 孙瑜의 창작과 연출로 만들어진 영화로 가난한 사람들에 대한 교육사업을 벌인 것으로 유명한 19세기 후반의 실존인물 武训의 일대기이다. 이 영화는 1951년 말부터 상영되었으며, 상영되자마자 대중적으로 큰 인기를 끌었을 뿐만 아니라 문예계로부터도 호평을 받았다. 무훈의 근면성과 용감함, 용의주도함 등은 중국인의 전형적인 우수한 품성이며, 인민을 위해 봉사하고 헌신하는 태도는 사회주의적 영웅에 부합되는 품격이라는 것이 무훈전에 대한 높은 평가의 이유였다. 그러나 이 작품이 지식을 사회발전의 원동력인 것처럼 묘사하여 계급투쟁의 의미를 약화시키고 개량주의를 선전했다고 비판적으로 보는 일부 좌익문인의 견해도 있었다. 1951년 5월 <인민일보>는 이례적으로 <무훈전>에 대한 토론을 중시하자는 특별기사를 실었고, 뒤이어 모택동이 쓴 <영화 '무훈전'에 관한 토론을 중시해야 한다>를 사설로 실어 그 파장이 커졌다. 모택동은 <무훈전>이 농민과 지주계급 사이의 계급모순을 은폐하고 중국 인민의 혁명의 역사를 모독함으로써 사회주의와 인민에게 해를 끼쳤다고 규정하며 <무훈전>을 하나의 문예작품으로 보지 않고 사회주의 노선에 대한 모욕이자 반대로 간주하였다. 당시 공산당의 지시를 문예계에 전달하는 위치에 있던 周扬은 <인민일보>를 통해 <무훈전> 비판운동을 주도하면서 정치적인 차원으로 문제를 부각시켰다. 또 비판운동을 공산당의 주요한 정치적, 사상적 과제로 삼아 계획적으로 진행해 나갈 것을 강력하게 요구했다. 이 비판운동으로 인해 손유는 곧바로 자아비판의 글을 발표했지만 비판은 계속해서 확산되었고, <무훈전>을 옹호한 사람들뿐만 아니라 <무훈전>을 토대로 해서 소

설이나 가극, 화보 등을 만든 사람들까지 비판의 대상이 되었다. 이 사건을 계기로 문학예술계에 대한 비판운동을 매개로 해서 정치적 의도를 관철시키는 독특한 중국적 권력투쟁의 전형이 만들어졌고, 이후 1960년대까지 계속되어 결국 문화대혁명을 발동시키는 데까지 이르렀다.

<红楼梦> 비판

1954년 말에 전개되었던 <红楼梦>비판은 정치적 투쟁 성격이 더 강화되었다. 발단은 <홍루몽> 연구의 전문가인 俞平伯이 1952년 9월에 출간한 <红楼梦研究>라는 저서를 통해서였다. 유평백은 <홍루몽>을 작가 曹雪芹의 자전적 소설로 간주했고, 문학 내적 차원에서의 분석과, 표현기법이나 형태에 대한 고려 등을 포함한 다양한 관점의 해석을 시도했다. 그는 <홍루몽>에 특정한 내용이나 주제가 부각되어 있지 않다고 보았고, 대체로 염세적 세계관과 숙명론적 관념이 지배적이라고 주장했다. 이러한 주장에 대해 비판을 하는 이들은 유평백이 봉건사회의 실상에 대해 냉철하게 묘사한 <홍루몽>의 위대한 현실주의적 문학정신을 말살했다고 주장했고, 유평백이 <홍루몽>을 염세주의와 허무주의, 숙명론적 관념이 지배적이라 분석한 것에 대해 작품이 가지고 있는 반봉건적 의의를 도외시 한다고 비판했다. 처음에 문예계에서는 유평백의 성실한 연구태도와 실증적인 연구방식에 대해 높은 평가를 내렸으나 극좌적 성향의 신진 비평가인 李希凡과 南翎이 <홍루몽연구>에 대해 우호적인 평론을 실었던 <문예보>를 비평하면서 상황이 바뀌었다. 이희범과 남령은 1954년 10월 <광명일보>에 <홍루몽연구에 대한 비평>을 발표하여 유평백을 자산계급 관념론에 입각한 관점을 가지고 있다고 비판했다. 이어서 모택동이 이 글을 읽고 공산당 지도부에 편지를 보내서 이들의 주장을 적극적으로 지지하는 입장을 표명했고 그로써 문제는 확대되었다. 모택동은 유평백 비판을 통해 자유주의적 사조에 대한 비판운동으로 그 범위를 확산시켰다. 이로 인해 자산계급 자유주의 지식인으로 호적을 지목하면서 자유주의적 경향을 가지고 있던 중견문인들 또한 비판의 대상이 되었다. 1954년 10월 하순에는 <인민일보>가 유평백에 대해 우호적인 평론을 게재한 <문예보>의 편집부를 격렬하게 비판하고 문련과 작가협회가 연합하여 확대회의를 열고 유평백을 공식적으로 비판했다. 유평백은 즉시 공개적인 자아비판을 했지만 숙청당했고, <문예보>의 주필이던 중견문인 冯雪峰도 비판을 받고 물러났다. <홍루몽>비판은 자유주의적 경향을 가지고 있던 중견문인들의 퇴조를 초래하였고, 급진적 성향을 가진 신진문인들이 정치권력을 배경으로 학술계와 문예계의 주도권을 장악하는 계기를 만들어 주었다.

胡风 비판

호풍은 1920년대 초반 학생 시절부터 문학혁명에 적극적으로 참여했고, 공산주의 청년단에 가입하여 활동한 전형적인 좌익문인이었다. 그는 1929년 일본으로 유학을 가서 좌익 문예활동에 대해 깊이 연구했으며, 좌익활동에 적극적으로 가담했다가 일본 경찰에 검거되어 1933년 강제로 출국당했다. 상해로 돌아온 호풍은 좌련의 핵심인물로 선전부장과 상임비서로서 문예활동의 선봉에서 활약했고, 공산당의 문예정책을 좌련에 반영시키는데 주력했다. 당시 그는 노신의 영향을 많이 받아 노신의 문학을 정리하고 발전시키는 데도 노력을 기울였다. 1940년대 전반에는 항일문예활동을 주도한 中华全国文艺界抗敌协会(문협)의 핵심간부로 활동했다. 그는 1949년 중화인민공화국이 건국되자 제 1기 정치협상회의 위원, 제 1기 인민대표대회 대표, 문련 주석단 위원 및 상임이사, 작가협회의 기관지 <인민문학> 편집위원, 작가협회 비서 등 중요한 직책을 역임했다. 이렇듯 그는 사회주의 국가와 사회주의 문학의 건설을 위해 누구보다도 열성적으로 헌신한 인물이다. 그러나 건국 이후 당내 정치투쟁의 과정에서 다른 세력들과 협력하지 못한 채 자신의 입장을 강경하게 고수하여 당내 불순분자로 낙인찍히고 말았다. <무훈전> 비판의 여파에 휩쓸려 같이 비판당했던 그는 이후 1954년에 자신의 문학활동에 대한 소신과 향후 중국문학의 바람직한 발전방향에 대한 견해를 적은 지난 몇 년간의 문예실천 상황에 대한 보고<对几年以来文艺实践状况的报告>를 공산당 중앙위원회에 제출했다. 여기서 그는 자신에 대한 비판자들의 논지를 조목조목 반박했고, 문학의 발전을 위한 개혁방안도 함께 제기했다. 그의 노신의 영향을 받은 민족주의 경향은 건국 초기에는 무리 없이 용인되었으나, 이후 정치적으로 좌편향적 경향이 득세하면서 그의 입지는 줄어들게 되었다. 또한 공산당이 공식적으로 제기한 비판을 정면으로 반박함으로써, 공산당의 통치와 양립할 수 없는 이단적인 존재로 전락하고 말았다.

1954년 12월 문련 주석단과 작가협회 주석단은 연석회의를 열고 호풍 비판운동을 공식적으로 전개하였다. 1955년에 이 비판운동은 자유주의와 민족주의적 성향의 문인, 나아가 지식인 전반에 대한 비판운동으로 확산되었고, 상황의 심각함을 느낀 호풍은 1955년 3월 자아비판을 발표하여 자산계급의 혁명성과 정치사상적 입장을 무산계급의 입장으로 혼동했다고 과오를 인정했다. 그러나 그의 자아비판은 진실하지 못한 것으로 간주되었고 결국 반혁명집단의 수괴로 지목되어 체포되었다. 호풍은 1965년 징역 14년을 판결 받았다. 문혁이 끝나고 1978년에 무고함이 인정되어 석방되어 1980년 사회적 명예를 회복했다.

쌍백방침(1957)과 반우파투쟁

1950년대 중반 이후 중국공산당은 사회 안정과 경제발전을 위해 추진했던 여러 조치들이 실효를 거두지 못하면서 어려운 지경에 빠지게 되었다. 게다가 한국전쟁 참전 이후 국제적인 고립에 직면하여 물자 부족 상태에 처해 국민들의 의욕과 자발성은 더욱 저하되어 갔다. 1956년 도시경제의 국유화와 농촌의 집단화를 통해 생산수단의 국유화로 사회주의체제의 완성을 선언했지만, 지식인 탄압은 더욱 강화되었다. 소련의 후루시초프가 스탈린 비판을 강화하고 1956년 6월 폴란드, 9월 헝가리 등에서 소요가 일어나자, 중국의 모택동은 소련의 간섭을 벗어나 과학기술 발전에 지식인들이 적극 참여할 것을 독려했다. 이러한 상황에서 공산당 내부에서 기존의 정책에 대한 비판의 목소리가 나오기 시작했고, 여러 차례 비판운동으로 위축되었던 문예계에서도 공산당의 비현실적인 정책과 이념적 억압에 대한 비판을 담은 작품들을 쏟아내었다. 이에 공산당은 더 이상의 부작용을 막고, 자유로운 논의를 통해 자발성과 적극성을 최대한 도출해내고 공산당과 정부에 대한 국민적 지지기반을 다진다는 명분으로 1957년 쌍백방침을 발표하였다.

쌍백방침은 '百花齐放'과 '百家争鸣'이라는 구호로 이루어진 것으로 누구든 자기의 의견을 피력할 수 있다는 뜻으로 쓰인 중국의 정치구호이다. 1956년 백화제방은 원래 춘추전국시대 제자백가들이 활발하게 자기주장을 발표한 것을 가리키는 의미이다. 공산당은 '百花齐放, 百家争鸣' 운동을 전개하여 국민들의 불만을 진정시키려했다. 지식인들에게 자신의 주장을 기탄없이 발표할 것을 강조한 것이다. 일종의 언론자유정책의 표방이라고 볼 수 있다. 이에 지식인들은 공산당에 대한 불만을 발표했다. 특히 그것의 독재에 대해 비판했다. 지식인들은 민주주의를 원했던 것이고 공산당의 독재에 대해 불만이 컸었다. 쌍백방침 이후 공산당을 옹호하는 입장과 비판하는 입장이 공존하며 논쟁이 벌어졌는데 비판적인 입장을 가진 이들이 논쟁을 주도해갔다. 진조양(秦兆阳), 주발(周勃), 전곡융(钱谷融), 파인(巴人), 유소당(劉绍棠)과 같은 평론가들은 사회주의적 현실주의와 연안문예강화의 극좌적인 해석에 반대했으며, 작가의 개성과 창작의 자유를 인정하는 방향으로 문예정책을 전환할 것을 요구했다. 또한 모순(茅盾), 왕몽(王蒙), 이준(李准), 유빈안(劉宾雁), 백화(白桦) 같은 작가들은 공산당이 규제를 통해서 작가의 창작활동을 통제하고 사상개조를 강요해서는 안 된다고 주장하고, 권위주의에 빠져 있는 공산당과 정부의 관료들을 창작을 통해 풍자하고 비판했다. 지식인들의 불만과 비판이 쏟아져 나오자 공산당은 위기를 느꼈다. 그 결과 쌍백방침은 토론과 논쟁을 통해 국민적 지지기반을 넓히려던 공산당의 애초 의도와 달리 공산당의 입장과 정책이 가지고 있는 문제점과 한계만을 노출하는 결과로 귀결되고 말았다. 원래 공산당은 '新民主主义'를 시행하겠다고 약속했었다. 이것은 공산당 독재와는 거리가 멀었다. 언론자유를 최대한 보장하는 내용이 포함되어 있었다. 지식인들은 독재로 치닫는 공산당에 대해 배신감을 가졌던 것이다. 이들은 당의 언론자유정책을 순진하게도 믿었다. 그리고 용감하게 공산당의 집권까지도 비판했다. 이러한 상황에 이르자 공산당은 이들에게 사회주의의 이익을 해치는 자산계급으로 '右派分子'라는 낙인을 찍었다. 이는 결국 반우파투쟁이라는 대대적인 정치운동이 일어나는 계기가 되었다. 공산당은 소위 '반우파운동'을 전개하여 이들을 숙청했다. 많은 지식인들을 교도소에 보내거나 농촌에 보냈다. 이때 피해를 입은 지식인들의 숫자는 밝혀지지 않고 있다. '丁玲, 巴金' 등 유명한 작가들도 피해를 입었다. 백화제방운동은 잠재적인 반체제인사들의 노출을 유도하여 제거하기 위한 음모였던 것이다. 1957년 2월 최고인민회의에서 전국 5백만 이상의 지식인 중 약 55만 명 이상은 우파라고 단정하여 이들을 제거했다. 공산당은 이로 인해 더욱 두려운 존재가 되었으며 모택동은 권력을 확고히 했다.

대약진(1958~1960)

제2차 5개년 계획이 시작된 1958년 중국은 '사회주의 건설 총노선, 대약진, 인민공사'라는 삼면홍기(三面红旗)의 대약진 정책을 단행했다. 대약진 정책은 중국 속담에 '많은 사람들이 장작을 지피면 불길도 높다.'는 말에 따라 경제적으로 정체된 중국이 노동력을 대량으로 투입하면 생산력이 비약적으로 발전할 것으로 생각한 것이다. 모택동은 민중을 동원하여 사회주의 건설의 총노선이라는 독자적 정책을 시행했다. 그러나 소련을 모델로 공업국가 건설을 추진하던 중국은 1958년 후르시쵸프의 등장으로 상황이 급변했다. 건국초기 취약한 공업 분야를 지원하던 소련의 기술자들이 모두 본국으로 철수했다. 결국 기존 공업 설비를 유지할 인력이 없기 때문에 소련식 공업화는 중단되어 소련 모델의 공업화 조직은 정상적인 운영이 불가능해졌다. 80% 이상 차지했던 중앙정부의 재정은 30%로 떨어졌다. 반면에 지방 재정이 70%로 상승하자 지방 중심으로 공업화를 추진했다. 모택동은 자력갱생의 전략으로 체제위기를 공고히 하고 지방의 공업화를 위해 대약진 운동을 실시한 것이다. 이 운동은 중국인에 남아있는 봉건주의와 자본주의의 싹을 제거하여 사회주의로 사상을 개조한다는 목표 아래 추진했다. 대약진 운동은 사회주의 건설 총노선을 강령으로 대약진을 가속화하며, 인민공사를 조직하여 급속하게 사회주의를 성공시키려는 고속발전의 전략이었다. 1958년 6월 농촌에서는 인민공사 운동이 전개되어 농촌을 집체화하여 정(政 행정기구)과 사(社 합작사) 합일 체제가 확립되어 인민공사가 전국의 농촌에 조직되었다. 농민의 재산은 모두 인민공사에 헌납하여 공동소유로 하고 남녀 공동 합숙소에서 생활했다. 당시 모택동은 기계보다 인력에 의존하는 노동집약적인 산업화 방안을 내세웠다. 1958년 이후 도시, 농촌, 직장에서 소형 용광로(토법로土法爐 전통방식의 제철 용광로)를 만들어 철강생산운동을 전개했다. 낙후된 제철기술 때문에 생산된 철강제품의 30%는 사용할 수 없을 뿐만 아니라, 시장가격보다 높았다. 또한 제철 때 연료용으로 나무를 마구 잘라 산을 황폐화되어 부작용이 심각했다. 1959년 초부터 대약진 정책의 문제점 표면화되어 생산의 기본목표 대폭 수정해야만 했다. 중국은 사회적 혼란과 경제적 어려움에 직면하게 되었다. 그러나 이 정책의 모순과 비효율성은 1959년 농촌에서 심각하게 나타났다. 농촌의 생산량을 저하시켰고 생산된 철은 품질이 떨어져 사용할 수 없었다. 모든 일이 소련의 투자 중단과 철수 때문에 유발되었다. 대약진 정책은

1959년부터 1961년까지 자연재해, 중소관계 악화 등으로 약2,680만 명의 아사자가 발생하면서 결국 실패로 끝났다. 1958년 대약진운동이 시작될 당시에는 냉정한 판단을 해야할 전문가들이 1957년 반우파 투쟁으로 침묵할 수밖에 없었다. 그러나 대약진의 실패로 1958년 말부터 1959년에 걸쳐 각지에서 비판이 쏟아졌다. 마오쩌둥 자신도 비판을 수용하지 않을 수 없었고, 1959년 4월 국가주석 자리를 류샤오치에게 넘겨주었다.

여산(廬山)의 위기(1959)와 소련과의 결별(1960)

여산 회의는 1959년 7월 2일에 개막되었다. 이 회의에서 사회주의 건설 총노선, 대약진, 인민공사화 등 삼면홍기 정책과 관련해 발생한 문제점을 주제로 올라갔지만, 모택동은 회의가 시작되자마자 "성과가 컸다. 문제도 많지만 앞길은 밝다"고 선수를 치듯이 결론을 내렸다. 그러나 모택동의 급진적인 사회주의 건설은 당내의 중대한 비판을 받았다. 특히 국방부장 팽덕회(彭德怀)는 여산에 오는 도중 고향인 호남성에 들르면서 대약진운동과 인민공사화로 피폐해진 모습을 직접 목격했다. 여산에 도착한 뒤 모택동에게 삼면홍기운동 과정에 나타난 잘못을 시정해야한다고 서신을 작성했다. 또한 근대화 논쟁에서 모택동 노선을 강력히 비판하며 사회주의 건설에 대한 회의를 표명한 것이다. 그러자 모택동은 자신의 권위에 도전하는 것으로 생각하고, 팽덕회의 서신 내용을 의제로 올려 공개 토론에 들어갔다. 모택동은 팽덕회를 삼면홍기를 부정하는 부르주아 계급으로 몰아세웠다.

결국 대약진 운동의 문제점을 지적한 팽덕회는 중소대립과도 얽

히어 부르조아 노선으로 간주되어 1959년 8월 여산회의에서의 당내 투쟁에서 실패하여 실각된다. 그 이후 모택동을 옹호하고 팽덕회를 비판하던 임표가 국방부장에 임명되어 모택동 사상을 지도원칙으로 군의 사상, 정치를 강화시켜 군대 내의 이데올로기를 일치시킨다. 절대 권력자 모택동은 이 사건으로 심각한 위기의식을 느끼고, 사회주의 계급투쟁의 필요성을 통감하게 된다. 한편 소련의 원조로 제1차 5개년 계획(1953-57)은 농촌의 집단화와 도시의 중공업 건설을 어느 정도 실현하였다. 그러나 1956년 2월 소련 공산당 20회 대회에서 후루시초프가 스탈린을 전면적으로 비판하면서 중소관계는 이미 균열을 보였다. 1957년 12개국이 참가한 세계 공산당회의에서 중소대립이 본격화되었다. 1958년 중소관계는 더욱 악화되어 독자적인 사회주의 건설을 모색하였다. 이에 사회주의 건설의 총노선으로 나타났고, 대약진운동으로 구체화하였다. 중소대립은 1958년 대만해협의 위기로 일어난 군사방위항쟁에서 폭발되었다. 1957년 체결한 중소신군사협정을 1960년 소련이 일방적으로 파기한 것이다. 중국에 대한 원폭 미사일과 기술자료의 제공을 거부했다. 소련의 프랜트 계약파기와 기술자의 철수로 경제 위기의 상황에 놓이자 중국은 자력갱생을 할 수 밖에 없었다. 그러나 대약진 운동의 실패, 3년간 자연재해와 중소관계의 악화로 빚어진 경제적 타격이 심각했다. 대약진 운동의 실패로 모택동은 국가 주석을 사임하고 유소기에게 그 지위를 양보하며 권력 2선으로 물러날 수밖에 없었다. 이것은 60년대 유소기 등 실권파와 모택동의 정권탈취 즉 현대사에서 대동란이라고 부르는 문화대혁명의 불씨가 되었다.

경제회복을 위한 조정(1961~1965)

국가주석직에 오른 유소기는 1961년 대약진운동의 기본 이념을 포기하고, 수정개발 정책이 추진된다. 모택동은 대약진의 실패로 최고 지도선에서 물러나고 국가주석인 유소기, 당중앙 총서기의 등소평, 북경시장 팽진 등 중국공산당 실권파 세력은 혼란된 경제의 수습과 조정 정책을 담당한다. 이 시기의 경제정책은 대약진 운동의 실패로 경제가 혼란에 빠지게 되자 유소기 등을 주축으로 한 개혁주의자들이 농업을 위주로 농·공업의 발전을 촉진한다. 자영경작지의 규제완화와 농촌의 자유시장을 장려하고, 공사 및 생산대대 등 인민공사의 소유제도는 후퇴하게 된다. 또한 서방의 기업경영 관리제도의 도입, 기업조직 개편, 자유경영과 농가의 생산청부제라는 삼자일포(三自一包) 등을 시행하여 생산력 향상을 위한 조정정책을 실시했다. 당, 정, 군이 실용주의 노선을 추구하는 전(专) 중심의 세력이 형성되었다. 반면에 모택동 등 혁명적 좌파세력은 당내 입지를 상실하게 되었다. 1962년 초 베이징에서 확대 중앙 공작회의가 개최되었다. 중앙, 중앙국, 성, 지역, 현 등 다섯 개 등급 지도 간부 7000여 명이 참석하여 7천인 대회라고 부른다. 유소기는 대약진운동의 실패 원인으로 '3할은 천재이고 7할은 인재이다. 당 중앙에 책임이 있다'라고 평가했다. 이 발언은 일관적으로 대약진을 지지했던 모택동에게는 완곡한 비판이었다. 모택동은 귀에 거슬렸지만, '중앙이 저지른 잘못은 직접적으로 나의 책임'이라며 자기비판을 했다. 그러나 모택동에 의해 국방부장에 오른 임표는 '모택동 주석의 사상은 모두 정확했고, 모택동의 지시, 경고를 따르지 않고 행동해서 일어난 일이다'라고 강조했다.

모택동은 자본주의 부활의 위협을 느끼고, 자신에 대한 불만의 고조로 위기의식을 느끼게 된다. 모택동이 1962년 9월 중국공산당 제8기 10중 전회에서 사회주의 국가는 계급투쟁을 인정해야한다며 유소기의 경제정책에 제동을 걸었다. 마지못해 이 말에 동의했지만 본래 급진적인 대약진운동에 불만이었던 유소기, 등소평 등은 1961년부터 당 북경시위원회를 중심으로 모택동 노선을 반대했다. 팽덕회처럼 정면으로 비판하지 않고 사회주의 교육운동이나 문예비판을 교묘하게 이용하여 모택동을 정치의 실권에서 배제하려고 시도한 것이다. 모택동이 실패한 후 3년간 실권파 주도하에 실행한 경제조정 정책은 1962년 말 호전되면서 농업생산력은 향상되기 시작했다. 이는 등소평의 '흑묘백묘론'이라는 경제중심의 사고를 기반으로 이루어진 것이다. 그러나 1960년 중소 논쟁의 제1선에 있었던 모택동은 유소기, 등소평 등 실권파와 중소 관계를 두고 의견 대립하고 있었다. 1960년 레닌 탄생 90주년 기념 이후 소련의 현대 수정주의를 비판하는 중국과 중국을 교조주의라고 비판하는 소련과 중소 논쟁에 입장 차이가 있었다. 1960년 소련이 기술 원조를 중지하고 기술자를 철수시킨 이후 소련에 대한 적대감은 증폭되었다. 1963년 중소 회담이 결렬되어 관계가 악화되었다. 1964년 10월 중국이 원폭을 성공시키고 후르시초프가 해임되자, 주은래가 소련을 방문했지만 관계는 회복되지 않았다. 수정주의를 타도하고 계급투쟁을 추진해야 한다는 모택동은 당내 실권파 타도로 겨냥했다. 당시 사회주의 교육운동은 아래로부터 풀뿌리 운동을 목표로 모택동의 강력한 지도를 받고 있었다. 이 운동은 학생 교육을 목표로 한 것이어서 현행 정치와는 별 상관이 없다고 여겨졌다. 그러나 이 학생들이 몇 년 후 모택동의 주된 지지 세력, 즉 홍위병으로 성장했다. 1963년 모택동은 계급투쟁의 이상은 항상 실천되어야 한다고 주장하면서 유소기를 비판하기 시작했다. 1964년 사회주의 교육운동은 '사청운동(四清运动)' -직장에서의 부패와 나태, 지방 재정, 공급물품의 분배, 공작조 관리 등의 부패 근절-으로 발전했다. 이 운동은 중국공산당이 전국 농촌에서 전개한 정치운동이다. 처음에는 임금(노동 점수), 회계 장부, 재산, 재고를 점검하는 운동이었으나, 점차 정치, 경제, 조직, 이념에서 불순한 것을 청산해야한다는 의미로 확대되었다. 이렇게 농촌의 사회주의 교육운동이 시작되었지만 유소기 등 실권파를 직접 겨냥한 운동이었다.

1965년 초 모택동은 '23개조'라는 문건을 통해 반격에 나섰다. 이 문건은 계급과 생산양식의 투쟁이라는 문제를 거론하였다. 당내 자본주의를 지향하는 당내 고위 간부와 인민공사, 城, 중앙위원회의 간부들 중에 사회주의를 반대하는 적대계급이 많다고 규정하고 있다. 이 문건에 직접거론하지 않았지만 모택동은 유소기를 제거하려고 생각하고 있었다. 이후 모택동과 임표 등 보수파는 유소기와 등소평을 주자파로 몰아 처절한 권력투쟁을 전개한다. 결국 문화적 정풍운동으로 시작되어 모택동이 권력을 장악한다. 이는 1966년 공산당 지도층의 권력투쟁으로 비약되어 문화대혁명을 일으키는 직접적인 원인이 되었다.

3. 문화대혁명

문화대혁명(1966~1976)

1966년부터 76년까지 10년간 중국의 최고지도자 모택동에 의해 주도된 극좌 사회주의운동이다. 사회주의에서 계급투쟁을 강조하는 대중운동을 일으키고, 중국공산당 내부의 반대파들을 제거한 일종의 권력투쟁이다. 1950년대 말 대약진운동이 좌절된 이후 중국공산당 내부에 사회주의 건설을 둘러싼 노선대립이 생겨났다. 최고지도자였던 모택동은 대중노선을 주장하였으나, 유소기·등소평 등의 실용주의자들은 공업발전과 전문가를 우대하였다. 1962년 9월 중앙위원회 전체회의에서 모택동은 계급투쟁을 강조하고 수정주의를 비판함으로써 반대파들을 공격하기 시작하였다. 모택동은 당 중앙에 수정주의의 위험을 지적하지만, 소수파에 속해 있어 그의 의견을 받아들이지 않을 것이라고 생각하여 상해에서 문화대혁명의 개막을 알렸다.

1965년 모택동 측근의 문예비평가 요문원(상해시 당위원회 서기)은 북경시 부시장 오함이 쓴 역사극 해서파관(海瑞罢官)을 문제삼았다. 이는 모택동의 대약진운동을 비판하다가 실각한 국방부장 팽덕회를 옹호하는 것이라고 비판하였다. 오함비판은 북경 지식인에 대한 비판으로 확대되었다. 이를 계기로 실권파의 권력기반이었던 북경시 당위원회와 등척, 오함, 요말사 등 삼가촌(三家村)그룹이 집중적인 비판의 표적이 되었다. 결국 1966년 4월 북경 시장 팽진이 해임되고, 8월 8일 중국공산당 중앙위원회에서 모택동이 '프롤레타리아 문화대혁명에 관한 결정안 16개조'를 발표함으로써 본격적인 문화대혁명이 시작되었다.

1966년 8월 천안문광장에서 열린 백만인 집회에 모인 홍위병(红卫兵)들은 전국의 주요 도시에 진출하여 모택동사상을 찬양하고 낡은 문화를 일소하기 위하여 대대적인 시위를 전개하였다. 학교를 폐쇄하고 모든 전통적인 가치와 부르주아적인 것을 공격하였으며, 당의 관료들을 공개적으로 비판하고, 전국 각지에서 실권파들이 장악한 권력을 무력으로 탈취하였다. 그러나 실권파들이 완강히 저항하고 홍위병에 내분이 발생하자 1967년 1월 모택동은 임표 휘하의 인민해방군이 문화대혁명에 전면적으로 개입할 것을 지시하였다. 인민해방군은 각지의 학교·공장·정부기관을 접수하였을 뿐 아니라 초기에 문화대혁명을 주도하였던 수백만 명의 홍위병들을 깊숙한 산골로 추방하였다. 혼미를 거듭하던 정국은 1968년 9월 전국 각지에 인민군 대표, 홍위군 대표, 당 간부의 3자 결합으로 혁명위원회가 수립됨으로써 진정국면으로 들어섰다. 문화대혁명은 1969년 4월 제9기 전국인민대표자대회에서 모택동의 절대적 권위가 확립되고, 국방장관 임표가 후계자로 옹립됨으로써 절정에 달하였다. 또 중앙위원회에는 강청 등 문혁파가 대량으로 진출하고 있었으며, 여기에 주은래 등 당정 실무관료가 추가되어 형식상으로는 '3결합'을 실현한 구성으로 되어있었다. 모택동은 이 3자 위에 서서 개인숭배를 확립한 것이다. 이들 3자는 모두 모택동 사상을 내걸고 '계급투쟁과 계속혁명'을 열렬히 지지한다는 자세를 보여주고 있으나, 그것을 관철 시키려고 생각하고 있던 것은 모택동의 측근파라고 할 수 있는 4인방 중심의 문혁파 뿐이었다. 임표는 당시 진행되던 경제위기에는 무관심인 채 북방의 소련과 남방의 베트남 침략전쟁을 계속하고 있는 미국에 대한 전쟁에 대비하자고 주장하였고, 주은래는 정치의 안정을 위해 경제위기를 극복하기 위해 군사예산을 줄이고 경제사회 재건을 추진하였다. 이렇게 서로간의 다른 생각이 돌연 의외의 형태로 표면화되었다. 1970년 3월 중앙공작회의에서 모택동은 헌법을 개정해서 국가 주석직을 폐지하였다. 이에 중앙문혁소조 고문인 진백달(陈伯达)은 국가주석의 존속을 주장하였고, 이로 인해 모택동에게 비판당하고 실각하였다. 모택동은 그가 임표와 결탁해서 그들의 권력을 강화하려 하고 있다고 느꼈을는지 모른다. 그 이후 임표파를 무너뜨리기 시작했다. 그러나 1971년 임표가 의문의 비행기 추락사를 당하고 모택동에게 충성을 바쳤던 군부 지도자들이 대거 숙청되고, 문화대혁명은 임표가 사망하면서 문혁파 내부의 권력투쟁이 막을 내렸다. 이로써 모택동과 그 측근파인 4인방의 권력을 강화시켰다.

문혁의 종식과 4·5 천안문 사건

1972년 중국은 국제연합의 의석을 획득한 후 미국·일본등과 국교관계의 정상화를 진행시켜 국제정치에서 권위를 회복하고 국내적으로도 문혁 후의 재건이 순조로운 것처럼 보였다. 그러나 내부에서는 임표계의 숙청이 이어짐과 동시에 이번에는 4인방의 화살이 주은래를 향하게 되었다. 주은래는 국내재건을 위해 실무능력이 있는 예전 간부의 복귀를 강력히 원했으며, 드디어 1972년 3월 등소평을 국무원 부총리로 복귀시키는 데 성공했다.

양자의 날카로운 대립 속에 8월 제10차 당 대회가 개최되었다. 주은래는 지난번 대회의 정치노선은 정확했다고 말하며 가능한 온건하게 문혁노선을 계승함으로써 국내재건의 길을 걷는 자세를 제시했다. 그러나 이 대회에서 일약 당의 부주석으로 발탁된 4인방의 한 사람인 왕홍문(王洪文)은 당 규약 개정보고서 속에서 '문혁은 앞으로도 몇 차례고 되풀이해서 이루어진다.'며 '반조류(反潮流)'의 정신을 가져야 한다고 명백하게 도전적인 자세를 보였다. 반조류의 정신을 강조함으로써 감히 두려움 없이 기존 권력에 대한 도전을 주장하였지만 그것은 주은래를 중심으로 한 국무원과 해방군의 고위간부, 실력자에 대신하여 자신들 젊은 문혁파가 권력을 장악할 것을 공공연히 선언한 것에 불과하였다.

이듬해인 1974년 1월에는 비림비공운동(非林非孔运动)이 시작되었다. 표면상으로는 임표가 공자를 존숭하고 있다고 하여 낡은 사상에 – 유교의 공자와 반혁명분자 - 임표를 결부시켜 쌍방을 같이 비판한 것이다. 이와 같은 운동은 모택동과 문혁파 집단을 중심으로 이루어졌다. 그들은 이와 같은 주장에 기초하여 국가의 실무에 임하는 관료실무자·전문기술자들의 세력을 억압하고, 개인생활의 충실과 향상을 원하는 일반 대중에게 내핍생활과 이데올로기 우선의 생활을 강요했던 것이다. 이처럼 이 운동의 진정한 목적은 강청이 '이 운동의 중점은 당내에 있는 대유(大儒)를 비판하는 데 있다'라고 말했듯이 분명히 주은래 타도를 목표로 하고 있던 것이다.

계급투쟁의 지속을 노리는 문혁파와는 달리 정치·경제의 회복을 시도하는 주은래의 희망에 따라 1975년 1월 등소평이 중앙군사위원회 부주석 겸 총참모장이 되었다. 이에 대해 불안을 느끼는 문혁파는 장춘교를 중심으로 도시의 민병을 양성해서 군에 대항 시키려고 하였다. 이것이 점점 문혁파에 대한 군의 반발을 강하게 만들었다. 또한 문혁파는 주은래와 등소평에 대한 대항책들을 내세우고 있었다.

1월의 10기 2중 전회에서 장춘교는 '부르주아에 대해 전면적 독재를 실행할 것'을 주장하였고, 11월에는 우경분자들에 대한 복권을 의미하는 우경번안풍(右倾翻案风)에 반대하는 운동을 펼치고 이듬해인 1976년 『인민일보』, 『해방군보』, 『홍기』의 공동논문을 통해 문혁의 지속을 강력히 주장하였다. 이는 모두 유소기 부류의 자본주의의 길을 걷는 실권파인 '주은래·등소평'을 대상으로 하여 이루어진 운동이었다.

이와 같은 심한 대립상황 속에서 1976년 1월 8일 주은래가 사망함으로써 호남성의 일개 지방서리였던 문혁파의 화국봉(华国峰)이 급거 대리총리로 발탁되었다. 문혁파는 이 기회를 타서 권력을 장악하려고 등소평을 주자파로 몰아 비판했으며, 모택동도 등소평을 계급투쟁을 포착하지 못한다고 비판하는 등 주은래 사망 이후 등소평에게 공격이 집중되었다.

이와 같은 긴박한 정치정세 속에서 4월4일 청명절(清明节)날, 사망한 주은래를 기리는 사람들이 자연적으로 천안문광장으로 모여들었다. 문혁파는 이것을 자신들에 대한 반항으로 간주하고 나아가 이들의 배후에 등소평 일파가 있다고 억측하여 광장의 인민기념탑에 바쳐진 화환과 슬로건을 철거하였다. 이에 분노한 군중은 4월5일 민병경찰과 충돌하였는데, 이튿날 정치국회의는 이 군중의 움직임을 반혁명폭동의 성격이 있다고 단정하여 폭력적으로 진압하였다. 이른바 '제1차 천안문사건'이다. 이후 천안문광장의 반혁명 정치사건과 연관된 등소평에 대한 비판이 확산되고 등소평은 두 번째 실각을 하게 된다.

이제는 문혁파의 시대가 도래한 것처럼 보였으나 9월9일 모택동이 사망하게 되었다. 강청 등의 문혁파는 모택동의 기정방침을 따라 일을 추진할 것을 서약하면서도 정통후계자 자리에 대한 욕심을 낸다. 그러나 이 같은 조치는 권력을 잃을 것을 우려한 화국봉이 문혁파를 배신하고 섭검영(葉劍英), 이선념(李先念) 등 군 정부 원로그룹과 손잡고 4인방 추방 쿠데타를 일으켰다. 문혁파는 여기에서 어이없이 패배하여 문혁의 시대는 막을 내리게 되었다. 이른바 4인방 사건이라고 불리는 1976년 10월 6일의 일이었다.

4인방의 숙청과 과학기술 발전 추진

1973년 4월 주은래의 추천으로 등소평이 국무원 부총리로 권력에 복귀한 후부터 문화대혁명의 정신은 여러 측면에서 공격받기 시작하였다. 모택동을 지지하는 세력은 이데올로기·계급투쟁·평등주의·배외주의를 강조한 반면, 주은래와 등소평을 지지하는 세력은 경제성장·교육개혁·실용주의 외교노선을 주장하였다. 1976년 4월 4일 청명절에 북경시민들은 주은래를 추모하는 4·5운동(1차 천안문사건)을 일으키자 4인방은 시위 책임을 등소평에게 물어 실각시켰다. 말년에 모택동은 두 노선을 절충한 후계자를 물색하였으나 실패하였다. 결국 문화대혁명은 1976년 9월 모택동이 사망하고, 화국봉에 의해 모택동의 추종자인 4인방(四人帮:王洪文·张春桥·江青·姚文元)을 체포하면서 문화대혁명은 실질적으로 종결되었다. 공식적으로는 1977년 8월 제11기 전국인민대표자대회에서 그 종결이 선포되었다.

등소평은 1977년 7월16일 정치국 상무위원, 당부주석, 부총리, 국무원부총리, 중앙군사위원회 부주석 겸 참모총장 등 전 공직을 회복하여 정계에 복귀하였다. 이는 등소평의 3번째 복권으로 등소평을 "부도옹(不倒翁:오뚝이)"이라 칭하는 이유이다. 1978년 2월 화국봉은 "4개의 현대화", "현대화된 사회주의"의 건설을 호소하며 120가지 대형 프로젝트를 계획하고, 외국기술과 외자의 적극적인 도입에 의해 실현하고자 경제건설을 계획한다. 그러나 화국봉의 경제건설 계획은 중국의 현실적 농, 공지표를 무시하고 막대한 외자도입을 추진하여 화학공업· 중공업 등을 중심으로 하는 대형플랜사업을 통해 낙후한 국민경제를 달성하고자 하였음으로 등소평은 화국봉의 정책을 비꼬아 양약진(洋跃进)운동을 비판하였다. 화국봉에 대한 개인숭배 경향과 양약진 등 일련의 그릇된 정책을 못마땅하게 생각하던 등소평은 복권되자, 인재 양성 및 과학기술 발전 정책을 실시했다. 노동자, 농민, 하방된 지식인들이 대학에 지원할 수 있도록 1977년 대학입학시험제도를 부활시켰다. 1978년에는 300여 명의 연수생을 해외 선진국으로 파견했다. 또한 공산당내 보수파·개혁파 등과 연합하여 1978년 5월 "실천이 곧 진리이다", "실천은 진리 평가의 표준"라는 "진리표준논쟁(真理标准論争)"을 전개하고, "사실에 근거하여 진리를 탐구한다"는 실사구시(实事求是)라는 구호를 내걸고 화국봉 노선을 비판한다. "진리표준논쟁"이란, "진리는 반드시 실천을 통해서 검증 받아야 하는 것이며, 특정인(모택동)이 주장했다고 해서 곧 진리가 되는 것이 아니다"라는 것이다. 등소평에 따르면, 진리 판단의 유일한 기순은 "사회수의의 생산력 발전에 유리한가? 사회주의 사회의 종합국력을 증강시키는데 유리한가? 인민의 생활수준을 제고시키는데 유리한가?"의 여부에 달려있다는 것이다. 등소평의 이러한 주장은 당시 전 사회에 만연한 문혁의 여파와 계급투쟁 중심 이데올로기의 영향으로부터 벗어나 보다 적극적인 개혁정책을 추진할 수 있는 사상적 기초를 제공해 주었다. 1978년 12월 등소평은 국내정치면에서 체제개혁의 일환으로 탈문혁(脱文革)을 결정하고 반모택동·반문혁을 주장하던 팽덕회, 양상곤, 팽진 등을 석방하여 지지기반을 확보했다. 또한 모택동의 "계급투쟁"의 정책목표가 폐기되고 문혁시기 정책 오류의 재검토를 결정하여 마침내 "두 개의 진리"원칙은 폐기되고, "실천론(实践论)"과 현대화에 기반을 두는 국가정책이 결정되었다. 이를 "역사적 노선전환"이라 한다.

4. 모택동 이념의 해체와 개혁개방

문화대혁명 기간의 계급투쟁은 인민들의 사상을 말살했다. 모택동이 신격화되고 대다수의 중국인은 그의 가르침을 따랐다. 그러나 모택동이 사망하자 그를 승계한 화국봉은 '모택동이 결정한 정책을 지속하고, 그의 지시를 지키고 넘겨서는 안 된다'고 주장했다. 곧 그가 견지한 양개범시(两个凡是)이다. 이는 화국봉이 등소평의 재등장을 막으려는 의도였다. 어찌 되었건 모택동의 수구적 사상을 타파하는 것이 문화대혁명의 잘못을 고치는 것일 뿐 아니라 등소평의 재집권에 필요한 조건이었다. 그렇게 중국에서 진리문제를 토론하게 되었다. 실천은 진리를 검증하는 표준이라는 명제를 제기한다. 화국봉이 주장한 양개범시가 비판되고 덩샤오핑으로 권력이 교체되었다. 그리고 모택동 사상의 절대화가 부정되었으며 계급투쟁으로부터 경제건설 중심으로 전환되었다. 1978년 중공 11차 3중전회의(중앙위원회 전체회의)에서 중국의 사상해방운동은 고조되었다. 1979년 10월 2일 모택동 사상을 탈피하고 현대화의 대장정은 시작된 것이다.

등소평의 집권과 사상해방운동이 심화되며 사회주의와 자본주의의 문제가 제기되었다. 이것은 중국이 부딪친 현실에 대한 문제이며,

중국의 발전전략에 관한 문제였다. 이 문제는 이론적 암초에 부딪히면서 등소평과 개혁을 원하는 사람들을 어렵게 만들었다. 중국은 정권수립 30년을 분수령으로 과거의 사상을 탈피하고, 등소평 주도하에 실용주의 노선에 박차를 가하게 된다. 문화대혁명 전 제기했던 흑묘백묘론은 사회주의와 자본주의에 대한 인식과 상식이 부족한 대중들의 환영을 받게 된다. 실용주의자인 등소평은 집권 후 '가난은 사회주의가 아니고, 평균주의, 발전이 느린 것도 사회주의가 아니다.'고 주장한 것이다. 사회주의 원칙은 생산력의 발전, 공통 부유, 그 본질은 생산력 해방이어야 한다고 제기한 이론이 등소평의 사회주의 초급단계론이다. 그는 발달한 사회주의를 고급단계라 하고 현재 중국은 발달하지 못한 사회주의 초급단계에 머물러 있다고 주장하였다. 사회주의 초급단계는 시장경제를 조절하며 다양한 개인자본의 존재가 허용되어야 한다는 것이다. 모택동 사망하고 사상해방이 이루어진 이후 등소평은 '돌이 강을 구르면서 다듬어지는' 점진적 실천으로 개혁개방을 착수한다. 총체적 난국에서 지도부는 실사구시의 노선과 사상 해방을 확립하고 계급투쟁의 잘못된 이론과 실천을 철저히 부정하고 당과 국가 업무의 중심을 경제건설에 두면서 개혁개방 정책을 시행했던 것이다. 그리고 중국 특색의 사회주의 건설이라는 시대적 구호를 주창하며 개혁개방이 시작되었다.

여기에서 개혁개방이란 경제체제 개혁, 즉 고도로 집중된 계획경제 체제의 사회주의 시장경제 체제로의 개혁을 비롯해 민주, 법치주의, 정부와 기업의 분리, 정부 기구의 간소화, 민주적 감독제도의 정비, 안정과 단결의 유지를 포함하는 정치체제의 개혁을 의미한다. 개방은 주로 대외개방을 가리킨다. 실사구시를 추구한 등소평은 경제발전에 필요한 자본주의 제도를 점차 도입했다. 농민에게 이윤의 개념을 도입하고 공산주의와 모순된 서구의 자본주의 제도를 끌어들였다. 농촌에서 농가생산량청부제를 실시하고 도시에서 개체호를 장려하였다. 공장에서도 노동의 양과 질에 따라 성과급을 지급하고 청부경영을 실시하였다.

결국 1979년 심천 경제특구를 설립하고 1984년 연해지역의 도시를 개방하였다. 1987년-1988년 연해를 따라 개방지대를 설치한다. 중국에서 자본주의가 활기를 얻으며 경제는 전에 볼 수 없던 활기를 띠게 된다.

5. 천안문 민주화 운동

중국사회는 천안문 사태가 일어나기 이전에 정치적 긴장이 축적되고 있었다. 기존의 계획경제와 새로 도입된 시장경제의 충돌로 인한 혼란과 부작용이 개혁과정에서 무질서와 관료의 부패로 나타난 것이다. 당 지도부까지 확산된 복잡한 정책 논쟁과 보수파와의 갈등으로 긴장과 불투명성이 급속도로 심화되었다. 개혁 지도부 내부의 양대 세력인 호요방과 조자양의 갈등은 1987년 1월 호요방이 퇴진하면서 개혁 세력은 깊은 상처를 받는다. 호요방 총서기는 개혁을 요구하는 당내외의 민주파와 비판적인 지식인들에게 동조하면서 1986년 학생들의 민주화운동에 관대했다. 이러한 태도가 사태를 악화시켰다는 보수파의 공격을 등소평이 동조하며, 당 내부회의에서 호요방을 비판했다. 궁지에 몰린 호요방 총서기는 사임을 결심한다.

경제개혁과 보수적 입장을 견지하던 조자양이 당 총서기로 취임한 이후 학생운동에 유화적인 태도를 취한다. 마침내 등소평과 당 원로들의 분노로 조자양도 정치적 몰락의 길로 빠져든다.

1989년 초에 중국인민은 경제발전과 정치개혁 등 민주화에 대한 기대가 점점 높아지기 시작한다. 중국 지도부는 이에 반응을 하지 않았다. 1989년 4월 개혁의 중심에 있던 호요방이 사망하자 대중은 독재정치에 반발했다. 당시 국무원 총리 이붕은 보수파를 대변하며 학생들의 민주화 시위에 강경한 대응을 견지했지만, 조자양은 강경책보다 '민주와 법제에 의한 해결책'을 주장했다. 조자양과 이붕의 의견이 충돌하면서 등소평 등 원로 지도부도 동요하게 된다. 학생들의 민주화 시위는 당과 국가의 초기 대응이 실패하면서 확산되었다. 이처럼 혼란스러운 상황에서 조자양 총서기는 북한을 방문하는 실수를 하게 된다. 조자양이 자리를 빈 사이 보수파를 대변하는 이붕 총리가 등소평과 당 원로들에게 국가가 위태롭다는 정보를 제공한다. 마침내 이붕 총리는 군부를 장악한 양상곤 국가 주석의 동의를 받아 등소평을 설득하여 학생운동을 정치동란으로 규정하고 4월 26일 인민일보 사설에 발표하였다. 4월 30일 귀국한 조자양은 인민일보 사설에 발표된 강경책은 잘못된 것이고 당의 정책을 변경할 것을 설득했다. 조자양의 노력에도 불구하고 1989년 5월 17일 천안문 광장에 100만 대중이 몰려 자유와 평등을 요구하며 등소평과 당 원로들의 퇴진을 요구했다. 당 상무위원과 당 원로들은 회의를 개최하여 계엄령 선포와 무력 진압을 결정하고 조자양의 유화정책을 비판했다. 이런 결정에 대해 조자양은 마지막까지 상무위원회에서 설득하였지만, 결국 계엄령을 시행하기로 결정하자 조자양은 총서기직을 사임했다.

6·4 천안문 사태는 군대에 의해 진압되었다. 이 진압을 결정한 사람은 등소평이다. 중국국민과 세계여론의 악화를 무릅 쓰고 무력으로 진압한 등소평은 과연 어떠한 인물인가. 문화대혁명 중에 두 차례 실각했던 등소평은 모택동처럼 사상가, 시인의 기질이 있는 이상주의자는 아니다. 그는 이론가도 아니며 행동이 대단히 실용적인 인물이다. 경제발전의 핵심으로 '흑묘백묘론'을 주장하여 자본주의의 경제발전을 추진했던 인물이다. 중국식 사회주의 노선에 따라 추진하는 현대화 건설과 개혁개방이 사회주의이든 자본주의이든 필요 없는 문제였다. 다만 중국의 정치와 영도체계는 공산당만이 지닐 수 있다고 강조했다. 즉 정치상의 네 가지 기본원칙 '당의 영도, 무산계급 독재, 사회주의의 길, 개혁개방 노선'을 견지하면서 경제건설을 할 수 있다고 생각했다. 그러나 자본주의의 삼권분립은 허용하지 않았다. 그래서 경제개혁과 정치개혁을 요구하던 호요방의 생각에 불만을 제기하여 총서기를 교체했고 천안문 사태를 무력으로 진압하였다.

6. 사회주의 시장경제 전환

남순강화와 탈권위주의 시대

천안문 사태 이후 중국경제는 잠시 정체되었으나, 등소평의 기본노선은 변하지 않았다. 중국 현대화의 유일한 길은 개혁이었다. 은퇴 후 막후에 있던 등소평은 개인적 권위를 이용하여 전면에 등장하여 경제개혁을 추진했다. 1992년 봄의 '남순강화'를 통해 개혁을 재시동하면서 몇 년만에 경제개혁이 빠르게 진행되었고, 중국경제는 10년 연속 고속성장하게 된다. 경제성장이 가속화되면서 사회는 양극화가 심화되었다. 국유기업의 개혁도 해결방안이 보이지 않았으며, 권력을 가진 소수가 장악하게 되었다. 국유기업의 개혁은 소수 특권층의 이익을 추구하는 자들의 차지가 되었다. 노동자, 농민은 오히려 사회적 약자인 극빈층으로 전락했다.

1997년 등소평이 사망하고 중국은 탈권위주의 시대에 진입한다. 모든 권력을 물려받은 강택민은 등소평 이후의 권위를 3개 대표를 제기하며 정치적 안정을 선언한다. 경제에 있어서도 주용기가 총리로 취임하며 시장경제에 장애가 되는 요소를 개혁했다. 즉 국유기업의 개혁, 금융개혁, 외자유치 확대, 세계무역기구 가입, 서부대개발, 올림픽 유치, 세계박람회 유치 등을 강력하게 추진했다. 이러한 여러가지 성공적인 정책으로 중국은 현대화를 이룬다. 중국은 10%대의 경제성장률을 기반으로 세계자본을 끌어들이는 블랙홀이 되었지만, 국가 지도층의 권위는 흔들리지 않았다. 강택민의 3개 대표론을 당상에 넣어 이론사상을 만들어냈다. 2002년 16차 당 대회 이후 국가권력은 호금도와 온가보에게 자연스럽게 승계되었다.

중국의 거대한 변화는 문화대혁명 이후 1978년 등소평의 개혁이다. 사회주의 국가인 중국이 1978년 11기 3중전회의 '역사적 결의'에서 개혁개방을 선언한 이래 중국 사회주의 강령들이 점진적으로 해체된다. 등소평은 과거 모택동 시기의 정치, 경제, 사회, 문화에 대한 새로운 변화를 시도한다. 국가체제와 계급구조의 근본적인 전환을 위해 개혁과 개방을 시작한 것이다. 등소평은 문화대혁명으로 피폐된 중국을 어떻게 건설해야하는가하는 임무에 직면했다. 그는 모택동 이념과 정치, 정책, 제도 등을 바꿔야 한다는 것을 잘 알고 있었다. 모택동 이념은 중국 혁명과정에서 만들어져 중국 사회주의를 지도해온 체계였다. 하지만 정치적인 측면에서 많은 지도자들이 모택동의 이념과 정책을 벗어나지 못하고 있었다.

1987년 10월 중국공산당 제13차 당대회에서 당시 총서기이었던 조자양이 <국적 특색을 지닌 사회주의노선을 따라 전진하자>는 제목의 보고서에 '중국은 사회주의 초급단계에 있다'고 주장하면서 상당기간 중국은 사회주의의 이상을 실현할 수 있는 물적 토대를 마련하는데 전력을 기울여야 한다고 강조함으로서 사회주의 초급단계론은 공식적 개혁이론이 되었다. 사회주의 초급단계론은 중국이 현재 사회주의 초급단계에 있다는 전제하에 대담한 경제개혁을 추진해야 한다는 논리이다. 조자양에 의하면 '생산력이 낙후되고 상품경제가 발전하지 못한 조건 아래서' 사회주의 정권과 사회주의적 제도가 수립되었기 때문에 상당기간 중국은 사회주의 체제를 견지하면서도 다른 나라에서 자본주의 조건 아래서 실현한 공업화와 생산의 상품화, 사회화, 현대화를 달성하는데 총력을 기울어야 한다고 주장하였다. 다시 말해서 사회주의체제하에서 자본주의적 시장경제와 상품경제의 발전을 적극 추진해야 한다는 것이다.

이 사회주의 초급단계론이 등장한 배경을 살펴보면, 1980년 초반 등소평은 사회주의란 무엇인가라는 문제를 제기하고 생산력 발전은 사회주의의 본질 특성으로 제시하는 동시에 생산력 발전이 단기적 목표가 아니라 장기적 목표라는 점을 강조하였다. 이런 상황에서 중국공산당이 1984년 '계획이 있는 상품경제'를 개혁·개방의 기본방향으로 채택하면서, 1978년 시작된 개혁·개방 정책이 탐색 단계에서 본격적인 실행, 확대단계로 돌입하게 되었다. 그 결과 경제운영에서 시장의 역할이 크게 증가하고 개인소유제 등 국가소유제 이외에 다양한 형태의 새로운 소유제가 발전하기 시작하였다. 하지만 전통적 사회주의론에서 사회주의 경제는 '계획 경제+국가소유제'로 설명되었기 때문에 이런 정책들을 전통적 사회주의론으로는 설명할 수 가 없었다. 이런 문제를 설명하고, 더욱 적극적인 경제개혁을 전개하기 위해 사회주의 초급단계론이 등장하게 되었다. 이러한 사회주의 초급단계론 특징은 중국이 다른 사회주의 국가들과는 다른 조건에 처해있다는 점을 강조하고 있다. 현재의 중국이 자본주의가 충분히 발전된 기초 위에서 사회주의를 건설하는 것이 아닌, 생산력이 낙후되어 있고, 상품경제가 발달되지 못한 조건 위에서 사회주의를 건설한다는 점이다. 그렇기 때문에 '중국 특색의 사회주의 이론'의 필요하다는 주장이 등장하였다. 또한 중국에서 사회주의를 건설하기 위해서는 상품경제와 현대적 대규모 생산시스템을 발전시키는 장기적 과정을 거치는 사회주의 초급단계를 제시하였다.

초급단계에 이어지는 고급단계에 대한 언급과 중국이 앞으로 어떻게 사회주의 고급단계, 혹은 공산주의로 이행할 것인지에 대한 설명이 없다. 이는 사회주의의 발전이 몇 개의 단계를 거칠지 그리고 어떤 단계로 이행할지는 당시로서는 결정할 수 없으며, 장래의 실천과 이론에 의해서 결정될 것이라는 판단에 따른 것이었다. 이는 결과적으로 중국 사회주의의 미래와 관련하여 폭넓은 가능성을 제공하는 결과를 가져왔다.

이러한 초급단계론도 긍정적인 결과만을 가져온 것은 아니었는데, 사회주의 초급단계론을 근거로 진행된 시장화개혁은 1988년의 물가 상승 등 경제적 혼란과 1989년 6월 톈안먼사태 이후 일시적인 시련을 겪었다. 전통적 사회주의론자들은 계획경제의 틀에서 벗어난 경제개혁이 중국경제의 혼란과 사상적 혼란을 가져왔다고 주장하고 경제개혁과 대외개방의 속도를 늦추고 경제와 사상 영역에 대한 당의 통제를 강화하였다. 특히 이들은 개혁개방정책 자체를 부정하지는 않았지만 개혁개방정책의 본질이 사회주의적인가 아니면 자본주의적인가를 분명히 구분해야 한다고 주장하였다.

사회주의 시장경제의 등장

사회주의 초급단계론이 시련을 겪으면서 중국은 전통적 사회주의론자들이 경제정책을 주도하게 된다. 하지만 경제성장률이 낮아지고 국민들의 생활도 더욱 어려워지는 결과를 갖고 왔다. 그래서 1991년부터 영향력이 약화되고 적극적 경제개혁과 대외개방을 주장하는 목소리들이 다시 강화되었다.

1992년 등소평이 더욱 적극적 개혁개방을 요구하는 남순강화의 주요 내용은 세 가지로 집약된다. 이는 정책의 성격이 사회주의적이냐 자본주의적이냐가 아니라, "사회주의 사회의 생산력 발전에, 사회주의 국가의 종합국력 강화에, 인민들의 생활수준 향상에 유리하냐 아니냐"를 정책을 선택하는 기준으로 삼아야 한다는 내용이다. 등소평의 남순강화 이후 중국공산당은 등소평의 연설내용을 당의 정책으로 채택하였고, 제14차 중국공산당 전국대회에서 사회주의 시장경제를 경제개혁의 방향으로 제시하였다. 사회주의 시장경제란 정부의 거시경제적 통제하에 자원배분에 있어서 전면적으로 시장 메카니즘을 도입한다는 것으로서 사실상 계획경제시대의 종언과 본격적인 시장경제시대가 도래했음을 의미하는 것이다. 사회주의 시장경제론의 채택은 중국공산당이 전통적 사회주의 경제이론, 전통적 사회주의론에서 본격적으로 벗어나는 계기라고 할 수 있다.

소유제 개혁

과거 중국의 경제이론은 국가소유제가 전체 인민이 주요 생산수단을 소유한다는 사회주의 원칙을 실현하는 가장 중요한 제도라고 주장하였다. 그러나 개혁파 경제이론가들은 전인민소유제란 실질적 의미를 가질 수 없는 추상적 개념에 불과하며, 사실상 정부가 소유권을 행사하는 국가소유제는 전인민소유제와 다르다고 주장하였다. 그리고 주식회사제도의 도입을 주장하였다. 주식회사제도가 사회주의소유제의 기본원칙과 부합한다는 점을 강조하기 위해 사회주의 소유제의 본질적 특징으로 사회소유제 혹은 합작제 등의 개념을 제시하였다. 즉 사회의 다양한 성격의 주주들이 참여하는 소유제가 국가소유제보다 사회주의가 지향하는 사회소유제, 합작제의 정신에 더욱 가깝다는 것이었다.

다음은 국유기업에 대한 소유와 경영의 분리이다. 개혁파 경제이론가들은 국가 소유의 방식도 국가가 국유기업의 생산, 경영에 대한 직접적 지배권을 행사하는 형태에서 국가가 소유지분에 따라 이윤배당을 받거나 주요 정책 결정에 참여하며 소유와 경영을 분리하는 형태로 전환해야 한다고 주장하였다. 이러한 주장은 기존의 국가소유제에서 국가가 국유기업 경영에 대한 직접적 통제권을 갖는 것에서 벗어나 소유와 경영의 분리라는 원칙에 기초하여 국가가 주식지분에 따라 소유자의 권리를 행사하여야 하는 것으로 의미가 축소를 의미한다.

개혁파 경제이론가들은 중국에서는 국유경제의 비중이 지나치게 높아 경제효율에 부정적 영향을 미치는 것을 문제로 지적하고 민영화 등 다양한 조치를 통해 국유기업의 비중을 낮추어 경제효율을 개선해야 한다고 주장하였다. 즉 국유기업의 효율저하는 낙후한 국유기업 소유제에 원인이 있을 뿐만 아니라, 국가경제에서 국유기업이 차지하는 비중이 지나치게 높은 것에서도 기인한다는 것이 이들의 판단이었다. 특히 이들은 국유경제가 지나치게 분산적으로 분포되어 있는 상황을 극복하기 위해 전선을 좁히고 역량을 집중하여 중점을 보장하는 것을 국유경제의 전략적 개조의 주요목표로 제시하였다. 이들은 국유경제의 비중이 더 낮아져도 국가가 국민경제의 가장 핵심적 부분, 기간산업을 통제한다면 국유경제의 주도적 역할을 계속 유지할 수 있다고 주장하였다.

전통적 사회주의론자들은 개혁판 경제이론가들의 발상에 격렬하게 반대하였다. 이들은 공유제란 반드시 노동계급의 주도적 역할을 보장하는 생산관계적 측면을 중시하여야 하고, 공유제의 기초 위에서 국가경제의 생산 및 분배가 이루어지고, 대부분의 인민들이 공유제의 경제관계 속에서 생활하여 계급분화가 발생되지 않도록 하는 것이 사회주의의 경제적 기초라고 강조하였다. 이러한 시각에서 보면 효율을 국유기업의 중심목표로 삼고, 노동계급의 주도성보다는 경영을 더욱 강조하고, 공유제 이외의 다른 개인소유제를 발전시키는 것은 사회주의의 경제적 토대를 붕괴시키는 것이었다. 특히 주식제에 대해서는 생산의 사회와 사유제가 결합된 것이기 때문에 주식제로 사회주의 공유제를 개조하는 것은 전체 국유기업을 사유화하는 결과를 초래할 것이라고 비판하였다.

소유제가 사회주의 경제체제에 차지하는 중요성으로 소유제 문제에 대한 논쟁은 불가피하게 이념논쟁으로 발전하였다. 개혁파들은 지속적 경제성장과 경제효율의 증가를 위해서는 국유기업에 대해 소유제의 변화를 포함한 근본적 수술이 불가피하다고 보았으나, 전통적 사회주의론자들은 국가소유제를 통해서만 중국공산당의 계급적 기반을 유지할 수 있다고 주장하였다. 이러한 논쟁에 대해 당시 중국 공산당 총서기인 강택민은 이데올로기적 기준 대신에 '세가지에 유리함'이라는 실용적 기준에 따를 것을 주장하였다.

그리고 1997년 9월에 열린 중국공산당 제 15차 전국대표대회에서 국유기업 개혁과 관련하여 다음 두 가지의 결정이 채택되었다.

첫째, 사회주의 경제에서 공유제와 국유경제에 대해서 "공유자산이 사회 총 자산에서 높은 비중을 차지하고, 국유경제가 국민경제의 중요 부문을 장악하고 경제발전에 주도적 작용을 하는 것"이라는 사실을 강조하면서도 "이러한 전제하에서 국유경제의 비중이 줄어드는 것은 우리의 사회주의 체제의 본질에 영향을 미치지 않을 것"이다고 밝혔다. 특히 국유경제의 역할에 대해서는 절대적인 양적 비중보다는 주도적 작용이라는 질적 측면을 더욱 강조하였다.

둘째, 소유제와 관련된 부분에서 "주식제는 현대기업의 자본조직형식의 하나이며, 기업과 자본의 운용효율을 높이는데 유리한 제도로 자본주의도 이용할 수 있고, 사회주의도 이용할 수 있다. 주식제도를 공유 혹은 사유라고 일률적으로 규정할 수 없으며 관건은 주식에 대한 권한이 누구의 손에 있느냐 이다"라며 주식제도를 전면적으로 긍정하였다.

이처럼 소유제 문제가 이론적 차원에서 해결됨에 따라 사회주의 경제체제와 관련한 주요 논쟁은 마무리되었다. 그리고 계획경제와 국가소유제라는 전통적 사회주의 경제이론의 핵심적 범주가 사실상 해체되었다.

4항 기본원칙 견지

등소평은 1982년 헌법 개정에서 자기의 이러한 지론을 수정헌법에 반영하였고 그후 중국공산당 15차당대회는 ①사회주의 견지 ② 무산계급 견지 ③ 공산당 영도 견지 ④ 마르크스-레닌주의 견지, 모택동 사상, 등소평 이론을 당장에 삽입했고 이어 16차당대회는 강택민의 3개대표 주요사상도 당장(党章)에 추가하였다.

등소평의 집권정치이론으로서의 사회주의 초급단계론은 등소평 등장이후의 중국의 정치상황에 적응하려는 책략적 성격을 지닌다. 즉 마르크스와 레닌의 사회주의론을 폐기하지 않고 생산력이 낙후된 중국현실에 기초한 사회주의를 건설하기 위한 필요를 충족시키면서 사회주의 사회의 발전단계를 구분함으로써 이후 변화된 현실을 수용할 수 있는 외연을 확대하려는 절충론이라고 볼 수 있다.

등소평은 당내 보수파의 도전을 제압하면서 중국의 발전에 필요한 생산력증대론에 대한 당내의 공감을 얻으려고 하였다. 그는 '빈곤은 사회주의가 아니다. 사회주의는 빈곤을 해소해야한다, 부유를 실현해야 한다, 사회주의의 부유는 전체인민의 공동부유이며 소수의 부유가 아니다, 양극분화를 해서는 안 된다.'고 역설하고 있다.

그의 생산력 논의 일부인 선부론(先富论)이 양극분화를 심화시키고 이를 용인한다는 오해를 피하기 위한 측면이 있다. 그러면서도 등소평은 중국혁명에서 '우경화에 경각심을 높여야겠지만 더욱더 주의를 기울여야 할 것은 좌경적인 것을 방지하는 것'이라고 주장했다.

이것은 평화적 전복의 위험이 경제 분야에서 온다는 보수좌파의 공세를 겨냥한 것이다.

등소평 이론의 발전과 진화

이러한 중국 측의 이데올로기는 소위 중국특색의 사회주의로 포장되었으며 여기에 강택민 주석의 3개 대표이론이 추가되고 호금도 주석의 과학적 발전관이 당 이론으로 부상되었다. 그러나 중국의 등소평 이론은 마르크스나 모택동의 이론과는 여러 면에서 다르며 선의로 해석하면 이론의 발전이지만 정통론에서 보면 이단이라 할 수 있다. 문혁시기에 모택동이 등소평을 주자파로 비판한 것은 이런 이단성 때문일 것이다. 그러나 등소평이 후계자로 내세운 강택민도 그의 3개 대표이론은 등소평의 프롤레타리아 독재(无产阶级专政)에 대한 중대한 수정이 아닐 수 없다.

강택민은 중국공산당이 국가선진화를 대표하고 선진문화를 대표하며 전체국민의 이익을 대표한다는 이른바 3개 대표론을 발표하고 이를 당장에 올렸는데 이는 공산당이 계급정당에서 국민정당으로 노선을 바꾸는 것과 다름없는 결정이다. 또 호금도가 말하는 과학적 발전관은 생산제일주의, 경제제일주의를 비판하면서 선부(先富)보다는 균부(均富)를 내세우고 인권과 환경친화적 발전을 말하는 것으로서 이는 등소평의 선부론, 강택민의 경제제일주의에 대한 수정을 지향하는 것이다.

따라서 개혁개방이후의 중국의 통치이데올로기는 강택민이 말하는 여시구진(与时俱进), 즉 시대의 흐름과 상황의 요구에 즉응하여 변화해가는 정치적 상징적 차원에서 이해해야 할 것이다.

강택민의 3개 대표 사상

강택민은 모택동과 등소평같이 강한 카리스마와 확고한 권력기반 없이 출발했지만, 등소평이론을 계승하고 그의 특유한 포용력으로 자신의 입지를 구축하여 집권 13년 간 중국을 건국이래 가장 안정 된 시기로 만든 지도자이다. 강택민은 1926년 강소성(江苏省)양주시(扬州市)에서 출생. 상해교통대학 전기과를 졸업했다. 대학 재학시절 공산당에 입당하여 학장에서 1년간 유학하고 귀국 후 1955년부터 70년대까지 국무원 제1기계 공업부에서 오래 근무했다. 1983년 전자공업부 부장, 1985년 상해시 시장을 역임하고, 1988년 상해 당서기를 겸임하면서 당 중앙정치국 위원으로 선출되었다.

다음해 1989년 6월 천안문 사태로 조자양(赵紫阳)이 실각한 후 그는 등소평(邓小平)에 의해 일약 당 총서기로 발탁되는데, 이것은 강택민이 당시 보수파들과 개혁파들과의 권력투쟁에서 양파와 가장 무난한 관계를 유지하여 중국의 전통적인 균형감각에 의해서 선출된 것이었다. 이어 등소평의 당 중앙군사위 주석직(1989)과 국가군사위 주석직(1991)을 무도 계승함으로 등소평의 후계자로 부각되었고 1992년 14전대에서 제3세대 영도 핵심으로 부상한 뒤, 자신의 인맥 상해방을 당·정·군 요직에 대서 배치하며 권력 기반을 강화했다. 등소평 사망(1997. 2. 19)이후 개최 된 1997년 15전대에서 강택민을 최대 라이벌 교석을 비롯한 고령 정치국원들을 대거 탈락시키고 1998년 국가 주석 및 중앙군사위 주석에 재선됨으로 마침내 건국이래 최초로 당·정·군 최고의 3직위를 겸임한 중국 제1인자가 되었다.

3세대 지도부의 리더가 된 그는 강택민·이붕·주용기의 3두 집단지도체제를 구축하여 국내의 정치와 경제를 안정시키고 대외적으로는 홍콩반환(1997. 7. 1), 마카오귀속(1999. 12. 20). 2008년 북경올림픽 유치(2001. 7), WTO가입(2001. 11), 2010년 상해 세계박람회 유치(2001. 12)등을 통해 중국의 외교적 위상을 국제무대에서 높이 세웠다.

경제적으로는 국내총생산(GDP) 연평균 8 - 10%의 경이적인 성장을 유지시켜 중국을 복지국가인 소강사회에 진입시키고, 정치적으로는 2002년 16전대에서 자신의 3개 대표론 '공산당이 ①선진사회 생산력의 발전(사영기업가)②선진문화의 발전(지식인)③다양한 인민 계층(노동자, 농민)의 근본 이익을 대표한다.'를 당장에 삽입함으로 자본가의 입당을 공식화하여 등소평의 개혁을 한층 더 심화시키며 공고히 하였다. 이러한 지적과 함께 부정적인 부분 또한 적지 않다. 13년 간 빈부격차와 지역 간의 불균형, 부정부패, 대량실업, 인권과 종교탄압 그리고 불완전 한 세대교체는 그에게 오점으로 남게 될 부분들이다.

16전대 때 호금도에게 총서기와 국가주석직을 물려주었지만 중앙군사위 주석에 연임된 것은 1989년 자신이 경험했던 것처럼 등소평의 수렴청정 전례를 그대로 답습한 것으로 향후 군권을 장악하며 그들의 측근인 상해방을 통해 영향력을 행사할 것으로 전망되었지만 2004년초에 중앙군사위직을 호금도에게 이양했다.

3개 대표 사상

강택민은 3개 대표론을 발표하면서 중공당도 시대의 흐름에 맞춰 나가야 한다(与时俱进)고 강조했다. 모택동이 마르크스 레닌주의를 중국적 모순해결에 대입 수정함으로써 모택동사상을 발전시켰다면 등소평은 모택동의 계급혁명론과 전쟁불가피론같은 마르크스 - 레닌주의의 교조적 해석을 실천을 통해 진리여부를 검증하자는 논리를 내세워 모택동 사상을 비판적으로 극복하고 등소평 이론을 새롭게 정립하여 당 이론으로 발전시켰다.

16차 전대회에서 이루어진 당장(党章) 수정을 통해 강택민의 3개 대표론은 모택동 사상과 등소평 이론을 동일한 중국 공산당의 지배 이념으로 확립되었다. 강택민의 3개 대표론은 마르크스·레닌주의, 모택동 사상 및 등소평 이론을 계승·발전시킨 것이며 전체 당의 지혜를 결집한 결정체로서 공산당은 이를 장기적인 지도사상으로 견지해 나가야 한다는 것이다. 호금도 총서기 역시 '개혁·개방과 현대화 사업 추진'을 선언하면서 3개 대표론을 앞세웠다. 중국의 개혁·개방을 지속하면서 중국 공산당이 자본가의 입당을 허용하는 이념적 기반이 되는 3개 대표론을 지도 이념으로 채택한 것이다. 이는 시장화 개혁과 대외개방의 확대에 따라 다원화 되어가는 중국의 사회·경제적 변화에 맞추어 당의 성격과 체질을 변화시켜 공산당 일당 지도체제의 정당성을 확보하기 위한 것이다.

중국사회는 등소평의 개혁이후 정치체제의 기반을 지탱해왔던 경제적 기반이 급변하였다. 지방 분권과 농촌인민공사의 완전해체, 국유기업의 비중 축소, 인터넷으로 대표되는 정보화의 충격에 직면해왔다.

그러나 무엇보다도 소유형태의 문제, 특히 사유재산의 보호, 국유기업의 주식회사화, 근대적 경영시스템의 변화는 새로운 이론적 변화를 요구하게 되었다.

이러한 요구들은 지금까지 당 강령수정의 형태로 실현되었다. 공산당의 전당대회는 사회주의 초급단계이론과 상품경제론(제12차 당대회), 사회주의시장경제론(제15차 당대회)과 같은 전환기적 과제를 당의 강령에 반영시켜 추진해왔다.

2002년에 열린 제16차 당대회는 호금도를 당 총서기로 선출하면서 당 강령을 수정, 중국공산당은 마르크스-레닌주의, 모택동 사상, 등소평 이론과 3개대표사상을 자신의 행동지침으로 삼는다고 했다. 3개 대표론은 '중국공산당이 중국의 선진생산력의 발전요구, 중국의 선진문화의 전진방향, 중국의 광대한 인민의 근본이익을 대표한다는 것이다. 첫번째 선진생산력 대표이론은 공산당의 이론과 정책, 강령, 사업방침 등이 중국의 경제발전을 이끌어 가는 것을 말하는 것이다. 사실상 사회주의 원칙이 갖는 발전의 이념적 제약요소를 벗어날 구실을 만드는 것이다.

둘째로 선진문화대표론은 그 핵심이 공산당의 정책, 강령 등제 방침이 사회주의 정신문명을 건설하도록 방향을 잡아주는 것이다. 즉 도덕이 있고 문화가 있고 기율이 있는 중국공민을 양성한다는 취지인데 이는 반부패투쟁을 교육을 통해 강화해 나간다는 뜻이다.

셋째로 전체 인민의 이익을 대표한다는 것은 모든 정책과 조치는 인민의 근본직인 이익을 고려하고 각종 이해관세를 합리석으로 처리하며 대중에게 절실한 정치, 경제, 문화의 이익을 얻도록 한다는 것이다. 기업을 통해 새롭게 부자가 된 신자본가계급(新红资)에게도 당참여의 기회를 준다는 것이다. 이는 프롤레타리아독재(无产阶级专政)를 규정한 등소평 이론과 그에 앞선 당 강령과 마찰되는 부분임에도 불구하고 변화된 현실의 필요에서 새로운 당 이론으로 추가되는 것이다. 여기에서 공산당은 계급정당에서 국민정당으로 자기변신을 꾀하면서 공산당 영도의 합리화를 도모하는 것이다. 그러나 공산당은 이 시기에 이르러 혁명정당이라기 보다는 집권당으로서의 자기보전이라는 현실적 요구를 수용하는 자세로 변모하고 있음을 알 수 있다. 공산당 전통이론의 맥락에서 볼 때 3개 대표론은 혁명적 성격을 인정치 않을 수 없다.

강택민은 증경홍의 도움을 얻어 2000년 2월 25일 광동성 고주시(高州)방문에서 처음으로 3개 대표론을 언급하고 이어 2001년 당 창건 80주년을 기념한 7. 1강화에서 민간기업인의 공산당 입당을 허용하는 혁명적 조치를 취하면서 당 제15기 6차 중앙위 전체회의에서 3개대표론을 지지하는 당 기풍 건설강화 및 당 중앙결정이 채택되었다.

이어 2002년 제16차 당대회에서 공산당의 당 규약에 삽입되었다. 당 총강은 마르크스 - 레닌주의, 모택동 사상, 등소평 이론의 당 발전에 대한 공헌을 열거한 뒤 강택민의 3개 대표 중요사상은 현 세계와 중국의 발전을 위한 새로운 요구를 받아들인 강대한 이론이라고 평가함으로써 강택민은 모택동, 등소평과 같은 반열에 오르게 되었다. 이 연장선상에서 2004년 3월 전국인민대표대회 제10기 2차 총회는 강택민의 3개 대표 이론을 중국의 지도이념의 하나로 중국헌법전문 중에 삽입하였다.

호금도의 과학적 발전관과 화해사회(和谐社会)

중국의 제4기 지도자 호금도 주석은 중국을 밥을 먹을 수 있는 온포(温饱)단계로 끌어 올린 등소평이나 최소한의 의식주문제를 해결, 소강(小康)시대의 문을 연 강택민 주석보다 더 어려운 정치적 도전을 하였다. 호금도가 지도하는 공산당은 더 이상 혁명정당이 아니고 집권정당이며 공산당 영도의 정당성을 입증하기 위해 앞선 지도자들로부터 물려받은 각종 발전의 문제점과 부작용을 해소하였다.

중국은 개혁개방을 시작한 지 29년을 지나면서 이미 시장을 자유화했고 외국무역과 투자를 개방함으로써 지구적 규모의 경제력을 갖는 나라의 반열에 오르게 되었다. 이 결과 중국 전문가들이 공통적으로 지적하는 문제점은 지방정부에 대한 인민들의 높은 불만, 환경 악화, 심각한 자원부족, 낙후된 금융시스템, 부적절한 의료보장체계, 안정을 잃은 농촌인구의 동요, 대규모의 도시화, 사회적 불평등의 확산 등이다.

이러한 문제점들은 개혁개방 과정의 전 기간을 통해서 있어왔지만 다른 점은 국가가 변화를 장악할 능력의 크기보다 변화의 폭이 더 가속화되고 있다는 점이다. 호금도는 2004년 8월 30일 개최한 '당의 집권능력건설공작 세미나'에서 당이 당면한 위기상황을 분석하고 그 대안으로 경제제일주의와 발전제일주의로 인권을 신장하고 환경을 보호할 수 있는 발전의 과학화, 양극화를 몰고 오는 선부론과 구별되는 균부론을 내세우면서 계층간 격차와 도농간 격차, 지역간 격차를 줄이고 조화와 협력을 추진할 조화사회를 발표하였다.

이러한 중공당의 반성은 주어진 현실을 있는 그대로 볼 수 있는 능력의 표현이라고 할 수 있다. 사실 중국의 경우 동서산의 격차는 한정된 재원을 가지고 경제발전에 유리한 지역을 먼저 발전시키자는 선부론에서 연유될 수밖에 없지만 당시 나타난 상황은 상당히 우려할만한 단계였다.

예컨대 외국인의 직접투자가 집중된 동부 연해지역과 중부, 서부 내륙지역간의 1인당 GDP격차는 1978년의 100 : 67 : 56에서 2002년에는 100 : 53 : 37로 악화되었다. 2003년 서부 귀주성과 절강성 간의 1인당 GDP 격차는 5.6배이며 상하이 와의 격차는 13배였다. 도농간의 격차는 중국의 공식통계상으로도 증명되었다. 1978년 도시민의 1

인당 가처분 소득은 344.3元 , 농촌주민 1인당 순수입은 133.6元 인데 2003년에는 도시는 8,472.2元, 농민은 2,622.2원이다. 또 중국사회과학원이 밝히고 있는 지니계수도 2002년 0.454로 1992년의 0.282에서 10년 만에 2배 가까이 확대되어 소득격차가 심회되었다.

중국 남개대학의 연구팀은 중국의 지니계수는 사실0.5를 넘어섰다고 분석하면서 지니계수가 0.4를 넘어서면 계층대립 등 사회불안을 일으킬 정도로 빈부격차가 불균형한 상태에 들어갔음을 뜻한다고 보고하였다. 중국혁명에서 농촌과 농민은 공산당 집권의 기반이었는데 상황은 농민과 농촌의 피폐로서 공산당이 결국 농민과 농촌을 배신한 셈이다.

소득격차확대에 대한 주민들의 태도를 여론조사를 통해 밝혀진 바에 의하면 전체응답자의 4분의 3이 소득격차의 확대가 심하다고 느끼고 격차확대의 주원인이 불법적인 치부나 분배불공정에 있다고 생각하는 것으로 나타났다. 호금도가 당면한 또 하나의 문제는 국민들의 증가하는 욕망과 욕망달성 간에 간극이 크다는 점이다. 즉 욕망곡선이 성취곡선을 계속 앞서가기 때문에 이 간극을 정부가 산출로서 채워 나가지 못한다면 사회적 불만과 공산당 영도에 대한 불신이 확산될 수 있다는 것이다. 여기에서 성공의 역설이 나오는 것이다.

개혁개방 이후의 대외정책

전쟁가피론(战争可避论)

개혁개방이후 중국외교정책에서 두드러진 특색은 毛泽东의 이른바 战争不可避论을 战争可避论으로 수정한 것이다. 당초 등소평은 핵전력시대에 전쟁은 피할 수 없더라도 늦출 수 있다는 입장을 지녔으나 미소관계의 변화를 지켜본 끝에 핵무장으로 인한 공포의 균형이 미소간에 유지되는 한 전쟁은 피할 수 있다는 견해를 발전시키고 나아가 중국의 발전이야말로 전쟁억지역량을 강화하는 길임을 역설하였다.

그는 앞으로 우발적 내지 국지적 전쟁은 발생할 수 있지만 강대국들이 개입하는 대전은 일어나지 않을 것이라고 내다보았다. 동시에 그는 중국의 경제발전에 필요한 안정과 평화, 전쟁 없는 상태가 앞으로 70년 내지 100년 간 계속될 것이라면서 중국은 이러한 유리 한 국제환경을 활용, 중국의 현대화 발전을 가속화시켜야 한다고 역설했다.

모택동이 지구상에 제국주의 국가들이 존재하는 한 전쟁은 불가피하다면서 중공업건설과 군비확충을 강화함으로써 농민을 희생시키던 정세관과 사뭇 다른 입장을 등소평은 밝히고 있다.

즉 전쟁과 평화를 바라보는 그의 안목이 오늘의 중국현대화발전에 크게 기여했다고 볼 수 있다.

도광양회(韬光养晦)

등소평은 1989년 천안문 사태로 서방진영이 중국의 인권유린을 강력히 규탄하고 각종의 국제정치적 압력을 가해오는 위기상황 속에서 시국타개를 위한 20字방침을 천명하였다.

내용은 冷静观察, 稳住陈脚,(내외의 모든 격변의 상황에 태연하고 자기보조를 흐트러뜨리지 않는다) 沈着应付, 韬光养晦, 有所作为이다.

이중에서도 등소평은 韬光养晦 有所作为를 개혁개방을 통한 중국의 현대화건설기의 대외정책 원리로 제시했다. 그는 명성과 재능을 감추고 창끝을 들어내지 않으면서 힘을 길러 때를 기다리되 국가주권을 수호하는 것 같은 꼭 해야 할 일에는 주저 없이 어떤 대가를 치루더라도 당당히 대처하자는 것이다.

이는 모택동이 중국을 사회주의 혁명의 중심에 세우고 사회주의 깃발을 들고 제3세계의 선두에 서서 국제자본주의국가와 싸우겠다는 노선을 비판하고 중국의 현실에 맞는 대외노선을 정립한 것이다.

이 당시 중국의 경제실력은 미국의 9분의 1, 일본의 5분의 1에 불과하고 주요자원의 1인당 평균보유량은 세계평균수준의 50%에도 미달한 형편이었음을 등소평은 직시한 것이다.

그의 전쟁가피론(战争可避论)과 더불어 도광양회(韬光养晦), 유소작위(有所作为)론은 강택민, 호금도로 이어지는 지도부의 화평굴기(和平崛起)론으로 발전된다.

화평굴기(和平崛起)

중국의 강택민, 호금도로 이어지는 제3, 제4세대 지도부는 중국의 경제발전의 결과에서 나오는 국제사회의 중국위협론에 대처하는 외교전략으로 화평굴기론을 적극 전개하고 있다.

중국은 자기들의 평화5원칙에 입각하여 다른 나라로부터 침략을 당하지도 않으며 침략을 하지도 않고, 오직 현대화개혁에 박차를 가하여 중국인민들의 물질적 생활향상에 전념한다는 것을 강조하고 있다. 그러나 중국이 연간 300억 달러의 군비지출(미국은 895억 달러라고 지적)을 하면서 세계 제2의 경제대국으로 부상하는 중국에 대해 서방측이 경계심을 늦출 까닭이 없다.

따라서 최근에는 화평굴기(和平崛起)에서 굴기(崛起)를 빼고 화평발전으로 표현을 바꾸면서 중국에 대한 국제사회의 경계심을 완화하려는 외교노력을 펼치고 있다.

지금 중국위협론은 미국에서 오는 중국위협론과 일본에서 오는 중국위협론, 인도에서 오는 위협론 등으로 미국의 대중국 견제망(牵制网) 형성에 연결되고 있다.

주변국과 3린(隣) 외교정책

온가보 중국총리는 중국을 둘러싸고 있는 주변국가들(중국과 국경을 맞댄 인접국의 총수는 14개국임)을 순방하면서 3인(安隣, 睦隣, 富隣)을 강조하고 있다. 중국은 현대화건설을 추진하는 과정에서 가장 중요한 정책이 인접국가와의 안정된 관계를 유지하고 인접국들과 화목하고 인접국들을 잘 살도록 지원하겠다는 것이다.

특히 동남아 외환위기 때 중국이 위안화를 고정시킨 것을 부린(富隣) 정책의 가장 좋은 예로 들고 있다. 그러나 중국의 서북공정과 동북공정을 보면 과연 중국의 3000년 역사에서 한번도 있어본 일이 없는 3린 구호가 중국외교의 위장술인지, 아니면 주변국을 선무하기 위한 공작구호인지는 분명치 않다. 그러나 외교심리전으로는 그럴듯한 성과를 얻고 있다고 할 수 있다.

제5부

중국 정치의 이해

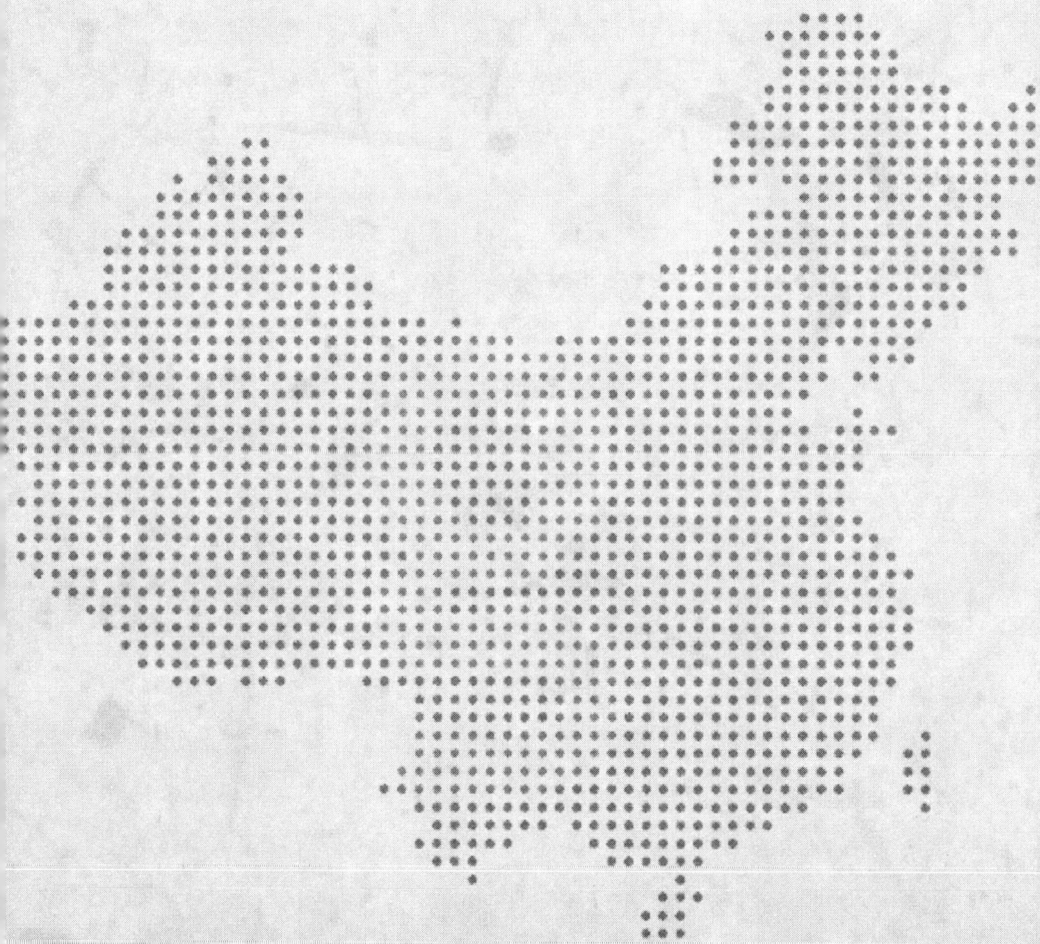

세계는 냉전의 종식과 글로벌화로 이념과 체제의 장벽이 무너졌다. 1949년 중국은 공산당이 정권을 장악하면서 정치학이라는 학문 분야는 폐기되었지만, 개혁개방으로 중국정치학이 사회과학의 한 분야로 회복되었다. 하지만 중국 공산당은 여전히 서구의 자유사상의 침투를 통제하고 공산당에 도전하는 정치를 용납하지 않고 있다. 한때 1960년 중소 이념분쟁이 격화되면서 북경대학, 복단대학, 중국인민대학이 국제정치과를 부활했지만, 마르크스 이론, 국제공산주의, 민족해방운동 등 사상을 교육 연구하는 수단에 불과했다.

1. 정치개황

사회주의 체제전환

아리스토텔레스는 '빈곤은 민주주의의 장애요인이다'라 하고, 등소평은 '가난은 사회주의가 아니다'라고 했다. 자본주의든 사회주의든 가난은 중요한 문제라는 의미이다. 중국은 항상 '빈곤으로부터 해방'이 근대화의 목표였다. 20세기 중국 공산혁명은 낙후된 후진국가에서 벗어나는 것이었다. 소련의 스탈린식 사회주의 모델과 모택동식 발전모델은 근대화에 실패하지만, 등소평 시대의 근대화는 중상주의적 발전전략과 중국 특색의 사회주의, 개혁개방 정책을 통하여 성공을 거두게 된다. 경제현대화와 개혁개방, 공산당 일당독재로 부국강병의 신중국을 건설한다. 이 과정에서 중국은 자본주의 세계

시장에 도전하기 위해 해외자본, 기술, 투자 등이 들어와 사회주의 체제를 자본주의 체제로 전환을 해야만 했다. 또한 국가가 소유한 생산수단을 국유 또는 전인민소유로 규정하기 어렵게 만들었다. 등소평은 자본주의 시장경제를 도입하기 위해 경제특구를 지정했다. 경제특구의 설치로 외국자본을 유치하여 경제개발전략을 구체화 한 것이다. 이러한 사회주의 체제전환의 방식은 현실주의적 중상주의 발전모델이라 할 수 있다. 사회주의 국가에 새로운 자본축적의 형태를 융합한 것이다.

21세기 중국공산당은 시장개방과 소유제 혁명을 만들었다. 계획경제에서 시장경제체제로 전환, 폐쇄경제체제에서 개방경제체제로 확대하면서 중국식 사회주의 시장경제체제로 대전환을 시도한다. 즉 사회주의 시장경제는 사회주의와 시장경제가 결합한 것이다. 중국은 근대화를 위해 세계시장에서 이윤을 위해 상품 생산자로 상품 수입자로서 자본주의 세계경제에 재편입되었다. 중국경제는 노동자와 농민을 수탈하는 발전모델을 파기하고 독특한 경제모델로 고도성장을 선택한 것이다.

중국정치제도의 발전

정치제도는 국가의 정치체제와 국가가 실시하는 정치적 행위규범이다. 집권하고 있는 통치계급이 정치적으로 통치하기 위해 만든 국가의 정치체제와 관련된 제도를 말한다.

중화인민공화국의 정치제도는 공화국의 정권조직 형식 및 이와 관련된 각종 제도를 가리킨다. 중국의 프롤레타리아가 공산당을 통해 신민주주의 혁명 과정에서 탄생한 중국적 특색을 지닌 새로운 제도이다. 중화인민공화국은 인민민주독재의 국가이다. 공화국 정치제도의 기본 내용은 인민대표대회, 인민정치협상회의, 공산당 영도하의 다당합작제도, 중앙과 지방의 행정제도, 국방, 외교, 인구, 교육, 민족자치제도, 사법제도, 일국양제 제도 등이 있다.

이러한 공화국의 건립과정과 제도는 두 단계로 나눌 수 있다. 1949년 10월 1일 중화인민공화국 성립부터 1956년 제8차 대회까지 공화국 정치제도를 수립하여 신민주주의에서 사회주의로 전환되는 단계이다. 다음은 공화국의 사회주의 정치제도를 확립하고 개혁개방 속에서 제도가 공고화되는 단계이다. 1949년 10월 1일 중앙인민정부위원회는 제1차 회의를 개최하고 천안문 광장에서 30여만 명이 참가한 가운데 모택동은 중화인민공화국을 선포했다. 신중국이 성립된 초기의 정치제도는 과거 혁명 근거지에서 시행했던 제도를 수정 보완했다. 중국 사회는 신민주주의에서 사회주의로 개조했으며, 정식으로 사회주의 정치제도가 확립되었다. 이 전환과정에서 공화국의 정치제도는 점차 안정되고 규범화 되었다. 1954년 9월 15일 제1기 전국인민대표대회 제1차 회의에서 중화인민공화국 헌법과 중국의 정치제도, 국가 기구의 조직에 필요한 세부적인 규정을 마련했다.

중국행정제도의 발전

중국의 통치 방식은 자본주의와 크게 다르다. 정치제도와 국가 이념의 차원에서 확연히 다르다. 법을 중심으로 통치하는 자본주의 체제와 달리 중국은 행정이 중심에 놓인 통치체제이다. 현재 중국의 행정제도는 2천년의 역사를 가지고 있으며, 사회주의 관료제도 역시 명, 청대 관료제도를 계승한 것이다. 중국이 관료제도를 만들었다면,

서양은 법치제도를 만든 것이다. 중국의 행정 제도는 정치, 경제 등 활동 영역이 광범위하다. 행정 위주의 정치, 경제 요소를 가지고 있다. 국가와 당이라는 이중적 행정 제도를 운영하고 있다. 중국의 행정중심 제도는 법률 제도에 기반을 둔 서양식 통치와 구별된다. 권력이 국무원과 산하 부처, 각급 위원회 등 중앙 행정부에 집중되어 있다. 반면에 입법부와 사법부의 역할은 중앙 행정부에 종속되어 있다. 중국의 각종 법률과 법규를 행정기관이 공포한다. 행정 기관이 법을 제정하고 집행할 뿐만 아니라, 사법부를 배제하고 법을 해석하는 역할까지 하고 있다. 중국의 의회와 법원의 권한은 약하고 주변적 지위에 머물러 있다.

국정을 운영하는 과정에서도 법이 행정 제도에 종속되어 있다. 법은 하나의 수단에 불과하며 행정 관리가 손에 넣을 수 있는 도구 중의 하나이다. 이것은 법이 행정권을 견제하기 어렵게 만들어 부패와 권력 남용이 그만큼 일어나기 쉽다는 것이다. 세계무역기구에 가입한 이후 괄목할 만한 발전을 이룬 것은 있지만, 법이 충분이 뿌리내리지 못하고 하나의 형식에 머무르고 있다. 역사적으로 법을 중시하는 전통이 결여된 환경에서 법률제도를 하루 아침에 구축하는 것은 쉬운 일이 아니다. 더욱 우려되는 상황은 행정 제도에 종속되어 들러리에 그치고 있는 전인대, 인민법원 같은 입법, 사법 기관이 기능과 역할을 하지 못하고 있다는 것이다.

헌법

헌법은 국가의 법률적 효력을 지닌 최고의 기본법이다. 중국은 중화인민공화국이 수립된 1949년 9월에 중화인민정치협상회의 공동

강령을 채택하여 신중국의 건국 강령을 임시헌법으로 사용하였다. 이를 기초로 1954년 9월 중국 사회주의 헌법(4장 106조)을 최초로 제정하였다. 그 후 1954~1982 동안 중국의 헌법은 네 차례나 수정되었다. 주요 내용은 국가주석 설치, 최고 권력기관인 전국인민대표대회, 최고 행정기관으로 국무원, 최고 재판기관으로 최고인민법원, 최고 검찰기관으로 인민검찰원, 그리고 소수민족 지구 설치와 자치권 부여를 담고 있다. 1954년 최초의 헌법은 중국은 '노동자계급이 영도하는 인민민주국가'라고 선언하였다. 이 헌법은 인민의 뜻을 대변하는 대의제를 정치제도의 기본으로 하였다. 국민의 권리와 자유를 인정하고 법 앞에 만인이 평등하다는 사법제도의 기본 이념을 골간으로 선언한 것이다. 헌법을 제정하고 형법, 형사소송법 등 주요 기본법을 체계적으로 제정하였다. 106개 조항으로 구성된 헌법은 정부구조, 국가와 인민의 책임 등을 상세하게 기록하였다. 중국 인민은 법의 보호, 정치적 표현, 사생활 보호, 고용, 사회복지 등의 권리를 보장받는다고 되어 있다. 이러한 헌법은 1950년대 후반 국가가 근본적인 변화를 겪는 과정에서 법질서가 무시되었다. 정부의 사법 기능이 마비되었으며 사법부는 와해되고 법관은 탄압을 받고 국민의 기본권은 무시되었다. 국민의 기본권을 명문화한 규정이 유명무실해지고 헌법 자체도 폐지되었다.

1975년에 1차 헌법 개정을 통해 인민의 평등권과 사유재산의 상속권, 사법 독립 등의 원칙을 폐지하고 인민공사를 생산단위로 전인민 소유제를 추가하였다. 문화대혁명의 와중에 헌법을 개정한 것이다. 최초의 헌법이 공포된 지 20년 만에 새로운 헌법이 탄생하였지만, 제대로 만들어지지 않았다. 이 헌법은 국민의 책임에 대한 규정만 있지 국민의 권리를 보장하는 내용은 없다. 30개 조항으로 개정된 헌법은 국가기구와 절차를 간략하게 규정하고 있다. 정부에 대한 당의 우위를 강조하여 '중국공산당은 중국 인민의 지도 핵심'이라는 이전에 없던 내용을 넣었다. 또한 국가 주석직은 폐지하고 당 주석에게 최고의 권한과 군 통솔권을 부여하였다.

3년 뒤인 1978년에 두 번째 헌법을 당시 정치 상황을 반영하여 변화시켰다. 1975년 헌법에 당이 전국인민대표대회를 지도한다고 하였으나, 1978년 헌법은 이 조항이 삭제되었다. 다만 국민의 민주적 권리에 대한 조항이 포함되었지만, 민주주의의 제도화, 법제화에는 만족스럽지 못하였다. 이에 민주주의의 제도화를 요구하는 지식인의 의도에 부응하기 위해 새로운 헌법 제정의 필요성이 제기되었다.

1979년에는 2차 개정을 통해 주석제를 폐지하였다. 등소평 체제가 확립되고 개혁개방 정책을 시행하면서 1982년 12월에 제5기 전국인민대표대회에서 경제개발 중심의 제4차 신헌법(4장 30조)을 공포하였다. 오늘날 중국의 헌법은 이를 토대로 하고 있다. 내용에는 문화대혁명 시기 폐지된 주석제를 부활하였으며, 당과 국가의 기능분리, 중앙군사위원회 신설, 대만과 홍콩특별행정구역 규정 등을 삽입하였다. 이 헌법은 개혁과 개방의 요구를 충족시키고 대중의 요구에 부응하는 내용을 담고 있다. 국민의 다양한 기본권을 상세히 규정하고 있으며, 국가의 최고법으로서 모든 정당, 국가기관, 사회단체, 국민은 헌법을 준수해야한다고 규정하였다.

1988년과 1993년에도 각각 헌법을 개정하여 토지사용권의 양도허가, 사영경제 인정과 합법적 권익 보호, 사회주의 시장경제 실행 등을 규정하였다.

1999년 3월에는 전국인민대표대회에서 상당히 3차 헌법 개정을 단행하였다. 개방과 중국식 사회주의 시장경제로 개체경제와 사영

경제 등 비공유경제가 사회주의 시장경제의 중요한 구성 부분으로 격상되었다. 하지만 중국의 헌법은 공산당의 하위에 위치한다는 점이 우리와 다른 부분이다. 2012년 공산당 전국대표대회에서는 제3세대 강택민(江泽民)의 3개 대표론에 이어 제4세대 호금도(胡锦涛)의 과학적발전관이 국가 통치 이념의 대열에 합류함으로써, 습근평 통치시대의 중요한 지도이론이 되었다. 중국 헌법은 "마르크스레닌주의는 국가와 당의 이념이고, 마오이즘은 사상이며, 등소평의 개혁·개방노선은 이론이다"라고 서언에 밝힘으로써 중국식 사회주의 3단계 이데올로기 체계를 정립하고 있다.

공산당의 권력구조

중국에도 입법·사법·행정기관은 존재하나 공산당이 군·행정·입법·사법기구 위에 군림하는 독특한 권력구조를 갖고 있다.

중국공산당은 중국의 집권당으로 그 성격은 그들의 '당규약'에 규정되어 있다. '중국공산당은 중국 노동계급의 선봉대이며 중국 각 민족 인민의 이익의 충실한 대표자이며 중국 사회주의 사업의 영도적 핵심이다. 당의 최종목적은 공산주의의 사회제도를 실현하는 것이다. 중국공산당은 마르크스-레닌주의, 모택동주의를 자기의 행동지침으로 한다.'

이상과 같은 취지도 1921년 7월 1일 창설된 중국공산당은 중국민중을 이끌고 28년에 걸쳐 정치투쟁을 전개하여 제국주의, 봉건주의, 관료자본주의를 물리치고 신중국을 세웠으며 그 후 역사를 통하여 중국 인민은 중국 공산당이야말로 신중국을 일으키고 중국을 부강한 사회주의 국가로 건설할 수 있다고 확신하고 당의 지도를 따르고 있다. 한편 중국공산당도 노동계급과 광범한 인민대중의 이익만을 인정하고 그들을 위하여 일하고 있다는 사실을 강조한다.

당의 지도적 역할은 주로 정치, 사상, 조직상의 지도이다. 정치적 지도란 정치적 원칙, 정치적 방향, 중대한 정책상의 지도이며 국가 정부기관에 중요한 간부를 추천하는 일이다. 당이 국가사무에 대한 정치적 지도를 실시하는 주요방식은 당의 주장을 법적 절차에 따라 국가의 의사로 전환시키며 당조직의 활동과 당원들의 모범적인 활동을 통하여 광범한 인민대중을 이끌어 당의 노선, 방침, 정책을 실현하는 데 있다. 당은 헌법과 법률의 범위 안에서 활동하며 정권조직과 군중단체, 그리고 그 밖의 조직이 직능을 충분히 발휘하도록 보장하여 준다.

그러나 장기간에 걸쳐 형성된, 당과 정부조직을 분리시키지 않고 당으로 정부조직을 대체하는 문제, 행정-경제-문화조직과 군중단체의 권력이 당의 지도기관에 지나치게 집중된 문제, 기층의 권력이 상급지도기관에 지나치게 편중된 점 등이 당의 권력안배상의 문제점으로 지적된다. 그리고 지도기관에 존재하는 관료주의와 일부 지도자간에 존재하는 부정부패도 국민대중의 불만요인이다.

지금 중국공산당은 이런 문제를 해결하기 위하여 당정을 분리하고 권력을 하위기구로 내려보내고 간부인사제도를 개혁하는 등의 대책을 내놓고 있는데 이것은 정치체제개혁의 중요한 내용이 되고 있다.

당의 최고 권력기관은 5년마다 열리는 전국대표대회다. 그 밖에 후보 중앙위원 167명과 중앙기율검사위원회 위원 127명을 선출했다. 중앙위원들은 1년에 1회 내지 2회 전체회의를 갖는다.

당의 일상 업무는 중앙정치국이 맡는다. 17기 중앙정치국원은 25

명이다. 이들 중에서 9인의 상무위원회가 구성된다. 당 서열 9위까지의 상무위원들이 최고 권력을 분점한다. 중앙위 사무국 역할은 6명으로 구성된 중앙서기처가 담당한다. 당원의 태도와 기율을 감독하는 중앙기율검사위원회와 군부를 지휘하는 11인의 중앙군사위원회가 있다.

중국 공산당 조직은 성, 자치구, 현, 시 등 지방 단위에도 당위원회의 명칭으로 존재한다. 학교, 직장 등 거의 모든 조직에 372만 개의 당위원회가 거미줄처럼 뻗어 있다. 당 정책을 관철하는 세포조직 역할이 그들의 임무다. 공산당원이 되기 위해서는 18세 이상으로, 당원 2명의 추천과 당 기관의 심사와 비준이 필요하다.

2. 중국의 통치기구

정부의 중앙조직

중국의 전국인민대표대회는 우리나라 국회에 해당한다. 헌법 제2조에 '인민이 국가권력을 행사하는 기관은 전국인민대표대회 및 지방 각급 인민대표대회다'고 명시되어 있다. 제3조에는 '국가행정기관, 재판기관, 검찰기관은 모두 인민대표대회가 수립하고 책임을 지며 감독한다'고 되어 있다. 그 구성원은 전국 각 성, 자치구, 직할시의 인민대표대회와 군인의 대표대회에서 선출한다. 소수민족, 화교, 비공산당원을 포함하며 그 지역 공산당, 여러 당파, 단체와 협의하여 후보자를 선정한다. 대표수는 3천명이 넘지 않고 임기는 5년이며 매년 북경에서 개최된다. 전인대에는 상무위원회가 있다. 상무위원장(국회의장에 해당) 외에 부위원장, 비서장, 위원 등 134명이 있다. 폐회 중일 때 2개월에 1회 소집하여 상무위원회가 역할을 대행하여 법률의 심의, 비준, 인사 등을 처리한다. 위원회 아래에 법률, 재정, 경제, 민족, 내무, 사법, 교육, 외사, 화교 등 8개의 전문위원회가 있다.

전국인민대표대회와 상무위원회

전국인민대표대회(이하 전인대)는 헌법에서 보장하는 중국의 국가 최고권력기관으로 입법권과 행정권은 물론 검찰과 사법권까지 통제하고 있다. 헌법에 따르면 국가기관 중 최고 권력기관이다. 전국인민대표대회의 대표는 성·자치구·직할시 인민대표대회 및 인민해방군의 선거에 의하여 선출되며, 대표의 정수는 3,500명을 초과하지 못한다. 임기는 5년이고, 대회는 1년에 매년 3월 1회 개최하며, 전인대 상무위원회에 의해 소집된다. 헌법상 전인대는 정부 활동 보고, 법률 제정, 경제계획 보고, 예·결산 보고를 받는 막강한 권한을 보장받고 있기는 하지만, 실질적인 운영에 있어서는 공산당 및 정부(국무원)가 사전 합의한 내용을 추인하는데 그칠 뿐이다. 따라서 그 기능은 대부분 전인대 상무위원회에 위임하고 있다.

전인대 상무위원회는 위원장 1명, 부위원장 19명, 비서장 1명 그리고 135명의 위원으로 구성되어 있다. 이들은 전인대에서 선거되고 파면되며, 이 구성원 속에는 반드시 적당한 수의 소수민족대표가 포함되어야 한다. 전인대가 중국 인민의 대표기관이라고는 하지만, 그 대표의 60~70% 이상이 공산당원이며, 전인대 상무위원회 위원장 및 핵심 부위원장은 중국공산당 중앙정치국 상무위원이 겸임하고 있다. 이를 통해 공산당이 국가를 영도하는 체계를 유지하고 있는 것이다.

중화인민공화국 주석

중화인민공화국 주석은 대내외적으로 국가를 대표한다. 현행 헌법상의 국가주석은 군의 통수권, 최고국무회의의 주재권이 없으며 전인대의 감독을 받는다. 인민해방군의 통수권은 중앙군사위원회에 속하며, 국무회의 주재권은 국무원 총리가 갖는다. 중화인민공화국 주석과 부주석은 전인대에서 선출하며, 그 임기는 전인대의 임기와 같이 5년으로 연임할 수 있다.

전인대와 전인대 상무위원회의 결정에 따라 법률을 공포하고, 총리, 부총리, 국무위원, 각부 부장, 각 위원회 주임을 임명한다. 총리는 국가주석이 제안해서 전인대회의에서 선출된다.

국무원

국무원은 건국당시의 정무원을 개편한 최고행정기관으로 최고국가권력기관인 전인대의 집행기관이다. 전인대의 결정을 집행하는 최고행정기관이기 때문에 중앙행정 각 부·위원회 및 전국의 각급 지방행정기관의 업무를 통일적으로 지도하는 한편, 전인대에 대해서 책임을 지고 업무를 보고한다. 총리는 국가주석의 제청에 의해 전인대에서 선출되며, 임기는 전인대 1기의 임기와 동일하고 1회에 한하여 연임이 가능하다.

현행 헌법에 따르면 국무원 상무회의는 총리, 부총리, 국무위원과 국무원 비서장이 참석한다. 현행 국무위원은 82년 기구 개혁 때 13명의 부총리를 2명으로 줄이면서 해임된 부총리 가운데 9명을 국무위원으로 임명하면서 생겨난 직위다. 국무위원은 각 부 부장 또는 위원회 주임을 겸할 수 있으며 총리 또는 국무원 상무회의의 위탁을 받아 일정한 활동 및 특정 임무를 담당할 수 있고 국무원을 대표해 외교활동을 할 수 있다.

지방 행정기관은 인민정부라 부른다. 지방 성, 자치구, 현, 향, 진 등 각 레벨에 존재한다. 국가기관 근무자는 과거 '국가 간부'라 불렸으나 93년 '국가공무원잠정조례'가 공포된 이래 공개 시험에 의한 공무원 제도가 본격적으로 도입됐다. 또한 국무원 각 부서와 위원회에도 당조직(党组)이 설치되어 공산당 지도는 철저히 관철된다.

중화인민공화국 중앙군사위원회

중앙군사위원회는 정부수립 초기에 인민 혁명군사위원회에서 1954년 국방위원회, 1983년 이후 중앙군사위원회로 바뀌었다. 중앙군사위원회는 당과 국가가 동시에 설치하고 있다. 양 기관의 구성원은 동일인이 겸직하고 있으며, 군에 대한 영도권도 역시 완전히 일치하고 있기 때문에 모순 없이 운영되고 있다. 국가 중앙군사위원회 위원들의 결정사항은 공산당 중앙군사위원회에 의해 결정된다. 공산당 중앙군사위원회에서 위원이 결정되면 전국인민대표대회에서 국가 군사위원회 위원들을 선출한다. 즉 공산당 중앙군사위원회와 국가 중앙군사위원회는 서로 다른 기관에서 선출되며 서류상 동일한 기구이다. 동일인이 겸직하고 있으며 공산당 중앙군사위원회 위원들이 국가 중앙군사위원회 위원으로 선출된다.

국가중앙군사위원회의 주석은 전인대에서 선거되며, 중앙군사위원회 주석의 제청에 따라 국가중앙군사위원회의 기타 구성원을 인선한다.

최고인민법원과 최고인민검찰원

중국의 사법기관 역시 당의 지도를 받는다. 사법권의 독립은 기본적으로 없다. 한국의 대법원격인 최고인민법원 원장(장관급)은 전인대에서 선발된다. 지방 각급의 인민법원(고급, 중급, 기층)은 각 인민대표대회에서 선발한다.

중국의 사법제도는 수사기관, 재판기관, 검찰기관으로 나뉜다. 수사기관은 공안이고, 재판기관은 법원이며, 검찰기관은 감독기관이다. 중앙정부에 공안부와 국가안전부가 있고, 지방정부에 공안청과 국, 국가안전국이 있다. 재판기관은 최고 인민법원이 있고 지방법원은 성급에 고급 인민법원과 중급 인민법원, 현급에 기층 인민법원이 실치되어 있다.

중국의 재판은 2심제이다. 상급법원으로 상고도 가능하지만, 판결이 번복되는 것은 어렵다. 형사법정, 민사법정, 경제법정으로 재판을 하며 2심종심제를 하고 있다. 변호사는 사법행정기관이 감독하는 법률고문처에 소속된다. 기층인민법원의 하부조직인 인민조정위원회가 있어 중범죄는 취급하지 않고 일반인의 민사, 형사사건을 조정한다.

감독기관인 검찰은 우리나라 대검찰청에 해당하는 최고인민검찰원이 법률감독을 맡고 있다. 각 지방에는 각급 인민검찰원이 있고 그 밖에 군사검찰원 등 전문검찰원도 있다. 최고인민검찰원은 매년 전국 인민대표대회 및 상무위원회에 그 활동은 보고된다. 중국의 사법체계는 독립권이 없고 정치적으로 이용하면서 국제사회에서 인권문제 등으로 비난을 받고 있다.

중국은 당-국가(party-state) 정치체제로 공산당이 국가의 주요 직책을 겸직하여 통치하는 국가이다.

인민해방군

중국의 군사 최고 권력기관은 중앙군사위원회다. 형식적으로는 같은 구성원으로 이뤄진 공산당 중앙군사위원회와 국가 중앙군사위원회로 나뉜다. 현행 헌법에 따르면 전국인민대표대회가 중앙군사위원회 주석을 선출한다. 주석이 구성원 인선을 결정한다.

인민해방군은 중심에 총참모부와 당과의 연락을 담당하는 총정치부, 후방 지원을 맡는 총후근부(总後勤部)를 뒀다. 98년 총장비부(总装备部)가 신설됐으며, 군 장비의 현대화와 연구개발을 담당한다. 지방 차원에선 베이징(北京)군구, 선양(瀋阳)군구, 난징(南京)군구, 지난(济南)군구, 광저우(广州)군구, 청두(成都)군구, 란저우(蘭州)군구 등 7대 군구와 그 아래 각 성 군구가 설치돼 있다. 80년대 덩샤오핑에 의한 100만 병력 감축 이래 꾸준히 병력 감축이 진행되고 있다. 한편 이라크 전쟁 이후 전 세계적으로 군의 기동력이 강조되자 지역방위 중심의 7대 군구 체제를 폐지해 기동군 체제로 재편한다는 설이 제기되고 있다.

공산당의 중앙조직

중국공산당은 전국대표대회, 중앙위원회, 중앙정치국과 상무위원회, 중앙서기처, 중앙군사위원회, 중앙기율검사위원회로 조직되어 있다.

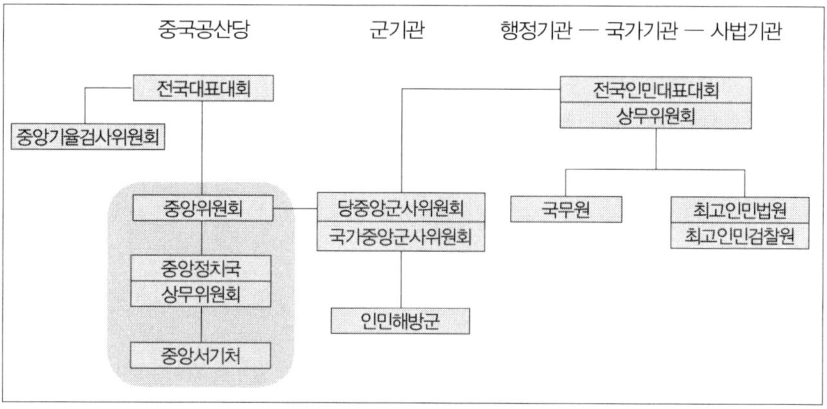

중국의 당-국가 중앙조직 체계

전국대표대회

중국공산당은 1921년 창당 이후 레닌주의적 정당의 전통에 따라 당의 명목상 최고권위를 전국대표대회에 귀속시켜왔다. 문화대혁명 기간에는 전국대표대회의 직권이 당장(党章)에서 삭제되었다가, 등소평이 1982년 제12기 당헌에서 다시 중국공산당의 최고영도기구이자 정책결정기구로 규정했다. 전국대표대회는 중앙위원회 보고의 청취 및 심사, 중앙기율검사위원회 보고의 청취 및 심사, 당의 중대 문제에 대한 토론 및 결정, 당헌개정, 중앙위원회의 선거, 중앙기율검사위원회의 선거와 같은 권한과 기능을 가진다. 이 직권 규정은 문혁 기간인 1969년 9전대회에서 삭제된 것을 1982년 12전대회에서 다시 부활시킨 것이다. 1982년 당대회에 중앙위원회는 전국대표대회의 다섯 가지 안건을 확정했다. 전국대표대회는 5년마다 1회씩 개최되며, 중앙위원회에서 소집한다. 이러한 당대회는 통상 1~2주간 개최되며, 1997년 15전대회에 참여한 대표자 수가 2074명에 이를 정도로 많다. 전국대표대회의 기능은 중앙위원회에서 이루어진 결정을 추인하는 형식적인 기관이라고 할 수 있다. 또한 중앙위원과 중장기율검사위원회의 선거에 있어서도 후보자 예비명부가 미리 작성되고 형식적으로 승인하는 절차라고 할 수 있다. 모든 토의와 결정은 중앙위원회에서 이루어진다.

중앙위원회

중앙위원회는 당의 최고 정책결정기구라고 할 수 있다. 전국대표대회의 폐회기간 중 전국대표대회의 결의를 집행한다. 모든 당의 활동을 지도하며, 대외적으로 중국공산당을 대표한다. 중앙위원회의 임기는 전국대표대회의 대표와 같이 5년이다. 그 전체회의는 중앙정치국이 소집하고 적어도 매년 1회 이상 개최한다. 중앙위원회의 위원 및 후보위원의 정수는 전국대표대회에서 결정되며, 그 수는 약 360명 정도를 선출한다. 중앙위원회도 중앙정치국 또는 중앙정치국 상무위원회에서 결정된 내용을 형식적으로 발의·승인 또는 비준하는 경우가 대부분이다. 그러나 중앙위원회 전체회의에서 중앙정치국 위원, 중앙정치국 상무위원, 중앙위원회 총서기, 그리고 중앙군사위원회 구성원 등 주요 지도층의 대부분을 선출한다. 중앙위원회는 당과 국가의 핵심간부들로 구성되어 있기 때문에 중국공산당의 최고 엘리트간부들로써 정책결정과정에 중요한 영향력을 가지는 집단이다.

중국의 개혁개방이 심화되면서 나이가 젊은 기술관료들과 연해 개방지역 지도자들이 대거 중앙위원에 진출하였다.

중앙정치국과 중앙정치국 상무위원회

당 중앙정치국과 중앙정치국 상무위원회는 중앙위원회의 폐회 기간 중 중앙위원회의 직권을 행사한다. 중국 공산당의 실질적인 최고 결정기관으로 당의 최고 권력기관이다. 또한 당과 국가의 존립에 관계되는 모든 정책에 관하여 무한하고 막강한 권한을 갖고 있다. 즉 당과 국가를 비롯한 군을 움직이는 고위 엘리트의 인사는 사실상 중앙정치국이 장악하고 있다.

중앙정치국은 1927년 5대 1중전회(제5기 전국대표대회 제1차 중앙위원회 전체회의의 약칭)에서 최초로 구성되었으며, 역대 정치국과 그 상무위원회의 규모는 위원과 후보위원을 합하여 20명에서 25명 내외이다.

중앙정치국 상무위원회는 당과 국가의 정책을 결정하는 핵심으로 보통 5~9명으로 구성된다. 이들 중앙정치국위원의 성분은 중앙위원의 구성과 마찬가지로 중국의 정치노선과 정책방향을 가늠하는 주요 지표로 활용된다. 호금도정권(중국공산당 17기) 중앙정치국의 경우 16기에 이어 상무위원은 9명이 선출되었지만, 5세대 습진평 지도부는 7명으로 구성되어 있다.

중앙서기처

중앙서기처는 1956년부터 1966년까지 존재하면서 행정기능을 담당하는 중앙정부의 각 부처와 같이 당의 각종 행정부서를 지휘 감독하는 행정 및 참모기구 역할을 하였다. 그 후 문화대혁명 시기에 폐지되었다가 1980년 11기 5중전회에서 중앙서기처와 총서기제가 복원되었다.

중앙서기처는 중앙정치국과 정치국 상무위원회의 주요 정책을 집행하는 행정기구이다. 중앙서기처의 구성원은 정치국 상무위원회가 지명하고, 중앙위원회 전체회의에서 통과시킨다. 또한 총서기는 당장에 의해 중앙정치국 회의와 중앙정치국 상무위원회 회의를 책임지고 소집하며 중앙서기처의 업무를 주관한다. 즉, 총서기는 실질적으로 중국 공산당을 대표한다. 중앙서기처는 조직부, 선전부, 통일전선공작부, 대외연락부, 인민일보사, 정책연구부, 당교 등으로 구성되어 있으며 매주 두 차례 회의를 하고 정책을 입안하거나 만들어내며 민원을 처리하는 등 중앙정치국과 그 상무위원회의 상설사무기구이다.

중앙기율검사위원회

중앙기율검사위원회는 1978년 12월 11대 3중전회에서 문혁 중 폐지된 '중앙감찰위원회'를 대신하여 신설된 당 중앙 감찰기구로 당원의 부패와 정치적 비행을 척결하는 일을 담당한다. 당장에 의하면 당의 중앙과 지방 각급의 기율검사위원회의 주요 임무는 당장정과 기타 중요한 규칙제도를 수호하고 당위원회에 협력하여 당풍을 정돈하며 당의 노선방침·정책 및 결의의 실행 상황을 점검한다. 당헌에는 중앙위원회와 병렬적 관계로 규정하고 있지만, 실제로는 중앙위원회의 지도하에 업무를 수행한다. 중앙기율검사위원회의 서기와 상무위원은 중앙기율검사위원회 전체회의에서 선출하며 중앙위원회의 비준을 받게 된다.

중앙기율검사위원회는 1977년 11전대회에서 신설되었다.

중앙군사위원회

중앙군사위원회는 정부 초기 인민 혁명군사위원회, 1954년 국방위원회에서 1983년 이후 국가조직으로 지칭되고 있다. 위원은 5년마다 전국인민대표대회에서 선출한다. 주석은 전국인민대표대회에서 선출하고 주석이 위원을 지명하면 전인대에서 인준한다. 국가중앙군사위원회는 공산당 중앙위원회의 산하기구이다. 또한 중앙군사위원회는 중국인민해방군 총 정치부를 통해 군대에서 당의 활동 및 정치활동을 관리하고 이를 통해 군에 대한 군 인사권을 포함한 당의 군사활동을 지휘한다.

중국공산당의 지방조직

중국 공산당의 지방조직에는 성(省), 자치구(自治区), 직할시(直辖市), 시(市), 자치주, 자치현, 시의 직할구의 지방각급 당 대표대회와 지방각급위원회, 기율검사위원회가 있다. 당장에 의하면 지방각급위원회는 동급 당 대표대회에서 권한을 부여받고 있다. 당 대표대회는 성·자치구·직할시·구가 설치된 시와 자치주에서는 5년마다 현·자치현·구가 설치되지 않은 시와 시의 직할구는 3년마다 개최된다. 당 지방 각급위원회는 대표대회 폐회 중에 상급의 당조직의 지시와 동급의 당 대표대회의 결의를 집행하며 당해지역의 활동을 지도하고 상급의 당위원회에 정기적으로 활동을 보고한다. 그리고 기층조직은 당장에 의해 공장, 상점, 학교, 기관, 마을 협동조합, 농장, 향(乡), 진(鎭), 인민해방군의 중대 및 기타 기층단위는 정당원 3명 이상을 가진 조직으로 구성된다. 당의 기층조직은 기층위원회·총지부위원회·지부위원회로 구성된다. 당장은 이러한 기층조직을 당의 전투적 보루라고 하였다. 그리고 기층조직은 당위원회를 중심으로 운영되지만 중대한 문제는 토론하여서 결정하고 동시에 행정책임자가 자기의 직권을 충분히 행사할 수 있도록 보장하여 준다.

정당

중국은 공산당 이외에 8개의 민주당파가 있다. 혁명과정에서 여러 계층의 사람들이 결성하여 현재까지 형식적으로 존재한다. 당파는 독립정당으로 보기는 어렵고 중국공산당의 협조기관 형식으로 공산당이 지도하는 다당 협력이라 부른다. 8개 정당은 다음과 같다.

- 중국국민당혁명위원회(中国国民党革命委员会) : 국민당 인사이거나 연관이 있는 인사들로 구성(1948년 1월 성립)
- 중국민주동맹(中国民主同盟) : 문화교육계의 중상층, 지식층(1941년 10월 성립)
- 대만민주자치동맹(臺湾民主自治同盟맹): 대부분 구성원은 대륙에 거주하는 대만 동포(1947년 11월 성립)
- 중국민주건국회(中国民主建国会) : 경제계인사와 유관 전문학자(1945년 12월 성립)
- 중국민주촉진회(中国民主促进会) : 교육, 문화, 과학, 출판업무에 종사하는 지식층(1945년 12월)

· 중국농공민주당(中国农工民主党) : 위생, 의약, 과학기술 분야의 인사(1930년 성립)

· 중국치공당(中国致公党) : 귀국한 화교나 가족 인사 (1925년 성립)

· 구삼학사(九三学社) : 과학기술, 문화, 교육 방면의 중산층 인사 (1944년 12월 성립)

이들 각 민주당파들은 대부분 항일전쟁 시기나 국민당 통치 시절에 성립된 것이다. 그들의 원래의 사회 기반은, 주로 민족자산계급, 도시 소자산계급 및 그에 부속된 지식인과 기타 애국민주인사들이다. 민주혁명시기에 그들이 내세운 주장은 대체로 반제애국과 민주요구여서 당시 공산당의 혁명 임무와 일치하였다. 그래서 공산당과 단결 협력하여 민주 혁명의 승리와 신 중국 건립에 커다란 공헌을 하였다. 신 중국 수립 이후, 일정한 사회계층과 애국자와 연계한 정치 연맹으로서 그들은 참정당(参政党)이 되어, 공산당과 협력하여 공동으로 사회주의 강국을 건설하는 데 노력하고 있다.

중국공산당은 집정당이고, 각 민주당파는 참여 정당이라 할 수 있는데, 그들의 협력 관계는 이론상 다음과 같이 정의된다. 협력하는 기본적인 정치적 논리는 사회주의 노선과 공산당의 영도를 견지하는 것이고, 협력하는 기본 방침은 '장기공존(长期共存), 호상감독(互相监督), 간담상조(肝胆相照), 영욕여공(荣辱与共)'이다. 각 민주당파가 참정하는 구체적인 내용은, 국가 정권 기구에 참가하고, 국가 국정 방침과 국가 지도층 인선에 관한 협상에 참가하고, 국가 사무의 관리와 감독에 참여하고, 국가 정책, 법률의 제정과 집행에 참여한다. 그러나 그들은 공산당과 비교하면 유명무실한 존재로서, 공산당의 일을 미화 혹은 합리화시켜주는 역할을 할 뿐이다.

사회단체

주로 공산당과 인민을 연결하여 각 계층의 이익을 대표하여 인민단체를 사회단체라고 한다. 다양하게 변화하는 추세를 반영하여 특수한 목적을 가진 단체들이 생겨나고 있다. 이러한 사회단체는 정부의 민정부(民政府)에 등기되어 있다. 사회단체는 다음과 같다.

- 중화전국총공회(总工会): 산업별 조직을 갖고 있는 노동조합의 연합체
- 중국공산주의청년단(共青团) : 14에서 25세까지 청년에 의한 대중조직으로 청년공산당
- 중화전국부녀연합회(妇联) : 모든 직업여성 조직
- 중국공상연합회(工商聯) : 민족자본가 단체에서 1983년부터 비국유기업 단체 회원 가입
- 중화전국체육총회(体总) : 종목별 체육조직 운영
- 중국과학기술협회 : 분야별 전문학회 운영
- 중국홍십자회 : 적십자회
- 중국공업경제협회 : 업종별 단체 및 국유기업 단체

이외에도 중국인민외교협회, 중국인민대외우호협회, 중국국제무역촉진원회, 중국국제상회 등이 있다. 이들 단체를 전국적으로 망라한 것이 중국인민정치협상회의(정협)이다. 이 정협은 결의권이 없지만 매년 전인대와 같은 시기에 개최되어 국정에 참여하고 협의를 한다. 중국의 독특한 통일전선 조직으로서 각 지역의 현급 이상에 정치협상회의가 조직되어 있다.

정치협상회의

정치협상제도는 중국 정치제도의 중요한 구성 부분이다. 중국공산당의 영도 아래 각 정당 인민단체 소수민족 사회 각계 인사들은 국가의 국정방침 등에 대하여 민주적이고 평등하며 성실하게 협상한다는 것이 그 내용이다.

1949년 9월, 중국공산당의 호소와 조직하에서 각 당파 단체 지구와 군대 등 각 방면의 대표들은 북경에서 개최된 중국인민정치협상회의(中国人民政治协商会议)에 참가하였는데, 광범위한 협상을 통하여 전국 해방 후 일련의 중대한 정치문제에 대하여 의견일치를 보고 중화인민공화국의 성립을 위한 준비를 하였다. 그 후 정치협상제도는 바로 중화인민공화국의 정치제도의 하나로 확립되었다. 오랫동안 이 제도는 민주발전의 확대, 다당합작의 실현, 통일전선의 견지를 위한 주요 형식과 노선이 되어 중국의 정치생활 속에서 줄곧 중요한 역할을 해 왔다.

정치협상제도의 역할은 주로 정치협상(政治协商)과 민주감독(民主监督)이라는 두 가지 측면으로 나타났다. 정치협상은 여러 가지 형식을 통하여 국가의 중요 업무에 대하여 토론과 협상을 진행하고, 협상 중에 형성된 건의나 의견을 정부 등의 기관에 회부하여 그들의 정책 결정에 참고 자료로 제공하는 것이다. 정치협상의 내용은 매우 광범위하며, 협상의 경로는 주로 여러 가지 단계를 통한 회의이다. 이외에도 인민대표대회가 소집될 때 정협위원(政协委员)들은 모두 회의에 옵서버로 참석하여 회의의 중요 내용에 대하여 토론과 협상을 진행한다. 민주감독은 국가기관과 국가요원의 업무에 대하여 비평 의견 건의를 제기하는 것이다. 정협(政协)의 각급 조직과 그 구성원들은 시찰 참관 조사 등과 같은 여러 가지 형식을 통해서 각 방면의 인사들과 연계하여 의견을 청취하고 상황을 이해하여 문제를 연구한 후 이를 국가기관과 유관 조직에 반영시키고, 그들과 협조하여 업무를 개진하고 효율을 높이며 관료주의를 극복한다. 특히 근래에 제안은 이미 정협위원(政协委员)들이 정치에 참여하여 의견을 제시하고 민주감독을 진행하는 중요한 방식이 되었다.

중국인민정치협상회의는 정치협상의 조직 형식으로 그것은 전국위원회와 지방위원회로 나누어진다. 정협(政协) 전국위원회에는 2,000여명의 위원이 있는데, 공산당 각 민주당파 무당파인사 인민단체 소수민족 각계인사 대만동포 홍콩과 마카오의 동포 귀국교포 및 특별 초청인사로 구성되며, 매년 한 차례 전체회의를 거행한다. 전국정협회의(全国政协会议)의 권한은 다음과 같다. 즉 중국인민정치협상회의의 규정을 수정하고, 전국정협(全国政协)의 주석 부주석 비서장과 상무위원회를 선출하며, 상무위원회의 업무보고를 청취 심의하여 그 조직의 중대한 업무 방침과 임무를 토론하고 결의하며, 국정방침에 대한 토론에 참여한다. 전국정협(全国政协)의 임기는 5년이고, 상무위원회에서 회의를 주관하며, 상무위원회는 전국정협(全国政协)의 주석, 부주석, 비서장과 상무위원으로 구성된다. 전국정협(全国政协)은 업무상 필요에 따라 약간의 업무 기구를 설립하여 제안 학습 문사자료(文史资料), 경제, 과학기술, 문교위생(文教卫生), 법제, 민족, 종교, 여성과 청년, 화교, 조국통일연의(祖国统一联谊), 외사(外事) 등의 전문위원회를 둔다.

전국정협위원회(全国政协委员会)와 대응하여 각 성, 자치구, 시, 현, 자치주, 구(区)에 각급 지방정협위원회(地方政协委员会)를 설립하여 전국정협(全国政协)에 상응하는 지방의 임무를 맡게 한다.

3. 중국 정치와 권력

중국 권력구조

중국의 권력기구는 형식상 중국공산당·전인대·인민정치협상회의·국무원·중앙군사위 등 5대 기구로 분류할 수 있다. 특히 공산당은 권력의 핵심으로, 전대를 정점으로 중앙위·중앙기율검사위·중앙군사위가 있고 중앙위 산하에 중앙정치국·중앙정치국상무위·중앙서기처가 있다. 명목상 중국공산당의 최고권력 기관인 전대는 5년마다 한 번씩 열리며 2000여명의 전국대표들이 모여 중앙위 보고의 청취 및 심사, 중앙고문위와 중앙 기율검사위 보고의 청취 및 심사, 당 중대 문제에 대한 토론 및 결정, 당장 개정, 중앙위원, 중앙고문위원, 중앙기율검사위원 선출에 관한 업무를 맡는다. 중국 국가 주석의 선출은 중앙위 추천에 의해 전대에서 선출되며, 국민들이 직접 투표에 참여하는 선거제도는 마련되지 않았다.

공산당은 중국 행정부를 영도하고 군사를 장악한 중화인민공화국의 최고 권력기관이다. 공산당은 1921년 7월 1일 상해에서 대표 12명이 모여 처음 결성되었다. 그 후 28년이 지나 집권당이 되었으며 1949년 10월 1일 북경에서 중화인민공화국이 성립되었다. 1921년 53명의 당원수는 현재 8천5백만명이 넘었다. 공산당은 중국의 정권 핵심부로 사회주의, 인민민주주의 독재, 공산당의 지도, 마르크스 레닌 및 모택동 사상을 견지하며, 등소평의 개혁개방정책으로 중국식 사회주의를 이끌고 있다.

21세기 중국의 권력구조는 개인에서 집단지도 체제로 변화했다. 개인이 권력을 독점하던 시대는 끝났다. 국민당을 대만으로 축출하고 공산당 정부를 수립한 이후, 제1세대 모택동이 27년 제2세대 등소평이 18년을 통치했다. 제3세대 강택민에서 제4세대 호금도, 제5세대 습근평 지도부로의 권력이양은 중국 공산당 역사상 평화적으로 이루어졌다. 그러나 민주주의처럼 국민투표가 아닌 중국의 독특한 선출 방법에 의해 정권이 교체된 것이다. 어떤 절차를 거쳐 지도자가 선출되었는지는 제도적으로 밝혀진 것은 없다. 과거 모택동이나 등소평 시대는 최고 권력자가 지정하는 방식으로 선출되었다. 그래서 중국의 권력구조 내부는 좀 복잡하며 투명하지 못했다. 공산당의 조직 구조를 통해 표면적으로 보면 다음과 같다. 중국에는 전체 인구의 약 9%인 8천만 공산당원이 있다. 전국 각 지역에서 선출된 약 2천 2백여명의 당 대표들이 5년에 한 번 대회를 개최한다. 이 전국대표대회에서 당 중앙위원을 선출하여 위원회를 구성한다. 당 중앙위원회는 중앙위원과 후보위원 약 380명으로 구성된다. 다시 중앙위원들이 당 총서기를 포함하여 25명의 중앙 정치국원을 선출하고 당 중앙서기처는 지도부를 구성한다. 회의는 중앙정치국에 의해 소집되며 매년 1회 개최한다. 중앙위원회 폐회 중에는 위원회에서 선출된 중앙정치국과 정치국 상무위원회가 직권을 행사한다. 25명의 중앙정치국 위원에서 상무위원은 7명이다. 실질적인 권력은 상무위원 7명이 가지고 있다. 7명은 국무원, 전국 인민대표대회, 전국 정치협상회의, 군, 서기처 등 주요기구에 취임하여 당의 권력, 정책결정, 당·정·군의 인사권까지 장악하고 있다. 정치국 아래 당 중앙의 일상업무를 담당하는 행정기구 중앙서기처와 중앙기율검사위원회, 중앙군사위원회, 관영 인민일보 등이 있다.

당의 최고 권력자는 중국 공산당 중앙위원회 총서기이다. 국가주석 및 중앙군사위원회 주석까지 겸하고 있다.

중국은 당 중앙의 힘이 막강한 중앙집권 체제이다. 중앙정부와 지방정부, 군, 기업에서 학교, 연구소, 공장, 외국 기업에 이르기까지 당 조직이 있어 영향력을 행사하고 있다. 지방정부를 보면, 성, 직할시, 자치구, 시 현, 구, 향 등 말단 행정구에도 당서기 등의 직책이 있다. 일반적으로 대외활동은 많지 않지만, 각 행정부서장보다 직위가 더 높다.

의사결정 - 북대하와 공산당

북대하는 하북성 진황도 시에 있는 해변도시이다. 발해만에 접한 유명한 해변 휴양지이며, 북경에서 동쪽으로 288km 떨어진 곳에 위치하고 있다. 원래 19세기 북경, 천진 근처에서 거주하는 선교사나 무역상의 여름 피서지였다. 매년 7-8월이면 당정군 최고지도부들이 모여 국가정책, 권력 서열, 인사, 대외정책 등 중요 사안을 비공개로 개최한다.

중국공산당은 이곳에서 많은 주요 회의를 개최했다. 1958년 8월 회의에서 농촌에 인민공사(人民公社)의 설립을 채택하고, 삼면홍기(三面红旗)운동으로 모택동의 실패로 평가받는 대약진(大跃进)운동을 결의한 것으로 유명하다.

이 북대하 회의는 중국 공산당의 정치 흐름을 이해하는 데 중요하다. 중국은 9-11월 사이에 개최하는 당대회나 중앙위원회 전체회의에서 의결할 사안을 물밑에서 사전 조율하여 미리 결정한다. 공산당 중앙위원회 전체회의는 그 결정 사안을 원안대로 승인하고, 그 다음해 3월에 열리는 전국대표대회가 추인한다. 중국 정부는 추인된 사안을 집행하는 방식이다. 중국 정부, 즉 국무원(중앙인민정부)은 국가권력의 최고집행기관이며 행정기관이다. 국무원은 전인대의 결의 내용을 집행하고 그 활동을 보고 한다. 중국 정부가 집행하는 내용은 북대하에서 결정한 최고지도부의 의견에 따르는 것이다. 중국 권력의 정치형태는 상무위원들이 모여 결정하는 민주집중제인 것이다.

민주집중제는 민주주의적 중앙집권제를 줄인 말로, 공산주의에 의해 조직된 정당, 사회주의 국가가 조직원칙으로 삼는 제도이다. 민주주의는 각 개인의 인격을 존중하고 각 개인의 상호평등과 자유를 토대로 성립된 정치적 지배형태인데, 공산당 및 그와 입장을 같이 하는 조직에서는, 민주주의의 원칙을 살리면서 조직을 단단하게 하고 통일된 방침과 실행을 보증하여 사회의 혁명적 변혁, 사회주의의 건설, 공산주의로의 진전을 실현하기 위해서 집중제를 취하는 것이다. 민주집중제는 특정 이념의 틀 안에서 민주적으로 정책을 결정하되, 결정된 정책에 반대하는 소수의 의견은 무시되는 다수결의 원칙을 따른다. 즉 조직은 상부기관과 하부기관 및 각 구성원 사이의 의견 교환·토론을 긴밀하게 하면서 방침을 정한다. 소수는 다수에 따른다는 민주주의적 원칙을 바탕으로 일사불란하게 실천하는 것을 원칙으로 한다. 따라서 이 조직의 원칙은 개인에 의한 지도를 구축하고 집단적 지도하에서 여러 위원의 뜻을 집약해 활동을 전개해 가는 것이다. 전국인민대표대회가 북대하 회의의 결정을 거부할 수 있을 때 중국식 민주집중제가 아니라, 진정한 정치 민주화를 실현할 수 있을 것이다.

중남해의 정치적 결정

중남해는 북경 시내에 있는 호수이다. 면적은 100만㎡이고, 수면 면적의 47만㎡이다. 북경 시청구(西城区) 자금성의 서쪽에 위치한다. 명(明)·청(清) 왕실 정원의 일부였다. 북쪽에 있는 북해와 중해는 금(金)나라 때부터 있었던 자연호로 금, 원나라 때에 개발되었으나 중남해는 명 초기에 만든 인공호수이다.

1949년부터는 중국공산당 중앙위원회와 국무원 청사로 사용하였다. 오늘날 중남해는 주변에 중국공산당 당사를 비롯한 정부 주요 기관들이 소재하고 있어 일반인의 출입을 금지하고 있다. 모택동, 주은래, 등소평, 강택민 등이 거주했으며, 호금도, 오방국, 온가보, 가경림, 이장춘, 시진핑, 이극강 등 주요 지도자들이 이곳에 거주하며 중국의 정치를 이끌어 가고 있다.

중남해는 문화대혁명이 끝날 무렵 1976년 10월 화국봉, 국방부장 엽검영, 왕동흥, 이선념이 모여 문화대혁명을 주도한 4인방을 체포하고 긴급조치를 발표한 곳이다. 화국봉 등은 반당, 반사회주의 죄목으로 4인방을 체포한 이후 중남해에서 중앙정치국 상무위원회 회의를 주도했다. 회의를 마친 후 엽검영은 연금 상태에 있던 등소평을 복귀시킨다. 그리고 엽검영과 화국봉은 방송국, 인민일보, 신화사 등 방송과 언론을 통해 발표한다. 10년의 재앙으로 불리는 문화대혁명을 주도한 4인방의 체포에서 긴급조치를 결정하는 데 1시간도 소요되지 않는다. 중남해는 마치 군사쿠테타를 연상하듯 일사천리로 모든 정치적 결정을 주도할 수 있는 정치적 집단이다.

공산당의 막강한 조직

공산당이 없으면 신중국도 없다. 이 말은 공산당이 국민당과 치열하게 싸우면서 1949년 10월 중국을 통일했다는 의미가 담겨있다. 공산당이 정권을 잡은 이후를 신중국이라 부르며, 13억의 인구를 이끌며 지배하고 있다. 중국은 56개의 민족이 뒤섞여 민족갈등과 대립의 폭탄을 안고 안정과 조화의 정책을 내세워 가고 있다. 그렇다면 60년 동안 수많은 우여곡절 끝에 10%의 경제성장을 이룩한 성공의 원동력은 무엇일까. 당연히 막강한 공산당의 힘이다. 공산당이 결정하면 국가는 결정에 따라 일사분란하게 움직인다. 정부는 당이 결정한 사항을 이행하고, 전인대(국회)는 공산당의 정책을 추인한다. 이는 피라미드식 구조로 사회 기층의 당조직으로 연결되어 있다. 모든 국가조직은 촘촘히 엮여 있어 당의 정책이 매끄럽게 추진되는 것이다. 공산당의 힘은 이러한 조직에서 나온다. 말단 행정기관, 국유기업, 사유기업, 외자기업에 이르기까지 세포처럼 전국에 뻗어 있다. 또한 중앙당에서 촌 공산당위원회까지 모세혈관식 당 조직을 이용하여 정책을 선전하고 교육한다. 공산당원은 사상, 지적 능력 등 엄격한 심사과정을 걸쳐서 선발되며 엘리트 집단으로 양성된다. 당원이 되어도 각급 행정기관에 설치된 약1600개의 당교와 사회과학원 등을 통해 지속적으로 교육을 받아야 한다. 공산당 지도부는 '절대권력은 절대 부패한다'는 진리를 알고 있기 때문에 등소평 이후 권력을 분배하여 분산시키는 것 같다. 그리고 젊은 당원이나 관리들을 당정 수뇌부에 배치하여 경험하고 자기정화 능력을 배양할 수 있도록 30대, 40대 간부를 조직적으로 관리한다. 소련이 노만클라투라(nomanclatura)(党校)라는 조직에 들어가면 별도의 관리를 받았듯이 중국도 비슷하다. 당 조직에서 예비지도자가 될 만한 인물을 관리하여 중앙위원으로 선발하고, 중앙위원에서 정치국원, 정치국 상무위원으로 선발한다. 이런 지도자를 양성하는 전통이 있기 때문에 혁명세력이 아닌 호금도나 습근평 같은 인물이 선발될 수 있는 것이다. 헌법에 규정된 것은 아니지만, 중국은 대개 10년을 주기로 최고지도자가 교체되고 있다. 중간에 5년마다 당대회가 열리지만 지도자의 평가가 아닌 일종의 중간점검을 통해 5년을 재임하게 된다. 중국은 선거를 통한 정권교체가 아니라, 10년을 주기로 세대간의 권력을 교체하는 것이 특징이라 할 수 있다. 물론 이러한 정권교체가 겉으로는 평화롭게 진행되는 것처럼 보이지만, 중국은 정치 파벌의 역사는 오래되었고 권력구조의 내부는 복잡하다. 최고지도부인 정치국 상무위원은 7-9명인 홀수로 구성되는 있다. 지도부의 권력구조는 위원의 성분에 따라 태자당, 상해방, 공청단 등 여러 파벌로 구분하지만, 대립과 갈등의 관계라기보다 협력과 공조의 관계라고 할 수 있다. 보시라이처럼 문제가 있는 인물은 사전에 어떤 형식으로든 검증하여 제거한다. 중국 최고지도자는 정확히 어떤 과정을 거쳐 후계자를 공식적으로 선발하는지 발표된 것은 없다. 하지만 10년간의 수련과정은 지도자의 자질을 갖추고 능력을 인정받는 훈련과정이라 할 수 있다. 마지막까지 안개 속에서 상무위원 중 한 명이 집단지도부의 합의를 통해 선출되는 것으로 예측할 수 있다.

중국정치의 진퇴양난

1977년 등소평이 '혁명에서 발전으로, 계급투쟁에서 경제건설로'를 내세워 체제를 전환하여 실용주의 노선과 개혁 정책을 공식화한다. 당시 설립한 중국사회과학원은 중국이 사회과학 정책의 전환을 상징하는 연구기관이다. 이 기관을 사회주의 체제 유지를 강화하는 국가의 중요한 부서로 지금도 활용하고 있다. 외형적으로 경제현대화를 추진하면서 내부적으로 사회주의 노선, 프롤레타리아 독재, 공산당의 영도, 마르크스-레닌주의와 모택동 사상의 견지를 강조하는 공산독재 정치를 하고 있는 것이다. 이러한 중국이 또 한번 전환시대를 맞이하고 있다. 국민혁명, 개혁개방에 이어 사회주의 개혁을 추진하면서 궁지에 빠진 것이다. 즉 사회주의 체제를 유지하면서 시장경제를 정착시키는데 여러 가지 모순이 발생한 것이다. 1989년 6월 천안문 사태는 이러한 모순이 표면적으로 드러난 사건이다. 경제적 논리로 정치문제를 해결하려는 등소평의 정책은 정치개혁과 경제개혁의 불균형을 야기한 것이다. 등소평은 천안문에서 정치개혁과 민주화를 요구하는 인민을 무력으로 진압하면서 수천명의 희생자를 냈고, 반체제 인사들을 숙청했다. 이 사건으로 당시 조자양 총서기를 토진시키고 상해 당서기로 있던 강택민을 후임으로 발탁했다. 그리고 1992년 1월 경제특구인 광동, 심천, 주해, 상해 등을 시찰하면서 중국식 개방을 더욱 가속화 했다. 등소평은 사회주의 체제를 지키고 개혁개방만이 중국의 유일한 활로이며, 개혁을 행하지 않는 자는 퇴진해야 한다고 발언했다. 등소평의 남순강화 내용은 1992년 3월 전인대회에서 중국의 정책으로 공식 채택되었다. 특히 정치국 전체회의에서는 1978년 채택된 개혁노선을 계속하며, 간부의 4대원칙-

혁명화, 연소화, 지식화, 전문화-에 따라 원로들이 퇴진한다. 이 원칙을 반영되어 새로운 14기 당중앙위원을 선출하여 등소평의 개혁은 승리한다. 당지도부의 대폭적인 세대교체로 정치국의 개혁개방 노선을 지지하는 신진 개혁 세력은 권력기반을 확보한다. 1997년 9월 제15차 전대회에서 강택민 총서기는 개막연설에서 '중국은 사회주의 초급단계의 기초 위에서 다양한 소유제를 발전시키고, 자본주의 방식을 적용해 나가겠다.'고 밝혀 등소평의 개혁개방 노선을 더욱 확대해 나갈 것을 선언했다. 2002년 상무위원으로 10년 동안 활동한 호금도가 당과 국가의 최고지도자로 등장한다. 11월 8일 개최한 중국공산당 제16차 전대회는 중국 지도체제를 전면적으로 개편하고 권력을 제도적으로 승계하게 된다. 이는 과거 모택동과 등소평이 최고지도자를 지명하는 형식에서 벗어나 집단지도체제로 권력을 분산하여 한 개인이 권력을 독점하던 시대를 마친 것이다. 지금의 권력구조는 대립과 갈등의 관계라기보다 협력과 공조의 관계이다. 권력의 공유는 중국 공산당의 변화에 중요한 의미를 갖는다. 장쩌민 중심의 제3세대로부터 후진타오 중심의 제4세대로 평화적으로 정권교체가 이루어진 것이다. 대회에 참석한 전국대표의 구성도 전면적으로 개편되어 97.5%가 중화인민공화국 성립이후 입당한 당원들이다. 중국공산당의 핵심 정책결정기관인 정치국 상무위원회는 기존의 7명에서 9명으로 확대 개편되었는데 이들의 평균연령도 62.1세로 15전대회와 비교해 약 3세 정도 젊어졌다.

중국의 지도체제는 권력의 과도한 집중을 막기 위한 제도적 장치에 따라 호금도를 중심으로 정치국 상무위원회의 구성원들이 정한 역할과 권력을 분담하는 상호분업적 집단지도체제의 성격을 띠고 있다. 즉, 정치국 상무위원회 구성원들이 국무원 총리, 전인대 상무위원장, 정치협상회의 주석, 기율검사위원회 주석 등 지도적 직책을 겸직하는 분업적 체제를 유지함으로써 상호견제와 균형을 이룩해 갈 수 있게 되었다. 정치국 상무위원회가 7명에서 9명으로 확대된 것은 집단지도체제의 강화라는 측면에서 이해할 수 있다.

4. 습근평의 통치구조와 권력

2014년 1월 7일 중국 북경에서 열린 '중앙정법(政法)공작회의'에 이례적으로 습근평(习近平) 주석이 참석했다. 국가주석이 이 회의에 참석한 것은 1997년 12월 강택민(江泽民) 주석 이후 17년 만에 처음이다. 중앙정법위는 경찰, 검찰, 법원, 무장경찰, 국가안전부 등 사법기관을 총괄하는 막강한 자리다. 정법위 서기는 호금도(胡锦涛) 시대까지는 정치국 상무위원 중 한 명이, 습근평 시대부터는 정치국원 중 한 명이 맡고 있다. 국가주석이나 총리가 정법위 서기를 겸직하지 못하게 한 것은 이들이 사법권과 무장병력까지 보유하면 권력집중과 독재를 견제하기 어렵기 때문이다. 호금도 집권 때 정법위 서기는 주영강(周永康)으로 정치국 상무위원 중 서열 꼴찌(9위)였지만 그의 파워는 호금도·온가보도 경계할 만큼 막강했다. 이 때문에 시진핑 시대 출범과 함께 정법위 서기의 격(格)은 정치국 상무위원에서 정치국원으로 한 단계 낮아졌다.

시 주석은 이 자리에서 매우 의미 있는 연설을 했다. 그는 '정법위는 사회안정을 기본 임무로 하고, 사회의 공평과 정의를 핵심 가치관으로 추진하며, 인민들의 편안한 생활을 근본 목표로 하여, 공정한 사법권의 집행을 견지하여 중화민족의 위대한 부흥이라는 중국의 꿈을 실현할 사회적 보장을 해야 한다'고 말했다. 그는 이어 '정부기관에 대한 인민의 소송을 막는 등 사법권을 남용해 인민을 억울하게 만드는 것을 절대 용납하지 않겠다'며 '가장 결연한 의지와 행동으로 사법 부문의 부패현상을 일소하고 조직에 해가 되는 자(害群之马)를 강력히 청소해야 한다'고 강조했다.

최고지도자가 17년 만에 이례적으로 정법위에 참석한 것에 대해 중화권 언론은 크게 두 가지 목적이 있는 것으로 풀이한다. 하나는 투명하고 엄정한 법집행 없이는 중국 사회가 한 단계 더 도약하기 어렵다는 인식이다. 공무원 부정부패를 막고 사회적 약자의 억울함을 덜어주기 위해서는 무엇보다 공무원을 감시하는 사법부가 깨끗하고 투명해져야 한다는 것이다. 다른 하나는 지난 정권에서 사법계의 마피아를 형성해 개혁을 가로막고 보시라이(薄熙来) 전 중경시 서기와 손잡아 내란 음모까지 꾸민 것으로 알려진 주영강 세력을 일망타진하기 위한 포석이란 지적이다. 홍콩 명보(明报) 등은 '시 주석이 언급한 해군지마의 말(马)은 곧 주영강을 가리킨다'고 보도했다.

주영강은 2012년 3월 중순 보시라이 사건의 핵심 열쇠를 쥔 대련(大连) 기업인 서명(徐明)의 신병을 놓고 호금도·온가보 세력과 한판 힘 대결을 펼친 것으로 전해졌다. 실덕(实德)그룹 회장인 서명은 보시라이가 대련 시장과 요령(辽宁)성장일 때 각종 사업에 특혜를 받고 보시라이의 가족에게 거액을 바친 인물로 알려졌다. 2012년 당시 중화권 매체들의 보도를 종합하면, 그해 3월 중순 서명을 대련 자택에서 먼저 체포한 쪽은 주영강 휘하의 공안부라고 한다. 보시라이 사건을 조사 중인 당 기율검사위는 공안부가 서명의 신변을 확보한 것을 알고 넘길 것을 요구했으나 공안부가 거절하자 양측 간에 힘 대결이 펼쳐졌다. 그해 3월 19일 밤 공안부가 북경 본부에 있던 서명을 몰래 빼돌리려 하자 기율검사위가 자체 수사인력을 동원해 이를 제압하려 했고 이를 안 주영강이 무장경찰부대를 동원해 기율검사위 수사팀은 물론 최고 지도부 거주지인 중남해(中南海)까지 포위한 것으로 알려졌다. 사실상의 쿠데타였다. 사태를 주시하던 호금도 측은 중남해 경호를 담당하는 인민해방군 8341부대를 출동시켜 무장경찰을 제압하고 사태를 종결했다는 것이다. 당시 중남해 부근과 천안문광장 주변에는 철판으로 가린 장갑차와 무장군인들이 출현한 모습이 시민들의 휴대폰으로 찍혀 외부에 공개됐다.

주영강은 쿠데타가 성공했을 경우 후계자로 내정된 시진핑을 밀어내고 보시라이를 당 총서기 겸 주석으로 앉히고 자신은 '태상왕' 역할을 하려 했다는 것이 중화권 매체들의 보도다. 시진핑 정권 출범 후 주영강 세력의 기반이었던 석유방과 사천방에 이어 정법위 인맥까지 대대적으로 손보는 것은 이런 배경 때문이란 것이다. 주영강 역시 정치국 상무위원을 처벌하지 않던 관례를 깨고 사실상 연금상태에서 조사를 받고 있는 것으로 알려졌으며, 서재후(徐才厚) 전 군사위 부주석까지 그를 도운 혐의로 연금상태인 것으로 전해졌다. 시진핑 주석이 지난 1월 7일 정법위 회의에 참석해 '해군지마'를 언급한 것은 주영강와 주변 세력을 척결하겠다는 강력한 의지의 표현인 셈이다. 이로써 시진핑은 이전까지 정법위 서기가 쥐고 있던 사법기관에 대한 통제력까지 가지게 됐다.

개혁 개방을 통해 성장한 중국은 5세대 지도부를 중심으로 G2로서의 확고한 위상을 갖추기 위한 도정에 들어선다. 중국은 향후 10년간 내수 주도의 경제 성장과 산업 고도화, 위안화의 국제화를 통한 금융시장 개방과 허브화, 국제사회의 소프트파워 강화를 추진할 것으로 예상된다.

현재 중국의 권력구조는 공산당이 국무원의 행정권과 인민대표대회의 입법권 위에 있고 또한 정법위원회를 통해 사법권을 완전히 장악하고 있다.

제6부

중국 경제의 이해

중국경제의 발전은 세계경제 발전 역사상 하나의 기적이다. 이 기적은 기초 여건이 낙후된 상황에서 식량문제를 해결하고 신속하게 경제 발전을 이루었다. 또한 중국경제의 획기적 발전은 대외무역 수출 저하 및 치열한 국제 경쟁력 등 여러 악조건에서 내수 확대 등을 유지하며 강력한 발전을 유지하게 했다.

중국경제 발전은 세계경제에 중요한 영향을 끼쳤다. 특히 아시아 금융위기 동안 중국은 유일하게 인민폐를 절하하지 않고 아시아 기타 국가의 경제 회복에 유리한 여건을 만들어 주었다. 글로벌 경제의 영향으로 각국 간 무역 또는 국가와 지역(홍콩, 대만 지역) 간 경제 발전은 더욱 커지고 상호 영향을 주고받는다. 중국 대륙은 경제 블랙홀과 같다. 대만 사람들은 대만의 자본을 모두 빨아들인다고 말한다. 중국의 개혁개방과 경제의 미래는 세계의 주목을 받고 있다. 중국경제는 세계에서 가장 복잡한 국정으로 경제발전 상황을 이해하기 어렵다. 나아가 도시의 발전 변화는 하루에 천리를 달리듯 발전이 빠르다. 마치 몸은 산 속에 있으나 그 산의 진면목을 알지 못하는 것과 같다. 특히 1992년 이후 전면적인 발전은 등소평이 없었다면 오늘날의 경제 발전도 없었을 것이다.

1. 경제개황

모택동이 '중국은 일어났다.'이라고 한 말은 1세기 동안 외세의 침략을 걸쳐 중국이 강력한 민족국가로 탄생했음을 간결하게 표현하고 있다. 1949년 이후 중국 공산당은 사회주의 국가건설을 위해 인적자원, 풍부한 천연자원, 독자적인 기술을 동원했다. 모택동의 영도 아래 군사력, 공업화, 농업의 집단화, 자급자족체제 및 소비의 평등주의를 골자로 경제정책을 추구해 왔다. 20년 동안 경제자원은 공업생산의 고도성장, 최소한의 소비재 공급, 최신기술의 도입을 기본정책으로 배분되었다. 그 성과는 부분적인 성공, 좌절을 통해 기본정책의 미완성으로 복잡한 사정이 나타났다. 1950년대 말 대약진, 60년대 문화대혁명이라는 두 번의 사회경제적 격동기에 경제정책은 혼미한 상태에 빠져 경제성장은 저해되었다. 중국경제는 정치적 안정기, 혼란기, 회복기라고 하는 정치적인 동요과정이 경제에 미친 영향을 이해해야 한다.

1950년대 초 중국 국민의 85%는 농촌에 거주하며 대부분이 농업, 건설 등 육체노동에 종사했다. 도시지역의 공장에서 노동하는 노동자는 많지 않았다. 공산당의 강력한 통제정책으로 인민 대다수가 평등주의 정책에 의해 자기희생을 감수하며 느리게 변화했다.

농업의 집단화 운동은 중국경제체제에 있어서 실패한 정책의 하나이다. 1950년 토지개혁의 실시로 집단화운동을 실행했다. 호조조가 조직되고 초급농업합작사, 고급농업합작사(소련의 집단농장), 대약진시기의 초대형집단인 인민공사로 확대했다. 그러나 대약진의 좌절 뒤에 인민공사의 변형이라 할 수 있는 생산대대, 생산대를 포함한 삼급소유제(三级所有制)에 의한 농업관리제도를 확립한다. 오늘날의 농업정책은 집단화의 이념과 농민에게 필요한 현실적 문제와 타협하여 변하고 있다.

자급자족체제의 확립을 목표로 한 경제정책의 실패이다. 1950년대 자립 단계의 공산정권은 소련과 공장 건설 협정을 체결했으나, 1960년 소련의 기술자들이 돌연 철수하면서 경제자립이 좌절된다. 중국정부는 일본과, 서구 여러 나라에서 물질적, 기술적 지원을 구하게 되었다. 그러나 문화대혁명(1966-1969)의 정치적 혼란으로 외국의 원조가 감소하고 기술교육계획이 4년간 중단되어 자립이 지연된다. 간단히 말하면 오늘날 중국의 군사적, 경제적 성과는 외국의 원조에 의존했던 것이다. 그리고 모택동 지도부의 권력 다툼, 경제정세의 변화, 공산당 이데올로기의 수정으로 경제정책의 전환이 자주 나타났다. 또한 중앙조직의 정책을 하부조직에서 제멋대로 바꾸거나, 경제성과를 허위로 중앙에 보고하는 등 중앙정부의 지시는 영향력을 발휘하지 못했다.

제4차 5개년 계획(1971-1975)을 시행한 1972년 초에는 상당히 안정되게 경제정책이 추진되면서 노동자와 농민의 생활수준이 향상되었다.

경제환경

중국공산당이 정권을 수립했던 1949년 10월 1일 당시 중국경제는 수십 년에 걸친 전쟁, 홍수, 기근, 질병 등으로 피폐되고 파괴되어 있었다. 철도가 끊기고 공장은 가동이 중단되었다. 농지도 휴한지로 변했으며 제방과 관개용수로도 파괴되어 있었다. 수천만의 인민이 가난에서 죽기 직전에 놓였으며, 치솟는 인플레는 화폐기능을 마비시켰다. 당시의 상황은 절망적이었지만 중국은 거대한 인적자원과 천연자원을 기반으로 다시 일어설 수 있었다. 석탄, 철광의 매장량이 충분했으며 유전을 발견하여 자본설비, 생산기술, 경제조직을 잘 편성하여 제품의 자급체제를 확립했다. 피폐한 농지와 무분별하게 벌목하여 연료로 사용한 중국은 농업자원이 불충분했으나, 문제는 농업자원이 아니라, 약 9억에 가까운 인구의 규모였다. 이러한 열악한 경제환경 속에서 공산당이 추구하는 경제목표는 명료했다. 국제사회에서 군사력과 정치적 영향력을 확보할 수 있도록 경제를 근대화하는 것이었다. 목표를 성취하는 원칙은 일치단결된 중국, 강력한 중국, 독립된 중국을 만드는 것이었다. 이 경제목표 하에서 정부는 군사력, 공업 생산력, 최소한의 소비자물자공급, 외국 과학기술 습득과 교육 등 경제정책을 추진했다.

경제 부흥기(1949~1952)

중국공산당은 건국초기 내전에 따른 처참한 재앙을 청산해야 하는 상황에 있었다. 대내외 전쟁으로 주요도시가 고립되고 농지가 황폐되었으며, 공업, 농업, 물자수송망이 장기간 지속되었다. 건국 이전 미국의 국공합작 추진을 이용하여 미국의 협력을 얻기 위해 노력하기도 했으나 결국 실패하고, 우여곡절 끝에 소련의 협조 아래 소련식 사회주의 계획경제 체제를 발전모델로 채택하였다. 그렇지만, 국민당이 패주했을 때, 많은 경제인과 실업가의 도망, 화폐에 대한 신용실추, 물자은닉, 식량과 원료의 공급난, 수송망의 마비상태 등이 발생하여 국내의 경제활동이 붕괴된 것이다. 중국공산당은 이러한 사태를 복구해야하는 상황에 있었다. 여러 가지 악조건 속에서 공산당은 1952년 말까지 토지개혁을 완성했다. 또한 경험 있는 실업가, 경영자, 행정관료들의 사상을 개조하고 중공업 위주의 강력한 중앙집권식 계획경제를 추진하였다. 즉 열악한 외부 여건 속에서 중국정부는 경제회복을 위하여 먼저 제국주의 특권 폐지와 관료자본의 몰수를 통하여 국민당의 경제적 기반을 뿌리 뽑고, 사회주의 경제기반을 마련하는 일에 착수하였다. 1951년 말 3反, 5反 운동과 농업, 공업 분야의 변혁과 의식개조, 사상개조를 통해 중국은 사회주의 개조를 준비했다. 이러한 중에 중앙에 의한 원자재의 관리와 배급, 가격관리, 임금 고정 등으로 생산활동을 촉진했다. 농업분야에서도 생산력을 훼손하지 않고, 지주의 토지를 몰수하여 재분배하면서 경제부흥정책이 총체적으로 성공을 거두자, 수백만의 청년을 새로이 공산당에 입당시켜 관리기구를 강화했다.

부흥기의 경제정책으로 농업 및 상공업에서 생산이 증가되어 1952년 말에는 정권수립 이전의 최고 생산고를 넘어섰고 경제에도 안정을 되찾아 뒤이은 제 1차 5개년 계획 추진의 밑거름이 되었다.

중국공산당은 신민주주의 혁명단계를 조속히 끝내고 사회주의로 전환시킨다. 혁명에 성공한 공산당은 권력을 장악한 후 사회주의에 알맞는 생산관계를 이룰 때까지의 전 과정을 사회주의에의 과도기라고 한다.

사회주의 건설 시기의 경제(1953~1957)

중국은 1953년 후반부터 본격적인 국내건설을 착수했다. 소련의 원조로 중공업중심의 제1차 5개년 계획을 채택한다. 5개년 계획 기간에 300개의 근대적 공업플랜트를 소련에서 제공받게 된다. 공업플랜트는 기간산업시설(제철, 제강, 발전소 등), 기간제조플랜트(일반기계, 트랙터 등), 군사병기플랜트(항공기, 선박, 전차 등)가 포함되어 있다. 소련의 기술이 유입되고 중국은 최신기술을 신속하게 받아들였다. 또한 수천명의 과학자와 기술자를 소련에 유학시켜 소련의 선진기술을 익혔다. 한편으로 공업화에 장애가 되었던 당·정·군 관리들의 부패와 낭비, 관료주의를 일소하는 1951년의 3반운동과 병행하여 5반운동을 전개하기 시작했다. 5반운동은 뇌물수수, 탈세, 국가자재의 절취, 원료와 수공의 협잡, 국가경제정보 누설 등에 반대하는 대중운동이다. 중국은 이 운동을 통해 공업화와 농업, 수공업, 자본주의적 상업의 사회주의로의 개조를 실현한다는 과도시기의 총노선을 제창한다.

사회주의 개조는 급속히 추진되어 1956년 일차적으로 완성되었다. 그러나 중국의 사유재산은 모두 몰수되어 인민의 불만이 높아지자 모택동은 백가쟁명·백화제방 운동으로 국민들의 불만을 진정시키려 했다. 반사회주의, 반보운동이 확산되자 반우파 투쟁으로 연결시켜 정풍운동을 전개했다. 1957년 반사회주의 독초 제거를 위한 반우파투쟁을 확산하여 지식인, 정치인, 예술가 등 약 56만 명이 우파로 몰려 처단되었다. 이 시기 중국경제는 심각한 실업문제 와 함께 성장률이 크게 저하되었다. 산업발전의 토대도 없이 중공업과 군수산업 발전에 치중하여 농업부분은 정책 실패로 식량 부족을 초래했으며, 원자재 부족으로 소비물자의 공급에 차질을 빚는다. 농업부문에서 토지개혁으로 분배된 토지는 다시 회수하여 농촌의 집단화가 급격히 진행됐다. 제1차 5개년 계획 기간에 농민은 호조조, 초급 농업생산합작사, 고급 농업생산합작사 등 3개의 집단을 조직했다. 소련의 집단농장 형태로 농민의 소득을 노동량에 따라 지급했다. 농업은 공업처럼 중앙정부의 규제를 받지 않았지만, 농업은 도시인구를 부양하고, 공업에 원료를 공급하며 책임량을 확보하는 수단이었다.

대약진운동 시기의 경제(1958~1960)

농업생산의 위축 등 중국경제의 어려움을 극복하기 위해 모택동은 제2차 5개년 계획 수립(1958~1962)하고 1957년 11월 소련을 방문한다. 소련과도 이념논쟁이 일어나 중국의 경제원조 요청을 거절당하고, 소련은 기술자를 모두 본국으로 철수시킨다. 이에 모택동은 1958년 자력갱생을 강조하며 스탈린식 모델보다 더욱 급진적인 3면홍기(대약진, 인민공사, 사회주의 건설 총노선)정책을 전개한다. 소위 모택동식 모델로 불리는 대약진운동을 전개한다. 대약진은 공업화를 가능한 한 즉시 실현하려는 시도이다. 중국 정부는 성장속도가 느린 소련식 경제 모델에 싫증을 느낀 것이다. 10년이 필요한 공업화를 1-2년 사이에 완성하려고 한 것이다. 공장의 관리자는 생산비용과 제품의 질은 무시하고 책임량만 몰아세웠다. 몇십만개의 흙으로 만든 용광로를 집안에 건설하고, 원시적인 화학비료공장 등이 출현했다. 공업생산량을 향상시키는 것은 불가능했다. 3년동안 생산량은 떨어지고 노동력은 피폐되었다.

대약진은 공업처럼 농업에 있어서도 실패했다. 1958년 중앙정부는 인민공사를 조속히 건설하라는 명령을 내렸다. 인민공사는 대약진 정책의 실행단위로 1958년 말 전국 농촌에 조직했다. 농업뿐만이 아니라 工·农·商·学·兵이 결합한 政(행정기구)과 社(합작사)의 합일체로 농촌의 인민공사화 정책이다. 농민의 재산은 모두 인민공사에 헌납하여 공동소유로 하였고 생활은 남녀 공동 합숙소에서 생활하는 것이다. 그러나 인민공사를 유지하는 비용도 많이 들고, 소비물자의 무료 공급이 중지되는 등 문제점이 표면화되면서 폐쇄했다. 중앙에서 내려오는 지시는 현실성이 없었으며 혼란만 가중시킬 뿐이었다. 3년간에 걸친 자연재해가 겹쳐서 농업생산 저하로 식량공급을 하지 못했다. 인민의 기아상태가 확대되고 군대에서는 배급량이 줄었다.

자력갱생의 슬로건 하에서 핵개발 착수와 대약진 정책의 좌절, 3년간 자연재해, 중소관계 악화 등으로 경제적 곤란에 직면한 모택동의 대약진 운동은 실패한다. 팽덕회(국방부장)는 모택동 노선을 강력하게 비판하고, 그에게 정치적 책임을 추궁한다. 결국 1959년 4월 국가주석직을 사임하고 그 지위는 유소기에게 넘어간다. 이는 문화대혁명에 의한 모택동의 복권투쟁이라는 거대한 드라마를 암시한다. 1960 년 7월 소련정부는 일방적으로 몇 백 개에 달하는 계약을 철회하고, 1200명의 기술자들을 돌연히 본국정부로 철수시킨다.

경제 조정과 회복(1961~1965)

중국 공산당 지도부는 신속하게 공업 및 농업의 정책을 전면적으로 전환했다. 체제의 붕괴를 피하는 방향으로 수정개발 정책을 채택한 것이다. 대약진의 지나친 운동들은 빠르게 수정하여 식량공급을 회복하기 위한 긴급조치를 취했다. 즉 대약진운동의 기본 이념을 포기하고, 국내경제의 수습을 위해 유소기와 등소평이 전면에 나서 인민공사의 평균주의를 극복하는 정책들을 실시했다. 주요 정책으로는 가장 피폐한 지역에 의료반 파견, 비축식량의 방출, 노동량 대폭 축소, 인민공사 계획으로 가져간 자유지 부활, 면화에서 소맥으로 작물 전환, 소맥 수입 등이 긴급조치의 내용이다.

이러한 긴급조치 이외에 정부는 두 가지 농업정책을 변경하였다. 하나는 인민공사라는 농업조직체는 명목상 존속하였지만, 실질적으로 해체되었다. 공업, 상업, 재정, 군사 등 농업과 직접 관계가 없는 기능은 중앙정부로 환원되고, 인민공사의 규모는 1/3정도로 축소되었다. 다수의 농민을 동원했던 공공사업계획은 정지되었다. 농업경영에 관한 일상적인 결정권은 인민공사보다 소규모 생산대대와 생산대에 맡겨지고 결정이 전달되었다. 다른 하나는 물자할당정책도 기존에는 필요한 자원을 자급자족하였지만, 화학비료, 살충제, 파이프, 경운기 등 관개설비, 농업기계 등의 필수물자가 대량으로 공급되기 시작하였다.

1961~1965의 재조정 정책은 그 목적을 달성하였다. 국내소비를 유지하는 경제기반은 확립되고, 충분한 농업투자가 이루어졌다. 또한 불필요한 공업생산 및 공업설비는 폐기되고, 우선 필요한 산업분야에서 급속한 발전을 이루었다. 예를 들면 원유 및 석유제품의 자급체제와 병기산업에 주목할 만한 발전을 보였다. 중국이 최초로 핵실험을 하였던 것도 1964년 10월이다. 중국이 대약진운동의 결과로 완전히 힘을 잃어버린 것은 아니다.

문화대혁명 시대의 경제(1966~1969)

경제정책의 재조정에 의해서 대약진의 혼미상태에서 구출된 사실은 모택동의 자존심에 큰 상처를 남기게 되었다. 이데올로기적 실천과 인민공사의 생활을 지지하는 그의 사상은 많은 부분이 중단되었을 뿐만 아니라, 명예직 같은 지위로 쫓겨나서 병이 잦은 늙은이로 취급되었던 것이다. 모택동이 권위회복을 위해 최초로 움직이기 시작한 것은 1962년 당과 정부 내부에 다시 그의 사상노선을 침투시키고자 새로운 '사회주의적 교육운동'을 시작했다. 모택동의 이데올로기를 지지했던 사람이 인민해방군 국방상 임표이다. 그는 군부내에서 전면적인 모택동 사상화를 추진하기 시작하였다.

경제 조정과 회복기의 정책으로 중국경제는 1965년 말 겨우 회복되었지만, 모택동이 대장정 당시 했던 방법으로 사상교육을 시도하였다. 하지만 실제의 혁명을 경험하지 않은 젊은 세대는 반응을 보이지 않았다. 이에 모택동이 생각해낸 것이 1966~1969년의 프롤레타리아 문화대혁명이라고 불리는 강력한 사회주의적 교육운동이다. 1966년에는 정치적 혼란이 있었지만 주로 학생인 홍위병은 국민경제에 타격은 주지 않아 경제성장은 계속되었다. 그러나 1967~1968년은 문화대혁명이 공장을 비롯하여 경제의 각 부문에 파급되어 중국은 2년간 혼란에 빠졌다. 1969년 문화대혁명의 폭풍우가 가라앉고 공업생산은 1966년 수준으로 회복되었으나 1979년까지 재건이 진행된다. 다행히 문화대혁명은 도시주변에서 일어나 농업부분에는 거의 영향이 없었다. 또한 1967년은 정부의 행정조직이 거의 붕괴되었을 때에 풍작으로 식량의 조달 및 분배문제를 완화할 수 있었던 사실은 행운이었다.

경제계획의 재개(1970~1972)

1970년에는 노동자, 기술자, 관리직원 등은 다시 본래의 업무로 돌아가고, 새로운 군사공장과 공업설비 등을 가동하기 시작하였다. 이들은 대부분 내륙 공업지대에 해외에서 수입한 기계류, 원재료 등을 이용하여 석유화학과 전산기계 부문 등을 먼저 건설하였다. 1970년 후반 주은래 수상이 국경절에 행한 연설에서 정상적인 경제계획을 정식으로 발표하였다. 주은래는 1970년을 제3차 5개년계획(1966~1970)의 빛나는 종결의 해로 삼고, 더욱 새로운 제4차 5개년계획(1971~1975)의 강력한 기초를 구축하는 해로 만들자고 호소하였다. 1971에서 1972까지 2년 사이에 공업생산은 전체적으로 신장하였으며, 농업정책도 공업에서 농업부분으로 비료 및 기계 공급을 계속 증가시켰다. 하지만 이 시기는 이미 실패한 대약진시기의 정책을 문화대혁명 시기에 더 적극적으로 추진하였기에 중국의 경제는 전체적으로 피해를 입어 재건하기가 쉽지 않았다. 등소평이 실용주의 노선을 추구하여 정권을 장악한 이후 개혁과 개방을 추진한 원인도 여기에 있다.

2. 경제개혁과 시장경제의 확대

중화인민공화국 수립 당시 중국경제는 수천년을 이어온 자연경제였으며, 공산당이 지배하는 지역에서는 명령주의와 평균주의에 기초한 전시 공산주의 체제였다. 반봉건사회로 규정했던 시장경제와 상품경제도 일부 연해지역과 대도시에 형성되어 있었다.

중국정부는 소련의 중앙집권적 계획경제를 수용하여 경제개발을 시작했다. 모든 경제활동은 중앙이 계획한 지도에 따라 통제를 받았다. 하지만 시간이 흐르면서 계획경제의 폐단이 드러나면서 중앙정부가 통제하는 것이 불가능했다. 결국 1978년 공산당이 개혁개방 노선으로 전환하면서 경제체제 개혁을 단행한다.

개혁은 농촌에서 먼저 시작했다. 대약진 시기 만들어진 인민공사를 해체하고 농가단위의 청부제를 실시했다. 토지의 소유권을 집단이 행사하면서 경작권은 농민에게 넘겨 준 것이다. 또한 인민공사를 시장원리에 의해 운영하는 향진기업으로 전환한 것이다.

1984년에는 도시 국유기업의 소유권과 경영권을 분리했다. 시장경제의 원리를 강조하며 기업의 활성화를 추구했다. 1987년 13기 당대회에서 '국가가 시장을 조절하고, 시장이 기업을 선도한다.'는 시장경제원리를 제시했다. 그러나 중국경제는 사회주의와 자본주의의 혼란 속에 1989년 천안문 사태가 터진다. 무력으로 시위를 진압한 등소평은 1992년 '계획과 시장은 사회주의와 자본주의에 모두 적용되는 경제수단이다.'고 선언하면서, 14기 당대회에서 사회주의 시장경제 확립을 지향한다고 결정했다. 개혁개방을 선언한 후 15년의 실험을 거쳐 전면적인 개혁을 추진한다.

사회주의 시장경제

1978년 등소평이 중국지도부의 전면에 등장하여 개혁개방정책을 선언한다. 우선 집단경제의 전형인 농촌지역의 인민공사를 해체하고 농업의 사영화를 시행한다. 농업생산량이 개혁 이전의 16.9%에서 48.3%로 엄청난 증가세를 나타낸다. 여기에 힘입어서 중국경제의 발목을 잡고 있는 비효율성의 대표인 국유기업의 개조, 금융체제의 개선, 정부기구의 전환 등에 대한 개혁정책을 통하여 자본주의 사회의 시장경제체제를 도입하기 시작한다. 이러한 개혁과정에서의 정책

변화는 중국공산당 전국대표대회의 보고와 중국공산당의 기관지인 인민일보 등에서 발표했다.

1978년 11기 3중전회에서 실용주의 노선의 개혁개방정책을 선언한 이후, 시장경제 체제의 도입과 관련하여 시장경제에 관한 발언을 한다. 1982년 9월의 제12차 당대회에서는 계획경제를 주로 하고 시장의 조절을 부수적으로 한다고 하여 시장의 개념이 처음으로 도입이 된다. 1984년 10월의 중공12기 3중전회에서는 사회주의 경제는 공유제를 기초로 한 계획적 상품경제라 하여 사회주의 상품경제 개념을 도입하였고 중국의 경제개혁의 중요한 임무의 하나로써 시장체제의 점진적인 정비를 통한 개혁의 심화를 거론하였다. 1987년 10월의 제13차 당대회에서는 사회주의의 계획적 상품경제 체제는 계획과 시장이 내재적으로 통일된 체제라고 하여 사회주의 경제에서 시장기능의 강화를 주장하였고, 1992년 10월에 열린 제14차 당대회에서는 드디어 중국의 경제체제 개혁의 목표는 사회주의 시장경제의 건설에 있다고 강택민이 선언했다.

사회주의 시장경제의 이론적 근거

상품경제와 시장경제라는 용어가 등장한 것은 1987년에 개최된 제13차 당대회에서 체계화되어 발표된 사회주의 초급단계론이 그 배경이 되었다. 일반적으로 이 사회주의 초급단계론을 사회주의 시장경제의 이론적 근거로 삼는다. 당시 공산당 총서기였던 조자양은 당대회의 보고에서 '우리가 현 단계에서 직면하고 있는 주요 모순은 일익 증가하는 인민의 물질, 문화적 수요와 낙후된 사회생산력 사이의 모순이지, 계급투쟁은 이미 주요 모순이 아니다'고 하면서 그 방법론으로서 종래 시행되어 오던 계획경제에서 시장경제로의 선회를 암시하였는데, 모택동의 주장인 혁명론과는 전혀 다른 인식에서 출발하고 있다. 모택동의 주장과 조자양의 견해 사이에 존재하는 차이는 다음의 글에서 분명하게 나타나고 있다.

모택동이 <인민 내부모순의 문제의 정확한 처리에 관해서>라는 문건에서 밝힌 계속적인 계급투쟁과 내부혁명에 대한 견해는 다음과 같다.

우리 나라는 소유제 면에서 비록 사회주의 개조가 이미 기본적으로 완성되었다고는 하지만, 또 혁명시기에 대규모 急风暴雨式 군중계급투쟁은 이미 기본적으로 끝났다고는 하지만, 그러나 전도된 지주매판계급의 잔재가 아직도 존재하고 자산계급이 아직도 존재하며 소자산계급은 방금 개조되었다. 계급투쟁은 아직 끝나지 않았다. 무산계급과 자산계급간에 존재하는 의식형태 면에서의 계급투쟁은 장기간에 걸친 것이고, 곡절이 있는 것이며, 때로는 매우 격렬한 것이다. 무산계급은 자기의 세계관에 따라 세계를 개조하고자 하고, 자산계급은 자기의 세계관에 따라 세계를 개조하고자 한다. 이러한 면에서 사회주의와 자본주의간에 누가 승리하고 누가 패했느냐 승부문제는 아직도 진정으로 해결되지는 않았다. 이 모택동의 주장과는 달리 조자양은 제13차 당대회에서 보고를 통하여 사회주의 초급단계와 계급투쟁에 대한 견해를 다음과 같이 밝혔다.

우리 나라의 사회주의의 초급단계는 어떠한 역사적 단계인가? 그것은 어떠한 국가라도 사회주의로 진입할 때 거치는 최초의 단계를 일반적으로 지칭하는 것은 아니며, 특별히 우리 나라가 생산력이 낙후되고 상품경제가 발달하지 않은 조건 아래에서, 사회주의를 건설해 나가는 과정에서 필연적으로 거쳐야 하는 특정의 단계를 지칭한다. 우리 나라가 1950년대에 생산자료의 사유제를 사회주의로 개조함에 있어서 기본적인 완성을 한 때로부터, 앞으로 사회주의 현대화를 기본적으로 실현할 때까지 적어도 1백년 이상의 시간이 필요한데, 이 모두가 사회주의 초급단계에 속한다. 이 단계는 사회주의 경제기초가 확립되지 않은 과도시기와도 다르고 이미 사회주의 현대화를 실현한 단계와도 다르다. 우리가 현 단계에서 직면하고 있는 주요 모순은 일익 증가하는 인민의 물질, 문화적 수요와 낙후된 사회생산력 사이의 모순이다. 계급투쟁은 일정 범위 내에서 장기적으로 존재할 수는 있지만 이미 주요 모순은 아니다. 현 단계의 주요 모순을 해결하기 위해서는 필연적으로 상품경제 발전에 전력하고, 노동생산성을 제고시켜야 하며, 공업, 농업, 국방 및 과학기술의 현대화를 점차적으로 실현해야하고, 또한 이를 위해서 생산관계와 상부구조 중 생산력 발전에 적응하지 못하는 부분을 개혁해야 한다.

조자양은 이 보고에서 현 중국의 사회적 단계는 사회주의 초급단계라고 규정하고 사회주의 국가 건설의 중요한 논점을 계급투쟁에서 경제 건설로 돌려놓음과 동시에 이제는 계급투쟁을 위시한 사상논쟁을 중요시 할 때가 아니고 생산력의 발선에 대해 연구, 실천해야 할 때임을 천명하였다. 또한 사회주의 공유제를 주체로 여러 경제요소와 다양한 경영방식, 전민소유제에 있어서 정기분리, 다양하고도 정확한 분배원칙, 상품경제발전과 사회주의 시장체제 배양 등 낙후한 경제 상황을 벗어나기 위한 국가의 개혁정책이 본격적으로 시행되어야 함을 주장하였으며, 경제제일주의가 국가 건설의 기조가 되어야 하고 생산력의 발전이 국가의 제일의 과제가 되어야 함을 제시하였다.

사회주의 시장경제의 발전

개혁개방 정책이 시행되면서부터 종래의 사회주의 체제에서 일관되게 시행되어 오던 계획경제와는 전혀 상치되는 시장경제의 도입이 본격적으로 추진되기 시작하자, 기존 체제와의 이질성 때문에 정부의 정책 수립과 시행 과정에서 혼란이 적지 않았는데, 특히 천안문 사태와 관련하여 개혁개방 정책이 후퇴하는 것은 아닌가 하는 인민대중의 염려도 있었고, 사회주의 국가의 체제 유지 및 정부의 정책 추진과 관련하여 학자들은 물론 정부정책의 이론가들 사이에서도 혼란이 많았기 때문에 중앙정부가 명확한 입장을 밝혀야만 하였다. 또한 90년대에 들어와 시장경제 도입을 위한 개혁이 점차 심화됨에 따라서 사회주의 정치체제와 시장경제 체제의 공존 가능성에 대한 혼란을 피하고, 경제 · 정치학자들간의 이론적인 논쟁도 종식시키기 위해서 중국의 지도부는 시장경제의 도입에 대한 필요성과 당위성을 역설하게 된다.

1992년 등소평은 남순강화에서 '시장경제를 좀 하면 자본주의의 길로 간다고 생각하지 말라. 그런 일은 없다. 계획의 요소가 더 많은가, 시장의 요소가 더 많은가 하는 것은 사회주의와 자본주의의 본질적 구분이 아니다. 계획경제가 바로 곧 사회주의는 아니며 자본주의에도 계획이 있다. 시장경제가 곧 자본주의는 아니며 사회주의에도 시장이 있다. 계획도 시장도 다 경제수단인 것이다.'라고 하여 시장경제와 계획경제를 사회주의에 속한다 또는 자본주의에 속한다 하는 논쟁에서 해방시켰고, 또 '사회주의의 원칙은 첫째 생산력을 발전시키는 것이고 둘째는 다같이 부유해지는 것이다', 사회주의를 지키는 것은 '투쟁과정이고 설득교육 과정이기도 하다. 그러나 사회주의를 신봉하지 않는 사람을 최종적으로 설득하려면 우리들이 발전하지 않으면 안된다'고 하여 사회주의의 우월성을 경제 방면에서도 보여주어야 한다고 하였으며, 혁명에 대해서도 혁명은 생산력을 해방시키고 개혁도 생산력을 해방시킨다고 강조하여 모든 것을 생산력의 증가로 집중시킬 것을 호소하고, 그 동안 내부에서 일어났던 이론적인 문제들을 정리하였으며 모든 활동의 시비·득실을 판단하는 기준을 제시하여 중국이 사회주의 시장경제 체제로 돌입함에 있어서의 당위성과 지도방침을 제시하였다.

이후 1992년의 제14차 당대회에서 중국정부는 개혁개방을 통한 시장경제의 적극적인 도입과 정부의 모든 정책이 시장경제 체제에 부합될 수 있도록 급속히 전환해야 할 것을 강력히 천명하고, 아울러 정책수립의 기본이 되는 법체계 정비에 착수하여, 1993년 3월 29일에 열린 제8기 전국인민대표대회 제1차 회의에서 사회주의 시장경제의 전면적인 실시를 중화인민공화국의 헌법에 규정하게 된다. 즉 구헌법(旧宪法)은 제15조에서 경제체제를 계획경제라고 규정하여 계획경제가 국가의 종합계획의 근간이 되고, 시장경제를 보조적으로 활용한다고 하였는데 신헌법(新宪法)의 제7조에서는 사회주의 시장경제 체제하에서 정부가 경제입법과 거시 경제적 수단을 사용하여 경제를 운용한다고 개정한 것이다. 또 이때에 국영기업이라는 용어를 국유기업이라고 바꾸어서, 종래 전민소유제의 원칙에 입각하여 소유는 물론 경영까지 국가가 전 인민을 대신하여 운영해오던 각종의 기업에 대해서 소유는 하되 경영 부분에 대해서는 국가의 간섭을 줄이거나 하지 않겠다는 뜻도 천명하였다.

사회주의 시장경제의 의미

사회주의 국가의 경제체제는 기본적으로 토지, 건물, 기계, 금융 등 생산요소의 국유를 전제로 하고 있기 때문에 중국의 사회주의시장경제에서 의미하는 시장경제는 자본주의 사회의 시장경제와 그 성격이 꼭 같을 수는 없으나 등소평이 얘기한 것처럼 사회주의 시장경제는 그 방법에 있어서 기본적으로는 자본주의와 비슷하다. 그러나 현재 중국에서 논의되고 있는 사회주의 시장경제의 정확한 의미와 정의는 좀 더 시간이 흘러야 그 이론과 개념이 정립될 것으로 보인다. 새로운 정책이 발표될 때마다 중국정부가 그러하였듯이 일부에서 시험을 해보고 그 장단점을 파악한 후 점진적으로 그 정책을 확대해 나가기 때문이다. 특히 사회주의 국가에서 시장경제 체제를 운용한다는 것은 국가체제의 유지에도 지대한 영향을 미치기 때문에 실사구시(实事求是)의 정신에 입각하여 부분적인 실천의 결과를 토대로 새로운 이념과 정책을 제시할 것으로 보이며, 지금까지 해보지 않은 시장경제에 대하여 앞으로 배워가며, 실천 과정 중에 그 이론이 점점 정립되어 갈 것으로 보인다. 다만 중국지도부의 입장과 지도자들이 사회주의 시장경제를 언급할 때의 바탕에 깔려있는 공통된 인식으로부터 판단해 볼 때 그 의미를 대략 다음과 같이 정리할 수 있다.

첫째, 사회주의 시장경제는 공유제를 주체로 하여 사유경제를 포함한 다양한 경제요소가 함께 발전한다는 전제 아래 운영이 된다. 현재의 중국의 소유제의 실현형식은 공유제인 국유제와 집체소유제 그리고 비공유제인 개체호(个体户), 사영기업(私营

企业), 삼자기업(三资企业) 등 여러 가지 형태로 나타나고 있지만 결국 공유제를 위주로 하고 비공유제는 공유제를 보충하는 기업구조를 형성해 나간다는 것이다.

둘째, 사회주의 체제인 중국 사회에서 인식하고 있는 바는, 자본주의 시장경제에서 나타나는 개인자본의 무제한의 증대와 수입의 양극화를 방지하기 위하여 정부가 통제를 하고, 적절한 분배와 조절정책을 통하여 최종적으로 전 인민이 함께 부유해지는 것을 목표로 한다. 이것은 공유제라는 제도에 의해 사유재산으로 유입되는 배분을 국가가 제도적으로 통제함으로써 극단적인 소득의 격차를 저지한다는 의미로 받아들여진다.

셋째, 강력한 국가의 거시적 관리와 사회주의라는 정치적 우위성을 배경으로 정부가 경제·사회정책, 경제법규, 계획지도 등 필요한 행정관리를 통하여 시장경제 운영의 질서를 지켜나간다는 것이다.

요컨대 사회주의 시장경제란 공유제를 주체로 사유제를 비롯한 모든 경제성분을 포함하며 최종적으로는 모든 인민이 잘 살 수 있도록 국가의 거시관리를 받는 사회주의 아래의 시장경제이다.

경제특구 설치

경제특구는 외국업체의 적극적인 유치를 위해 법인소득세, 관세, 공상통일세(부가가치세)에 특혜를 부여했다. 이 가운데에서도 가장 핵심적인 것이 법인소득세에 대한 특혜와 세제개혁 이후의 부가가치세 환급이다. 법인소득세는 경제특구 이외 지역의 세율이 업체 규모에 따라 한때 55%와 33%의 차등 소득세율을 적용했다. 그러나 경제특구 내에서는 이윤을 낸 최초 년도부터 포함 3년 동안 법인소득세가 면제 되고 2년 동안 법인소득세가 반감되며, 나머지 기간 동안에는 법인소득세가 여타 지역보다 훨씬 낮은 15%의 적용을 받게되었다. 이외에도 토지 이용, 용수, 전력 등의 공장 설립과 관계된 인프라 사용 우선권, 원자재 수입의 관세 면세, 출입국 수속의 간소화, 합작업체 소요 자동차 면세 수입 허용 등 당시로서는 획기적인 내용이 포함되었다. 각종 특혜조치는 여타 경제 개발구에도 원용되었다.

현재 중국에는 심천 등 5개 경제특구 이외에도 14개 연해개방도시, 5개 연해개방지역, 52개 첨단과학기술개발구, 양자강유역 개방도시 및 11개성 개방수도, 4대 국경개방도시, 13개 해안보세구, 포동개발구, 그리고 훈춘개발지구 등 7-8개 이상의 유사 경제구가 있다. 이들 지역도 정도의 차이는 있으나 기본적으로는 경제특구에서 취해지는 특혜 조치를 향유한다는 점에서 경제특구와 유사한 것이다.

경제특구의 중국경제에서의 비중

경제특구의 비중을 보면, 당시 경제특구의 면적은 5만㎢ 미만으로 중국 전체의 0.5 %에 불과하다. 인구도 2천만 명 정도로 전체의 1.7 % 이지만, 국민수입은 중국전체의 2.5 %를 차지하고 있었다. 특히 1984년 경제특구로 편입된 해남성은 면적 및 인구가 경제 특구내에서 큰 비중을 차지하였다. 이 경제특구는 국민수입 증가율이 전국의 2배에 달했다. 대외교역면에서도 경제 개혁 개방의 전위지역인 점에 걸맞게 수출입 비중이 전국의 22.3%나 된다. 이와 함께 외자 유치도 17.2%나 차지하고 있다. 즉 이들 지역은 외국인 직접 투자도 활발하게 이루어지고 있으며 그만큼 교역도 높은 비중을 점유하였다. 산업 구조면에서는 경제특구의 경우 1차 : 2차 : 3차 산업의 비중이 19.7 : 50.9 : 29.5로서 전국 전체의 54.3 : 22.7 : 23.0 보다 훨씬 공업화 되었다. 즉 시장 기능 및 사유재산에 기초한 경제 활동의 결과, 여타 지역에 비해 공업화 내지는 산업화가 훨씬 빠르게 진행되고 있었다.

경제특구별 특성

- 심천 : 심천특구는 1980년에 광동성의 경제 특구 조례에 따라 공업을 중심으로 영농, 목축, 관광, 주택, 문화, 과학, 교육 등 여러 가지 업종의 경제특구를 건설했다. 심천특구의 공업은 현대화와 기술집약형, 자본집약형 위주로 하고 있으며, 전매특허 기술과 기술전문공업발전을 선도하였다. 심천 특구는 15㎢의 토지를 공업발전에 쓰도록 구분하였고 이런 토지를 10개 공업구로 나누었다. 10개 공업구는 주로 섬유, 전자 기계 및 종합산업 등이다. 심천특구는 1981년에서 2000년까지의 20년 동안에 39억元을 투자하여, 1,500개의 공장에 전자, 경공업, 식품, 방직, 의류제조, 건축재료, 직물기계와 석유화학의 품목 등이 입주해있다.
- 주해 : 주해시는 광동성 남부 중강구의 서남방이며 동남부는 남해와 마주보고 있다. 동쪽으로 홍콩과 3621km의 거리이고 가장 가까운 섬은 371km거리이다. 마카오 육지와 이어져 있고 광주에서 약 140km 떨어져 있다. 주해특구는 특수한 지리적 위치와 뛰어난 자연조건으로 홍콩의 모방공업, 경산전자공장, 가공공업석유 상품, 냉장고 공정, 항공여객 화물 운반, 관광, 주택부동산업의 합자, 합작 등을 유치했다.
- 선두 : 선두시 경제특구는 선두의 동북 근교에 있으며 시구와 긴밀히 이어졌다. 120여년의 역사를 지닌 경공업과 대외무역 항구도시이다. 또

한, 여동, 한남, 서남의 여객운송 투자 수출입의 중요한 문호이며, 선두지구의 정치. 경제. 문화의 중심지로서 현재 수출가공공업을 위주로 하고 있다. 동시에 아름다운 풍경을 이용해 관광사업을 발전시키고 있다. 선두시에는 현재 375개의 공장기업이 있는데 이중 수출공장 생산품을 담당하는 기업은 120개이다. 주요 수출생산품은 130여종으로 현존하고 생산잠재력이 매우 크다.

- 하문 : 하문은 중국 동남 연안의 바다에 인접한 시로써 해상교통의 요충지이며, 1만 톤급의 배가 내항에 정박할 수 있다. 공 . 농목업 생산의 발달로 경공업방직, 식품, 기계, 화공, 공예미술, 조선 등의 공업기업들이 700여개가 있으며, 주요 공산품으로 장갑차, 트럭, 주물, 베어링, 모터, 유산공업용 소다, 화학비료, 의약품, 고무, 방직, 화학섬유, 필림, 장치, 자전거, 평판유리, 전자계기 등 2천여종이 있다.
- 해남성 : 1988년에 경제특구로 설립된 해남성은 중국의 제2의 대만으로 불린다. 자본 및 기술부족과 인프라 스트럭쳐의 미비로 개발에 많은 기한이 소요될 것으로 보인다. 주요 수출품목으로 커피, 차, 고무, 코코넛 등으로 주로 1차 상품이며, 철광석, 보크사이트, 동 등의 지하자원이 풍부하여 이와 관련된 에너지 자원 개발 사업의 전망이 아주 밝다.

경제특구의 성공

중국의 경제특구는 외국인의 손쉬운 1차 접촉지 (탐색지로서의), 일반 국내인의 정부의 정책 신뢰성 제고, 관료의 경제 발전 경쟁상대 부각, 그리고 “잘살아 보자”는 인식의 확산지, 기타 새로운 경제정책의 실험지로서 현재까지 중국 경제 발전에 커다란 역할을 해 온 것으로 평가할 수 있다.

경제특구의 성공요인은 중국이 개혁·개방 정책을 실시할 당시만 하더라도 ASEAN 국가나 인도 등의 경쟁상대가 없었던 것과 냉전체제가 존재하는 가운데 사회주의 국가가 경제특구를 선포하였다는 사실 자체만으로도 서방선진국의 호기심을 끌기 충분하였기 때문이다. 또 하나의 중요한 이유는 경제특구의 입지로 보아 홍콩, 마카오, 복건 지역 등은 많은 화교 인사들의 애향심을 불러일으키기에 충분하였다. 이들 화교 재벌가의 대중투자가 80년대 이후 현재까지도 주도적으로 중국에 대한 외국인 투자를 이끌어 온 점에 비추어 입지의 적절한 선택도 커다란 도움이 되었다. 마지막으로 중앙정부와 멀리 떨어져 격리된 이들 지역은 자율적인 개방정책의 수립과 집행이 가능할 만한 규모와 위치였다. 이를 바탕으로 중앙 정부에서는 빈부차, 매춘 등을 적절한 행정조치를 통해 관리해 나가면서 유지시켜 나가는 과감성을 갖게하기에 충분하였다.

경제특구의 한계

1990년대 들어서는 앞에서 언급한 각종 특구의 유사 형태로서 정부(중앙 및 지방 포함) 공인 개발구만 해도 약 2,000개 이상으로 늘어나게 되었다. 이로 인해 부동산 투기와 심각한 인플레이션 유발 등을 가져오고, 이는 결국 중국 정부의 긴축정책을 불러왔다. 한편, 중국 경제가 볼륨이 커지고 깊이를 더해감에 따라 외국업체라도 구태여 경제특구만을 겨냥하는 것이 아니라 업종별 필요성에 따라 중앙 및 지방 정부와 적절하게 협상을 하여 입지를 선정하게 되었다. 그럴수록 경제특구의 효용성이 줄어가고 있다.

중국은 1986년 이후 GATT (96년부터는 WTO) 복귀에 진력해 온 바 있다. WTO 가입의 한 가지 조건이 동일 관세 지대이다. 즉 경제특구는 중국 여타지역과 차별지대인데 WTO 가입으로 경제특구에 대한 특혜 정책의 상당 부분이 조정되었다. WTO 가입으로 점진적인 특혜의 폐지를 추진하고 있다. 우선 기존 진출업체에게는 기존 계약대로 특혜를 인정해 주되 만기 이후 특혜를 폐지하는 방안과 경제특구 제도를 전국에 확대 실시하는 방안을 검토 중인 것으로 보인다.

기업의 개혁

소유제를 근거로 기업을 분류하면 현재의 중국의 기업은 공유제 부문과 비공유제 부문으로 나눌 수 있다. 공유제 부문은 소위 전민소유제기업(全民所有制企业)인 국유기업과 소속원의 지분으로 구성된 집체 소유기업(集体所有企业)으로 나누어지고, 비공유제 부문은 개체호와 사영기업 그리고 삼자기업으로 나누어진다.

사회주의 체제하의 전 인민의 공유제 개념에 따라 국가가 소유하고 있는 기업이 국유기업이며, 일부의 국민이 소유하고 있는 기업이 집체소유제 기업이다. 개체호는 중화인민공화국 민법통칙 제26조에 의해 법률로 인정되고 있는 개인이 경영하는 개체공상호(个体工商户)를 말하는데, 개체호는 보통 개인이나 가족단위의 소규모 자금으로 운영되고 있으며 생산수단은 개인 소유이고, 개인 노동을 기초로 수공업 방식에 의해 생산 및 경영 활동을 하는 소규모 경제조직을 말한다. 사영기업은 개혁개방 이후 출현한 기업으로서 생산수단은 개인 소유로 귀속이 되고 자기 소유의 자금, 생산장소, 설비, 기술을 가진 8인 이상의 피고용인을 보유한 영리에 종사하는 소규모 기업조직을 말한다.

국유기업을 분류하는 방법의 하나로써 대형, 중형, 소형 등 규모별로도 구분하고 있는데 규모별 기업구분은 상당히 복잡하게 되어 있다. 규모별 구분에 대한 역사는 건국초기로 까지 거슬러 올라가며, 4차에 걸쳐 그 조정이 있었지만 혼란이 많았다. 1984년 국무원이 반포하여 통일된 규정을 마련하게 된다.

그 동안 규모별로 분류 조정한 과정을 개관해 보면, 50년대에는 국유기업에 근무하는 직공수로서 그 규모를 구분하였고, 1962년에는 고정자산의 가치에 의해 구분하였으며, 1978년 이후는 국가계위에서 반포한 대중형기업 구분표준에 관한 규정에 의거 기업의 연간 종합생산능력을 기준으로 구분하였으며, 1988년에는 1978년의 규정을 보완하여 '대중소형 기업구분 표준'을 반포하여 시행하였다. 국유기업을 생산규모에 의거하여 특대형, 대형(大一, 大二 두 종류), 중형(中一, 中二 두 종류) 및 소형으로 구분하였다.

국유기업

중국은 공산당 일당독재의 사회주의체제로 국가가 운영되는 사회이다. 기업자체도 전인민의 소유로 되어있기 때문에 자본주의 사회에 존재하는 시장경제의 기업이란 존재하지 않았다. 따라서 모든 기업은 국유기업이었고 사영기업은 존재하지 않았다.

1978년부터 시작된 개혁개방정책과 더불어 소유지분의 구성에 따라 여러 형태의 기업이 등장하게 되었고 순식간에 수많은 사영기업이 등장하여 시장경제제도의 원리에 따라 운영되고 있다. 따라서 기업관리정책은 대부분이 국유기업을 그 대상으로 하고 있었는데 근래에 이르러 수많은 주식회사 형태의 기업도 등장하면서 다양한 형태의 기업 등장에 따른 제도와 법률의 정비가 진행되고 있다.

중국은 1993년 헌법 개정 때 국영기업이라는 용어를 국유기업으로 바꾸었다. 국가가 소유와 동시에 경영을 하는 기업이라는 의미에서 국가가 소유는 하되 경영은 기업 자신이 자주적으로 하는 기업이라는 의미로 전환했다. 이는 단순히 기업의 발전을 위한 경영자주권의 확대라는 의미이다.

사회주의 국가인 중국에 있어서 국유기업은 사회주의 공유제의 유일한 실현 형식으로서 국유경제의 미시경제조직이며 기본단위이다. 또한 그 소유권은 완전히 국가에 귀속되는 경제조직 형식이며 전인민의 소유(全民所有)로 이해 되고 있고, 중국에서는 국유기업과 같은 의미로 전민소유제기업(全民所有制企业)이라는 용어로 쓰이고 있다.

중국의 기업을 분류하는 일은 대단히 복잡하다. 그 이유는 물론 방대한 국토를 소유하고 있는 중국이라는 국가가 전국에 흩어져 있는 수많은 기업을 하나의 원칙에 의해서 통일적으로 관리한다는 것이 어려운 면도 있었겠지만, 이것은 근본적으로 중국이 구소련과 같이 조직적이고 엄격한 중앙집권적 통제하의 계획경제 체제를 구축하지 않았다는 데서도 그 이유를 찾을 수 있다. 이것은 중국이 구소련과는 정권탄생의 배경이 다르기 때문인 것으로도 이해가 된다. 즉 중앙정부의 붕괴로부터 국가권력을 승계한 것이 아니고, 대륙의 각 지역에서 자력갱생을 통하여 통일전선을 구축하고 게릴라적 전투를 통하여 국가를 수립한, 중국이라는 국가적 특징이라고도 할 수 있을 것이다.

혁명전쟁 중에는 각 지역의 공산당 근거지마다 고유한 특성에 따라 각종 형태의 국영기업이 존재하였고, 전통적으로 지방분권의 색채가 강한 중국문화의 영향으로 각 지역에 따라서도 다양한 국영기업의 형태가 존재하였던 것이다. 다만 시기에 따라서 중앙정부의 통일적인 관리하에서 운영되기도 하고 지방의 권한을 확대하기도 하면서 국유기업은 그 나름대로 발전을 해왔다. 현재는 비록 개혁정책으로 인하여 비공유제 부문의 기업들이 비약적으로 발전하고는 있지만 사회주의 시장경제 체제라는 대원칙에 입각하여 공유제를 위주로 하고 비공유제를 보충적으로 한 기업제도가 운영되고 있다.

향진기업(乡镇企业)

향진기업은 농촌지역에 농민들이 건설한 공장들을 가리킨다. 공업, 운수업, 서비스업 등 비농업부문에서 경제활동을 하는 비국유기업의 형태이다. 중앙정부의 통제를 벗어나 독립된 기업이다. 초기에 주로 대형 국유기업의 하청공장 역할을 해왔으나, 개혁개방으로 인해 국유기업이 갖지 못한 기동성과 자금력 그리고 자율성을 바탕으로 엄청난 이익을 내는 중소기업의 역할을 하고 있다.

향진기업은 1983년 인민공사가 해체되면서 1984년 만들어졌다. 향진기업의 전신은 사대기업이다. 1950년대 이후 농촌지역에 인민공사, 생산대대, 생산대의 관리체계가 있었는데, 인민공사가 운영한 사기업과 생산대대와 생산대가 운영한 대기업을 합쳐서 사대기업이라 불렀다. 향진이라는 마을단위에 뿌리를 두고 운영되는 공동경영기업 및 개인경영기업을 말한다. 향진기업은 농촌집체소유제를 경제기반으로 집체소유제, 개체소유제 형태가 있다.

과거 농촌공업은 경제적 이익과 효율성을 도외시했던 반면에 개혁 이후 생긴 향진기업은 농촌의 잉여노동력을 흡수함으로써 농촌

지역의 안정화와 함께, 대도시로의 인구의 대량유입을 방지하는 데 기여했다. 또한 사회상품의 중요한 공급자이며, 향진기업의 집중은 농촌 소도시의 형성과 발전을 촉진함으로써 도농간의 격차를 해소했다.

현재 향진기업은 중국 농촌지역경제의 지주로서 뿐만 아니라 중국경제의 성장 주도 부문으로서 큰 역할을 수행하고 있다.

이와 같이 향진기업에 대한 긍정적인 평가가 있는 반면에 향진기업이 지니고 있는 문제점 또한 적지 않게 지적되고 있다.

첫째, 아직까지 규모가 영세한 기업이 큰 비중을 차지하고 있기 때문에 생산 및 경영효율이 낮은 수준에 머물고 있어 국제경쟁력이 낮다는 점이다.

둘째, 향진기업의 급속한 불균형 성장이 중복건설과 과열경쟁을 야기하고 농업(식량)생산의 정체를 가져왔다는 점이다.

셋째, 환경오염기업의 농촌이전으로 생태계와 농촌환경에 악영향을 준다는 점이다.

넷째, 원자재, 에너지, 시장확보를 위한 국영기업과의 과열경쟁이 지적되고 있다.

다섯째, 향진기업 발전의 지역간 격차에 따라 지역간의 소득불균형 문제가 심화되고 있다는 점이다.

이와 같이 향진기업의 역할에 대한 평가는 긍정적인 측면과 부정적인 측면으로 의견이 나뉘어져 있으나, 향진기업의 발전이 중국경제(특히 농촌경제)의 안정과 발전에 긴요하다는 데는 이론의 여지가 없다.

삼자기업

삼자기업은 외국자본에 의해 투자된 기업을 말하며 중화인민공화국공사법(中华人民共和国公司法) 제18조에 규정되어 있는 대로 중외합자경영기업, 중외합작경영기업, 외자기업을 가리킨다. 이 세 가지 형태의 삼자기업은 외자기업이라 할 수 있다.

중외합자경영기업은 외국자본이 중국의 기업과 공동으로 설립한 회사를 말하며 외국인의 투자비율이 25%이하여서는 안 되며 현물출자도 가능하다. 중외합작경영기업은 쌍방의 협의에 의해 설립되어 공동으로 경영을 하는 회사로서 보통 중국 측이 토지, 노동력, 공장 등 현물을 제공하고 외국 투자자는 자금, 기술, 원재료 등을 출자하여 경영되는 회사이다. 외자기업(외상독자기업)은 외국자본으로만 설립된 독립법인으로서 합작 및 합자회사와 마찬가지로 생산품의 전부 또는 대부분을 수출하는 조건으로 운영되는 외국자본 투자기업이다. 삼자기업은 각기 개별법의 규정의 적용을 받아 운영이 되고 있다.

1979년 이후 35년 동안 중국 내에 설립된 외자기업과 고용인원의 정확한 수치는 헤아리기 어려우나, 중국 전체 수출액의 절반 이상을 차지하고 있다.

3. 금융과 재정개혁

금융개혁

중국에 있어 금융의 역할은 계획경제에서 시장경제로 이행하는 과정에서 크게 변화되었다. 1978년 이전 중앙집권적 체제에서의 금융기관의 역할은 국가계획에 따라 설비투자, 운전자금을 기업에 배분하고, 기업이 획득한 이익을 국고에 상납하는 창구로서의 현금출납기능에 불과했다. 그러나 개혁·개방정책의 실시 이후 시장경제 메커니즘의 도입으로 중앙집권적 체제에서 존재하지 않았던 향진기업, 외국기업, 사영기업 등 비국유기업이 중국경제를 활성화시키는 주체로서 등장함과 동시에 경제규모도 확대되었다. 이처럼 시장경제화에 의한 경제규모의 확대에 따라 금융시스템의 재구축, 즉 금융개혁의 필요성이 대두되었다. 중국 금융개혁의 목적은 국내저축의 증강, 금융정책을 통한 거시조절기능의 확립, 은행시스템을 통한 자금의 효율적 이용과 배분 등이다. 금융제도개혁에 따른 큰 변화는 종전과는 다르게 중앙은행(중국인민은행)을 정점으로 각종 은행과 비은행 금융기관이 존재하는 다원화된 금융시스템으로 이행한 것이다. 1993년 12월에 개최된 제14기 3중전회는 사회주의 시장경제체제의 확립을 위한 약간의 문제에 관한 결정을 채택하여 금융개혁 방안을 제시하였는데 그 내용을 구체적으로 살펴보면, 첫째, 인민은행의 중앙은행으로의 독립과 간접통제로의 전환, 둘째, 정책금융과 상업금융을 구분하여 3개의 정책금융기관을 설치하고 전업은행의 상업은행화를 도모하며 일정수준의 금리자유화를 인정한다는 것이다.

이로써 인민은행의 상업은행기능을 이관함에 따라 인민은행은 중앙은행기능인 금융정책의 운영에 특화하게 되었다. 그러나 인민은행의 금융조절수단은 융자액의 총량규제 등 직접적인 통화관리가 중심이 되었기 때문에 금융조절기능과 정책적 자금배분을 위한 체제를 갖추기에는 불충분했다. 또한 중국은 국내 자본시장, 은행부문, 금융서비스 등이 미발달된 상태이기 때문에 금융비용의 증가, 자원의 비효율적 배분 등의 문제를 안고 있다. 특히 현재 중국 금융기관의 부실채권 문제는 심각한 상황이다. 중국내 전체 금융기관 여신잔액의 80% 이상을 차지하는 국유은행들이 그간 경제효율이 무시되어온 국유기업에 대한 자금공급을 주요 기능으로 해왔기 때문에, 현재 국유기업에 대한 막대한 부실채권으로 심각한 경영난에 처해 있다. 중국내 조사에 따르면 1995년 말에 국유은행의 전체 대출잔액(3조 9,393亿元)에서 불량채권의 비중은 22.3%인 8,785억원(약 1,050억 달러)에 달했다고 한다.

금융개혁은 1993년 7월 주용기 인민은행총재의 취임을 계기로 본격화되었는데, 이 개혁에서는 거시조정정책의 기반정비에 중점을 두어 금융기관, 금융정책, 금융·자본시상 등 각 분야에 대한 개혁이 추진되었다. 또한 1995년부터 97년에 걸쳐 중앙은행법, 상업은행법, 수표·어음법, 담보법 등 금융시스템의 건전화를 위한 법정비가 크게 진전되었다. 중국은 공업화에 필요한 장기자금을 안정적으로 공급함과 동시에 적정한 배분을 할 수 있는 메커니즘 확립의 필요성이 고조되고 있다. 장기자본조달의 중심적인 역할을 수행하고 있는 자본시장을 보면, 1990년부터 95년까지 은행대출의 증가액은 15조원인 반면에 사채, 주식에 의한 자금 조달액은 각각 1291억원, 390억원에 불과하다. 중국의 중장기적인 산업발전을 위한 금융면에 있어서의 과제로는 장기자금공급의 경로확충, 자금의 적정한 배분 및 자금의 효율적 이용 등을 들 수 있다. 이를 해결하기 위해서는 간접금융시스템을 더욱 정비해야 할 것이며, 은행간에 경쟁메커니즘을 도입하여 정책성은행과 국유상업은행간의 경합·보완관계를 통해 과점구조를 점차적으로 시정해야 할 것이다.

재정개혁

중국은 개혁·개방 이전 중앙집권적 체제하에서 중앙재정과 지방재정을 포괄적으로 운영하여 수지균형을 유지해왔으나, 개혁·개방하에서는 지방과 기업에 자주권을 부여함으로써 재정자금의 흐름과 그 운용·관리의 방법이 크게 변화되었다. 개혁·개방 정책의 실시 이후 GDP에서 차지하는 재정수입의 비중은 1980년에 25.5%였으나 지속적으로 하락하여 1996년에는 10.8%에 불과하다. 1980년대 후반까지의 재정수입비중의 하락은 재정과 국유기업의 회계를 분리함에 따라 기업이윤과 감가상각비가 재정에서 분리되어 기업회계로 이관되었기 때문인 것으로 해석할 수 있다. 그러나 1990년대 들어와서도 그 비중이 계속해서 하락하고 있는 것은 개혁에 따른 경제구조의 변화에 세(稅)·재정제도가 적절히 대응하지 못하고 있을 뿐만 아니라 중앙정부의 거시조정기능이 저하되고 있음을 의미하는 것이다. 따라서 1994년에 재정규모의 확대를 위한 발본적 세·재정개혁이 실시되었는데 그 내용은 세제개혁과 분세제(分稅制)에 기초한 지방·중앙재정개혁으로 대별할 수 있다.

세제개혁은 내·외국인기업에게 차이를 두어왔던 조세제도를 일원화하여 국내기업의 소득세율을 33%로 통일함으로써 국유기업에 부과되었던 중세(重稅)부담을 비국유기업과 동일한 수준으로 개정하고, 개인소득세를 도입하여 그 세율은 5~45%의 누진세율을 적용하며, 각종 유통세를 부가가치세, 소비세, 영업세로 통일하여 간소화했다. 분세제 도입의 내용은 중앙과 지방정부의 직무권한에 기초하여 각급 정부의 지출범위를 구분하고, 세목(稅目)을 통일하여 중앙세, 지방세 및 중앙·지방의 공통세로 구분하여, 중앙과 지방의 세무기구를 설치하여 규범화된 지방교부금·보조금 제도를 확립한다는 것이었다. 세·재정개혁의 실시 이후 중앙과 지방의 세수 비중이 크게 변화되었는데 전체세수에서 지방세수가 차지하는 비중은 1991년에 70.2%에 달했으나 1996년에는 50.6%까지 감소했다.

중국은 향후 국가가 지원하는 연금, 실업·건강보험제도 등 사회보장제도의 구축, 교육, 인프라정비 등 재정지출이 필요한 분야가 많을 뿐만 아니라 중국이 직면하고 있는 국유기업문제, 지역격차문제로 인한 재정부담은 더욱 가중될 것으로 보인다. 이러한 문제에 대한 대응 여하에 따라 중국경제와 사회안정성이 좌우될 수 있기 때문에 세입에 의한 재정기반의 강화는 중국경제의 중요한 과제이다. 따라서 세입 강화책으로 개발도상국에 비해 낮은 개인소득세 수입의 증대, 사회보장세의 도입 등으로 국민 부담율을 인상할 필요가 있다. 재정제도면에서는 현행의 분세제(分稅制)의 수정을 검토할 필요가 있다. 중앙과 지방의 세수(稅收)배분에 있어 중앙의 배분을 상대적으로 증대시킴으로써 중앙재정 적자를 해소해 나가야 할 것이다.

4. 경제현황과 문제

지역간 경제격차의 해소

중국의 개혁·개방 이후 경제체제개혁과 대외개방에 기초한 효율을 중시하는 각종 정책이 추진되는 가운데 선부론으로 상징되는 불균형 개발정책이 실시된 결과, 동부지역과 중서부지역간의 경제격차가 급속하게 확대되었다. 1985년부터 1995년까지의 연평균 경제성장률을 보면, 동부지역이 13.3%, 중부지역이 9.9%, 서부지역이 10.2%로 높은 성장률을 기록했다. 그러나 동부와 중서부지역간의 성장률 격차로 인해 과거 10년간에 GDP의 비중이 동부지역이 6.6% 상승한 데 비해 중부와 서부지역은 각각 4.1%, 2.5% 하락함으로써, 1995년 현재 GDP 비중은 동부가 58.3%, 중부가 27.5%, 서부지역이 14.2%로 나타났다. 1인당 GDP의 지역별 추이를 보면, 각 연도의 전국 평균을 100으로 했을 경우 동부지역의 지수는 1990년의 130.2에서 1995년에는 141.6으로 증가한 반면, 중부지역과 서부지역은 동기간 각각 83.7에서 76.9로, 71.1에서 61.5로 감소했다. 이는 동부지역과 중서부지역간의 격차가 보다 심각해지고 있음을 의미하는 것이다. 이처럼 지역간 경제격차를 야기시키는 요인으로 지리적 요인, 정책적 요인, 역사적 요인 등을 들 수 있을 것이다.

첫째, 지리적 요인으로서 동부지역은 해안에 위치함으로써 입지조건이 대외개방에 유리하여 우선적으로 외자가 도입되었을 뿐만 아니라 농촌지역의 공업화로 대표되는 향진기업의 발전으로 급속한 경제발전을 이룩한 반면, 중서부지역은 동부지역보다 제반 여건이 미비하여 시장경제의 활성화와 공업화가 지연되고 있다.

둘째, 정책적 요인으로서 개혁·개방정책 하에서 동부지역이 먼저 경제특구 및 경제개방구로 지정되어 화교와의 연계 등을 통해 발전할 수 있었다. 이에 따라 금융·재정수입면에서 동부지역의 상대적 지위가 향상되었다.

셋째, 역사적 요인으로서 지역간 경제격차는 개혁·개방 이전 계획경제 시기에도 존재하였던 것이 개혁·개방 이후 불균형 개발전략이 실시된 결과, 더욱 확대되었다고 할 수 있다.

지역간 경제격차를 해소하기 위해 계획경제 시기에 삼선건설을 중심으로 내륙지역에 투자를 집중시킴으로써 일시적으로 지역간 경제격차가 다소 축소되었던 적이 있었으나 그 이후 양지역의 격차는 급속히 확대되어 왔다. 개혁·개방 이후 동부지역의 비약적인 성장과 중서부지역의 성장 정체라는 지역간 경제격차의 확대는 중국의 정치·경제적 측면에서 잠재적 불안요소가 되고 있기 때문에 중국정부는 이 문제에 대해 적극적으로 대응하고 있다. 1996년 3월에 열린 제8기 전국인민대표대회 제4차 회의에서 통과된 '국민경제와 사회발전에 관한 9·5계획과 2010년까지의 장기목표 개요'에서 지역간 경제불균형 해소를 위해 중서부지역의 개발을 중요한 정책과제 중 하나로 명시하고 있고, 외자 도입 정책도 중서부지역에 유리하도록 수정하고 있다. 이처럼 중국정부가 중서부지역의 개발에 대해 각별한 관심을 가지는 것은 지역간 경제격차의 지속적인 확대가 단순한 경제문제를 초월하여 사회불안요소가 될 것을 심각하게 우려하고 있기 때문이다.

식량의 안정적 공급

중국은 공업부문의 성장을 원동력으로 경제발전을 이룩한 결과, 농업부문이 상대적으로 위축됨으로써 농(农)·공(工)간의 소득격차가 확대되는 등 심각한 문제점에 직면하고 있다. 식량생산이 부진하여 수입이 증가하게 되면 경제성장을 위해 투입되야 할 자금이 식량수입에 사용되어짐으로써 성장을 위한 제약요인으로 작용할 것이다. 그러나 식량의 공급측면에서 생산시킬 수 있는 여지는 많다. 또한 중국의 경지면적이 실제보다 과소평가되고 있어 쌀을 포함한 곡물의 단위당 수확량의 증대가능성이 여전히 높기 때문에 정부차원에서 농업의 생물학적 기술(신품종의 개발과 기존품종의 개량)의 보급과 화학비료의 투입증대, 수리(水利) 등 농업증산을 위한 기초시설정비 등을 통해 식량생산을 증가시켜 국내 식량수급의 균형을 도모함으로써 식량수입을 억제할 수 있을 것이다.

에너지 수급의 균형

1995년의 경우 중국의 에너지 소비도가 인도의 2.1배, 인도네시아의 2.6배, 한국의 2.6배, 미국의 2.8배, 일본의 8.6배 달하고 있는데, 이는 중국의 에너지사용 효율성이 매우 낮아 효율을 개선할 수 있는 여지가 많음을 시사하는 것이다. 중국의 에너지 소비도는 개혁·개방 이후 17년간 연평균 8.4% 감소했으나 아직도 국제적 수준에 비교하면 높은 수준이다. 그 원인으로는 에너지 다소비의 공업부문의 비중이 높다는 것, 연소효율이 낮은 석탄에 대한 의존도가 높다는 것, 에너지 가격이 낮은 것, 구식 기술로 인해 에너지의 효율성이 낮은 것

등을 지적할 수 있다. 중국의 석유수입 의존도가 심화됨에 따라 향후 중국의 석유수입 증가가 국제석유시장에 어떠한 영향을 미칠 것인가는 향후 OPEC, 非OPEC 산유국의 생산동향과 선진국과 개발도상국의 소비동향에 따라 달라질 수 있을 것이다. 향후 OPEC 국가의 석유증산으로 국제석유 수급은 균형이 유지될 것으로 보이며, 2,000년 이후 구소련의 경제 회복과 함께 유전개발에 대한 외자의 적극적 유치로 인해 2,010년에는 석유공급량은 1,000만 b/d까지 회복될 것으로 예상되고, 그 가운데 400만 b/d가 수출될 것으로 보인다. 또한 석유의 탐사, 채굴, 생산에 관한 기술 향상으로 석유가 증산될 가능성은 더욱 높다. 따라서 중국의 석유수입 증가가 국제석유시장의 수급에 큰 영향을 미치지 못할 것으로 예상된다.

금융체제의 취약성

앞에서 지적했듯이 현재 중국의 금융체제는 취약하고 금융기관이 막대한 부실채권을 안고 있다. 그간 금융개혁은 국유기업 등 관련부문 개혁의 부진 때문에 그 추진에 어려움이 많았다. 그러나 앞으로 시장화 개혁이 경제 전반에 걸쳐 전면적으로 추진될 전망이어서 금융개혁도 점차 가속화될 것으로 기대된다. 특히 정부가 금융개혁 추진에 강한 의지를 표명하고 있으며, 유사시 은행 자본의 재구성에 필요한 자금을 동원할 수 있는 여력도 어느 정도 지닌 것으로 보인다. 최근 정부는 국내의 높은 저축률을 적극 활용하기 위해 국내 자본시장의 발전에 박차를 가하고 있다. 비록 증권시장의 규모가 아직은 작지만 단기간에 빠르게 발전하는 양상을 보이고 있으며, 각종 연금기금이나 투자기금 등도 적극 설립하고 있다. 또한 중국정부는 은행 부실채권 문제의 시급성을 고려, 국유기업의 은행자금 의존도를 저하시키기 위해 국유기업의 주식제 전환과 주식발행, 합자 등을 통한 증자를 촉진하고 부실 국유기업의 매각이나 합병을 통해 은행 빚의 정리를 촉진하는 조치 등을 취하고 있다. 한편 선진적 금융체제를 지닌 홍콩도 장차 중국의 금융산업 발전에 크게 기여할 것으로 보인다. 사실 중국의 증권시장이 짧은 시간내에 빠르게 발전하면서 체제도 빠르게 정비된 데에는 홍콩의 영향이 지대했던 것으로 평가되고 있다.

최근에는 동남아시아 외환위기의 여파 속에서 중국도 외환·금융위기에 빠질지 모른다는 우려가 고조되고 있다. 중국에도 국민경제에서 큰 비중을 차지하는 국유기업들이 심각한 비효율성을 띠고 있고 이로 인해 은행들이 막대한 부실채권을 안고 있으며, 최근 홍콩에서도 금융·외환 불안현상이 출현함에 따라, 일부에서는 중국도 금융·외환위기의 안전지대가 아니라는 인식이 대두되고 있다. 그러나 전반적으로 평가해 볼 때 중국이 태국, 인도네시아, 한국과 같이 금융·외환위기에 빠질 가능성은 작다. 비록 중국에 부실 국유기업들이 많고 금융기관의 부실채권이 적지 않다 하더라도, 경상수지와 자본수지가 흑자기조를 유지하고 있고 앞으로도 그 추세가 유지될 전망이며, 자본시장의 개방도가 낮아 환투기 위험에 거의 노출되어 있지 않기 때문이다. 중국은 세계 2위의 외국인직접투자(FDI) 유치국으로서 매년 400억 달러 이상의 FDI를 흡수하고 있고, 1994년부터 무역흑자가 계속되어 1994~96년 3년간 무역흑자는 399억 달러에 달했고 1997년 한해에도 400억 달러에 달할 것으로 추정된다. 또한 각종 차관 도입이 매년 100억 달러 이상에 달하며 기타 관광수입과 해외건설·노무수출수입이 연간 200억 달러에 달한다. 이처럼 외환의 유입이 대규모로 이루어짐에 따라 중국의 외환보유고는 현재 세계

2위에 올라있는바, 1997년 8월 말에 1,300억 달러에 달했고 1997년 말에는 1,400억 달러에 달할 것으로 예상된다. 비록 총외채가 1997년 8월 현재 1,186억 달러에 달하지만 단기 외채의 비중이 전체의 약 10% 정도에 불과하며 DSR(debt service ratio)도 10% 미만에서 유지되고 있다. 따라서 중국의 외환시장에서는 외환공급이 계속 초과공급되는 상황이 지속되고 있는바, 1994년에 1 달러에 8.7元이던 인민폐(人民币)는 이후 지속적으로 조금씩 평가절상되는 추세를 보여 현재 환율이 8.3元 밑으로 떨어져 있다. 이는 1995년초 이래 달러가치가 강세를 유지하면서 동아시아 각국의 화폐가 지속적으로 평가절하되고 특히 최근 동아시아에 외환위기가 닥치면서 주변국의 화폐가치가 급락하는 상황에서 나타난 현상인바, 그만큼 중국이 외환 리스크에 노출되어 있지 않음을 반증하는 것이기도 하다.

중국의 경상수지나 자본수지의 흑자기조는 앞으로도 상당 기간 유지될 것으로 보인다. 물론 동남아 경쟁국의 화폐가치가 크게 평가절하 됨으로써 중국 제품의 수출경쟁력이 약화되고 동남아 화교의 대중 직접투자가 감소되는 등의 부정적 영향은 어느 정도 받겠으나, 그렇다고 해서 중국의 국제수지가 급작스럽게 적자로 반전되는 상황은 발생하지 않을 것으로 보인다. 또한 중국정부는 동아시아 금융위기가 자국에 미칠 영향을 최소화하기 위해 다각적인 대응책을 취할 것으로 보인다. 해외부문 침체에 대응해 내수부문을 크게 활성화할 것으로 보이며, 부실 국유기업과 금융기관의 정리를 가속화하고, 외국인 직접투자를 공세적으로 유치하며, 외환거래에 대한 규제를 강화하고, 자본거래의 자유화 일정을 늦추는 등의 조치를 취할 것으로 기대된다. 결국 상기한 요인들을 종합적으로 고려할 때, 앞으로 중국이 외환·금융위기에 휩쓸릴 가능성은 작다고 하겠다.

고실업 위험

전술했듯이 현재 중국은 노동의 공급초과 상황에 있어 고용압박이 매우 크다. 따라서 고실업 위험 때문에 국유기업 개혁 및 산업구조 조정 추진에 제약이 따르는 문제가 있다. 그러나 우려한 만큼 실업율이 급증하지 않는 것은 중국정부가 강력한 리더쉽으로써 종합적인 고용안정정책을 효과적으로 추진한 데 따른 것으로 여겨진다. 우선 고도성장을 추구함으로써 고용흡수 잠재력이 상당히 크며, 동시에 산업구조 조정시에 고용창출 효과가 큰 서비스산업을 빠르게 발전시키고 있고, 1995년 5월 1일부터 주 5일 근무제의 전격적인 도입도 고용증대에 크게 기여했다. 또한 호구제도나 당안제도(개인의 경력을 통제적으로 관리하는 인사제도)를 통해 노동력의 이동을 통제함으로써 노동이동의 혼란 위험을 상당히 효과적으로 방지하고 있다. 현재 정부는 고용안정제도의 확립에 박차를 가하고 있는바 전국적으로 수천개의 고용정보센터와 직업교육센터를 설치, 운영함으로써 기업개혁 과정에서 사회로 방출되는 잉여노동력의 직업재배치 문제에 적극적으로 대처하고 있다. 다만 최근 중국정부가 긴축기조를 유지하면서 동시에 경제 전반의 구조조정에 박차를 가함에 따라 디플레이션 현상이 나타나 경기가 하강하고 실업율이 비교적 빠르게 상승하는 문제가 일어나고 있다. 향후 정부가 어떻게 고성장을 지속하면서 구조조정을 추진할 것인지, 특히 기업개혁의 추진 과정에서 정리 해고되는 인원들을 흡수하기 위해 종합적인 고용안정책을 얼마나 효과적으로 추진할 수 있을 것인지는 어려운 과제가 아닐 수 없다.

인프라·자원·에너지 부족

인프라 부족 문제에 대해서는 전술했듯이 정부가 대대적인 인프라 확충사업을 지속적으로 추진하고 있고 그 재원도 높은 저축률과 각종 외자유치(국제금융기관의 차관, 외국인투자, 외국정부의 ODA 등)를 통해 효과적으로 조달할 수 있을 것으로 보인다. 따라서 앞으로 인프라 부족이 경제성장을 크게 제약할 정도로 심각해지지는 않을 것으로 기대된다. 다음으로 자원·에너지 수급난도 예상되는데, 이미 중국은 곡물, 육류, 비료 소비량에서 미국을 초과했으며 석유 및 식량의 순수입국이 되었다. 만일 중국이 종래 미국이나 다른 선진국들이 경제발전 과정에서 자원을 소비해온 속도로 자원을 소비해 나간다면, 향후 세계 자원수급에 엄청난 부담을 줄 수도 있다. 그러나 긍정적인 전망도 상당히 설득력이 있다. 우선 원유 등 에너지 부족 문제는 앞으로 그 완화가 충분히 가능하다. 전술했듯이 1980~1996년 에너지 소비의 GDP 탄성치가 0.53으로 낮은 점, 주요 에너지원인 석탄의 매장량이 방대(세계 3위)한 점, 현재 에너지사용효율이 낮고 가격이 저렴함을 고려할 때 에너지 절약 여지가 큰 점, 그리고 대체에너지 개발 및 새로운 유전의 개발 가능성 등 때문이다. 1994년에 중국의 국가과학기술위는 신에너지 기술개발 가속화 계획을 발표한 바 있으며, 최근 대체에너지 개발에 대한 민간투자, 심지어 외국인투자의 허용폭도 확대되는 추세에 있다. 이미 100,000개의 소형 풍력발전기가 가동중인 것으로 추정되고 있으며, 수개의 대형 풍력 발전 프로젝트도 추진중에 있다. 적극적인 측면에서 보면 앞으로 중국이 머지않아 새로운 대체에너지 사용 주도국이 될 가능성도 있다. 한편, 식량부족 문제에 있어서는 향후 인구증가 억제와 육식수요 증가 등으로 인해 식량수요가 대폭적으로 증가하지는 않을 전망이며, 식량 증산 및 식량절약의 가능성도 전술했듯이 상당히 긍정적이다. 특히 정부가 식량안보를 크게 중시하여 그 증산 및 안정적 공급에 강한 의지를 보이고 있다. 실제로 중국측 통계에 따르면 식량 생산량은 1994년 4억 4,510만톤에서 1995년 4억 6,662만톤, 1996년 5억 454만톤으로 빠르게 늘어나고 있다. 낙관적인 평가에 따르면 앞으로 중국의 식량 부족은 연간 2,000~4,000만톤 정도에 그칠 것이라는 전망도 있는데, 이는 세계 곡물시장의 안정을 해침이 없이 수입을 통해 해결할 수 있는 규모이다.

제7부

중국 사회구조의 변화

1. 사회구조의 변화

현대 사회구조의 변화는 시장경제화, 단위 사회의 해체, 부유층의 출현, 도시-농촌 간의 지역격차 등 여러 가지가 있다. 중국의 사회구조의 변화도 개방이후 소비성이 강한 부유층의 출현, 도시 저임금을 받는 불안정한 서비스업 종사자의 증대, 소규모의 불안정한 임시고용관계 등에서 시작되고 있다. 이는 개방의 영향뿐 아니라, 21C 세계화가 가져온 사회구조의 변화라고도 할 수 있다. 세계화의 과정에서 발생하는 여러 가지 변화가 중국 전통사회를 구성해온 사회 구조를 무너뜨리며 급속하게 변화시키고 있다.

전통적인 중국사회는 근대화와 중국공산당 혁명을 거치면서 계급사회를 도입하였다. 즉, 노동자, 농민, 소자산계급, 민족자산계급만이 존재했다. 사회주의 개조과정에서 농촌의 지주와 부농을 농민으로 도시의 자산계급을 노동자 계급으로 통일했다. 문화혁명시기에도 모택동은 유소기, 등소평 등을 주자파로 몰아 치열한 권력투쟁을 벌렸다. 하지만 등소평은 개혁개방을 통해 계급투쟁을 종식시키고 시장경제를 추진하며 중국 사회구조에 변화가 일어났다. 어느 시점에서부터 계급 대신 계층이란 용어를 사용하면서 중국의 계급계층구조가 다양해졌다. 자영업자가 늘었으며, 농가책임제를 실시해 농촌의 잉여노동력이 대거 도시로 유입되면서 도시 지역의 하급 노동자군을 형성했다. 계획경제시기 국가에 완전히 포위된 사회영역이 개혁이후 점자 국가의 통제에서 벗어나 성장하고 있다. 그렇지만 아직 여러 가지 국가의 규제를 받고 있어 서구와 같은 고도의 자율성은 갖지 못하고 있다.

개혁개방 초기 중국 사회는 등소평의 선부론에 기초한 불평등 사회로 전환되었다. 선부론의 수혜자는 총인구의 1%에도 미치지 못하지만, 대부분의 부호들은 권력을 이용해 체제변화의 틈새에서 이권에 개입하여 자본을 축적하였다. 1990년대 초 이중가격제(가격쌍궤제), 이율의 차이, 부동산, 각종 공문서 인허가, 대출, 부지 전매 등을 활용해 재산을 모은 것이다. 물론 자신의 경영능력과 재능으로 재산을 축적한 지식인, 청년, 연예인, 예술체육인 등도 있다. 권력을 이용해 부적절한 방법으로 재산을 축적한 사람들은 사회안정을 바라지만, 자신의 능력으로 재산을 모은 부호들은 개혁을 바랄 것이다. 계획경제체제에서 고위직에 있던 관리자는 시장경제로 개혁하면서 정치권력을 이용해 부를 축적하고 이들은 사업을 하는 경제구조 속에서 쉽게 경제 엘리트가 되었다.

반면에 하이테크 산업에서 자수성가하여 경제 엘리트로 진입한 사람들도 있다. 많은 국영기업이 민영화로 개혁할 때 새로운 사업에 뛰어들어 성공한 사람들이 나타나기 시작했다. 이들은 공산당에 가입하여 권력을 행사하거나, 전국공상련, 언론매체인 중화공상시보 등을 통해 자신의 이익을 추구한다.

이러한 사회구조의 변화는 더욱 가속화되었다. 사회환경의 다양한 변화를 예측하지 못하고 추진하여 나타난 심각한 빈부격차는 현재 중국사회의 최대 불안요인이기도 하다. 어떤 사회든 사회환경의 변화에 따라 문제점이 도사리고 있다가 변화속도가 빨라지면서 숨어있던 사회문제가 드러나기 마련이다. 과거에는 거의 주목받지 못하고 심각하게 보이지 않았던 빈부문제, 농촌문제, 실업문제, 환경문제, 소비문제 등이 어느 순간 큰 사회문제가 되는 것이다.

이에 제4세대 지도부는 경제성장정책의 기조를 '성장일변도'정책에서 '균형성장론'으로 전환키로 하였다.

중국의 지역 간 빈부격차는 값싼 노동력이 계속하여 도시로 유입되면서 심화되고 있다. 노동자는 경제적으로 발전한 지역과 농촌 지역에 계속되는 인구이동으로 도시노동자의 정체로 나타나고 있다. 이러한 현실은 1990년대부터 도시근교에 농민공이 집단거주하는 지역이 생겨났다. 그들의 직업은 주로 의복 봉제, 판매, 단추나 바늘, 실의 중개업이었다. 그 외 음식점, 야채가게, 이발소, 진료소, 유치원을 경영하는 사람들이 있었다. 그들은 지역 내에서 일상생활을 하는 빈민촌이 형성됐다. 많은 주민들은 전국각지의 농민공들이 도시로 유입되어 새로운 생활 기회를 얻기 위해 정착했다. 공장이나 건설현장을 중심으로 이동하는 불안정한 업종이 대부분이지만 직업이 안정되지 못했고, 전업이 용이한 직업이동을 위한 하나의 중간과정에 지나지 않았다. 농민공들이 일시적인 직업과 주거지역을 형성한 곳은 정주자들이 구성하는 지역사회와는 구분되어 있었다.

현재 중국 대도시는 정주자가 생활하는 공간과 농민공이 생활하는 공간이 서로 뒤섞여 구성되어 있다. 이 구조는 이하에서 보는 것처럼 앞서 지적한 농촌의 중층적 구조와 같은 논리를 갖고 있다고 생각된다.

'사구(社区)'로 구성되는 지역사회에는 다음과 같은 유형이 있다고 추측된다. 첫째, 정부기구·(구)국영기업에 근무하는 사람들이 사는 지구, 즉 분배된 주택에 사는 정주자들의 지구다. 여기에는 개발로 말미암아 가옥이 접수된 사람들에게 대체가옥으로 제공한 지역도 있다. 둘째, 사영기업주·관리자, 혹은 중간계층이 많이 사는 사구, 즉 맨션구입자들이 사는 지구다. 셋째 사무·점원·노동자가 많이 사는 사구, 즉 임대아파트에 사는 사람들의 지구가 있다.

제1유형은 옛 단위사회의 모습이 남아 있고, 분배주택이 그대로 현재까지 이른 것도, 또 신축아파트이지만 복지주택으로 기관 직원과 관계자들에게 싸게 분배된 것도 존재한다.

기관이 재정적으로 보조한 지역 활동센터가 있고 그 외 유치원, 초등학교, 슈퍼마켓, 우체국 등 생활편리성을 갖춘 경우가 많다. 또 개발로 접수된 지역 주민들을 위한 대체가옥은 무상 내지 시장가격의 절반 정도로 싸게 배분되었기 때문에 여러 채를 가진 사람도 적지 않다.

제2유형은 신축맨션으로 시장가격으로 판매된다. 대도시에서는 1평방미터에 수만 원이나 하는 곳도 있다. 지역 내에는 병원, 학교, 레스토랑, 부티크, 운동클럽 등이 있고 시장원리에서 편의성이 제공된다.

제3유형은 재개발에 따라 외부를 개장했지만 주거 면적이 좁고 난방시설이 없는 등 조건이 좋지 않다. 옛날에는 단위가 소유하는 것이었지만 단위경영에서 떨어져나가 보수가 부족하고 임대아파트로 외부인에게 임대한 사례가 많다.

제1유형과 제2유형은 정주자 생활공간으로 구성되지만 제3타입은 임대계약이 1년간이라는 단기인 경우와 한 방을 여러 명이 나눠 사용하는 일도 많아 거주자 이동이 빈번하다. 그러나 제1과, 제2유형 중에서도 임대하여 일시적으로 체재하는 사람이 사는 경우도 적지 않다. 특히 제1유형의 경우 사구센터 등 지역 활동시설이 관련기관에서 재정적 원조를 받고 있을 경우 일시적 체재자가 시설을 사용하는 것은 어렵다.

그러나 외래자가 도시에 체재하는 것은 그 밖의 제4타입, 즉 도시 주변부에 형성되는 'zone in transition'(迁移地带)이다.

도시에 거주하기 위해서는 잠류허가서(暂留许可书)가 필요한데 이를 위해 사업소의 취업증명서를 취득해야만 한다. 그렇다면 지방에서 갓 올라온 사람은 어디서 생활하는가? 여기에도 여러 가지 타입이 존재한다. 인터넷을 통해 일을 찾는 사람, 공장 구인광고를 보고 일을 구하는 사람, 브로커를 통해 직업을 구하는 사람이 있다. 그들은 대체로 공장 부지 내에 있는 기숙사에서 산다. 그러나 외부인이 도시에서 정규 직업을 갖는 일은 어려워, 건설업, 상점 종업원, 음식 서비스 등 informal한 직종에 집중하고 있다. 외부인들이 도시 노동 시장에서 배제되고 있다. 그들의 취업은 친척, 우인 등 아는 사람에게 의존할 수밖에 없고 도시로의 이동도 무계획적이어서 딱히 취업의 약속이 있어 농촌에서 올라 왔다기 보다 우선 도시로 나온 후 일을 찾는 것이 일반적이다. 그들이 의지하는 친척, 우인이 생활하는 장소는 시카고학파가 말하는 'zone in transition'(迁移地带)이다. 빈민촌이 그러한 것처럼 도시 주변부, 개발에서 뒤쳐진 곳, 재개발을 위해 해체될 지역, 즉 체제의 제도에서 벗어난 주변부이다.

중국 현대사회구조 변화 과정

1949년에 시작된 토지혁명, 1958년의 인민공사 체제의 설치는 농촌 사회구조에 어떤 변화를 가져왔나. 토지혁명에서는 한 사람당 토지분배가 균등할 수 있도록 이웃 촌락간에 토지 재분배를 실시했다. 농촌의 집단화, 공업·농업·유통·학교·민병조직을 포함해서 지금까지 향(乡)이 담당해온 행정 기능을 통합하는 코뮨을 조직했다. 1961년 이후, 생산대(生产队)를 기본단위로 하는 생산·분배의 집단화, 생산대대(生产大队)와 인민공사에 의한 대형 생산 기계의 소유와 관개설비의 관리, 기본적 의료·교육·생활을 보장하는 제도로 재편되었다.

인민공사 체제는 사회주의라는 체제를 기반으로 한 근대적 행정기구의 정비였다. 그러나 이 체제의 기반에서는 생산, 사회생활, 교육, 사회보장의 시스템이 정치·행정 시스템과 일체화되어 있기 때문에 사람들은 인민공사를 떠나서는 생활할 수 없게 되었다. 또한 평등주의라는 사회주의적 질서가 관철되어 있지만, 이는 소속하는 생산대, 생산대대, 인민공사 체제('삼급소유제') 속에서의 평등·균등주의였다. 중국의 공유재산을 그 사람들 간에 공유한다는 것은 외부인에 대한 배제를 의미한다. '삼급소유제(三级所有制)'는 공유관계의 분수를 명확히 한 것을 통해 존립하기 때문에 촌락의 사회관계 질서 속에 '촌민간의 균분주의, 외부인에 대한 격차주의'가 농후하다.

1982년의 헌법에서 향(乡)정부제가 부활되고 인민공사가 해체되었다. 또한 1978년 이후 실시된 가정연산승포책임제(家庭聯产承包责任制)에 의해 생산단위로서의 가족이 부활하고, 시장경제가 추진되었다. 왕후닝(王沪宁)은 가정연산승포책임제(家庭聯产承包责任制)가 널리 실시되면 촌락가족 문화의 해소는 전체적인 추세와 다르지 않다고 해도, 그 활발한 기능은 새롭게 주목된다고 했다. 또 한편에서는 집체경제(集体经济)가 청부제(请负制)로 전환된 후, 행정수단의 효용은 대폭 감소되어 집단복리인 농촌 합작 의료보험 등의 시책이 급격히 감소해 촌락의 정식 조직이 그 응집력을 잃고 권위를 상실했다고 한다.

그러나 농촌 경제의 시장화는 토지와 생산을 맡은 가족, 혹은 개인이 모든 것을 책임진 것은 아니었다. 향(乡), 진(鎭)이나 촌(村)정부는 향진기업의 경영 등 시장화를 집단적으로 추진했다. 촌락 사람들의 고용의 장을 확보하고, 교육비(학사, 교원, 교재), 생활과 생산 인프라(도로, 관개설비, 농업기계)의 정비비용, 사회 보장비(노인연금, 의료보조, 빈곤층에 대한 지원), 그리고 촌과 향의 관리인에 대한 인건비 확보까지, 촌과 향 정부가 책임져야 할 것이 되었다. 인민공사는 촌민위원회에 재편되어, 촌의 행정기구는 정치와 행정, 사회생활에 관한 것으로 분할되었지만, 실제의 기능에서 보면 토지 관리, 재정, 정치의 기초단위로서 촌·향(鎭)은 인민공사제도를 어떤 형태로든 이어받았다.

촌과 향(鎭)의 행정에는 근대적인 의무교육의 추진, 사회생활 기반의 정비, 상업의 진흥과 고용기회의 창출이 요구되고 재정적 뒷받침을 촌·향진 정부가 책임져야만 하기 때문에 향(鎭)과 촌의 행정 경영에는 인민공사 시대보다 한층 더 중압이 주어졌다. 장위린(张玉林)은 국가와 촌 간부에 의한 과도한 세금징수를 지적하고 있다(2001). 천구이디(陈桂棣)와 춘타오(春桃)는 세금과 공금을 날조해서 강제 징수하는 지방 관리의 악행과 향진 기업의 비효율적인 기구와 외부직원이나 임시직원을 포함한 과도한 인원에 따른 재정 악화를 고발하고 있다(2004). 그러나 지방행정 기구의 비대화, 관리인원의 과잉, 여러 명목의 세금이 강제로 부담되는 등의 사태는 재정 부담 능력을 충분히 갖추지 못한 지역에도 사회의 근대화를 요구하는 것에서 발생하는 것이라고 지적해야 한다. Duara가 지적한 사회관계와 행정시스템의 brokerage('包揽': 청부, 중계) 관계는 행정기구에서 상급과의 관계, 촌민과의 관계를 규정하는 구조로 포함되어 있었기 때문에 세금 징수의 항목이 늘면 그만큼 '난수비(乱收费)'(임의의 명목에 의한 세금징수)와 '탄파(摊派)'(비용의 할당징수)는 커질 수 밖에 없다.

1990년대 이후, 중국 농촌은 세계화의 영향을 강하게 받았다. 연해지역의 농촌은 외자도입, 외국기업을 유치해 공업지역으로 발전하고 있다. 토지가 부동산적인 가치를 가지고, 그것의 운용에서 얻어지는 이익이 촌민에게 고급주택을 제공하는 등의 촌락 복리후생사업으로 사용되고 있다. 이러한 슈퍼빌리지라고 불리는 촌락의 주변에는 촌락인구 보다 많은 외부인이 살고 있다(折晓叶 ; 1997). 이것과는 대조적으로 기업의 진흥은 물론, 농업 생산성의 향상조차도 기대할 수 없는 지역에서는 대량의 인구가 대도시로 유출되고 있다. 슈퍼 빌리지와 과소화(过疏化)에 의해 내부에서 해체되려고 하는 촌락과는 사람의 이동을 통해 이어지고 있다.

중산층의 성장

중국인에게 중산층이란 용어는 상당히 생소한 개념이다. 그러나 20년간의 개혁과 개방을 통해 중산층은 안정적으로 성장하고 있고 중국사회구조에도 변화가 일어나고 있다.

중국사회과학원에 의하면 1999년 중산층의 비율은 15%이고 연간 1%의 속도로 증가하고 있어 2003년도에는 19%에 도달했다고 한다. 법적보장, 정책적인 권장 등의 요인으로 인하여 중산층은 성장하고 있다. 이러한 추세로 발전한다면 2020년에 이르면 중산층은 약 40%에 도달하여 중국 사회는 '양파형'에서 선진국의 '올리브'형으로 변화할 것으로 전망하고 있다. 진정한 의미에서의 현대화, 안정적인 국가는 반드시 중산층을 주도로 하는 고소득층과 저소득층의 비율이 크지 않은 '올리브'형의 구조이다. 즉 중간이 크고 위아래가 작은 사회구조이다.

중국사회과학원이 수입과 소비를 기준으로 스스로 중산층으로 생각하는 경우가 46%라고 조사한 적이 있지만, 현재 중국은 개인소득세 징수기준인 월소득이 얼마 이상 되어야 중산층이라고 할 수 있을지 추정하기 어렵다. 아직까지 중국에서 중산층으로 분류하지 못한 이유는 권력자들이 정치자본, 경제자본, 문화자본을 독점하여 총체적으로 자본이 집단화되고 이러한 자본 편중으로 인해 중산층이 나타나기 어렵다는 견해이다.

어떤 방법으로 판단하든 사실상 현재 중국의 사회구조는 올리브형(중산층의 비율이 40- 50%)에 달했다고는 할 수 없다. 현재의 구조는 잘해야 양파형밖에 안된다.

중산층의 비율확대는 인구의 대부분을 차지하는 저소득층의 소득수준을 제고시키는 방법으로 보다 많은 저소득자가 중산층대열에 들어올 수 있게 하는 것이다. 이는 경제와 사회의 안정, 균형, 지속, 건설발전에 아주 중요하다. 왜냐하면 사회적, 경제적인 면에서 중산층은 모두 가장 안정적인 계층이다. 이들은 이미 중등생활수준에 도달했고 직장이 안정적이며 사회나 정책에 대한 동화감이 강하고 소비가 안정적이어서 시장을 확대하고 선도하는 중요한 역량이기 때문이다.

중요한 문제는 중국사회는 현재 대부분의 도시주민이 이미 중등생활수준에 도달했지만, 9억이 넘는 농민들은 아직 이 계층에 진입하지 못했다. 중산층의 육성은 마땅히 가법을 운용해야 한다. 가법은 고소득자를 아래로 내리는 것이 아니라 저소득자를 위로 유동시키는 것이다. 예를 들면 농민을 시민으로 전환하고 소득의 증가를 가속화하며 동시에 재취업, 재교육의 실시를 통해 중산층이 저소득층으로 전락하지 않도록 방지해야 한다.

농민노동자들의 도시진출은 농민소득증가에 있어서 아주 중요한 의미가 있다. 현재 전국에는 약 9천만명의 농민노동자들이 연간 일인당 2천원의 돈을 고향으로 송금하고 있는데, 이 돈들을 합치면 상당한 액수가 된다. 현재 중국지도층의 정책성 강화나 정부의 각종 새로운 조치들은 최소한 3가지 신호를 말해준다. 첫째, 소득격차가 갈수록 커지는 현실을 직시하고 소득분배개혁을 강화할 것이다. 둘째, 다원화의 분배원칙에 의해 합법적인 소득의 취득을 긍정하는 것이다. 셋째, 합법적인 수단을 통한 중산층 진입을 권장한다는 것이다.

사실상 개혁개방이래 중국정부가 추진해온 일련의 정책조치들은 중산층의 성장에 유리하다. 개혁의 점차적인 심화에 따라 주식과 금융증권시장 개방, 국유기업의 대규모 주식제 개혁, 사영경제의 발전에서 민영과기기업의 창립, 국외유학생의 유치, 공무원과 교사의 임금 인상 등의 정책과 조치는 중산층의 성장을 대대적으로 촉진할 것이다. 또한 성장 위주에서 안정 위주로 경제발전전략을 추진함에 따라, 중산층의 소비가 점차 늘어날 것이다.

직업구조 고급화와 소득분배

1978년 이후 중국의 직업구조는 점차 고급화되어 가고 있다. 2000년 중국의 직업구조는 1992년과 비교해 볼 때 하위 계층 직업군(생산노동자 및 농업종사자)의 비중이 8.17 %포인트 감소했다. 반대로 중산 계층의 비중은 7.2 % 포인트 증가하고 있다. 현재 중국 고위층 직업 종사자는 18년간 꾸준한 증가 추세를 보이고 있다. 이처럼 고위층 직업 종사자수는 지속적으로 늘어나고 있으며, 직업 구조에서 비중도 계속 커지고 있다. 이는 상급계층으로의 인구 유동을 형성시킨 것이다. 2011년 중국 도시발전 보고서를 통해 고소득층과 저소득층의 비율이 적고, 2019년 내에 중산층이 대다수를 차지하는 올리브형 사회구조가 출현할 것이라고 전망하고 있다. 2009년 말 도시중산층의 인구가 2억 3천만으로 전체 도시인구의 37%을 차지하고 있다며 2019년 중산층이 중저소득층을 초과할 것으로 예측하고 있다.

중국 시진핑정부의 국정방향이 가시화되고 있다. 집권 10년간 중국을 이끌어갈 제5세대 지도부의 국정 운영 방향을 가늠할 수 있는 정책들이 4개월여에 걸친 권력교체 과정에서 발표되었다. 중국 5세대 지도부의 개혁 패키지는 총 7가지로 이루어져 있는데 그중 가장 핵심적인 전략은 소득분배 개혁이다.

소득분배 개혁은 장기간의 불균형 성장 전략이 낳은 극심한 소득격차에 직접 대응하는 정책수단이다. 한편으로 불법과 부패, 불합리의 온상으로 지탄받고 있는 국유부문과 정부부문의 부당한 특권을 바로잡고, 다른 한편으로 농민공, 철거민, 농민 등 소외세력들의 권익을 보호하고 제고하는 역할을 하는 것이다. 격차와 차별에 불만이 고조되어 사회안정을 위협할 지경에 이른 상황에서 소득분배 개혁은 정치사회적으로 긍정적인 임팩트를 미칠 것으로 예상된다. 또한 중간층이 두터워지는 방향으로 분배구조를 개선함으로써 내수 위주 경제로의 전환과 산업 구조 업그레이드를 수요 측면에서 뒷받침할 수 있다는 점에서 경제적 의의 역시 그다고 할 수 있다.

소득분배 현황을 단적으로 보여주는 것이 전 인구를 대상으로 작성되는 지니계수다. 중국 국가통계국은 2013년 1월 그 동안 발표하지 않았던 2003~2012년 10년 치 지니계수 수치를 한꺼번에 발표해 관심을 끌었다. 그 이전 기간의 수치들과 한데 묶어보면 중국의 지니계수는 개혁개방 이래 지속적으로 높아져 2008년 0.491로 최고치를 기록한 뒤 하락세로 전환해 2012년 0.474까지 떨어지는 흐름을 나타냈다. 그런데 이는 비공식 추정치들에 비해 상당히 낮은 수준으로, 신뢰성이 의문시되고 있다. 2010년 중국공산당 기관지인 신화사는 당시 중국의 지니계수가 0.5를 넘었다고 주장했으며, 2012년 중앙은행인 인민은행과 공동으로 중국 최초로 본격적인 의미의 가계금융 실태조사를 실시한 뒤 '2010년 현재 중국의 지니계수는 0.61로 세계 평균 0.44를 상회했다'고 발표하였다. 실제 수치가 정부 발표치와 민간 연구치의 중간 정도라고 가정할 경우 중국의 지니계수는 브라질, 칠레, 멕시코 등 소득 불평등도가 높은 중남미 개도국들과 비슷한 수준으로, 1인당 GDP 대비 지니계수 수준이 주요 개도국 및 선진국들 가운데 비교적 높은 편에 속한다.

중국은 1차 소득분배에서 근로자가 가져가는 몫이 선진국들에 비해 상당히 작다. 성장의 과실을 먼저 정부가 세금(간접세)으로 13~14%로 떼어가고 남은 것을 근로자와 기업이 일단 55 대 45의 비율로 나눈다. 주식이나 채권에 투자를 한 근로자들은 기업이 가져가는 45 중 일부를 배당금이나 금리 명목으로 추가로 받을 수 있지만, 중국은 이런 재산소득 부분이 한국이나 선진국들보다 훨씬 적다. 정부가 가져가는 몫 중에서 사회복지 분야에 투입되는 재정지출은 개인들에게 혜택이 돌아가는 부분이지만, 중국은 이 부분 역시 많지 않다.

일례로 중국의 GDP 대비 재정수입 비중은 2011년 22%로 한국(23.5%)과 비슷한 수준이지만, 넓은 의미의 복지성 지출(교육, 과학기술, 문화, 사회보장, 의료 등에 대한 지출)이 재정지출에서 차지하는 비중은 31%로, 한국(2011년 약 52%)보다 훨씬 낮다. 중국의 경우 정부와 기업이 가져가는 성장의 과실 중 상당부분은 또 다시 '경제 건설'과 '사회 관리'에 투자된다. 예를 들어, 중국의 전체 기업이윤의 1/4 이상을 차지하는 국유기업들은 대주주인 국가(즉, 정부)에 연간 벌어들인 이윤의 5%도 배당하지 않으며 그 대부분을 다음 해의 생산활동에 재투자한다. 중국 정부의 재정지출 중 일반행정과 경제활동에 투입되는 금액의 비중은 50%를 초과한다. 이처럼 경제성장을 통해 파이는 매우 빠르게 커졌지만, 그 중 상당부분이 가계에 분배되지 않고 파이를 계속 키우는 데 쓰이고 있는 것이 중국 경제는 눈부시게 성장하지만 중국인들은 여전히 가난을 벗어나지 못하고 있는 한 가지 근본적인 이유다.

중국정부의 이번 소득분배 개혁은 '낮은 것은 끌어올리고, 중간을 확대하고, 높은 것을 조절한다'는 것을 기본이념으로 하고 있다. 개혁 추진 과정에서 이 이념이 제대로 구현된다면 중등소득 계층의 상대적 비중이 점차 상승할 것이다. 2011년 현재 중국의 소득분배 구조는 인구 기준으로 저소득층 70%, 중등소득계층 20%, 고소득층 10%로, 피라미드를 닮은 모습이다. 중국 학계에서는 소득분배 개혁이 착실하게 추진된다면 2020년경 30-40-30의 올리브(타원)형 소득구조로 전환할 수 있을 것으로 낙관하고 있다. 소득분배 구조가 올리브형으로 바뀌면 중등소득계층이 중국 소비시장의 주류로 등장하게 될 것이다.

중등소득계층이 주류를 이루는 소비시장이 어떤 특징을 보일지에 대해서는 금융위기 이후 중국 소비시장에서 나타난 미묘한 트렌드 변화에서 힌트를 구할 수 있다. 금융위기 이후 2~3년간 중국은 비교적 짧지만 전형적인 양태의 소비 버블을 경험했다. 고소득층은 맹목적으로 브랜드를 추구했고, 심지어 '비싸니까 산다'는 식의 신분재(身分财) 소비 행태를 보였다. 중산층은 정부의 소비부양책이 뒤를 밀고 상류층이 이끄는 소비 열기에 휩쓸려 들어갔다. 그 결과 상품 가격이 빠르게 상승하고 자동차, 스마트 가전 등 고가 내구재가 소비 필수 품목이 되었다. 서민층과 저소득층은 나날이 높아가는 가격 허들을 넘지 못하고 일상적인 소비에 만족해야 했다. 일종의 소비 양극화가 빚어진 것이다.

경기부진이 장기화되고 중국 경제의 저성장 단계 진입에 대한 인식이 확산되면서 소비 버블이 꺼지고 소비자들이 이성을 찾기 시작했다. 가격이나 제품 품질 면에서 업그레이드가 꾸준히 지속되는 가운데, 싱자비(性价比·성능 대비 가격 혹은 가격 대비 성능)를 유난히 따지는 중국인 고유의 소비관행이 되살아나면서 소비시장의 중심이 미들 존(Middle Zone)으로 움직이기 시작한 것이다. 자동차 시장 수요가 실속형 중형차로 몰리고 있는 것이 단적인 예다. 소비의 이성화와 미들 존으로의 이동은 소비 버블 붕괴에 이은 자연적 반동으로 해석할 수도 있지만, 같은 시기에 진행된 전자상거래의 폭발적 성장, 소득격차의 일부 완화 등과도 무관치 않다. 향후 추진될 소득분배 개혁은 전반적인 가계소득 향상 속에 중간층 비중 증가를 가져오면서 최근 단초를 보인 이러한 '대중적 가치소비'(품질과 브랜드를 모두 중시하면서도 과도하게 높은 가격에 대해 저항감을 갖는 소비 양태) 트렌드를 강화하는 방향으로 작용할 것으로 예상된다.

이러한 중국시장의 환경 변화는 외국 기업들에게 로컬 기업과는 다른 영향을 미칠 것이다. 소득분배 개혁이 신형 도시화 등 다른 정책 어젠더들과 맞물려 추진되면서 중국 경제의 내수 위주 전환이 가속화될 것이다. 그 결과 중국 내수시장은 여러가지 의미에서 글로벌 비즈니스 경쟁의 최대 승부처로 떠오를 것이다. 첫째, 규모 측면에서 중국 소비시장은 2015년 일본을 제치고 2020년 미국을 추월해 세계 최대 소비시장으로 부상할 것으로 예상된다. 2000년 중국의 연간 상품소비 금액 증가 폭은 미국의 1/5에 불과했지만, 2011년에 이미 미국을 추월했다. 둘째, 중국 소비시장은 글로벌 시장에서 차지하는 비중이 갈수록 커져가고 있는 개도국 시장 중 가장 먼저 만개할 가능성이 높은 시장이다. 글로벌 기업에게 있어서는 점점 확대되는 볼륨존(Volume Zone) 시장의 경쟁 특성과 게임의 룰을 현장체험 할 수 있는 '전지훈련장'이다. 셋째, 중국 기업들은 현재의 저개발국들로 외연이 빠르게 확장되는 방식으로 진행되는 미래의 글로벌화 과정에서 만만치 않은 메이저 글로벌 플레이어로 부상할 것이 확실시된다.

문제는 중국이 중요한 시장이 되어갈수록, 중국에서 사업하기는 점점 더 어려워질 것이라는 점이다. 임금 코스트는 빠르게 상승하고, 인력 특히 기술인력 확보가 어려워지면서 중국 내 생산의 메리트는 더욱 작아질 것이다. 중국 기업들은 규모의 경제와 홈 그라운드 이점을 앞세워 전 산업영역에서 더욱 강하게 외국기업들을 압박해 들어올 것이다.

중국 정부는 산업 구조조정과 기업 경쟁력 업그레이드라는 더 이상 미룰 수 없는 과제를 해결하기 위해 노골적인 자국기업 우선 정책을 쏟아낼 것이다. 이미 많은 외국기업들이 경험한 바가 있어 새삼스런 일은 아니지만, 이제야말로 외국기업 하나 하나가 자문해야 할 때가 됐다. '중국 시장은 과연 우리에게 무엇인가?' 단기적인 이익 실현이라는 잣대를 버릴 수 없는 외국기업들에게 중국 시장은 갈수록 어렵고 지치는 시장이 될 것이다. 장기적인 승부를 노리는 외국기업들로서는 빠르게 커져가고 있지만 돈 벌기가 쉽지 않은 이 시장에서 수익은 언제 무엇으로 낼 것인지, 다른 시장보다 적은 수익에 만족해야 한다면 그 대가로 무엇을 더 얻어낼 것인지를 고민해봐야 한다. 소득분배 개혁을 플랫폼으로 하는 5세대 지도부의 정책 어젠더들은 외국기업들에게 이러한 고민과 결단을 다그치고 있다

8년여를 끌었던 중국의 소득분배 개혁 마스터플랜이 2월 춘제(春节) 직전 마침내 모습을 드러냈다. 소득분배 개혁은 시진핑을 리더로

하는 중국 5세대 지도부의 '경제개혁 패키지'에서 중심축을 이룬다. 경제개혁 패키지는 지난해 11월 열린 제18차 중국공산당 전국대표대회 이후 발표한 신형 도시화 추진(지난해 11월), 대기업 육성 정책(올 1월), 소득분배 개혁(2월), 부동산 투기 억제 대책(2~3월) 등 4가지와 이미 수년간 추진해온 전략적 신흥산업 육성(2010년 이후), 민간기업 구실 강화(2005년 이후), 지역 간 통합 발전(2000년 이후) 등 모두 7가지로 이뤄졌다.

분배 불균형과 사회안정 위협

5세대 지도부가 국정 운영에서 사활을 거는 이 경제개혁 패키지는 중국 사회와 경제발전에 더는 순기능을 하지 못하는 과거의 발전모델을 현 단계의 요구에 부합하는 새로운 모델로 전환하는 것을 목표로 하고 있다. 중국은 개혁개방 후 30년간 강력한 국가 권력을 기반으로 선부론(先富论)을 상징으로 하는 극단적인 불균형 성장전략을 일사분란하게 추진해왔다. 그 결과 두 자릿수에 가까운 놀라운 성장(1978~2008년 연평균 경제성장률 9.92%)을 실현할 수 있었다.

하지만 그 과정에서 극심한 소득분배의 불균형으로 사회 안정이 위협받고, 성장 엔진이 기능 부전에 빠지는 등 뼈아픈 대가를 치르고 있다. 5세대 경제개혁 패키지는 이 같은 부작용을 해소하고 중국 경제를 안정적으로 발전시키려고 국정 운영의 초점을 성장에서 분배로, 양적 성장에서 질적 성장으로 옮기는 정책노선이다.

소득분배 개혁은 5세대 경제개혁 패키지에서 중심축을 이룬다. 첫째, 지난 30여 년에 걸친 개혁개방이 낳은 부작용을 직접 해결하는 것이다. 즉, 한편으로 농민공(农民工), 철거민, 농민, 민간 중소기업 등 소외세력의 권익을 제고하고, 다른 한편으로는 불법과 부패 온상으로 지탄받아온 국유 부문과 정부 부문의 부당한 특권을 바로잡음으로써 개혁에 대한 지지 기반을 넓히고 개혁 목표를 직접 타격하는 개혁 신호탄의 구실을 한다.

둘째, 중간층이 두터워지는 방향으로 분배구조 개선을 통해 내수 위주 경제로의 전환과 산업 구조 업그레이드를 수요 측면에서 뒷받침한다.

셋째, 7대 개혁 어젠다는 추진 방식이나 성과 측면에서 서로 긴밀하게 얽혀 있는데, 소득분배 개혁은 그중에서도 가장 광범위한 영역에 걸쳐 있으면서 '개혁의 그릇' 같은 구실을 한다. 예컨대, 농민공 시민화를 핵심으로 하는 신형 도시화 추진의 성과는 빈부격차 해소에 결정적 영향을 미치며, 소득재분배 차원의 국유기업 개혁은 민간기업 구실 강화에 우호적인 여건을 마련한다.

중국의 소득불평등은 경제발전 단계에 비해 높은 수준이며, 역사적 추이를 보면 국지적으로 개선 조짐이 있으나 전반적으로는 뚜렷한 개선 추세가 나타나지 않고 있다.

먼저, 기업 유형별 격차나 업종 간 격차는 이렇다 할 개선이 없다. 국유기업과 민영기업 간 격차는 수익창출 능력 면에서 한참 뒤떨어지는 국유기업이 덩치나 종업원 보수 면에서 압도적 우위를 점하는 현상이 변함없이 나타난다. 2012년 현재 공업 부문의 경우, 국유기업은 기업 수로는 전체의 5.2%에 불과하지만, 전체 자산의 41%, 매출의 26.5%, 이윤의 25.5%를 차지한다. 평균임금 수준의 최고치와 최저치 간 배율로 측정할 수 있는 산업 간 소득격차 역시 2011년의 4배 정도로, 선진국 1.5~3배 수준보다 현격히 높은 상황이 이어지고 있다.

소비 위주 전환 촉진

도농 간 격차나 동부, 중부, 서부 등 세 지역 간 소득격차에서는 어느 정도 개선이 이뤄지고 있다. 도농 간 격차는 2000년대 이후 악화 추세가 지속돼 2009년 최악 수준에 이른 뒤 2010년부터 점차 개선되고 있다. 지역 간 소득격차는 서부대개발, 중부굴기 같은 정책 노력에 힘입어 2000년대 중반부터 개선이 시작됐다. 한 예로, 동부와 서부 간 1인당 국내총생산(GDP) 상대배율은 2003년 2.48배로 사상 최고치를 기록한 뒤 2011년 1.92배 수준으로 떨어졌다.

각 부문의 소득격차를 종합한 전반적인 소득분배에서의 추세 변화 여부는 통계자료 부족과 공식자료의 신빙성 문제 등으로 판단하기 어려우나, 소득격차는 갈수록 현격히 벌어지고 있다.

근본적으로는 위에서 살펴본 다양한 격차의 근저에 놓인 1차 소득분배에서의 격차가 개선되지 않는 점이 소득격차 해소에 결정적 장애가 된다. 연간 생산활동의 과실을 가계, 기업, 정부가 나눠 가질 때 가계 몫을 측정하는 노동소득분배율이나 피용자보수율 지표 추이를 보면 중국은 미국, 한국, 일본보다 크게 낮고, 개선 조짐도 뚜렷하지 않다. 중국 경제는 빠르게 성장해왔지만 중국 국민은 여전히 가난에서 벗어나지 못하는 딜레마가 지속되는 것이다.

이번에 발표된 소득분배 개혁 방안은 2020년까지 가계 실질소득을 2010년 수준의 2배 정도로 끌어올리고, 소득분배 구조를 현재의 피라미드형에서 올리브형(타원형)으로 전환하는 것을 목표로 삼는다. 1차 분배 개선, 즉 GDP 대비 가계 부문의 소득 비중 향상을 위해서는 지속적인 임금 인상과 재산소득 향상, 국유기업 개혁 등을 추진할 계획이다. 소득재분배 정책으로는, 민생 지출을 늘리고 사회보장제도를 점진적으로 완비하는 한편, 개인소득세와 소비세 확대, 상속세 도입 등을 통해 조세 재분배 기능을 강화할 방침이다. 아울러 불법소득과 음성소득을 엄단하고 과당 소득을 규제하며 정부의 낭비 요인을 줄여나가겠다는 의지도 강조했다.

시행 과정에서 예상되는 기술적, 정치적 난제를 감안한다면 정부 부문의 부패 및 낭비 대책부터 착수해 지속적인 임금 인상과 민생 지출 확대에 집중하고, 국유기업 개혁과 새로운 세목 도입은 장기 과제로 추진할 것으로 보인다.

2011년 6월 13일 중국 광동성 광주시에서 곤봉과 방패를 든 무장 경찰들이 행진하고 있다. 이 도시에서는 전날 밤 사천성 출신 농민공 1000여 명이 경찰차를 전복하고 차량을 불태우는 등 과격 시위를 벌였다. 발단은 당국의 가혹한 노점상 단속이었지만 이면에는 도시와 농촌 간 빈부격차에 따른 사회적 갈등이 내재돼 있다

2. 노동시장의 변화

노동자의 임금 상승

2010년 중국이 미국을 제치고 세계 최대 제조업 생산국가로 올라섰다. 일등공신 역할을 한 저임금 노동자의 공급에 빨간 불이 켜졌다. 이러한 현상의 배경은 민공황(民工荒 농촌 출신 도시 노동자의 부족 심각)과 임금상승바람(涨薪潮)으로 노동시장의 주도권이 수요자

(기업) 에서 공급자(노동자) 로 빠르게 바뀐 것이다. 노동시장의 환경 변화는 기업에 중국을 떠나거나 새로운 노동시장 환경에 적응을 요구한다.

월스트리트저널이 최근 소개한 홍콩계 의류업체 레버스타일의 선전 공장 사례는 해외이전에서 돌파구를 찾은 경우이다. 일본 유니클로에 납품하는 공장라인을 4월 베트남으로 이전한 이 회사는 미국 노스트롬백화점에 공급하는 의류 공장은 인도로 옮기는 방안을 검토중이다. 스탠다드차타드가 올들어 중국 남부 주장삼각주에 있는 300여개 제조사를 상대로 조사한 결과는 '레버스타일식' 기업이 늘고 있다. 인력수급이 빠듯해 공장 해외이전을 생각하는 곳이 늘어나고 있다.

그러나 중국에서 해외로 공장이전이 대탈주식으로 급격히 전개되지는 않고 있다. 부품 수급망이나 물류와 같은 인프라 그리고 13억이라는 거대한 시장 접근은 미얀마, 베트남, 라오스 등 인근 동남아 국가들이 단기간에 메울 수 없는 매력 요인이다. 때문에 아직은 해외이전 보다는 달라진 노동시장 환경에 적응하려는 기업들이 더 많은 편이다. 빠른 임금상승은 이 같은 상황을 보여준다. 일본 무역진흥기구(JETRO)는 최근 자국 기업의 해외공장 인건비를 비교조사한 결과 중국의 경우 2009년 대비 64% 올라 태국과 말레이시아를 제쳤다고 발표했다. 2012년 연간 인건비가 6734달러로 베트남(2602달러)이나 미얀마(1000달러)에 비해선 수 배에 달한다. 중국 국가통계국 조사에서도 2012년 민영기업의 임금 상승률은 14%로 전년 수준(12.3%)을 크게 웃돌았다. 반면 중국 경제성장률은 2011년 9.3%에서 2012년 7.8%로 떨어졌다. 저임금 노동자가 경쟁력의 원천이던 수출기업의 타격이 커지면서 수출 증가율이 2011년 20.3%에서 7.9%로 급격히 둔화된 탓이다. 청화대학의 스타교수는 '1997년 이후 2010년까지 임금 상승률은 연평균 13.8%로 노동생산성 증가율(11.3%)을 웃돌았다'며 "이같은 추세가 지속되면 임금의 노동생산성 비율인 단위 노동비용이 2018년이면 한국 수준에 이를 것"이라고 관측했다.

기업들은 신(薪,급여)을 넘어 또 다른 신(心,마음)도 중시하기 시작했다. '물질보장'은 기본이고 '정신생활'에도 신경써야 하는 시대가 된 것이다. 춘제(春节,설) 연휴 뒤 출근 첫날 공장 문앞에서 직원에 90도 인사하는 공장장의 모습은 익숙한 풍경이다. 의류회사 탈그룹은 직원들의 마음을 얻는데 나름 성공한 사례이다. 이 회사 경영진은 춘절 때만 되면 골치가 아팠다. 5년 전만해도 농민공 직원 가운데 40%가 귀향한 뒤 회사로 복귀하지 않았기 때문이다. 탈그룹이 급여를 넘어 직원들의 마음을 잡기 위한 갖가지 이벤트를 시작한 배경이다. 춘절 귀향을 위해 기차역에서 밤새워 줄을 기다리는 직원의 불편을 덜어주기 위해 회사차원에서 대신 표를 구매하는 건 관행이 된지 오래이다. 탈그룹은 올해 재봉 올림픽이란 사내행사를 열기도 했다. 누가 빨리 옷을 만드느냐는 시합 수상자들에게 현금이 지급됐고, 동시에 수상자들의 실물크기 대형 사진이 구내식당으로 통하는 길목에 내걸렸다. 1등상을 탄 23세의 직원은 '중국에서는 체면을 중시한다. 이번 시합은 내게 급여인상은 줄 수 없는 자긍심을 줬다'며 만족해했다. 이같은 노력 덕에 이 회사의 춘절 이후 농민공 유실률은 40%에서 10%로 크게 줄었다. 농민공 채용공고문도 많이 달라졌다. 과거엔 임금 이외엔 별 내용이 없었다. 하지만. 항저우의 한 의류업체가 내건 채용공고문에는 요건은 업무성실과 재봉틀 숙련자라는 두 조항 뿐이다. 반면 혜택은 15개 조항에 이른다. 임금 수준은 물론 부부가 같은 회사에서 일할 경우 에어컨 있는 방을 제공하고, 매달

치약과 세제 등을 지급하는 등의 내용이다. 싱가포르의 전자제품위탁생산(EMS)업체인 플렉스트로닉스의 중국 공장은 짝짓기 이벤트와 슈퍼가수 선발대회와 같은 행사 개최는 물론 도서관과 노래방까지 설치해 떠나려는 농민공의 발길을 붙잡고 있다. 이 회사의 소주공장에선 사내 직원간 짝짓기 이벤트를 통해 이미 다섯 쌍이 결혼에 성공했다. 항저우의 한 전기설비업체도 독신클럽을 운영하면서 결혼하는 커플에 결혼기념사진 촬영비를 보조하고 있다.

생산가능 인구의 둔화

중국 고성장의 원천은 누가 뭐라 해도 엄청나게 많은 저임금 인구다. 인구가 14억이니 노동력 부족은 한참 뒤에나 나올 거라 생각한 게 사실이다. 그러나 예상은 늘 빗나가는 모양이다. 2000년대 후반부터 광동성 등 동남부 연안대도시를 중심으로 노동인력이 부족하다고 하더니 이제는 내륙지역도 사람이 부족하다고 아우성이다. 실제로 2011년에는 연안지역에서 작년에는 경기둔화에도 불구하고 내륙지역까지 최저임금을 줄줄이 인상하고 있다. 특히 도시화 투자가 활발한 중경, 사천, 감숙성 등 서북부는 인상률이 20~30%나 된다. 또 한편에선 중국에 있는 외국기업 중에 임금인상요구 등으로 공장을 닫는 사례도 늘고 있다. 중국 노동시장에 변화와 문제점이 나타난 것이다.

전문가들은 노동시장의 첫 번째 변화요인으로 생산가능인구의 둔화를 꼽는다. 중국의 생산가능 인구(15~59세)는 1970년대 초부터 늘어나 1980년 개방 때는 6억 내외로 잉여 노동력이 대단했다. 그래서 1980년 개방이후 중국이 노동집약으로 고성장할 때 값싼 인력공급으로 톡톡히 효자노릇을 했다. 말 그대로 인구보너스다. 그러나 30년간 지속된 1가구 1자녀정책은 2010년대 들어 생산가능인구 증가를 현저히 둔화시켰고, 급기야 작년엔 생산가능인구가 9억 3727만 명으로 전년보다 되레 345만 명 줄었다. 이처럼 생산가능인구가 줄어든 건 1949년 건국 이래 처음이다. 지난 10년간 매년 평균 약 1150만 명씩 새로 고용됐어도 성격상 노동집약산업은 여전히 인력난이었다. 향후 과감한 조치가 뒤따르지 않으면 심각한 노동력 부족을 예상케 하는 대목이다.

둘째, 특히 농민공 부족은 노동시장 수급불일치의 핵심요인이다. 농민공은 도시로 이주해 취업한 농촌사람들로 저임금인력이어서 수요가 많다. 현재 총인구의 16%, 약 2억 2400만 명으로 총 노동인력의 35.2%, 도시노동인력의 65.4%나 되지만 여전히 수요초과다. 최근엔 내륙지역 수요까지 겹쳐 잠재적인 임금상승 압력이 커지고 있다. 농촌인구의 도시유입이 바닥났다는 루이스전환점 도달 얘기도 나온다. 셋째, 사회현상의 하나로 니트족(Not in Education, Employment or Training)이라 해서 의무교육 후, 진학도 취업도 하지 않는 청년들이 늘어나는 것도 노동시장을 왜곡시키고 있는 요인이다. 늙은 부모에 기대어 산다고 해서 방라오주(傍老族)라고도 하는데, 상하이 등 경제발달 지역 뿐 아니라 농촌에도 많이 생겨서 농촌만 약 2000만 명이라 한다. 1가구 1자녀정책 때문에 자녀를 샤오황띠(小皇帝)로 키운 결과인데, 성장둔화와 사회불안요인이 될 거란 시각이 많다.

경제성장률의 하락

물론 이런 노동시장변화는 긍정적이라기보다 부정적 영향이 많다. 노동수요 초과에 따른 임금상승이 소득격차를 줄이는 것은 긍정적이다. 하지만 생산성 향상 없이 공급부족으로 임금이 오른다면 이는 질 나쁜 인플레 요인이다. 최근 중국정부는 경기가 둔화돼도 인플레 우려로 돈을 못 풀고 있다. 자칫 구조적인 임금상승이 중국경제의 발목을 잡지 않을까 우려도 나온다. 물가를 잡기 위해 인민폐를 절상하는 것도 수출가격 경쟁력에 부담을 줘서 결국 이런 식의 임금상승은 정책운신의 폭을 좁히는 요인이다.

특히 문제는 잠재성장률이다. 전문가들은 생산가능인구가 감소하고 루이스전환점이 도래한다면 중국의 잠재성장률 하락압력이 커질 것으로 본다. 산업구조를 제 때 바꾸지 못하면 잠재성장률이 12차 계획(2011~2015년) 때 7.2%에서 5년 후엔 6% 이하로 떨어질 거란 의견도 있다. 생산가능 인구와 고용이 늘 때는 저축률도 높아져 자본투자도 계속 늘었지만 생산가능 인구도 추가고용도 정체되면 저축도 자본투자도 둔화될 수밖에 없다. 생산성 향상 없이는 잠재성장률이 하락할 거란 얘기다.

그럼 이런 구조변화에 대한 중국정부의 대응은 어떤가. 새 정부 이전인 작년 말부터 개혁과 새 정책을 발 빠르게 발표하고 있다. 우선 농민공에 대한 호적제 개편, 사회보장과 자녀교육 서비스 제공으로 농민공의 도시유입을 촉진해서 루이스전환점을 늦추는 방안, 낙후지역의 도시화 투자확대로 성장률과 생산성을 함께 높이는 방안 등은 이미 구체적 실행에 옮기고 있다. 그러나 보다 근본적 처방으로 생산성을 올리기 위해 노동집약에서 자본집약형, 제조업에서 서비스업으로 산업구조를 전환하는 방안은 틀은 발표되었으나 구체적 실행은 늦춰지는 분위기다. 구조조정으로 인한 실업과 성장률 하락 부담이 있는데다, 산업전환에 따른 노동자의 추가교육도 필요하기 때문이다. 자본집약산업에 대한 교육은 약 1.3년, 서비스 등 기술집약산업은 4.2년 걸린다는 분석이 있다.

아무튼 경기가 회복되면 산업전환과 구조조정이 구체화할 것이니만큼, 우리도 준비가 필요하다. 지금껏 중국은 노동력을 비교우위로 싼 노동집약상품을 수출하고 기계부품 등 자본집약상품을 수입했다. 따라서 중국이 수입하는 자본집약상품은 비싸져서 이를 수출했던 우리나라는 이익을 봤고 중국이 수출하는 노동집약상품은 싸져서 중국과 경쟁하는 개도국들이 고생했다. 중국이 자본집약형으로 가게 되면 영향은 반대다. 우리는 그만큼 경쟁도 세지고 돈 벌기가 어렵게 된다. 면밀한 검토를 요하는 시점이다.

취업난

중국의 농촌 개혁을 이끌고 있는 이극강(李克强) 총리가 농촌 문제와 취업난 해결을 위해 직업관에 대한 사회적 인식 변화가 필요하다는 점을 강조해 눈길을 끌고 있다. 11일 신화망 등에 따르면 리 총리는 10일 저녁 랴오닝성 대련(大连)에서 제7회 세계경제포럼(WEF) 하계대회에 참가한 외국기업인 대표들과 좌담회를 갖고 중국이 당면한 경제 문제 해결을 위한 다양한 해법을 제시했다.

이 총리는 “중국의 취업 문제는 일자리 총량뿐만 아니라 인력과 일자리의 미스매칭이라는 구조적 모순이 함께 존재한다”면서 ‘이는 중국의 경제구조가 최적의 방향으로 조정되는 과정에서 더 두드러질 것'이라고 예상했다.

그는 정부 차원에서 적극적인 취업지원 정책을 펴고 인력시장의 수요에 맞는 직업훈련을 강화할 것이라며 특히 농민공과 농민의 직업훈련을 강화해 그들이 도시나 농촌에서 각자에게 적합한 일자리를 찾을 수 있게 하겠다고 강조했다.

리 총리는 '360개 직업이 있으면 직업마다 장원(壮元)이 나온다'는 중국 속담을 인용한 뒤 각 분야의 일자리에서 모두가 비범한 업적을 이룰 수 있다면서 총리와 농민, 두 직업 사이에도 귀천의 구분이 없다고 말했다.

리 총리는 취업난 해소 방안으로 공공기관의 인사관리제도와 기업 인력채용제도의 개혁, 서비스업 발전 장려를 통한 일자리 확충 등을 제시하면서 취업자들이 현실적인 취업 수요에 맞는 직업관을 갖도록 새로운 사회 분위기가 조성돼야 한다고 지적했다.

외국기업인 대표들과 일문일답 형식으로 1시간 30분가량 진행된 이날 좌담회에서는 중국기업의 외국기업 인수·합병과 중국의 금융 개혁 등에 대한 질문도 나왔다.

이 총리는 지난해 말까지 중국의 해외투자액 누계는 5천여억 달러에 달하지만 외국기업의 중국 내 투자액은 이 수치의 몇 배가 된다면서 경제의 글로벌화는 필연적인 추세이며 중국은 실력과 신용을 갖춘 중국기업들이 외국으로 진출하는 것을 장려할 것이라고 말했다.

그는 금융 개혁에 대해 중국 정부의 금융 개혁 추진에 대한 결심은 확고부동하며 반드시 결과물을 내놓을 것이라며 앞으로 금리시장화와 자본시장의 다원적인 발전, 금융 분야의 대내외 개방을 지속적으로 추진하겠다고 강조했다.

정부의 경제정책

기업들의 변화를 낳은 노동시장의 환경 변화에는 정치 사회 경제적인 요인이 얽혀있다.

우선 공산당의 노선변화이다. 문명비평가 기소르망은 '중국이라는 거짓말'에서 공산당이 순종적인 프롤레타리아의 공급을 보장했다고 질타했다. 개혁개방 30년 이같은 모델은 빈부격차 확대에 따른 사회불만 고조라는 후유증으로 이어졌다. 체제 유지가 생명인 공산당이 자본 보다는 노동자 편으로 한발 더 다가선 배경이다. 북경올림픽이 개최된 2008년 시행된 노동계약법은 노사관계에 있어 공산당의 노선변화를 보여주는 상징적인 사례이다. 이 법으로 퇴직금이 신설되고 사실상의 종신고용제가 채택됐다. 언론을 통해 무노조 외자기업 명단을 자주 공개하며 노조설립 압박을 가한 것도 같은 맥락이다. 5월 인력자원 및 사회보장부는 대변인 기자회견을 통해 올해 비공유제 기업(민영기업 또는 외자기업 등)노동쟁의 예방정책을 제정하고 최저임금기준 평가체제를 구축하고, 노동보장 감찰을 강화하겠다고 밝혔다. 중국에서 노동쟁의는 올들어서노 1분기에난 15만 9500건이 발생해 전년 동기 대비 8.5% 늘었다. 중국 정부는 이번 춘절때 임금체불한 기업을 단속해 87억 5000만 위안의 임금을 되돌려줬다는 성과를 발표하기도 했다. 중국 정부는 물론 노조가 정권 비판세력으로 성장한 일부 서방국가의 사례를 감안, 일방적으로 노조를 지지하는 식의 접근은 취하지 않는다. 그러나 지속성장을 위해선 선부론에서 공부유론으로 전환하는 단계에 이르렀다고 판단한 공산당은 소득분배개혁을 노동자의 임금인상과 연계하고 있다. 2012년 가을 향후 10년 중국을 통치할 지도부를 뽑은 18차 당 대회 때

2020년 국냉총생산(GDP)과 1인당 주민소득을 2010년 기준 2배로 끌어올린다는 계획을 세운 게 대표적이다. 1인당 GDP가 아닌 1인당 주민소득을 국가목표로 제시한 것이나 소득에서 노동임금이 차지하는 비중을 높이겠다는 것 모두 국정목표로는 처음 제시된 것이다. 한 중국사회과학원 연구원은 "개혁 개방 30년 동안 주민소득 증가율은 평균적으로 국내총생산(GDP) 증가율보다 2.5% 포인트 낮았다"며 "주민소득의 80% 이상을 노동자 급여가 차지하는 현실에서 노동자 급여를 높이는 게 주민소득을 늘리는 기본적인 경로"라고 설명했다. 지방정부의 최저임금기준 인상러시도 마찬가지이다. 2013년 1분기에만 이미 8개 성과 시에서 최저임금기준을 평균 13.8% 인상했다. 선전시는 3월부터 월평균 최저임금이 중국 최고수준인 1600위안으로 올랐다.

고령화

사회적인 측면에서는 인구구조 변화와 신세대농민공의 출현이 노동시장 환경 변화의 주요인으로 꼽힌다. 고령화로 노동력이 줄어들고 있는 게 대표적이다. 2012년 15-59세의 인구가 수십년만에 처음으로 감소한 것을 두고 중국에선 1980년부터 시행된 1가주 1자녀 정책탓에 고령화가 빨라진 것을 배경으로 제시했다. 인력자원 및 사회보장부에 따르면 전국 117개 도시의 부족한 일손 대비 구직자 수 비율이 2001년 1분기엔 0.65에서 2012년 1분기엔 1.08로 상승했다. 주장삼각주의 경우 2008년 1분기에 이미 1.89에 달했다. 이 비율이 1을 넘었다는 건 노동시장의 공급이 수요에 미치지 못하기 시작했음을 보여준다. 노동력의 무제한 공급처로 여겨지던 농촌의 농업종사자들이 급감하고 있는 것도 노동시장의 수급을 악화시키고 있다. 미 스탠포드대학과 중국과학원 중국양식정책연구센터의 공동조사에서는 농촌의 16-20세 노동력 가운데 비농업 종사자는 이미 98%에 달했다. 41-50세의 고령노동자 역시 절반 이상이 농사를 짓지 않고 있다. "인구정책을 보완하겠다"는 언급이 올해 정부 업무보고에 들어가 처음으로 정책문건에 올라간 것은 고령화가 노동시장에 미치는 악영향을 줄이기 위한 것이다. 중국도 향후 노동인구 감소로 거대인구가 만든 성장 촉진 효과를 누리기 힘들게 될 것이라는 우려가 높아지면서 1가구 1자녀 정책 폐기 목소리가 커져 왔다.

빠링호우(80後) 지우링호후(90後) 등으로도 불리는 신세대농민공의 출현 역시 기업의 노무담당자들을 곤혹스럽게 하고 있다. 2010년 중국 정부의 1호 문건인 도농발전 가속화에 처음 등장한 신세대농민공은 돈만 바라보고 힘든 일도 마다않던 아버지 세대와는 다른 특징을 보인다. 과거엔 일하면서 잠 잘 공간만 있으면 만족했지만 이젠 도시에서 내집 갖기를 소망한다. 10년전 광동성의 한국기업 공장장들은 노동자의 손끝이 피아노 건반 위를 지나 듯 아름답다고 했다. 야근이나 주말 잔업에도 군말 없는 순종적인 존재였기 때문이다. 요즘 동남아 일부 국가의 노동자의 모습이기도 하다. 하지만 중국의 신세대농민공은 기계에 약간 덧난 상처도 치료비를 내놓으라고 압박을 가하거나 회사 기물을 파괴하며 파업하기도 한다. 단체행동권이 헌법에서 삭제된 중국에서 노조의 파업은 불법이지만 중국 정부는 어느 정도 선까지 묵인하는 분위기이다. 신세대 농민공은 '우리에게 최고 복지는 교육'이라고 할만큼 교육열도 강하다. 이직도 잦다. 월스트리트저널이 최근 인터뷰한 무한 출신의 창이라는 한 농민공은 2월 선전의 자동차 부품사에서 나와 일자리를 알아본 뒤 4

월 휴대폰부품을 만드는 회사로 들어갔다. 월 급여가 2800위안에서 4200위안으로 올랐다. 춘절 때 직원 이직률이 큰 이유가 바로 귀향한 농민공끼리 임금 등에 대한 정보교환을 하기 때문이다.

세계 최대 전자제품위탁생산(EMS)업체인 대만계 폭스콘은 신세대 농민공 출현이라는 사회변화에 적응하지 못한 대표사례로 꼽힌다. 중국에 100만명 이상의 직원을 둘만큼 인해전술식 전략으로 성공한 대표기업이다. 매년 중국 수출기업 1위에 오르는 이곳에 신세대 농민공이 늘면서 폭스콘의 성공가도에도 빨간 불이 켜졌다. 2013년 정주 공장에서 두차례 직원의 자살이 발생했다. 2010년에도 직원들의 잇단 투신자살로 구설수에 오른 적이 있다. 일할 때 동료와 말도 못하게 하는 분위기 등 군대식 문화가 60년대생 농민공들까지만 해도 통했지만 신세대 농민공들이 늘어나면서 삐걱거리기 시작했다고 중국 언론들은 지적한다. 폭스콘은 올림픽 시설수준의 수영장 등 갖가지 하드웨어를 자랑하지만 외국언론들과 인터뷰한 직원들은 식사시간이 짧아 음식물을 입에 털어넣고 있다며 수영할 시간이 없는데 무슨 의미가 있느냐고 되묻는다.

경제적으로는 서부지역의 빠른 성장으로 제조업이 집중된 동부지역의 인력수급난이 커졌다. 서부는 인력공급처였지만 이젠 인력수요처이기도 한 것이다. 빈부격차 확대로 농민공이 도시에서 느끼는 박탈감이 커진 것도 도시로의 이전에 대한 실질적인 기회비용을 높였다는 지적이다. 중국 정부가 호구개혁으로 농민공의 시민화를 추진하는 배경에는 도시에 안정적인 노동자를 공급하겠다는 의지도 있다는 지적이다.

중국 노동시장의 환경 변화가 기업에 위기로만 다가오지는 않는다. 농민공의 소득수준 향상에 따른 소비시장 성장과 상대적으로 교육수준이 높은 인재가 늘어나는 추세를 잘 이용하면 기회가 된다는 것이다. 파이낸셜타임스는 농민공이 중국의 새로운 소비군으로 뜨고 있다며 농민공 2억 2000만 명의 2012년 소비규모 4조 2000억 위안은 터키 전체 가정의 지출규모와 맞먹는다고 분석했다. 특히 대졸자가 올해 사상 최고인 699만 명에 육박하면서 구직난도 사상 최악으로 알려질 만큼 고급 일손은 넘쳐나는 판이다. 중국의 비교우위 요소가 풍부한 저임금 노동자에서 고급인재와 소비시장, 그리고 고성장을 통해 축적된 자본으로 바뀌고 있는 것이다. 이 변화의 흐름에 올라타는 게 중국 진출 한국 기업들의 과제로 떠오르고 있다.

3. 사회현상의 문제

환경보호와 오염

1949년 중화인민공화국 성립이후 공산주의 정권은 서비스의 가치를 부정하고, 중공업을 중시하는 정책을 펼쳤다. 중공업의 기술 체계는 중국이 독자적으로 개발한 것인데, 환경 부하가 매우 큰 것이 특징이다. 1979년에서 시작된 개혁·개방 노선으로 시장 경제가 급속히 발달하면서 소규모 기업이 수없이 설립됐고, 그런 기업이나 정부에 공해에 대한 인식이 없다는 것이 환경문제를 더욱 심각하게 만들었다.

중국 전역의 이산화유황의 배출은 1982년의 1,275만톤에서 1989년에는 2,090만톤으로 1.6배 증가하였다. 몇몇 연구에서는 중국에서 배출되는 유황의 몇 퍼센트가 국경을 넘어 일본으로 날아와 일본의 유황 강하량의 10~50%를 점한다고 한다. 중국의 거의 모든 주요 도시에서 이산화유황 농도가 세계보건기구(WHO)의 1년 평균기준을 넘어서고 있다. 질소산화물의 배출도 심하다. 질소산화물의 가장 큰 배출원도 산업 부분인데, 자동차 통행량이 많아지면서 도시의 질소산화물이 급증하고 있다. 이산화유황와 질소산화물은 산성비의 원인이 되기도 하여 농업 생산에 큰 피해를 준다. 중국의 대기오염은 단순히 석탄 의존도가 높기 때문만은 아니다. 오히려 석탄의 수급 양면에 걸친 구조적 문제가 더 크다. 향진탄광의 규모가 작아 석탄 설비에 투자할 합리적 이유가 없기 때문에 정제되지 않은 석탄의 직접 연소가 대기오염의 주범이다. 또 6,000킬로와트 이하의 발전소에서는 1단위의 전력을 얻기 위해 30만 킬로와트 플랜트의 2배 이상이나 되는 석탄을 태워야 한다. 전력 부문에서 낭비되는 석탄이 대기오염의 원흉이 되고 있는 것이다.

수자원 부족과 수질오염

중국은 강수량이 적은 데다 화북·동북부는 인구나 경제활동 규모에 비해 수자원이 부족하다. 수자원은 지역 편재가 심하다. 1993년의 수자원 부족량은 300~400억 ㎥에 달했고, 그 때문에 2,000억 위안의 공업생산과 2,000만톤의 곡물 생산이 불가능했다는 보고가 있다. 게다가 수질오염 문제가 수자원부족문제에 박차를 가하고 있다. 도시주변이나 중화학공업이 집중되어 있는 지역일수록 환경부하가 높고, 상대적으로 수량이 부족한 동북· 화베이의 하천은 특히 오염이 심하다. 생활용수 사용량은 날로 증가하고 있지만, 하수 처리율은 도시가 4.5%, 전국 평균 3.9%로 매우 낮고, 또한 처리 수준도 낮기 때문에 주요한 오염원이 되고 있다. 중국의 지속적인 경제성장으로 생활용수의 수용량과 생활 폐수도 증가하고 있다.

절대적으로 부족한 물과 토지

중국의 경작 면적은 1억 3,000만 헥타르로, 국토 면적의 13.6%에 지나지 않는다. 전 세계 경작 면적의 10%에 해당하지만, 그것으로 세계 인구의 23%를 먹여 살려야 한다. 그러나 그 경작지마저 점점 감소 추세를 보여왔다. 공업·주택 용지 조성, 도로와 같은 인프라정비, 재해에 의한 토양 상실, 토양오염, 염해, 사막화 등이 경작지 감소의 주요 원인이다.

그러나 잊어서는 안 될 것은 공업 생산의 확대, 급속한 도시화의 진전에 의해 경작지의 전용이 일어난다는 사실이다. 그 면적은 1,300만 헥타르 정도로 예상되는데, 결국 가경지 면적의 10%넘는 토지가 부족한 셈이다.

수자원 부족은 앞으로 점점 심각해 질것이다. 황하의 고갈문제에 비춰, 수자원 부족을 보충하려면, 거대한 저수지를 만들어야한다. 그러나 그것은 농업용지의 축소를 의미한다. 여기에는 명백한 트레이드오프의 관계가 존재한다. 토지와 수자원의 절대적 부족을 극복할 만한 획기적인 농업 기술의 혁신이 없는 한, 이 문제의 출구는 보이지 않는다. 게다가 환경오염으로, 부족한 토지와 물 이용 가능성이 동시에 침식 당한다면 문제는 한층 더 심각하다. 최소성을 급속히 높이고 있는 토지와 수자원에 큰 영향을 끼치는 환경오염은 점점 그 경제적·사회적 비용을 확대시킨다. 전 국민의 의식 개혁을 촉진하지 않으면 안되는 이유가 여기에 있다.

중국의 빈부격차

1979년 개혁·개방 이후 중국은 매년 9%이상의 고속성장을 하는 빠른 속도로 경제 성장을 이룩해 왔다. 사회주의 국가라는 이름이 무색할 정도로 자본주의를 대표하는 상품이 많이 들어와 있다. 그러나 중국에서는 사회주의 국가답지 않게 빈부의 격차가 커져가고 있다. 이런 양극화된 현상은 중국이 80년대 들어서 개방정책을 펴기 시작하면서부터 서서히 나타났으나, 본격적인 개방화가 진척되는 2000년대에 더욱 현저하게 드러나고 있다. 현재의 속도로 중국의 빈부격차가 벌어질 경우, 10년에서 20년 이내에 불만은 고조될 것이다.

개혁 이후 1981~1985년 까지는 농촌과 도시주민간의 소득격차가 상당히 축소되는 경향을 보였다. 그러나 1985년 이후 개혁정책의 중심이 도시로 바뀌면서 농촌에 대한 국가의 투자가 줄고, 농·공산물의 가격차가 커지는 바람에 도시와 농촌간의 소득격차는 확대되기 시작하였다.

개혁개방을 시작하면서, 정부는 동부와 남부지역에 우선적으로 특혜를 부여함으로써 이 지역을 빠르게 발전시켰다. 시장경제를 실시한 후, 그렇지 않아도 불리한 위치에 있던 중서부지역은 더욱 남동 지역과 경쟁할 수 없게 되었다.

경제특구 심천의 2000년 말 1인당 GDP(국내총생산)가 4500달러를 기록하여 1위, 상해의 GDP는 1인당 평균소득 4180달러를 기록하여

2위를, 광둥 성의 성도인 광주가 4000달러를 기록하여 3위를 기록하였다. 하지만 강소성의 성도인 남경의 경우 2200달러를 기록했다. 중국 연해 도시들의 소득수준이 크게 향상됨에 따라, 내륙 도시들과의 격차는 더욱 벌어지고 있다. 귀주성·감숙성·섬서성의 평균소득은 각각 299달러, 446달러, 499달러에 불과했다.

등소평의 선부론 방침에 따라, 농촌에서도 선부론을 따라 나머지 농가들이 이에 따라가도록 하는 정책을 폈다. 부업이 보급됨에 따라 농민들의 수입이 전체적으로 증가하였지만, 그에 따라 선부농과 부업 활동에 뒤처진 농민 사이에 새로운 빈부 격차도 점차 확대되어갔다.

한편 도시에서는 개혁·개방정책의 실시 이후 노동 생산성 향상에 힘입어 노동자들의 실질임금이 대폭 상승하였다. 그러나 한편으로는 기업의 소유제 형태별로 노동자의 임금격차가 확대되기 시작했으며, 노동자와 경영자 사이의 격차는 말할 것도 없었다.

이러한 빈부격차가 야기한 또 다른 문제들은 농촌인구의 도시이동으로 인한 과잉 도시화이다. 중국은 1950년대부터 인구이동을 엄격히 통제하여 농촌인구가 도시로 유입되는 것을 막아왔으나, 1980년대 중반 이후 이러한 통제정책은 사실상 유명무실화 되었나. 그 결과 내륙 농민들이 보다 나은 경제적 생활을 위해 도시로 몰려들기 시작했다. 도시로 유입된 농민공들은 일부 도시주민이 기피하는 직종을 제외하고는 국유기업의 정식직공이 될 수 없었으므로, 직업 선택 면에서 임금이나 작업 환경 조건이 열악한 비국유 부문에 취업해야했다. 대부분의 농민공들이 도시 빈민층을 형성하였다. 이로 인하여 도시 내 계층 간 빈부격차는 더욱 심화되었다.

실업률의 급등과 농민폭동의 발생

농촌인구는 도시로 이주, 저렴한 노동력을 공급하여 개혁 이후 중국의 급속한 성장을 가능하게 한 요인 중의 하나로 작용하기도 했다. 그러나 무작정 도시로 유입된 인구들로 인해 다량의 실업자가 발생하여 실업률이 급등하면서 커다란 사회불안으로 이어졌다.

중국은 90년에 이어 92년 두 번째의 풍작을 기록했음에도 불구하고, 농민들의 불만은 증가하였다. 농민들의 불만은 경제개혁에서 공평한 혜택을 보지 못한 점에서 발단했고, 농민들의 정부에 대한 항의는 주로 과도한 세금이 원인이었다. 또한 농민들은 곡물대금을 현금으로 받지 못하고 공수표로 받아야 했다. 한편, 1992년 12월 사천성에서는 농민들이 곡물수매대금의 지급을 요구하며 은행과 우체국을 습격한 사건이 발생하였다. 이 사건은 중국 농촌에서 지난 수년간 빈번하게 일어났던 농민 저항의 한 사례에 불과하며, 이러한 이유로 농민이 폭동을 일으킨 사건이 1993년 들어서만도 1백 건이 넘는다고 한다.

성도일보(星島日报)는 최근 입수한 중국 통계자료를 인용, 부유층 20%가 전체국민의 금융자산 55.4%를 점유한 반면 빈민층 20%의 점유율은 1.5%에 불과하다고 전하였다. 신문은 지난해 8월 전국의 중소도시(성·진) 거주 주민 월수입을 비교한 결과 상위 20%의 소득이 하위 20% 소득의 8배를 넘어섰으며 상. 하위 10%의 소득 격차는 21배에 달했다고 밝혔다. 농촌 지역도 상위 소득자 20%가 전체 소득의 40%를 차지하고 있는 것으로 나타났다고 밝혔다. 사회계층의 분화와 계층 간 소득 격차가 더욱 벌어져 갈등이 심화되고 있다.

3농 문제

중국의 농촌문제는 농업문제, 농촌문제, 농민문제가 복합적으로 맞물려 있어 해결이 쉽지 않다. 농업문제는 소농위주의 농업으로 기계화가 어려워 농업생산성이 떨어지는 구조적 문제이다. 농촌문제는 이원화된 농촌호구제가 농촌의 유휴노동력의 2차, 3차 산업으로 이동을 제한하고 있다. 농민문제는 저소득, 복지, 자녀교육 등에 농민들의 열악한 환경을 말한다. 중국정부는 2006년 이러한 농촌문제를 해결하기 위해 농업세를 전면 폐지하는 조치를 취한 것이다. 농업세 폐지는 역사상 처음 있는 일이다. 이는 정부가 농촌의 심각성을 고심하고 있다는 반증이다.

중국은 건국 이후 토지개혁을 실시하여 농민에게 무상으로 농지를 공급하고 농촌호구를 부여했다. 그러나 산업화가 진행되며 도농간의 격차가 심해지고, 농촌호구는 농민의 발목을 잡게 됐다. 연구보고서에 의하면 중국의 농업은 약 1억 명의 노동력만 있으면 충분하다고 한다. 그런데 농촌인구는 전체인구의 절반인 7억 명에 달한다. 그 중 노인과 미성년을 제외하고 농촌의 노동인구를 약 5억 명이라 가정해도 4억 명의 잉여노동력이 농촌에 존재하는 것이다. 현재 도시에서 3D업종에 종사하는 농민공의 수를 약 2억 명으로 추산하고 있다.

농민공과 호구

중국농민공은 중국의 호구제도에 의해 생겨난 개념이다. 농촌에서 도시로 이주하여 2, 3차 산업에 종사하는 농촌호구를 소지한 사람들이다. 중국은 도시호적과 농촌호적으로 구분되어, 취업, 의료, 교육 등 다양한 측면에서 도시호적을 지닌 도시주민은 농촌호적을 지닌 사람보다 우대되고 있다. 농촌호적 보유자가 도시로 이주하여 제조업, 서비스업 등 비농업부문에 고용되어도 농촌호적에서 도시호적으로 전환이 매우 어렵다. 중국에서는 농촌호적을 보유한 도시의 비농업노동자를 '농민공'이라 한다. 그들은 도시의 工人(노동자) 즉 공장노동자로 일하지만, 사회적 존재로서의 신분은 여전히 '농민' 즉 농업노동자에 가깝다. 전통적 의미의 도시주민과 농민에 비하면 그 중간에 있는 농민공의 생존상태는 매우 독특하다. 고향인 농촌을 떠나 도시에서 비농업 취업을 하게 되어도 도시주민이 되지 못한 채 농민공으로 분류되는 수는 매년 확대되고 있다.

사회주의 시기 중국의 산업화는 중공업을 우선으로 하여 도시부문에서 주로 이루어졌다. 하지만 희소한 토지자원을 지닌 중국농촌의 막대한 과잉인구는 농촌의 비농업화, 산업화에 이용될 수 있는 잉여노동력을 배출한다. 그런데 중국에서는 잉여노동력의 자유로운 도시이주가 호구제도를 통해 엄격히 제한되어 왔다. 개혁개방 이후 1984년부터 임시이주가 허용되어 농촌에서 도시로 취업하는 임시취업자(농민공)가 양산되기 시작하는데 그 원천은 잉여노동력이다. 개혁·개방시기에 들어 과거 중공업 우선발전 전략을 수정하였다.

하지만 도시와 농촌간에 분할된 요소시장은 현재에도 완전히 통일되지 못하고 있다. 인구이동을 예로 들면, 농촌주민이 도시에서 직업을 갖는 것을 더 이상 제한할 수 없다. 하지만 아직 유지되고 있는 호구제(户口制)하에서는 도시호적과 농촌호적으로 구분된다. 대도시에서는 정식 도시호적을 지니지 못하고 잠주증(暂住证·임시거주증)을 갖고 있는 외지인을 차별화한다. 도시에 거주하는 농민공(农民工,

도시에서 일하는 농촌호적의 근로자)은 도시주민이 누리는 공공서비스(특히 자녀 교육과 의료)를 누릴 수가 없다. 유동인구인 농민공이 도시에 장기간 거주하기도 어렵다. 도시에 따라 다르지만, 농촌인구가 도시호적을 취득하려면 일정기간(3~5년) 이상의 취업, 주택의 구입 또는 납세(창업하여 최근 3년간 10만 위안 이상 혹은 최근 1년 5만 위안 이상) 조건 등을 충족해야 한다. 호구제도의 단점은 분명하지만 개혁은 쉽지 않다. 최대의 곤란은 공공서비스의 제공이다. 사회적 부담이 증가하기 때문이다. 대부분의 농민공이 낮은 직업을 갖게 되는 이유는 호적차별과 개인이 가지고 있는 능력이 부족하기 때문이다.

호적제도로 인해 도시부문의 복지는 주로 도시주민에게 제공된다. 또 농민공들의 개인능력이 부족하여 농민공은 도시 공유부문에서 요구하는 조건을 충족시키지 못한다. 또 현행 호적제도 아래에서, 농민공은 농촌과 도시에서 관리 받지 못하는 비농비공(非农非工)의 상태에 놓여 있는데, 이로 인해 많은 문제가 발생하고 있다.

4. 국경분쟁의 문제

중국 변경사지(史地) 연구센터는 동북공정을 주도하는 연구기관이다. 중국 정부의 싱크탱크(두뇌집단)인 사회과학원 직속기관으로 중국 국경문제의 역사와 현상을 밝히는 곳이다. 특히 중화민족의 애국주의 전통 계승을 주요한 목표로 삼고 있어 고구려사 왜곡의 목표가 어디인지 쉽게 짐작케 한다. 중국 변경사지 연구센터는 국경문제의 핫이슈로 고구려 문제, 러시아에 합병된 탕누우량하이, 신장위구르자치구의 현안인 동투르키스탄 문제, 남사군도, 저어도(钓鱼岛·일본명 센카쿠열도) 문제 등 5개를 꼽고 이를 다루고 있다. 남사군도와 조어도 문제는 자원의 보고인 남중국해와 동중국해의 영해 주권을 지키기 위해 중국이 엄청난 노력을 기울이고 있다. 남중국해에 있는 남사군도는 길이 905㎞, 너비 887㎞, 면적은 82만3천㎢이며 181개의 섬과 암초 등이 산재해 있다. 이 중에서 수면 위로 드러난 것은 30여개로 중국을 비롯해 모두 7개국이 서로 영유권을 주장하고 있다.

중국은 7개 암초에 진주, 군 병력을 주둔시키고 있으며 남사군도 근해 대부분이 중국 바다라고 강조하고 있다. 대만은 태평도(太平岛), 베트남은 29개, 필리핀은 9개, 말레이시아는 5개를 각각 차지하고 있다. 인도네시아와 브루나이도 암초를 점령하지는 못했지만 영유권을 주장하고 있다.

일본이 차지하고 있는 동중국해의 조어도(钓鱼岛)는 자원의 보고이다. 부근 해역의 석유 매장량이 30억 t에서 70억 t에 이르러 제2의 중동이라고 불리고 있다. 고기 어획량도 연간 15만 t에 이른다. 일본은 조어도 점유로 배타적 경제수역을 설정, 7만㎢에서 20만㎢의 바다를 추가로 얻고 있다. 이에 대해 중국은 일본이 1895년 청일전쟁 승리로 불법으로 강점한 뒤 제2차 세계대전이 끝난 뒤에도 1951년 샌프란시스코 조약을 맺은 미국의 암묵적인 지지로 돌려주지 않고 있다며 끊임없이 반환 요구를 하고 있다.

신장위구르자치구의 동투르키스탄은 이미 청나라때 중국에 합병된 곳이라며 동투르키스탄 독립 운동은 근거가 없는 것이라고 중국 학자들은 주장하고 있다. 19세기 서구 열강이 중앙아시아에 진출하면서 생긴 식민지 확장의 산물이라는 설명이다. 변경사지 연구센터는 19세기 러시아에 의해 강점된 탕누우량하이는 지금도 중국 땅이라고 주장하면서 이를 되돌려달라고 촉구하는 한편 고구려 문제에 대해서는 그동안 고려와 혼동을 빚었다면서 정확한 인식이 필요하다고 촉구하고 있다.

결국 중국의 변경문제 연구는 중화민족의 부흥이라는 중국 공산당 지도부의 원대한 목표를 지지하기 위한 이론적인 뒷받침이라고 볼 수 있다.

제 8부

현대사회의 대중문화

1. 전통문화 경극

중국연극은 크게 나누어 고전극과 현대극으로 구별된다. 고전극은 京剧을 비롯하여 杂剧, 傀儡戲(인형극), 影戲(그림자 인형극) 등이 있다. 현대극은 文明戲, 话剧, 즉 신극을 포함한다.

경극(京剧)은 중국 희곡 중 하나로, 중의학(中醫学)과 중국화(中国畵)와 함께 중국의 3대 국수(国粹) 가운데 하나이다. 경극은 양자강 연안 지방에서 시작되어 북경에서 완성된 예술의 한 장르이다. 북경을 중심으로 발달된 중국인이 가장 좋아하는 창극 예술로 서양에서는 베이징 오페라(Beijing Opera)라 부른다. 경극이 출현한 시기는 청나라 중기 이후이다. 그 이전의 중국 연극은 원대에 유행한 잡극이 발달하였으며, 명·청대에는 지방색이 풍부한 연극이 각지에서 발달하여 많은 백성들의 사랑을 받았다. 그 뒤로도 각 지방에서 다양한 연극이 발달하였는데 청나라 중기 이후부터 이러한 지방의 극단이 너나없이 북경으로 몰려들어 경쟁하며 자연스럽게 오늘날의 경극이 되었다.

약 200년의 역사를 지닌 경극은 그 기원에 대해서 정확한 기록은 없다. 청나라 건륭(乾隆) 55년(1790) 황제의 탄생 80년을 맞아 4대 평극(平剧)이라고도 불렀던 휘조(徽调), 휘반(辉班: 안휘성, 강소성, 절강성, 강서성에서 유행한 지방극)이 안휘성으로부터 베이징에 들어와 백성들의 큰사랑을 받으며 경극으로 고쳐 유명하게 되었다 한다. 휘조가 북경에 진입해 곤강(昆腔 : 하북 북경 일대에 유행했던 곡조)과 진강(섬서성 일대에 유행했던 곡조)의 극 내용, 음악곡조, 표현방법 등에서 부분적으로 수정하여 발전한 것이다. 표현 면에서 춤과 노래가 동시에 진행되고 기교가 있으며 허의성(虛疑性)의 동작을 많이 사용하여 강렬한 인상을 준다.

경극은 극본 연기 음악 노래 소도구 분장 의상 등의 예술적 요소를 다채롭게 결합한 총체적 예술이다. 동시에 서양의 공연예술과는 달리 이러한 다양한 예술적인 요소를 사실적이 아닌 상징적 원리 아래 세련시켰다는 점에서 최고의 예술이라고 볼 수 있다. 이러한 희곡은 극도로 양식화되어 있고 지키고 따라야 할 요소가 많다. 우선 창(唱, 노래), 과(科, 연기), 백(白, 대사)의 삼위일체를 요구하면서 춤이 곁들여지는 것이 특징이다. 경극은 중국의 전통적인 음악, 노래, 낭독, 춤, 서커스, 무술 등을 교묘하게 융합시킨 것으로서 서양의 노래, 춤, 연극이 각각 분리되어 있는 것과는 완전히 다른 것이다. 따라서 경극은 중국 고유의 전통적인 종합무대예술이라고 할 수 있다. 주요 경극은 초·한 5년 전쟁(B.C. 206-202)을 주제로 한 패왕별희(霸王别姬), 사마천의 《史记》 가운데 <廉颇与蔺相如>의 이야기 장상화(将相和), 진나라(B.C.221-206) 시황제가 광홍에게 주어 충성심을 표시하는 우주봉(宇宙锋) 등 10여 작품이 있다. 경극은 우리의 판소리나 일본의 가부키처럼 중국의 문화예술을 대표하는 오페라의 일종이다. 영어로는 광동어의 영향을 받아 페킹 오페라라고 칭한다. 그 기원은 원곡(元曲)과 명청 전기(传奇)까지 거슬러 올라가며, 청나라 건륭황제가 80세 생일 때 지방희 중 강소성 곤곡(昆曲)과 안휘성 휘극(徽剧), 호북성 한극 및 사천 진강(秦腔)에다 북경 궁실극과 민간극을 조화시키고 현지의 언어와 풍습을 결합시켜 창작해 낸 극이다.

2. 화극(话剧)

중국에서도 꾸준히 인기를 끌고 있는 공연예술 중 하나는 바로 연극 즉 화극(话剧)이다. 화극이란 노래가 중심이 되는 중국 전통극과는 달리 서구에서 유입된 대사 중심의 연극으로서 일본 유학생들로 구성된 춘류사의「춘희」와「아저씨의 오두막」공연을 시발점으로 하여 이미 100년의 역사를 지니고 있다.

1949년 신중국 건립 후에는 중국청년예술극원, 북경인민예술극원, 중앙실험화극원 등 3개의 국립극단이 활동하면서「갈릴레오의 생애」,「벚꽃의 시절」등 외국작품을 연출하거나 또는 중국적인 작품들을 공연하였다. 이후 2001년에는 중국정부가 중국의 전통과 현대가 어우러진 연극을 발전시키기 위해 국립공연예술단체인 중국국가화극원(中国国家话剧院 NTC)을 건립하였다. 여기에서는 고전적인 방식과 실험적인 공연형식을 모두 아우르면서 중국과 해외 유수의 연극을 무대화하는 공연 창작 방식을 추구함으로써 세계적으로 인정받는 양질의 연극문화를 만들어왔다.

3. 민속음악과 대중가요

중국은 한족 중심의 음악이 오랜 역사와 전통을 이어가고 있는 동시에, 여러 민족이 섞여 살면서 다양한 음악이 공존해왔다. 4세기까지는 한족 고유의 음악이 발달하다가, 남북조 시기와 수와 당 왕조 시기에는 서역과 인도 그리고 멀리는 이란과 그리스로부터 외래음악이 들어오면서 음악은 풍성해진다. 그 후 오대와 송, 원을 거치면서 음악은 일부만이 보존되다가 명 이후 고전음악이 부활을 시도하였고 이후 근현대로 넘어오면서 대중음악으로 이어진다.

신화전설상으로는 복희와 신농이 금슬을 발명하고 황제가 음률을 정하고 순임금이 소곡을 만들었다는 이야기가 있지만, 실제적으로는 은대 이후 음악이 싹트면서 경(磬), 태고(太鼓), 토적(土笛), 소(箫), 금(琴), 슬(瑟) 등의 악기가 출현하였다. 주나라 때는 은의 음악을 이어받아 발전시켰고, 5현의 금을 7현으로 늘리기도 하였다. 춘추시대에는 아악과 음계의 기본인 궁상각치우 오성이 확립되었다. 한 대에는 장건이 서역에서 돌아오면서 비파(琵琶), 공후(箜篌), 통소(洞箫), 호궁(胡弓) 등을 수입해오면서 음악의 내용이 풍부해졌다. 그리고 후한과 삼국시대를 거치면서 인도에서 불교음악이 전해져왔다.

남북조 시기부터는 국제음악시대로 들어선다. 남조는 중국 고유의 아악과 속악을 이어갔지만 북조는 인도와 이란 문화의 영향으로 외래음악이 손질되었고 수나라와 당나라 시기에는 고려와 구자국, 천축(인도), 중앙아시아 등의 음악이 수용되면서 대규모의 음악이 연주되기 시작하였다. 당시 만들어진 진왕파진악(秦王破陈乐)은 화려하면서도 규모가 커서 멀리 인도에까지 명성을 떨칠 정도였다.

이후 금나라와 원나라에서 흥성한 원곡은 무대와 결합하면서 남곡과 북곡이라는 잡극으로 발전하여 새로운 국악시대를 열어간다. 명과 청 시기에는 고전음악인 아악의 부흥을 위해 시도를 하였고, 민간에서는 삼현(三弦), 목금(木琴) 등의 연주가 유행하였다.

중국 민속음악은 민족음악이라고 부르고 있는데, 관련 악기로는 위에서 언급한 악기 외에 두 개의 줄을 켜는 이호(二胡), 쟁(筝), 양금(洋琴), 생황(笙篁), 활을 사용하여 현을 키는 거문고 모양의 고쟁(古筝), 박판(拍板) 등이 있다. 우리의 민속악기와 유사하면서도 독특한 소리가 나며 대부분 서역에서 전래되어 온 악기들이다.

한편 대중가요도 중국인의 사랑을 받고 있는데, 그중에서도 영화와 연속극의 주제곡으로 우리에게 익히 알려진 「첨밀밀(甜密密」과 「월량대표아적심(月亮代表我的心)」이 특히 애창되고 있다. 「첨밀밀(甜密密)」은 인도네시아 민요에 가사를 붙여 만든 곡으로서 대만 출신의 가요 여왕으로 7, 80년대에 인기를 한 몸에 모았던 등려군(邓丽君)이 불러 히트한 곡이다.

4. 서예와 왕희지

중국에서 서법이라고 불리는 서예는 중국의 글자체가 은 갑골문, 주 금문, 진 전문, 한 예서, 그리고 해서, 행서, 초서로 이어지면서 발전해왔다. 그동안 수많은 서예가들이 배출되었는데, 그중 가장 뛰어난 인물로는 역시 서성(书圣) 왕희지를 꼽을 수 있다. 산동 임기 출신인 그는 진(晋) 시기에 해서와 행서 및 초서 서체를 완성하였는데, 행서로 쓴 천하일품의『난정집서』는 불후의 명작으로 평가받고 있다.

만년에는 은일 생활을 하며 유유자적한 생활을 보냈다고 하는 그의 서체는 전아하고 기백이 있으며, 귀족적 기품이 높다고 평가받는다. 특히 중화의 미, 변화와 통일, 공간감각, 이성과 감성의 조화는 그의 서체의 특징이라고 말할 수 있다. 그의 서예를 본 사람들은 마치 구름이 흩날리는 듯 용이 꿈틀거리는 듯하다고 극찬을 하였다.

왕희지는 거위를 가장 좋아했다고 전해진다. 거위가 수영하는 모습을 보고 붓을 놀리는 방법을 터득했기 때문이다. 즉 엄지는 거위의 머리, 검지와 중지는 거위의 두 날개, 무명지와 새끼손가락은 거위의 두 다리로서 붓에 들어가는 힘과 쓰는 방법을 거위의 신체부위가 수영하면서 나타내는 힘이나 동작과 연계시켜 풀어나갔던 것이다.

왕희지 가족에 관한 일화도 전해지고 있다. 왕희지가 출장을 가면서 아들에게 글씨 숙제를 내주고 길을 떠난다. 돌아와 그 솜씨가 어떤지 부인의 평을 물어보니, 부인은 아들의 서예 실력이 아직 보잘것없는데 다만 한 점만 남편의 글씨를 닮았다고 말했다고 한다. 사실 그 점은 왕희지가 출장 떠나기 전 자신이 아들의 글씨에 써넣은 점이었던 것이다. 중국 최고의 서예가 4명의 장점이 합쳐져야 비로소 왕희지체가 될 수 있다는 정도로 유명한 왕희지의 부인 역시 서예에 대한 안목이 상당했음을 말해주는 고사이다. 왕희지의 아들인 왕헌지도 아버지와 함께 동진(东晋)의 이왕(二王)이라는 칭호를 받을 정도로 실력도 출중했다.

당대에는 행서의 대가인 안진경이 배출되었다. 안진경의 서체는 서예의 교과서라고 할 정도로 필체가 단정하다. 송대에 들어와서는 소동파와 황정견이 이름을 날린다. 특히 소동파의 필체는 구속이 없이 자유로우며 호방한 기질이 담겨있으며, 작품으로는 「적벽부」와 「황주한식시」가 전해지고 있다.

서예에 관심 있는 사람이나 서예가들이 꼭 들려야 할 곳으로 서안에 있는 비림(碑林)이라는 곳이 있다. 이곳에는 역대 명필가들의 글씨가 비석에 새겨져 있어서 서예 연구의 필수코스가 되고 있다. 그리고 서예를 처음 배우는 일반인들은 중국의 서예가 안진경의 서체를 기본 서체로서 학습한다.

5. 대중운동

중국의 전통적으로 내려오는 대중운동으로는 태극권, 아침댄스, 선무와 검무 등이 있다. 그중 중국의 대표적인 대중운동은 바로 태극권이다. 태극권은 과격하거나 동적인 것이 아니라 몸을 부드럽게 다스리고 조절하는 유연성에 역점을 두고 있어서 누구나 부담 없이 쉽게 배울 수 있다.

태극권은 양가식과 진가식이 있는데 우리 전통 무예인 선무도와 비교할 때 다소 박력은 떨어지지만 상당히 흡사하다. 특히 기 호흡과 유연한 동작 그리고 얼굴과 손의 자극을 통한 혈액 순환 운동은 몸의 기혈을 다스리는 데 매우 효과적이다. 아침 일찍 공원에 나가서 태극권 무리 속에 들어가 강사의 동작을 따라하면 될 정도로 쉽게 접할 수 있는 보편적인 운동이다. 태극권과 유사한 운동으로 외단공, 당랑권 등이 있는데 이 역시 배워둘 만하다.

한편 중국에는 고대로부터 기공이 발달하였다. 전국시대의 문헌인 『산해경』에 '식기(食气)'라는 단어가 존재하는 것을 보면, 예전부터 기를 연마하여 신체의 리듬을 조절했던 기공이 성행했음을 알 수 있다. 『황제내경』과 『노자』에도 '정기를 호흡하고(呼吸精气)'라는 기록이 보이고, 동진 시기의 의학가인 갈홍의 『포박자』에도 '식기(食气), 탐기(吞气), 인기(咽气), 호흡(呼吸)' 등 기를 운행하는 방법이 자세히 기록되어 있다. 남조 시기의 의학가 도홍경의 『양생연명록』과 당대 의학가 손사모의 『침중방』에서도 기공 중의 행기(行气)에 대해 자세한 설명이 적혀있다.

또 다른 대중운동으로는 아침마다 공원에서 태극권과 함께 집단적으로 즐기는 아침댄스, 선무 그리고 검무가 있다. 중국의 아침문화는 바로 이러한 집단적인 건강체조로부터 시작된다. 그밖에 국민스포츠로서 탁구와 농구를 들 수 있다.

6. 방송언론문화

중국의 대표 방송국으로는 먼저 우리의 공영방송 KBS에 해당하는 중국중앙방송국(CCTV)이 있다. 전국망을 갖춘 이 공중파 방송국은 십여 개의 채널을 보유하고 있는데, 종합보도, 경제, 문화예술과 음악, 체육, 국제(해외용), 연속극, 군인과 농민 및 소수민족, 영화, 과학교육, 경극, 그리고 영어 채널 등 다양한 전문 채널로 구성되어 있다.

그리고 각각의 성(省) 정부에서 운영하는 방송국과 그 산하 시에서 운영하는 방송국들도 있다. 예를 들어 산동성 제남시에서 TV를 켜면 중앙 방송국 채널과 산동성 방송국인 산동대(山东臺) 그리고 제남시 방송국인 제남대(济南臺)나 제로대(济鲁臺)와 같은 채널을 볼 수 있다. 이 밖에 유선 TV 채널을 합치면 그 수는 헤아릴 수 없을 정도로 많다. 중국 시청자들의 TV 언론매체 선택 폭은 무제한일 정도로 크다.

특이한 점은 최근 한국의 가요, 드라마, 그리고 영화를 여러 TV 채널을 통해 쉽게 시청할 수 있다는 것이다. 지속적인 한류(韩流) 열풍이 한국 프로그램의 수입과 방영으로 이어지고, TV의 한국 프로그램 방영이 또다시 한류를 이끌어가고 있는 것이다. 그래서 중국 친구들을 만나면 자연스레 한국 드라마 내용과 한국 연예인 이야기로 시간을 보낼 때가 많다.

신문의 경우 전국적인 망을 갖춘 인민일보(人民日报)가 있는데 국내판과 해외판이 있고, 지방마다 지역 신문이 발간되고 있다. 조간신문은 조보(早报), 일간신문은 일보(日报), 석간신문은 만보(晚报)라고 하는데, 조간신문은 별로 없고 대부분 일간이나 석간이다. 이밖에 다양한 인터넷 신문도 간행되고 있다.

그런데 중국의 언론매체를 접하다보면, 우리나라의 언론매체를 접할 때와는 달리 시끌시끌한 시위나 데모 또는 사회의 암울한 구석을 파헤치는 보도는 거의 없고 건전하고 희망적인 보도가 대부분이다. 정치 경제 모든 면에서 순조롭게 흘러가는 모습은 부러운 모습이지만, 또 한편으로는 그만큼 언론 통제가 심하다는 사실을 반영하는 것이기도 하다.

중국 언론매체에서는 공산당과 정부 관련 소식이 항상 일면 주요

뉴스를 장식한다. 서열에 따라 공산당총서기 겸 국가주석의 동태가 전면에 나오고, 이어서 총리와 전국인대상무위원장 관련 소식이 등장한다. 뉴스를 보면 중국 권력서열을 파악할 수 있고 또 향후의 변화도 예측할 수 있다. 뉴스는 항상 총서기 등 중앙정부 리더들이 오늘 누구를 접견했고, 전국인민대회가 소집되었고, 어느 회사가 몇 억 달러의 외국인 투자를 유치했고, 어느 공장에서 썩는 비닐을 발명하였고, 해외에서는 어떤 일이 벌어졌고, 오늘 날씨는 어떠어떠하다 등의 내용으로 아나운서는 보도한다.

공장이나 회사의 신상품 소개와 사회의 모범 사례를 다루고, 실업자(下冈)의 재기 과정과 북경대에서 경비업무를 맡고 있는 여성의 꿋꿋한 일상을 소개하는 등 긍정적 측면을 다룬 프로그램이 대부분이고, 정부 비판적 보도나 민감한 정치이슈에 대한 논설은 찾아보기 힘들다. 과거 우리나라의 대한뉴스처럼 정부의 치적을 일방적으로 전달하고 홍보를 하는 모습을 연상시킨다.

중국 언론매체에서는 또한 공산당을 선전하고 홍보하는 프로그램을 자주 볼 수 있다. 예를 들면 '영원히 당과 함께(永远跟党走)'라는 공산당 행사를 그대로 실황으로 중계한다. 당이 곧 정부이다. 뉴스를 보면 사회의 밝은 면을 많이 보도하기 때문에 정서적으로 매우 긍정적인 영향을 주기는 하지만, 또 한편으로 보면 사회 현상에 대한 다양한 시각과 국민들의 요구가 애써 사장되고 다양한 언로가 제공되지 않아 사회가 편파적으로 흘러가는 등 부정적 영향이 더 클 수밖에 없다.

정치적인 문제에 대해서는 획일적으로 보도하는 언론의 태도와는 달리, 중국의 드라마에서는 매우 다양하고 적나라한 문제들을 다루고 개방적인 모습도 두드러지게 나타난다. 자오웨이(赵薇) 주연의

'깊은 정 내리는 비[情深深雨蒙蒙]', 저우쉰(周迅) 주연의 '귤이 익었네[橘子红了]'와 같은 근현대기의 애절한 상황을 묘사한 연속극이 흥미를 끌고, 사회상을 다룬 경찰드라마도 인기가 높다. 경찰드라마에서는 사회의 어두운 면을 많이 다루고 있는데, 특히 공무원의 성상납과 조폭 비호, 성매매, 강간, 마약, 동거, 밀수, 부정부패, 부도덕, 가정폭력, 외도와 간통 등 사회의 적나라한 이면들이 그대로 담겨있다.

이는 즉 공산당과 정치권력에 대한 성역만 건드리지만 않으면, 기타 어떠한 선정적인 내용도 통제에서 자유롭다는 얘기다. 정치 외적인 영역으로 시선을 돌리기 위한 작전이기도 하다. 이와 함께 측천무후에 관한 연속극「대명궁사」와 같은 작품은 당 왕조의 화려했던 기간을 재현함으로써 강대국으로 부활하고자 하는 꿈을 표현하고 있다. 이처럼 우리와는 조금 다른 중국의 방송과 언론 상황을 보면 장점도 많지만 정치 상황에 대한 언론의 획일적인 통제는 향후 체제 변화와 함께 변화가 있으리라 생각한다.

7. 회화와 도자기

원시 그림의 기원은 100만 년 전 고대 바위벽에 그려진 각종 그림 문양으로 까지 거슬러 올라간다. 암벽화나 암각화는 광서, 운남, 귀주, 사천, 서장, 신강, 감숙, 청해, 내몽고, 영하, 산서, 흑룡강, 강소, 복건과 대만 등지에서 골고루 발견되고 있다. 특히 암각화는 단단한

석기로 직접 화면을 두드려서 치는 고격법(鼓击法), 고격법의 기초 위에 예리한 돌로 세밀하게 가는 마제법(磨制法), 그리고 금속을 이용하여 암석 위를 새기는 각화법(刻畫法)을 활용하여 석각을 완성한다.

하지만 정식 중국회화는 전국시대의 비단 그림에서 시작하였다고 여겨지고 있으며, 후한 시대에 신화전설의 내용이 담긴 고분 석실의 벽화가 그 원형 형성기였다고 보고 있다. 위진남북조 시기 때 회화가 본격적으로 등장하면서 석굴사원의 벽화 등 불교에 관련된 종교회화를 많이 그렸다. 그리고 동진의 고개지의 「여사잠도」와 「낙신부도」 등 초상화가 인기를 끌었다. 수당 시기에는 중국 회화의 성취는 대단하였고 400여 명의 화가가 활약하였는데, 그중 오도자의 성과가 가장 크다. 인물화와 벽화가 뛰어났으며 후에는 화성(畵圣)으로 불릴 정도로 그의 화단에서의 위치는 상당히 높았다.

오대를 거쳐 북송과 남송 시기는 고대 회화의 전성기로서 아름다운 경치를 묘사한 수준 높은 산수화와 화조화 및 풍속화가 흥성하였다. 특히 북송 시기의 화가인 장택단(张择端)의 국보와 같은 그림인 「청명상하도(清明上河图)」는 당시 수도였던 변경 즉 개봉의 풍경과 생활 모습을 사실적으로 묘사한 5미터 길이의 풍속화로서 불후의 명작으로 전해오고 있다. 현재 이 작품은 대만의 고궁박물원에 보관 중이지만 대만 박물관에서도 특별한 경우를 제외하고는 모조품을 전시하고 있을 정도로 국보로서 다루어지고 있다.

원대의 문인화, 그리고 명대의 독창적인 회화예술과 청대의 복고부흥의 경향을 거쳐, 현대에 이르러서는 사천성 내강 출신의 장대천(张大千)이라는 작가가 등장하면서 중국의 전통 회화는 다시 한 번 꽃을 피운다. 그의 대표적인 작품으로는 1944년 작품인 「홍하도(红荷图)」가 있다. 그는 돈황 벽화를 모사하고, 명산대첩을 사생하며 개성이 넘치는 발색의 경지를 이루어내기도 했다.

그 후 지금에 이르러서는 중국전통화화인 국화와 서양화가 서로 결합하면서 새로운 회화예술을 선보이고 있다. 북경의 예술거리인 798거리에서는 새로운 창작을 시도하는 실험적인 화가들이 새롭고 독창적인 현대 중국미술을 창조하기 위해 힘을 쏟고 있다.

한편 중국은 도자기 고국으로서, 8000년 전 신석기시대에 이미 도자기를 만들었다. 신석기 채도(彩陶) 중에는 섬서, 감숙, 청해의 앙소문화와 마가굴문화의 채도 예술이 뛰어났으며, 도자기 형태로는 그릇인 완(碗)과 분(盆), 잔인 배(杯), 밥그릇인 발(钵), 항아리인 관(罐)과 옹(瓮), 병인 호(壶), 사발인 우(盂) 등이 있다. 절강의 하모도문화와 산동의 용산문화는 흑도(黑陶)가 뛰어났으며 반(盘)과 두(豆)의 형태가 추가된다. 상주 시기에는 회도가 주를 이루었고, 형태도 시루인 병(甑), 솥인 격(鬲), 술잔인 작(爵)과 고(觚) 등이 나오면서 더욱 풍부해졌다.

진한 시기에는 병마용과 같은 도소(陶塑)가 발달했고, 남북조 시기에는 화상전과 화문전이 발달하였으며, 당대에는 흰색과 황색 및 남색으로 구성된 인용(人俑), 마용(马俑), 낙타용(骆驼俑)의 당삼채(唐三彩)가 도소예술을 새로운 경지로 끌어올리면서 송원 시기까지 유행하였다. 아울러 강소성 의흥(宜兴)에서는 자사도(紫砂陶)가 송에서 명대까지 성행하였다.

한편 자기는 송대에 이르러 청자 예술이 최고조에 달했고, 백자 역시 송대에 가장 성행했다. 당시 경덕진(景德鎮)에서는 청백 두 가지 색의 중간에 해당하는 색깔의 자기가 제작되기도 하였다. 청대에는 분채(粉彩) 자기가 제작되면서 색조 범위가 확대되기도 하였다.

8. 한류문화

2013년 초 중국 내륙 감숙성(甘肃省)의 거점도시인 란주시(兰州市)에 위치한 란주대학 캠퍼스에서는 싸이의 음악에 맞추어 학생들이 말춤을 추고 있다. 우리나라 최신 가요들이 이어지면서 학생들은 연신 안무에 빠져들고 있다. 오늘날 중국 대륙에 존재하는 한류의 한 단면이다.

우리나라 대중가요와 드라마, 영화 등 대중문화 상품이 중국과 홍콩 및 대만을 강타하고 있다. 일본 그리고 멀리 이집트까지도 우리의 문화상품 열풍 속에 휩싸여있지만 '한류(韩流, Korean wave)'라는 단어가 탄생되고 그 열기가 시작된 곳은 바로 중국 대륙이다. 한류라는 용어는 중화권에서 발원한 후 베트남, 몽골 등 아시아로 확산된 것이다.

중국 언론매체에서는 중화권에서 대도시 청소년들을 중심으로 부는 한국 대중문화 상품이 인기를 끌고 주목을 받는 붐 현상을 한류라는 신조어로 표현하였다. 이 신조어는 2001년 홍콩의 「아주주간(亚洲周刊)」에 김희선을 표지모델로 삼고 '한류'라는 용어를 처음 사용하여 한국문화상품의 붐을 설명하는 기획특집을 다루면서 시작되었다.

한류 붐이 시작된 시점은 1990년대 말이다. 그 계기가 된 시점은 1994년 중국에 수출된 드라마 「사랑이 뭐길래」가 인기리에 방영되면서부터다. 이후 청소년들을 매료시킨 HOT의 공연과 2001년 핑클, 베이비복스 같은 댄스 위주 가수들의 연이은 공연, 드라마를 통해 알려진 김희선과 이어지는 인기드라마 속 등장 배우들의 매력에 빠지면서 그 열기는 급속도로 확산되었다. 물론 국내 S기업이 전자 제품을 많이 팔기 위해 안재욱이나 핑클 등 당시 대중스타들을 광고 전면에 내세워 영업이익을 극대화하는 전략을 취하면서 한류의 흐름이 조성된 측면도 없지 않다.

중국 진출 대중가수로는 이 밖에 NRG, 코요테, 이정현, 신승훈, 그리고 최근의 비까지 진출하여 활약하고 있다. 영화로는 전지현의 「엽기적인 그녀(我的野蛮女友)」, 김희선과 성룡의 「신화」, 장동건의 「무극」, 드라마로는 「순풍산부인과」, 「사랑이 뭐길래」, 「가을동화」, 「겨울연가」, 「별은 내 가슴에」, 「모델」, 그리고 최근까지 TV에서 방영한 「보고 또 보고(看了又看)」, 「노란손수건(黄手帕)」, 「인어아가씨(人鱼小姐)」, 「굳세어라 금순아(加油! 金顺)」, 「대장금(大长今)」 등이 재방송을 거듭하며 시청자들의 환영을 받고 있다.

한국 드라마가 중국인의 마음을 사로잡으면서 인기를 끄는 요인으로는 우선 작품 완성도 여부를 떠나, 가족 간에 끈끈한 인정미와 서로를 배려한 마음, 그리고 가족의 가치를 표현하고 있기 때문이라고 중국인들은 말한다. 중국에는 현재 그러한 인정미 넘치는 가족애와 가족가치가 사라진지 오래라고 한다. 다음으로는 임금과 신하, 부부지간, 부자간 충절과 효 등 인간미가 드라마에 배어있고, 여성들은 전통에 대해 반항하면서도 가족 내에서 그 문제들을 해결해 가려고 하는 모습이 보기 좋다고 평한다. 외출 시나 귀가 시에 어른에게 인사를 하는 광경이 사장되어 버린 중국과 대조되는 드라마 속 미풍양속과 예의범절도 좋아보였다는 것이다.

즉 20세기 서구의 근대화 문물과 문화굴레 속에서 채우지 못한 아시아인들의 심금을 유교적 전통에 문화적 뿌리를 두고 아시아 문화로서 새롭게 창조된 한국 드라마가 울렸다는 것이다. 중국 대륙에서는 문화대혁명으로 이미 없어져버린 유가사상을 한국 드라마 속에서 발견하고 그 보존의 양호함에 향수와 흐뭇함, 전통을 공유한다는 문화적 근접성을 느끼는 것이다. 1949년 이전 세대들은 한국 드라마를 보면서 자신들이 어린 시절 보았던, 또는 어린 시절 부모로부터 들었던 제사를 위시한 관습과 규범들이 기억난다고 말을 한다. 또한 한국 배우들의 연기가 생동적이고 연기력이나 연기 몰입정도가 중국배우들 보다 훨씬 뛰어나고 드라마 구성도 흥미로우며, 댄스와 음악이 역동적이라는 반응도 종종 보인다. 한국 드라마 경향이 최근에는 사실적인 마무리보다는 「가을동화」나 「겨울연가」의 스토리 전개나 화면처리에서처럼 다소 현실과는 동떨어진 환상적이고 판타지적인 요소가 많은데, 그것이 신경을 곤두세우는 것이나 비극적인 것보다는 해피엔딩으로 끝나기를 바라는 중국인의 기호와 일치하기 때문에 이들 연속극에 호감을 갖는 것이다.

한류에 대한 계층 간 반응도 달라서 나이가 든 노인층은 옛날 자신들의 어린 시절 정서를 드라마를 통해 회고하고 대리만족을 느끼는 반면, 젊은 층은 힙합 등 대중가요를 추구하며 인기 가수를 통해 만족을 느낀다. 부모들은 하나밖에 없는 자식을 위해 비싼 공연관람 티켓을 끊어준다.

9. 중국인의 민족성과 지역별 성격

민족성

중국인들은 중화사상(中华思想)을 토대로 자신들을 문화민족이라고 생각하고 있다. 더욱이 자신들의 문화가 유일하며 나머지 문화를 오랑캐「夷狄」문화로 간주하였다. 중화사상이란 중국문화가 최고라는 의미로, 중(中)은 '중앙'이라는 뜻이며, 화(华)는 '문화'라는 뜻이다. 중화사상은 중국을 중심으로 하여 세계만방에 중국문화를 전파한다는 중국의 민족사상으로, 그들이 우주의 중심이라는 선민의식과 우월주의에서 비롯된 사상이라 할 수 있다. 중화의 배후에는 항상 이적(夷狄)이라는 이민족을 천시하는 관념이 있기 때문에 화이사상(华夷思想)이라고도 한다.

중화사상에 바탕을 둔 중국인들은 어떤 민족성을 지녔을까? 민족성이라는 것이 시간성, 지역성 등과 매우 밀접하기 때문에 유동적이다. 게다가 오랜 왕조국가에서 사회주의국가로 변모했고 1990년대에는 시장경제를 도입함에 따라 다소 그 민족성을 규정하기가 힘들다. 하지만 크게 다음과 같이 분류할 수 있다.

첫째, 우월감을 가지고 있다. 중화사상의 토대 위에 살아가는 중국인들은 자신들의 문화가 가장 훌륭하고 그들이 창출해낸 문명이 참으로 찬란하다는 대단한 자부심을 갖고 있다. 이러한 우월성은 그들 스스로 높은 자긍심을 가지도록 만들기도 했지만, 중국 내의 소수민족이나 다른 민족에게 혐오감을 주기도 하였다.

둘째, 자연에 대한 순응이다. 중국 민족은 농경사회를 바탕으로 형성되어왔기에 자연에 대한 순응이 자연스러웠다. 하지만 생활에 대한 투쟁의식이 약화되어 소극적이고 쉽게 체념하는 부정적인 면도 가져다 주었다.

셋째, 체면과 위신을 중시한다. 중국인들은 유가사상에 힘입어 예로부터 예절이나 예법에 주의를 기울였기에, 체면을 존중하고 자신의 감정을 억누르는 성격을 배양했다. 중국인들은 체면에 죽고 체면에 산다고 할 정도이다. 그 때문에 위신 또한 무척이나 중요시한다. 하지만 체면과 위신을 중시하기 때문에 실상은, 허영을 탐내고 부정을 저지르며 현실에 충실하지 않거나 남의 일에는 전혀 관여하지 않는 부정적인 측면도 있다.

넷째, 만만디(慢慢的) 정신이다. 이는 지리적 환경과 사상적 영향이 큰 역할을 하였다. 중국은 워낙 광대한 지역이라 누구 한 명이 빨리 서두른다고 해서 일이 성사되는 경우는 드물다. 그렇기 때문에 중국인들에겐 모든 일을 함에 있어 느긋하게 대처하는 성격이 형성되었다. 여기에 유교, 불교, 도교의 영향은 중국인들에게 지치고 힘든 삶에 대해 관조적이고 청담(清谈)적인 독특한 사고방식을 낳게 했다. 하지만 오늘날 중국을 보면 개혁개방 이후로 만만디 정신은 모든 일을 빠르게 처리하자는 의식인 '콰이콰이(快快的)' 정신으로 바뀌고 있다.

다섯째, 현실적이다. 중국인들은 외적인 환경이나 외모를 우리보다 중시하지 않는다. 넥타이를 매고 멋있게 행세하기보다는 점퍼나 편안한 옷차림을 입고 돈을 벌기 좋아한다. 중국인들의 현실적인 면모는 종교에 대한 중국인의 태도를 보면 잘 알 수 있다. 그들은 돈만 벌 수 있다면 아침엔 교회에 가고, 낮엔 회교 사원에 가며, 저녁엔 절에도 갈 수 있다고 여긴다.

여섯째, 향락적이다. 중국인들은 좋은 입는 것(의복)은 남의 이목을 즐겁게 하지만, 먹고 마시는 것은 나를 이롭게 한다는 사고를 가지고 있다. 또한 중국인은 자신을 즐겁게 하기 위하여 음식, 술, 차, 마약, 도박 등을 즐겨한다.

일곱째, 개인주의적이다. 모든 즐거움은 나에게 있고, 나로부터 말미암는 것이라고 생각한다. 그 결과 나의 이익이라면 어떤 것이든 달려들지만 이익이 생기지 않으면 그 어떤 것도 하지 않으려 한다.

여덟째, 꽌시(关係)를 중요시 여긴다. 중국에서는 제도가 아닌 '꽌시'가 일을 한다는 말이 있을 정도로 중국인을 사귀려면 제일 먼저 '신뢰'를 형성하는 게 중요하다. 서양인이 중국인을 비하시키는 데 주로 사용하는 말의 하나가 유교의 영향으로 인해 '체면을 매우 중시한다'는 것이 있다. 중국인들은 신용을 중요한 덕목으로 생각하며, 그 신용은 사람들 사이의 대면관계(対面关係)를 통해 이루어지는 것이 보통이다. 따라서 중국에서 관계는 대인관계를 일컫는 말로 '꽌시'가 있으면 아무리 어려운 일이라도 쉽게 풀릴 수 있고, 역으로 하찮은 일이라도 그것이 없으면 어려움을 겪는 경우가 많다.

지역별 성격

상해사람- 좋은 공민, 나쁜 이웃

상해사람들은 사업심이 강하고 공중의식도 좋으며 옷차림새가 정갈하고 단장할 줄 안다. 모든 재산을 들고 다닌다고 할 정도로 소비성도 당하다. 상해사람들은 외지사람들을 심하게 차별하지는 않지만, 몸가짐이 단정하지 않은 사람에게 경멸감을 나타내거나 모두 '촌닭'으로 취급한다. 상해사람들은 지역관념이 아주 강하다. 그들은 자신들이 상해사람이라는데 긍지감을 가지는 한편 외지사람 특히는 강소 북부 사람들을 깔본다. 외지사람들은 웬만해서는 상해사람들의 사교권에 들어가지 못한다.

개인교제에서 상해사람들은 언제나 아주 계산적이다. 상해인의 이미지를 '이해타산이 빠르다' '주판알을 잘 튕긴다'라고 말한다. 다른 사람과 늘 일정한 거리를 유지하고 있으며 이해득실을 잘 따진다고 평가한다. 상해사람들은 이웃간에 늘 자질구레한 일로 얼굴을 붉힌다. 그래서인지 상해에는 은행가와 상인은 적지 않게 배출됐지만 시인은 쌀알의 뉘나 다름없는 존재다.

상해여성들은 행동거지가 우아하고 여성스러움이 다분히 풍기는 반면 사랑을 위해 물불을 가리지 않는 '열녀'가 적다. 상해남성들은 언론에서 째째한 남자의 형상으로 나타나고 있지만 여성을 존중하고 아내를 보살필 줄 아는 사랑스러운 일면도 갖고 있다.

사천사람 – 즐길 줄 안다.

뭇 산들에 둘러 싸여 있는 사천분지 특히 성도 평원일대는 물산이 풍부하여 천부지국으로 불리운다. 사천에는 총명하고 재간 있으면서도 유유자적하고 즐길줄 알면서도 고상한 취미를 갖고 있는 신선 같은 인물들이 적지 않다.

중국에서 사천처녀는 성격이 매섭기로 소문나 있다. 게다가 요염하기까지 하여 사천처녀들과 말싸움을 해서 이기려니 하지 말아야 한다. 그런가 하면 아양을 떨고 애교를 피우는데도 기가 막히다. 사천사람들은 대륙의 깊숙한 곳에 살고 있기 때문인지 견식이 짧은 결함도 있지만 자아감각이 뛰어나며 인재가 많다.

중경사람 - 주먹이 세고 목소리가 높다

산이 많은 탓인지 몰라도 중경사람들은 약삭빠르면서도 호방하다. 유명한 중경신선로처럼 얼얼하면서도 매운 맛이 있다. 중경사람들은 성도사람들보다 성격이 더 강하다. 때문에 남과 다투고 싸우는 걸 대수로워하지 않는다. 중경도 미녀가 나는 곳으로 알려져 있는데 중경의 거리에 나서면 세발짝 안에 장만옥이 있고, 다섯발짝 안에 림청하가 보인다고들 한다. 하지만 중경처녀들도 매서워 상대하기 어렵다.

산동사람 – 오해받는 걸 제일 싫어한다.

산동은 예로부터 제로(济鲁)지방으로 불리웠다. 산동사람이라 해도 제인(济人)과 로인(鲁人)은 성격상 많이 다르다. 로인(鲁人)은 무던하고 소탈하며 겉은 거칠지만 내면은 섬세하고 의리를 지키며 교육을 중시한다. 로인들 가운데는 공자, 맹자와 같은 성인군자가 있는가 하면 황소(黄巢)와 같은 영웅호걸도 있다. 그러나 노인은 내륙에 살고 있는 원인으로 관념이 보수적이고 비교적 인색하다. 동부해변가에 살고 있는 제인은 문화적 토양이 노인에 비해 얕지만 해풍을 많이 맞아 멋을 부리기 좋아하고 자신을 나타내기 좋아하며 인간관계를 중시하기 때문에 벼슬길에 나선 사람이 적지 않다.

산동의 남성들은 호방하다고 소문이 나있지만 실제로 산동사람들은 등급관념이 강하고 예의를 중시하며 다른 사람의 평가에 아주 신경을 쓰며 관리를 무서워하는 등 다른 지방의 사람들에 비해 호방하다고 하기 어렵다. 심지어 어떤 면에서는 더 구속받는 편이다. 오히려 산동사람들의 호방함은 거친 형상으로 나타날 때가 많다. 말소리가 높고 탁하며 술을 좋아하고 술마신 후 싸움을 잘한다.

산동처녀들은 온순하고 다정하며 수양이 있고 의복이나 단장을 중시한다. 청도, 연태 등 연해도시에는 미녀가 적지 않다. 비록 남방처녀들처럼 자태가 우아하지는 않지만 일종의 건강미가 흘러넘친다. 산동사람들은 향토의식이 강해 산동이 천하제일이라고 여긴다. 중국에서 산서와 산동 두 지방의 사람들이 자기 고향을 자랑하기 좋아하는데 만약 산동 사람들 앞에서 산동이 나쁘다고 하면 꼭 비난을 받게 된다.

섬서사람 - 자기미련과 자비감에 빠져있다.

서북 각 성가운데서 섬서는 문화가 가장 발달했다. 성소재지 서안에는 대학교가 많고 인재도 많다. 섬서사람들은 성격이 온후하면서도 호방하다. 중국문단의 명인 가평요, 진충실, 로요 등을 비롯해 섬서에는 재질이 뛰어난 문인들이 운집해 있다. 유구한 역사를 가지고 있는 섬서 사람들은 늘 보수적이고 고집스러운 느낌을 준다. 낙후한 현실과 휘황한 역사의 격차는 섬서 사람들에게 아주 큰 허탈감을 안겨주기도 한다. 그래서 섬서사람들은 자기 미련과 자기 비하감에 빠져있다. 섬서의 여성들은 보기에는 온순하고 고분고분하지만 속은 강직하고 뜨겁다. 그녀들은 흔히 이런 기질로서 남편을 정복한다.

하남사람 - 중원에 살면서 사처로 유랑한다.

하남은 중국문화의 발상지의 하나이다. 하남사람들은 대다수가 점잖고 사상이 활발하며 문인과 학자가 많다. 성소재지 정주는 중국 중부의 교통 요충지일 뿐만 아니라 상업중심으로 되고 있다. 개봉, 상구 등의 도시는 예전의 풍채를 잃은 지 오래지만 낙양의 모란꽃만은 의연히 화려함을 자랑하며 하남사람들의 휘황한 역사를 계속 이어가고 있다. 그러나 지금 전국적으로 하남사람들에 대한 평판이 그다지 좋지 않다. 이런 현상이 생긴 것은 하남이 가난한 원인보다 하남사람들의 생업방식에 문제가 있기 때문이다. 하남사람들은 동쪽으로 산동과 이웃하고 있지만 산동 사람들처럼 순박하고 통쾌한 면이 없고 산동사람들의 거친 특징만 갖고 있으며, 남쪽으로 호북과 이웃하고 있지만 호북사람들의 총명함과 일솜씨는 없고 약빠른 특징만 보유하고 있다. 이전에 하남사람과 안휘 사람은 중국의 집시인으로 불리워 왔다. 가난으로 부득불 고향을 등진 안휘 이재민들은 노래와 춤을 팔아 자기들의 노력으로 생계를 유지한데 반해 하남 이재민들은 사람들의 동정심을 이용해 연명해 나갔고 비렁질(구걸)을 하나의 돈벌이 수단으로 삼았다. 유리걸식으로 양성된 습성은 하남사람들의 명성에 큰 영향을 미쳤다.

호남사람 - 뚝심이 세고 폭발력이 있다

호남사람들은 실천가들이다. 호남은 개발역사가 짧지만 많은 인재가 배출됐다. 호남에는 '인재는 초나라(옛날 호남, 호북 지방에 세운 나라. 여기서는 호남을 가리킴)에 있고 군인은 상(호남의 별칭)에서 난다'는 말이 있다. 호남에는 문인들이 아주 많은데 그들은 모두 호남사람들 특유의 뚝심이 있다. 그래서 담사동과 같은 경골한문인, 심종문과 같은 향토문인, 정령과 같은 장군은 명성이 높았다. 호남장군들은 증국번으로부터 모택동에 이르기까지 대부분 선비의 풍채를 갖추기도 한다.

호남의 처녀들은 사천의 처녀들에 비해 온순하고 총명해 이상적인 아내감으로 소문나있다. 호남사람들은 남방사람들에 비해 순박하지만 융통성이 부족하고 성깔을 부릴라치면 황소도 당해내기 힘들다. 그러므로 모험을 잘하는데 역사적으로 호남지역에 도적과 토비가 많았던 것도 그런 원인이 아닌가 싶다. 호남사람들은 언변이 없고 말소리도 웅얼웅얼하는 감을 주지만 일종의 폭발력이 내포돼 있다.

절강사람 - 중국의 유태인

절강은 땅이 작고 인구가 많아 타향에 나가 사는 사람들이 많다. 절강 사람들은 시계를 고치고, 신을 깁고, 옷을 만드는 등 도처로 돌아다니며 밥벌이를 한다. 돈이 벌릴만한 일이라면 무엇이든지 가리지 않고 닥치는 대로한다. 절강 사람들이 구걸하는 것은 거의 볼 수 없는데 이는 절강사람들의 부지런한 성격과 관계된다. 북방사람들의 경우 실업을 당하면 집에서 빈둥빈둥 놀지언정 낯이 깎이는 일은 하지 않는다. 지난날 북방사람들은 재해를 만나면 비럭질을 하거나 강도질을 하거나 굶어죽는 현상이 많았지만 절강 사람들은 자신의 노력으로 그런 고비를 용케 이겨나갔다.

절강은 중국에서 호남, 사천, 강소와 함께 문인과 인재가 많이 나는 곳으로 알려져 있다. 절강의 상인, 기업가들은 머리가 잘 돌아 중국의 상업계에서도 상당한 명성을 누리고 있다. 절강 사람들의 흠이라면 너무 내성적이고 개인의 힘을 지나치게 믿으며 집단정신이 결핍한 것이다. 사영기업들이 많지만 제각기 고군분투하고 서로 제압한다. 일부 사람들은 늘 눈앞의 작은 이익을 위해 모험을 꺼리지 않는다. 그래서 절강은 한때 중국의 가짜 제품 집산기지가 되기도 했다.

동북사람 - 입담이 좋기로 북경사람에 비견

동북 3성은 일반적으로 관내사람들로부터 하나의 총체로 간주된다. 동북은 땅이 넓고 인구가 희소해 근대이후 많은 관내 이민 특히 산동 이민들이 밀려들었다. 중앙정부와 멀리 떨어진 이곳에서는 법보다 주먹이 더 유용했다. 그래서 동북사람들은 용맹하고 호전적인 기질을 갖게 되였다. 그러나 동북사람들이 모두 사발로 술을 들이키고 죽음을 초개같이 여긴다고 생각하는 것은 틀린 생각이다. 사실 산동, 하북 등지의 사람들에 비해 대다수 동북사람들은 점잖고 입담이 좋다. 북경사람들이 쓸데없이 수다를 떠는 것이 특징이라면 동북사람들은 엄격한 논리성을 따진다는데 특색이 있다. 북경사람들의 유머가 일종의 막무가내의 색채를 띤데 반해 동북사람들의 유머는 교활한 특징을 내포하고 있다. 사람 됨됨이에서도 동북사람들은 겉으로 보기에는 호탕한 것 같지만 속으로는 궁리가 따로 있고 처세술이 아주 섬세하며 계략을 잘 쓴다. 동북사람들은 남을 미워할 경우에도 남방사람들처럼 즉시에 겉으로 드러내는 것이 아니라 인내하며 기회를 기다린다.

천진사람 - 유별난 "활량정신"

천진 사람들도 입담이 좋기로 소문이 나있다. 심지어 북경사람들보다 더 수다스럽다. 북경사람들의 수다스러움에 견식이 넓고 무엇이나 대수롭지 않게 여기는 초탈함이 내포되어 있다면 천진 사람들의 수다스러움에는 "무뢰배"나 "활량"풍격이 내포되어 있다.

천진은 원래 북방의 제일 큰 상업도시일 뿐만 아니라 북방지구에서 가장 일찍 개방된 연해도시였다. 그러나 정치권력의 중심에 너무 접근해있는 원인으로 말미암아 천진사람들의 "활량정신"은 상해시민들의 독립적인 개성의식과 같은 것으로 발전하지 못하고 위에 아부하고 아래를 업신여기는 북경 벼슬아치들의 물을 먹어 교활하고 난폭한 성격으로 변했다. 매끄러운 천진말과 천진사람들의 이런 성격은 완벽한 조화를 이룬다.

참고문헌

中国统计年鑑-2004, 北京中国统系出版社,2004.
中国共产党章程, 中国共产党第十六次全国代表大会文件编, 人民出版社, 2002.
江泽民, 論三个代表论, 北京, 中央文献出版社, 2002.
김의경 역, 중국제국의 몰락, 에전사, 1987.
유세희 편, 현대중국정치론, 박영사, 2005.
강준영 외, 한권으로 이해하는 중국, 지영사, 2004.
중국사연구회, 중국혁명의 전개과정, 1985.
신영준 역, 중국현대사, 까치, 1982.
오상훈 역, 중국현대사, 한길사, 1980.
김병오, 현대중국입문, 인간사, 1985.
이영희 편, 중국백서, 전예원, 1982.
전병곤 외, 반조류의 중국, 돌베개, 2010.
손영우 외, 중국학, 건대출판사, 2003.
이진수 외, 중국의 시대, 민음사, 2002.
김양수 역, 중국 27테마, 자작나무, 1999.
한중사회과학연구회, 현대중국의 이해, 한울, 2002.
한중사회과학연구회, 현대중국, 이채, 2005.
한우덕, 중국의 13억 경제학, 한국경제신문, 2006.
안유옥 역, 중국경제미래, 한국경제신문, 2004.
강창구 외, 중국어와 문화, 한울, 2003.
송인재 역, 왕단의 중국현대사, 동아시아, 2013.
유긴일, 중국공산당의 과거현재미래, 매일경제신문사, 2011.
KIEP 대외경제정책연구원.
삼성경제연구원.
naver.com
人民网

오길용

전북대학교 중어중문학과 졸업
전남대학교 대학원 문학석·박사
현 군산대학교 중어중문학과 교수

저서

한문의 즐거움, 레벨업 중국어, 중국고전소설 강독, 기초한자와 한문 익히기, 현대중국어 문법, 중국어 문형, 현대중국어의 기초, 중국 현대화의 길, 한문강독, 그외 다수

강창구

전남대학교 문학박사
남경사범대학 문학박사
현 세한대학교 교수

저서

새로운 한문의 세계, 영화로 이해하는 중국 근현대, 중국어와 문화 외 15권, 그외 논문 50여 편

중국의 이해

초판 1쇄 발행 _ 2022년 8월 30일

공　　저 • 오 길 용 · 강 창 구
발 행 인 • 정 현 걸
발　　행 • 신 아 사
인　　쇄 • 대명프린팅
출판등록 • 1956년 1월 5일 (제9-52호)
주　　소 • 서울시 은평구 통일로 59길 4(2F)
전　　화 • 02)382-6411 · 팩스 02)382-6401
홈페이지 • www.shinasa.co.kr
E-MAIL • shinasa@daum.net

ISBN 979-11-92428-32-1 (93300)

정가 17,000원